UTB 2186

Eine Arbeitsgemeinschaft der Verlage

Beltz Verlag Weinheim · Basel
Böhlau Verlag Köln · Weimar · Wien
Wilhelm Fink Verlag München
A. Francke Verlag Tübingen und Basel
Haupt Verlag Bern · Stuttgart · Wien
Lucius & Lucius Verlagsgesellschaft Stuttgart
Mohr Siebeck Tübingen
C. F. Müller Verlag Heidelberg
Ernst Reinhardt Verlag München und Basel
Ferdinand Schöningh Verlag Paderborn · München · Wien · Zürich
Eugen Ulmer Verlag Stuttgart
UVK Verlagsgesellschaft Konstanz
Vandenhoeck & Ruprecht Göttingen
Verlag Recht und Wirtschaft Heidelberg
VS Verlag für Sozialwissenschaften Wiesbaden
WUV Facultas Wien

Bernhard Schäfers

Sozialstruktur und sozialer Wandel in Deutschland

40 Tabellen, 4 Abbildungen, 2 Übersichten

8., völlig neu bearbeitete Auflage

Lucius & Lucius · Stuttgart

Adresse des Autors:

Prof. Dr. Bernhard Schäfers

Institut für Sozziologie der Universität Karlsruhe (TH)

1. Auflage 1976
2. Auflage 1979
3. Auflage 1981
4. Auflage 1985
5. Auflage 1990
6. Auflage 1995
7. Auflage 1998

Bibliographische Information der Deutschen Bibliothek

Die Deutsche Bibliothek verzeichnet diese Publikation in der Deutschen Nationalbibliographie; detaillierte bibliographische Daten sind im Internet über http://dnb.ddb.de abrufbar

© Lucius & Lucius Verlagsgesellschaft mbH · Stuttgart · 2004
Gerokstraße 51 · D-70184 Stuttgart · www.luciusverlag.com

ISBN 3-8282-0292-6

Satz: Sibylle Egger, Stuttgart

Druck und Einband: F. Pustet, Regensburg

Printed in Germany

UTB-Bestellnummer: ISBN 3-8252-2186-5

Vorwort zur achten Auflage

Das in achter Auflage vorgelegte Studienbuch zur Sozialstruktur, zum sozialen und politischen Wandel und damit auch zur Wirtschafts- und Sozialgeschichte der Bundesrepublik Deutschland erschien erstmalig 1976. In nunmehr 28 Jahren der kontinuierlichen Neubearbeitung spiegelt dieser Band auch die gesellschaftlichen und politischen Umbrüche dieses Zeitraums wider, an wichtigster Stelle die Auflösung der kommunistischen Regimes in Europa und in diesem Zusammenhang den Beitritt der ehemaligen DDR zur Bundesrepublik Deutschland. Bei der vorliegenden Neubearbeitung wurde dem Tatbestand der unterschiedlichen Entwicklung in zwei sehr verschiedenen deutschen Staats- und Gesellschaftssystemen Rechnung getragen. Die noch bestehenden Unterschiede, aber auch die zunehmenden Gemeinsamkeiten zwischen den alten und neuen Bundesländern werden in den einzelnen Kapiteln berücksichtigt.

Seit der sechsten Auflage (1995) enthält der Band vor dem Hintergrund der fortschreitenden europäischen Integration ein Kapitel zu den Sozialstrukturen in Europa. Dieser „Europäisierungsprozess" wirkt immer nachhaltiger auf alle Teilbereiche der nationalen Gesellschaften, am sichtbarsten auf das Wirtschafts- und Währungssystem, aber auch auf die Entwicklung der Bildungs- und Ausbildungssysteme sowie die Grundlagen des Rechts- und des Sozialstaats.

Die didaktischen Grundlagen des Bandes wurden beibehalten: Jedem Kapitel ist ein ausführliches Inhaltsverzeichnis voran gestellt; kursiv hervorgehoben sind jene Begriffe, die sich im Sachregister finden; einige dieser Begriffe werden zusätzlich in einem Glossar erläutert. Wie in den ersten Auflagen des Werkes findet sich ein ausführliches Literaturverzeichnis nun wieder am Ende jedes Kapitels.

Bei der Überarbeitung habe ich für vielfache Hilfe im Karlsruher Institut für Soziologie zu danken, an erster Stelle Frau Maibritt Hutzel, M.A., die die Hauptverantwortung für die Herstellung des Textes hatte. Frau Dr. Bianca Lehmann ist nicht nur für zahlreiche wertvolle Hinweise zu danken, sondern auch für ihre Mitarbeit an den Kapiteln über Familien und Haushaltsstrukturen sowie zum Bildungs- und Ausbildungssystem. Mit großem Engagement hat sich auch Frau cand. phil. Alexa M. Kunz den redaktionellen Aufgaben gewidmet.

Die vollständige Überarbeitung und teilweise Neugestaltung der vorliegenden Ausgabe machte selbst einem professionell mit dem Thema Vertrauten deutlich, in welch schnellem sozialen und kulturellen Wandel sich die deutsche Gesellschaft befindet.

Karlsruhe, im Mai 2004   Bernhard Schäfers

Inhaltsübersicht*

---

* Ein ausführliches Inhaltsverzeichnis findet sich vor dem jeweiligen Kapitel

Verzeichnis der Tabellen, Abbildungen und Übersichten

Abkürzungen

BiB	Informationen aus dem Bundesinstitut für Bevölkerungsforschung
BMFSFJ	Bundesministerium für Familie, Senioren, Frauen und Jugend
BRD	Bundesrepublik Deutschland. Diese Abkürzung ist nicht amtlich; sie wird an einzelnen Stellen aus Zweckmäßigkeitsgründen verwendet
BVerfGE	Bundesverfassungsgerichtsentscheidungen
DDR	Deutsche Demokratische Republik
EG/EU	Europäische Gemeinschaften/Europäische Union
et al.	et alii (lat.: und andere)
GG	Grundgesetz; Verfassung der Bundesrepublik Deutschland vom 23. Mai 1949
i.e.S.	im engeren Sinne
incl.	inclusiv; einschließlich
Jh.	Jahrhundert
KSPW	Kommission für die Erforschung des sozialen und politischen Wandels in den neuen Bundesländern
KZfSS	Kölner Zeitschrift für Soziologie und Sozialpsychologie
MEW	Karl Marx/Friedrich Engels-Werke
rde	Rowohlts deutsche Enzyklopädie
Sp.	Spalte (als Seitenangabe in Lexika etc.)
Stat. Jb.	Statistisches Jahrbuch für die Bundesrepublik Deutschland
StBA	Statistisches Bundesamt
u.ö.	und öfter (bei Auflagen von Büchern)
w.u.	weiter unten
ZfS	Zeitschrift für Soziologie
z.T.	zum Teil

Kapitel 1
Grundlagen einer Analyse der Sozialstruktur und des sozialen Wandels

I. Sozialstrukturanalyse als Gesellschaftsanalyse

1. Definitionen grundlegender Begriffe

1.1 Gesellschaft

Die nachfolgenden Analysen zur Gesellschafts- bzw. Sozialstruktur der Bundesrepublik Deutschland setzen einen bestimmten Begriff von Gesellschaft voraus.

*Gesellschaft** bedeutet dem Wortursprung nach den „Inbegriff räumlich vereint lebender oder vorübergehend auf einen Raum vereinter Personen" (Theodor Geiger, 1891–1952).**

Gesellschaft im heutigen soziologischen Verständnis bezeichnet jene Form des menschlichen Zusammenlebens, die seit der frühen Neuzeit als *bürgerliche Gesellschaft,* dann als nationalstaatlich verfasste und industrielle Gesellschaft einen die individuelle Erfahrungswelt übersteigenden Handlungsrahmen entwickelte: des Rechts, der Ökonomie, des Zusammenlebens in größeren Städten, der Kommunikation usw. Diese entstehende industriell-bürokratische Gesellschaft geriet in einen immer größeren Gegensatz zu den gemeinschaftlichen Formen des Zusammenlebens.

Die bürgerliche Gesellschaft ist also diejenige Organisation des Zusammenlebens, die von den Stadtbürgern entwickelt und in den bürgerlichen Revolutionen des 17.–19. Jahrhunderts durchgesetzt wurde.

Die bürgerliche Gesellschaft war und ist vor allem Markt- und Rechtsgesellschaft. In der Ausbildung eines freien, also nicht-zünftigen Marktes, in der Freisetzung der Individuen zu eigenen Tätigkeiten und Bestrebungen wie in der Absicherung dieser Eigentums-, Produktions- und Marktsphäre durch das sich entwickelnde bürgerliche Recht sind die wichtigsten Grundlagen der bürgerlichen Gesellschaft zu sehen.

Der *Liberalismus* war und ist die bündigste Theorie bzw. Ideologie dieser Grundlagen und damit der bürgerlichen Gesellschaft; er verbindet die bürgerliche Gesellschaft als Handlungsraum autonomer, anonym über den Markt verbundener Individuen mit einem (Rechts-)Staat, der nach innen wie außen Schutz und Sicherheit gewährleisten soll.

---

* Auf die Mehrzahl der *kursiv* gesetzten Wörter wird im Sachwortverzeichnis verwiesen; sofern erforderlich, werden sie im laufenden Text erläutert. Die zusätzlich mit einem * versehenen Wörter sind im Glossar am Ende des Bandes erklärt. Die Lebensdaten wichtiger Personen werden in der Regel nur bei der ersten Namenserwähnung angefügt.

** Zur Zitierweise: Name des Autors und Erscheinungsjahr des Buches/Aufsatzes stehen in Klammern. Die vollständige Angabe findet sich im Literaturverzeichnis der jeweiligen Lektion. Grundlegende Werke zur Sozialstrukturanalyse, die für alle Kapitel wichtig sind, finden sich in der Literatur zu dieser Einführung. Vollständige Literaturangaben im laufenden Text werden im Literaturverzeichnis nicht wiederholt.

Einer der ersten Definitionsversuche dieser historisch völlig neuen Form des Zusammenlebens, die durch die Innovationen der Industriellen Revolution überhaupt erst ermöglicht wurde, stammt von Ferdinand Tönnies (1855–1936). In „Gemeinschaft und Gesellschaft" (zuerst 1887) analysierte er die Entwicklungen von der ständisch-feudalen, agrarischen „Gesellschaft" zur modernen Industriegesellschaft mit ihren Trends der Anonymisierung und der (programmatischen) Sonderstellung des einzelnen Individuums. So lässt sich nach Tönnies Gesellschaft denken, „als ob sie in Wahrheit aus getrennten Individuen bestehe, die insgesamt für die allgemeine Gesellschaft tätig sind, indem sie für sich tätig zu sein scheinen." War das „Zeitalter der Gemeinschaft (…) durch den sozialen Willen als Eintracht, Sitte, Religion bezeichnet", so das der Gesellschaft „durch den sozialen Willen als Konvention, Politik, öffentliche Meinung. Und solchen Begriffen entsprechen die Arten des äußeren Zusammenlebens" (Tönnies 1963).

Auf wichtige Phänomene dieses generellen, immer noch nicht abgeschlossenen Strukturwandels, der in einzelnen Teilprozessen als weltweiter Vorgang zu sehen ist, wird an verschiedenen Stellen eingegangen.

1.2 Struktur und Sozialstruktur

Der Begriff der Struktur ist in allen Wissenschaften anzutreffen; er zielt auf den Zusammenhang der jeweils konstitutiven Elemente im Untersuchungsbereich: Struktur des Atoms, einer Zelle, des Gehirns, eines Betriebs usw.

In der Soziologie zielt der Begriff *Struktur* auf die durch soziale Normen und bestimmte Handlungsmuster (soziale Rollen) gewährleistete relative Dauerhaftigkeit und Regelmäßigkeit sozialer Beziehungen – und damit auf die Erwartbarkeit ähnlicher Abläufe sozialer Handlungen und Prozesse auch in Zukunft. Das gilt für die täglichen Grußformen ebenso wie für Handlungsmuster in Familien, Gruppen, auf dem Markt oder in Organisationen. Alle Elemente, die diese relative Dauerhaftigkeit und Regelmäßigkeit sichern, sind zugleich Elemente der Sozialstruktur.

Sozialstruktur als ein Schlüsselbegriff der Gesellschaftsanalyse (Fürstenberg 1966) kann definiert werden als die Gesamtheit der relativ dauerhaften Norm- und Wertgefüge, Handlungsmuster (soziale Rollen) und sozialen Gebilde – wie Institutionen und Organisationen – in einer Gesellschaft. Die Sozialstrukturanalyse hebt aus der Vielzahl der strukturrelevanten Elemente jene hervor, die für die Charakteristik eines gesellschaftlichen Systems und seine Integration wichtig sind. Die Aufgabe einer Sozialstrukturanalyse kann darin gesehen werden, die Gesellschaft „in ihre als relevant angesehenen Teilbereiche" zu untergliedern und zu untersuchen und „die zwischen diesen bestehenden relativ dauerhaften Wechselbeziehungen und Wirkungszusammenhänge" herauszuarbeiten (Geißler 2001: 672).

Fünf miteinander verflochtene Analyseebenen lassen sich unterscheiden (vgl. Schäfers 2003: 329ff.):

- die sozialstatistischen Aspekte der Sozialstruktur (für die Bundesrepublik Deutschland im seit 1983 alle zwei Jahre erscheinenden „Datenreport" aufbereitet);
- die Analyse von einzelnen Bereichen der Sozialstruktur, beginnend mit der Struktur der Bevölkerung und Haushalte, der Familien und Lebensgemeinschaften;
- die sozialstrukturellen Auswirkungen vorherrschender Formen sozialer Differenzierung und Ungleichheit (soziale Klassen und Schichten, Sozialmilieus und typische Lebensstile);
- die Typisierung einer Gesellschaft durch einen Begriff, der dominante Strukturmerkmale zusammenfasst (wie „bürgerlich-industrielle Gesellschaft", „Netzwerkgesellschaft");
- die Einflüsse der Europäisierung und Globalisierung auf die nationale Sozialstruktur.

1.3 Mikro- und makrosoziale Ebenen

Neben den genannten Differenzierungen der Sozialstruktur sind Unterteilungen in eine makro-, meso- und mikrosoziale Ebene üblich.

Die makrosoziale Ebene bezieht sich auf alle gesellschaftlichen Elemente der Sozialstruktur, also z.B. die Rechtsordnung, das Bildungssystem oder die Wirtschaftsverfassung. In einem abstrakten Verständnis sind auch die vorherrschenden Normen und Werte, Sitten und Bräuche und damit die Kulturmuster als makrosoziale Strukturelemente anzusehen.

Auf der mesosozialen, der mittleren Ebene, werden die Strukturen zentraler gesellschaftlicher Gebilde und Assoziationen untersucht, der Institutionen und Organisationen, der Verbände und Vereine.

Die mikrosoziale Ebene bezieht sich auf die kleinsten sozialen Einheiten und damit auf die eigentliche Handlungsebene in den sozialen Gruppen, den Zweierbeziehungen und den vielfachen Formen des sozialen Handelns in der Öffentlichkeit und der Menge, sei es z.B. in der Straßenbahn oder den Begegnungen und Handlungsmustern in der Halböffentlichkeit eines Cafés oder Kinos.

Häufig wird nur zwischen makro- und mikrosozialen Strukturen unterschieden. Karl Lenz (2002: 336f.) bezieht makrosoziologische Fragen auf alle Prozesse und Strukturen der Vergesellschaftung, mikrosoziologische Fragen auf Prozesse und Strukturen der Vergemeinschaftung (mit den Begriffen Max Webers, die dieser im Anschluss an Tönnies' „Gemeinschaft und Gesellschaft" bildete). Bei den Handlungsformen der Vergesellschaftung sind die Beziehungsmuster indirekt und anonym, bei den gemeinschaftlichen am Handeln bekannter Personen orientiert.

2. Theoretische Ansätze

Die Begriffe Struktur und Sozialstruktur tauchen in allen Paradigmen der soziologischen Theoriebildung auf, in mikro- und makrosoziologischen Ansätzen, in marxistischen und phänomenologischen, in verhaltenswissenschaftlichen und systemtheoretischen. Der Streit um die „richtige" soziologische Theorie liegt jenseits dieser Grundlagen und Grundelemente des Sozialen bzw. derjenigen *sozialen Tatsachen* (Emile Durkheim, 1858–1917), die das Grundgerüst einer Gesellschaft bilden.

Wichtige Grundlagen der Sozialstrukturanalyse finden sich in der soziologischen Theorie des Strukturfunktionalismus und der Systemtheorie, wie sie von Talcott Parsons (1902–1979), Robert K. Merton (1910–2003) et al. entwickelt wurden. Zu den theoretischen Grundlagen gehört, dass sowohl die individuellen Handlungen als auch die Aktivitäten von Gruppen und Institutionen auf Integration und Stabilität eines als Einheit gedachten sozialen Systems und damit auf die Sozialstruktur einer Gesellschaft bezogen werden. Diesem Ansatz ist weiterhin immanent, dass die mikrotheoretische Perspektive – die der individuellen Handlungen – und die makrotheoretische, gesamtgesellschaftliche Dimension der Sozialstruktur aufeinander bezogen sind.

Die marxistische Form der Sozialstrukturanalyse geht davon aus, dass in allen Sozialbereichen und auf allen Handlungsebenen folgende Faktoren bestimmend sind: die Verfügung über Produktionseigentum und die damit verbundenen Formen der Aneignung, der Macht- und Herrschaftsbeziehungen und daraus resultierender Klassenstrukturen. Die vorliegenden Sozialstrukturanalysen für die Bundesrepublik Deutschland betonen diese Gesichtspunkte in unterschiedlichem Ausmaß; neben strukturell-funktionalen Analysen stehen solche, die die soziale Ungleichheit in den einzelnen Sozialbereichen – wie Arbeit, Familie, Wohnen, Bildung – zum Angelpunkt der Analyse machen (Geißler 2002). Unter dem Einfluss der Soziologie von Pierre Bourdieu (1930–2002) wurden marxistische Ansätze mit Elementen des Kulturprozesses und des „sozialen und des kulturellen Kapitals" verbunden.

3. Zur Genese sozialer Strukturen

Fragt man nach der Genese sozialer Strukturen, so sind vor allem drei Ursachen hervorzuheben, die zugleich zentrale Ausgangspunkte der soziologischen Begriffs- und Theoriebildung sind. Nach Talcott Parsons ist ein wichtiger Gesichtspunkt der gesellschaftliche Konsens über bestimmte Werte und Normen, der gemeinsames und zielgerichtetes Handeln überhaupt möglich macht. Die zweite Ursache sozialer Strukturbildung hängt hiermit unmittelbar zusammen: die Frage nach dem Ausmaß von *Herrschaft* und *Zwang* für die in einem sozialen System (einer Gruppe wie einer Gesellschaft) erforderliche Konsensbildung. Theoretiker, die diesen Zusammenhängen große Aufmerksamkeit gewidmet haben, sind z.B. Thomas Hobbes (1588–1679) und Sigmund Freud (1856–1939), Karl Marx (1818–1883) und Emile Durkheim.

Nach Smelser (1988) gehen sowohl Hobbes wie Freud von einer vergleichbaren Anthropologie und Psychologie des Menschen aus: Gesellschaft ist nur da möglich, wo die ursprüngliche Triebnatur des Menschen (Hobbes: homo homini lupus; Freud: Triebstruktur des „Es") gebändigt wird. Soziale Strukturen entstehen in dieser Perspektive also vor allem, um zur Triebnatur des Menschen ein Gegengewicht und eine Kontrollinstanz zu schaffen.

Diese eher pessimistische Auffassung von der Natur des Menschen als Ursprung der sozialen und kulturellen Entwicklung teilte Karl Marx nicht. Nach Marx kommt es zur Bildung sozialer Strukturen, wenn Menschen in Wechselwirkung miteinander und mit der Natur treten; dann bildet sich eine gewisse Form der Arbeitsteilung, der sozialen Gruppierung (später: der Klassenbildung) und der damit verbundenen Eigentumskontrolle heraus.

Ähnlich ist die Betrachtungsweise von Georg Simmel (1858–1918), der das *Gesetz der sozialen Differenzierung* auf die „Verschränkung der sozialen Kreise" in dem Sinne bezog, dass die Differenzierungsprozesse zugleich die Individualisierungsprozesse fördern (1890).

Die bisher betrachteten „Quellen" der Genese sozialer Strukturen gehen von einer *makrosoziologischen Perspektive* aus, die um die sozialen Phänomene bzw. Grundtatbestände von Herrschaft und Zwang, Arbeitsteilung und Klassenbildung und die Institutionalisierung grundlegender funktionaler Erfordernisse des „Gesellschaftsbetriebs" gruppiert sind.

Smelser weist auf eine dritte „Quelle" der Genese sozialer Strukturen hin: Sozialstruktur als Resultat aggregierter Effekte der Interaktion von Menschen. An drei Theoriegebäuden expliziert er diesen verhaltens- und handlungstheoretischen Zugang: der klassischen ökonomischen Theorie mit ihrem Marktmodell; der modernen Austauschtheorie, wie sie vor allem George C. Homans (1910–1989) formuliert hat und der Netzwerkanalyse (die sich in einigen ihrer Varianten selbst „strukturelle Analyse" nennt). Dieser mikrosoziologische Ansatz führt leicht zu Zirkelschlüssen: Wie kommt man auf die ja offenkundig vorhandene Ebene der Makrostrukturen? Wird diese bei den Analysen nicht doch implizit vorausgesetzt?

Auf der Makroebene wird die Frage nach der Genese und der spezifischen Ausprägung auch in den *Theorien sozialer Evolution* und *sozialer Differenzierung* behandelt (vgl. z.B. Luhmann 1985; ders. 1997, Kap. 3: Evolution). Zumal ist in der Systemtheorie Niklas Luhmanns (1927–1998) eine evolutionäre Perspektive vorherrschend, wie die von ihm geprägten oder häufig verwandten Begriffe wie Ausdifferenzierung, spontane Ordnungsbildung, selbstreferentielle Prozesse, evolutionäre Mechanismen und soziale Teleologie usw. zeigen.

4. Zunehmende Sachdominanz und Zeitlichkeit in Sozialstrukturen

Ein Element der Sozialstruktur findet weiterhin nur ungenügende Berücksichtigung: ihre „Sachdominanz" (Linde 1972). Es wäre falsch zu sagen, dass es in der Tradition und Entwicklung der Soziologie nicht hinreichend Belege dafür gebe, dass das Materielle und Sachliche, das „Gerät" und „Gestell" (Martin Heidegger, 1889–1976) und schließlich das „materielle Substrat" (Durkheim) dem sozialen Handeln Struktur, Sinn und Richtung geben. Linde verweist u.a. auf Karl Marx, Emile Durkheim und Vilfredo Pareto (1848–1923), auf Arnold Gehlen (1904–1976) und Helmut Schelsky (1912–1984). Es wäre aber auch falsch zu sagen, dass soziologische Analysen den sachlich und technisch vorstrukturierten Handlungsfeldern besondere Aufmerksamkeit widmen. So wird zumeist übersehen, „daß der von profanen Artefakten ausgehende Anpassungszwang durch eine hochselektive, spezifische ‚Gebrauchsanweisung' bereits handlungsrelevant strukturiert ist" (Linde 1972: 9).

Die sachliche und technische Seite der Sozialstruktur hat immer auch mit der Frage zu tun, wie technische Normen soziale Normen beeinflussen (Joerges 1989) und umgekehrt: wie bestimmte soziale und kulturelle Werte und Normen die rasche Entwicklung des „Gestells" (Heidegger) überhaupt erst ermöglichen – eine Perspektive, die Burkhart Lutz programmatisch der Thematik des 23. Deutschen Soziologentages, „Technik und sozialer Wandel" (Hamburg 1986), voranstellte: Es gehe darum, die vor allem von William F. Ogburn (1886–1959) durchgesetzte Argumentationsfigur vom *cultural lag** (1967) in Zweifel zu ziehen, dass der eigentliche Motor des sozialen Wandels in Entdeckungen und Erfindungen liege, mithin im Erkenntnisfortschritt der Naturwissenschaften und deren Umsetzung in technische Innovationen (Lutz 1987: 13). Die Soziologen hätten bisher versäumt, den sozialen und normativen Kontext dieser Innovationen hinreichend deutlich zu machen (Ogburn selbst hat vieles differenzierter gesehen, als seiner These unterstellt wird). Die Wechselwirkungen sind höchst komplexer Natur und nach üblichen Ursache-Wirkungs-Schemata kaum aufzulösen bzw. zu analysieren, weil technische Systeme (Computer, Telefonnetz, Verkehrssysteme, Haushaltsausstattungen usw.) das Alltagshandeln immer mehr (und das Arbeitshandeln sowieso) mitbestimmen.

Ein weiteres Element der Struktur sozialen Handelns ist in ihrer „virtuellen Raum-Zeit-Sphäre" zu sehen (Giddens 1988: 336). Die Zeitlichkeit des Daseins und die Verzeitlichung der Handlungsstrukturen haben erst in den letzten Jahren wieder verstärkt Aufmerksamkeit in der Soziologie gefunden. Hierbei wird u.a. zurückgegriffen auf Henri Bergson (1859–1941) und seine Unterscheidung von gelebter und mechanischer Zeit oder auf Martin Heidegger und die „Philosophie der Zeitlichkeit" (vgl. z.B. „Sein und Zeit", zuerst 1927). Und noch vor Bergson hatte Georg Simmel darauf hingewiesen, dass sowohl die Mode wie der rasche Stilwechsel und das moderne Freizeitverhalten mit seiner Reiselust etc. ein anderes Zeitgefühl vermittle, als es den Menschen der „guten alten Zeit" eigen war (zusammenfassend über die Zeit in der Biologie, Philosophie, Geschichte und in sozialen Prozessen Elias 1988, Frazer 1993).

5. Sozialstatistische Aspekte und Bereiche der Sozialstruktur

Wolfgang Glatzer (2002: 537) weist darauf hin, dass die amtliche Statistik den Strukturbegriff zur Charakterisierung zahlreicher Sozialbereiche verwendet. Er nennt u.a. die *Altersstruktur*, die *Haushaltsstruktur* (die sehr differenziert Haushalts- und Familienformen – neben den Haushaltsgrößen – erfasst); weiterhin die *Bildungsstruktur* (Verteilung allgemeinbildender Schul- und Ausbildungsabschlüsse); die *Erwerbs-* und *Berufsstruktur* und die *Einkommensstruktur*.

Für diese und andere Sozialbereiche liefert die amtliche Statistik ein breites Spektrum an „sozialen Indikatoren", die die Basis einer jeden Sozialstrukturanalyse sind.

Über die sozialstatistische Betrachtung der Sozialstruktur gehen die Analysen hinaus, die ihr Interesse auf das soziale Handeln und die sozialen Prozesse in gesellschaftlichen Teilbereichen richten. Deren Untersuchung ist zugleich die Voraussetzung für weiterführende Fragen, z.B. nach der Klassen- und Schichtbildung der Gesellschaft. In der Regel beschränkt sich die sozialstrukturelle Analyse gesellschaftlicher Teilbereiche nicht auf eine punktuelle Strukturbetrachtung, sondern erstreckt sich auf den längerfristigen Strukturwandel, der mit Hilfe quantitativer Indikatoren und sozialhistorischem Material dargestellt wird.

Die wichtigsten Bereiche der Sozialstruktur einer Gesellschaft sind die folgenden:

- die *Bevölkerungsstruktur* und mit ihr in enger Verknüpfung die Haushalts- und Familienstrukturen (z.B. ihre Bedeutung für das generative Verhalten, für den Generationszusammenhang, für die Erwerbsquote, für die Entwicklung der Siedlungs- und Infrastruktur usw.);
- das *ökonomische System* und damit die Formen der Arbeit und Produktion, der Bedeutung von Beruf und Erwerbsstruktur für die personale und allgemeine gesellschaftliche Entwicklung;
- das *Gesundheitssystem* und das der sozialen Sicherheit („Sozialstaat");
- das *staatliche und politische System* und damit die Strukturen von Regierung und Parteien, Gesetzgebung und Recht für die Integration und Entwicklung des gesellschaftlichen Systems;
- das *kulturelle System* incl. der Strukturen der Bildung und Ausbildung, der Wissenschaft und des „Kulturbetriebs";
- das *System der Siedlungsformen*, das in enger Wechselbeziehung steht zu Struktur und Wandel der Bevölkerung und zum ökonomischen System, aber auch zu den Ausprägungen der sozialen *Segregation* und der damit gegebenen sozialen Ungleichheit;
- das moderne *Kommunikationssystem* und damit alle Formen (und Wirkungen) medial und sekundär (oder tertiär) vermittelter Information.

Zur Sozialstrukturanalyse gehört weiterhin, die Wechselbeziehungen zwischen den genannten Bereichen offen zu legen, also z.B. zwischen dem politischen und dem ökonomischen System, dem Rechtssystem und der Entwicklung von Familienstrukturen und der Akzeptanz neuer Lebensgemeinschaften. Während Niklas Luhmann (1927–1998) davon ausging, dass die Ausdifferenzierung der einzelnen sozialen Systeme zu ihrer Autonomie (bzw. *Autopoiesis**) führe, gehen andere Analytiker von einer stärkeren Wechselwirkung aus.

Eine weitere Grundfrage der Sozialstrukturanalyse ist die nach dem *sozialen Wandel* der einzelnen Sozialbereiche bzw. der Gesellschaft. Hierbei sind auch Fragen nach der Genese neuer sozialer Strukturen und nach den dominanten Faktoren des Wandels in den einzelnen sozialen Systemen zu stellen.

6. Typisierung der Gesellschaft

Über die Beschreibung und Analyse der einzelnen Elemente und Bereiche der Sozialstruktur hinausgehend, ist die Typisierung der untersuchten Gesellschaft, die Herausstellung ihrer Basisstruktur, von Interesse. Die Bestimmung dieser Strukturen hängt zusammen mit der Analyse der Eigentums- und Vermögensstruktur, den Grundlagen des ökonomischen Systems und mit den Formen der Kommunikation und dem Austausch von Daten und Wissen. Welchen Stellenwert das jeweilige Staats- und Verfassungssystem und das politische System für die Typisierung von Gesellschaften haben, bedarf ebenso der differenzierenden Analyse. Unstrittig ist jedoch, dass es zwischen den Verfassungs- und Staatsformen einerseits und den Strukturen des ökonomischen Systems und der mit ihnen verknüpften Klassen- und Schichtungsstruktur andererseits nicht nur ein einziges „typisches" Beziehungsmuster gibt.

In der Soziologie ist immer wieder versucht worden, die vorherrschenden, prägenden Strukturen von Gesellschaften mit einem einzigen Begriff plastisch herauszustellen. Dies wurde und wird vielfach in Gegenüberstellung zu einem anderen, zumeist früheren, Gesellschaftstyp vorgenommen und hat, vorsichtig gehandhabt, durchaus eine Leitfunktion für daran anknüpfende differenzierende Analysen.

Seit Beginn der 1970er Jahre wurde die bis dahin vorherrschende Bezeichnung als industriell-bürokratische oder bürgerlich-kapitalistische Gesellschaft ergänzt durch Begriffe, die auf neue Ursachen des sozialen und kulturellen Wandels eingehen. Hierbei kam der „digitalen Revolution" und den damit einhergehenden Veränderungen zur „Informationsgesellschaft" bzw. zur „Netzwerkgesellschaft" (Castells 2001) ein wichtiger Stellenwert zu.

Für die gegenwärtige Gesellschaft der Bundesrepublik hat Achim Pongs (1999/2000) 24 Gesellschaftsbegriffe in aufschließenden Kurzanalysen und Porträts mit den Autoren dargestellt. Die Vielzahl der Begriffe zeigt, dass die dominanten Strukturmerkmale nicht mehr allein durch Industrie, Bürokratie oder Kapitalismus darstellbar sind. Auf nachhaltige Strukturveränderungen in allen Bereichen verweisen vor allem die Begriffe Informationsgesellschaft und Netzwerkgesellschaft.

Um 1970 zeichneten sich Strukturen einer „Informationsgesellschaft" (zur Definition vgl. Spinner 1998) ab. Seit 1971 gibt es Nachrichtensatelliten; seit 1978 Video und Kabelfernsehen; seit 1980 den Bildschirmtext; seit 1981 den PC usw. Durch die neuen Informationstechnologien veränderten sich die Produktionsstrukturen, die Arbeitsprozesse und Freizeitgewohnheiten ebenso wie Geräte und Gebrauchsgüter, die Verkehrssysteme und die Kommunikationsformen. Kein Bereich blieb vom Einsatz der Mikroprozessoren, der digitalisierten Steuerung und der immer stärkeren Vernetzung der audio-visuellen Medien unberührt. Die neuen Technologien und neuen Medien sind die Basis der Informationsgesellschaft, in der nicht nur die Individuen über ihren PC am dienstlichen und häuslichen Arbeitsplatz „online" mit allen möglichen Diensten und Informationsquellen verbunden sind, sondern eine Vielzahl von Arbeitsplätzen räumlich und zeitlich beliebig verlagert werden kann. Der „Cybercommuter" wurde möglich.

Ebenso umfassend sind die Auswirkungen auf Lernprozesse, auf Bildungs- und Ausbildungsinhalte, auf die Formen der Wahrnehmung (mit Übergewicht des Visuellen), auf Raum- und Zeitbewusstsein. Für den Alltagssprachgebrauch und eine zeitgerechte Allgemeinbildung ist ein völlig neues Vokabular einzuüben: Bit und Byte, CD-Rom und Cyberspace, Decoder und *e-mail,* Hacker und Internet, ISDN und Scanner seien hier als Beispiele genannt.

II. Theorien und Trends des sozialen Wandels

1. Definition

Unter sozialem Wandel wird die Veränderung der Sozialstruktur einer Gesellschaft oder einzelner ihrer Bereiche in einem bestimmten Zeitraum verstanden (vgl. Zapf 1984). Die Sozialstruktur einer Gesellschaft ist daher nur eine Momentaufnahme ihrer kontinuierlichen Veränderung. In dieser Perspektive ist jede soziologische Theorie und Analyse – ob über Familie, Stadt, Arbeit, Beruf u.a. – immer auch Theorie und Analyse des sozialen Wandels. Sozialer Wandel ist ein zusammenfassender Begriff für die Gesamtheit der Veränderungen im Normen- und Wertesystem, der Institutionen und Organisationen, der Ökonomie und Kultur, der Politik und Verwaltung, der Religion und der Kommunikation. Je nachdem, wie schnell sich – auch im Bewusstsein der Menschen – die Basisstrukturen einer Gesellschaft verändern, spricht man von einem langsamen oder beschleunigten sozialen Wandel. Sozialer Wandel wurde seit dem Werk *Social Change* (1922) von William F. Ogburn zu einem Grundbegriff der Soziologie (vgl. Ogburn 1967).

2. Theorien des sozialen Wandels

Der Begriff der relativ statisch gedachten Struktur und der Begriff des dynamischen sozialen Wandels verweisen auf ein altes Problem der Soziologie, das schon bei Auguste Comte (1798–1857) mit allen seinen Schwierigkeiten und Widersprüchen auftaucht: das von Statik und Dynamik in der Analyse der sozialen Wirklichkeit. Es ist empirisch und theoretisch nicht einfach und eindeutig erklärbar, ob sich ein bestimmtes soziales System bzw. die ganze Gesellschaft in einem relativ schnellen oder eher langsamen Wandel befindet. Ist dieses empirisch schon schwierig entscheidbar, so kommt hinzu, dass die Theorien als solche in sehr unterschiedlichem Maße zur Statik oder Dynamik von sozialen Systemen und Gesellschaften beitragen wollen: Eine marxistische Gesellschaftstheorie wird zum Beispiel herausstellen wollen, was der Umwandlung in eine sozialistische Gesellschaft hinderlich ist; eine mehr konservative Gesellschaftstheorie wird mit Wilhelm Heinrich Riehl (1823–1897) vor allem die „Mächte des Beharrens" in den Vordergrund der Analyse rücken.

Erschwerend kommt hinzu, dass die einzelnen Bereiche der Sozialstruktur unterschiedliche Entwicklungstempi aufweisen. Die Demokratisierung erfasst die Strukturen des politischen Systems in unterschiedlichem Ausmaß, ebenso wie die Partizipation und Mitbestimmung die Institutionen der Arbeit, der Bildung und Ausbildung. Der Wandel des generativen Verhaltens oder der Freizeitgewohnheiten zeigt schichtenspezifische Verlaufsformen. Es gibt, nach einem bekannten Wort des Kunsthistorikers Wilhelm Pinder, die „Gleichzeitigkeit des Ungleichzeitigen". Zum einen leben Menschen in sehr unterschiedlicher Weise in Gegenwart, Tradition und Vergangenheit; zum anderen gibt es kohortenspezifische Unterschiede des Epochen- und Zeitbewusstseins und damit verknüpfter Lebensstile.

Die Herausbildung einer speziellen Soziologie des sozialen Wandels darf nicht übersehen, dass die Soziologie wie auch die vorsoziologischen Gesellschaftstheorien stets nach den Ursachen und Auswirkungen gesellschaftlicher und institutioneller Veränderungen geforscht haben. Alle frühen gesellschaftswissenschaftlichen und soziologischen Theorien waren zugleich Versuche, den mit der Industriellen Revolution und der Vorherrschaft kapitalistischer Wirtschaftsformen und Sozialstrukturen beschleunigt einsetzenden Wandel der Normen und Bräuche, des Familienlebens und der Arbeitsbedingungen, der Herrschaftsstrukturen und Weltanschauungen zu erklären (zu den älteren Theorien des sozialen Wandels vgl. Dreitzel 1967).

Die Vielzahl der Theorien des sozialen Wandels (vgl. Dreitzel 1967; Zapf 1984; Scheuch 2003) kann wie folgt eingeteilt werden: evolutionistische und neo-evolutionistische Theorien; Struktur-Funktionalismus und Systemtheorie; marxistische Theorien; Theorien der sozialen Mobilisierung, der Modernisierung und der gesellschaftlichen Transformation; mikrosoziale Theorien der Veränderung von Biographien und Generationsdynamiken. In allen Theorien spielen Fragen nach den „eigentlichen" Ursachen des sozialen Wandels und ihren dominanten Bereichen: Ökonomie oder Technik (wie z.B. die „digitale Revolution"), Kultur oder Politik eine Rolle, in neueren Theorien auch die Berücksichtigung der Europäisierung und der Globalisierung der nationalen Sozialstruktur. Überwunden sind Theorien, die nur eine Ursache des sozialen Wandels hervorheben, wie z.B. die fortschreitende Arbeitsteilung bei Durkheim oder den Wechsel politischer Eliten zur Lenkung von Staat und Gesellschaft bei Pareto. Die Erklärungskraft der Theorien des sozialen Wandels und ihr prognostischer Gehalt dürfen nicht überschätzt werden, da es – wie Norbert Elias (1897–1990) betonte – mehr unvorhersehbare als vorhersehbare Folgen des sozialen Handelns gibt und die zugrunde liegenden Motive sich ebenso verändern oder umkehren können (einen Überblick zum Stellenwert des sozialen Wandels in gegenwärtigen soziologischen Theorien geben Jäger/Meyer 2003; Scheuch 2003).

3. Trends des sozialen Wandels

Für die Bundesrepublik Deutschland wie für vergleichbare Länder können seit der Durchsetzung der „Doppelrevolution" (Hobsbawm 1962), dem Zusammenwirken der politisch-sozialen und der industriell-technisch-wissenschaftlichen Revolution, folgende Trends als dominant für den sozialen Wandel genannt werden:

- der Trend zur Kapitalisierung der Eigentums- und Besitzverhältnisse (zunächst an Grund und Boden und schließlich des gesamten Produktivkapitals);
- der Trend zur Rationalisierung und Verwissenschaftlichung der Daseinsbedingungen (Helmut Schelsky sprach von der „wissenschaftlichen Zivilisation");
- der Trend zur Demokratisierung von Staat und Gesellschaft bzw. von Handlungsbedingungen in deren Institutionen;
- der Trend zur wohlfahrts- und sozialstaatlichen Absicherung der Daseinsbedingungen und Lebensrisiken (Invalidität und Arbeitslosigkeit; Gesundheitsvorsorge und Alterssicherung; Bildung/Ausbildung und Freizeitgestaltung). Insbesondere dieser Trend ist verknüpft mit einer „Verrechtlichung" (Justizialisierung) und der Bürokratisierung der Lebensbedingungen;
- der Trend, den Lebensstandard und die gegebenen Sozialchancen dauernd verbessern zu wollen („Revolution der steigenden Erwartungen");
- der Trend, (schwere) körperliche Arbeit durch Mechanisierung und Automatisierung der Arbeitsvollzüge ersetzen zu wollen;
- der Trend zu städtischen Formen der Siedlungs- und Lebensweise und der damit verbundenen Individualisierung von Lebensstilen;
- der Trend fortschreitender Trennung von Arbeitsplatz und Wohnung und damit verbunden die Entgegensetzung von Arbeitswelt und Freizeit.

Die Mehrzahl dieser Trends wird unter dem Begriff der *Modernisierung* von Sozialstruktur und Lebensstil zusammengefasst (vgl. Zapf 2001; dass auch die Entwicklung der Bundesrepublik seit dem Zweiten Weltkrieg unter dieser Kategorie analysiert werden kann, ist dem umfangreichen Forschungsbericht von Schildt/Sywottek, 1993 zu entnehmen). Inwiefern es berechtigt war und ist, nach der

Wiedervereinigung von einem *Modernisierungsrückstand* in den neuen Bundesländern zu sprechen, wird in nachfolgenden Analysen thematisiert. ?

4. Globalisierung als Megatrend?

Der Begriff *Globalisierung* ist nur dann aussagekräftig, wenn er die Spezifika einer neuen Form weltweiter Vernetzung und Abhängigkeit deutlich machen kann. Denn weltweite Handelsbeziehungen gibt es spätestens seit dem Beginn der Kolonialzeit Ende des 15. Jh.s und dem Aufbau entsprechender Handelsimperien und Weltreiche (z.B. das British Commonwealth). Es gibt kaum eine präzisere und frühere Analyse dieser ersten Stufe der Globalisierung unter den Vorzeichen des expansiven Kapitalismus als das von Friedrich Engels (1820-1895) und Karl Marx 1848 veröffentlichte „Kommunistische Manifest". Dort heißt es z.B.: „Die große Industrie hat den Weltmarkt hergestellt, den die Entdeckung Amerikas vorbereitet. Der Weltmarkt hat dem Handel, der Schiffahrt, den Landkommunikationen eine unermeßliche Entwicklung gegeben" (MEW, Bd. 4: 463, vgl. zu diesen Prozessen der Kapitalisierung und weltweiten Kommerzialisierung auch Immanuel Wallerstein, 1974/80). Diese Stufe der Globalisierung wurde wesentlich von den in diesem Zusammenhang entstehenden nationalen Volkswirtschaften und Nationalstaaten organisiert.

Das Besondere der gegenwärtigen, erst nach Beginn der „digitalen Revolution" ermöglichten Stufe der Globalisierung kann in folgenden Punkten gesehen werden (vgl. Beck 1997):

*   die Zunahme transnationaler Unternehmen, Investitionsströme und Finanzaktivitäten;
*   der über die Neuen Medien möglich gewordene Austausch von Informationen und Daten zu jeder Zeit und an jedem Ort; damit ist – um ein Beispiel zu geben – die Möglichkeit verknüpft, Datensätze aus einem deutschen Industrieunternehmen in einem indischen Haushalt, der „online" ist, verarbeiten zu lassen;
*   die Auswirkungen dieser Prozesse reichen bis zur lokalen Ebene (vgl. Dangschat 1996), und zwar nicht nur der *Global Cities* (Sassen 1994) als den „Orten der Kontrolle" weltumspannender Aktivitäten;
*   Globalisierungsprozesse beeinflussen die nationalen Politiken in erheblichem Umfang; die Wirtschaftsakteure werden von nationalen Politiken (Gesetzgebung, Steuerungssystem usw.) immer unabhängiger; der „staatsmonopolistische Kapitalismus" wird durch einen globalen abgelöst.

Im Maße der zunehmenden Verflechtung der „Ebenen Weltgesellschaft, Europa und Deutschland" (Hamm 1996: 6) steigt das Problem der Beeinflussbarkeit der Trends und der ungewollten Folgen des sozialen und kulturellen Wandels. Hatte die europäische Aufklärung des 18. Jh.s mit den sozialistischen Theorien des 19. und 20. Jh.s noch den Optimismus gemeinsam, dass sich „diese von Menschen gemachte Welt" (Giambattista Vico, 1668-1744) nach Vernunftprinzipien bzw. durch die „Erkenntnis des ökonomischen Bewegungsgesetzes der modernen Gesellschaft" (Karl Marx, Vorwort zur Erstauflage „Das Kapital"; MEW, Bd. 23: 15) einrichten und planen lasse, so wird gegenwärtig immer schwieriger entscheidbar, was noch vorausschauende politische Steuerung und was lediglich „Schadensbegrenzung" kaum beeinflussbarer Trends und neuer ökonomischer Machtzentren ist. Die Einbeziehung der *global players* in bestimmte politische Grundstrukturen und dem Gemeinwohl verpflichtete Ethiken will immer weniger gelingen (vgl. hierzu Global Trends 1997; Hamm/Neumann 1996).

5. Soziale Indikatoren und sozialer Wandel

In der Bundesrepublik ist seit Ende der 1960er Jahre die Diskussion um die Entwicklung sozialer Indikatoren (von lat. *indicare,* anzeigen, aufzeichnen, angeben) und einer fundierten Sozialberichterstattung intensiviert worden. Christian Leipert definierte *soziale Indikatoren* als „Kennziffern, die Urteile über den Zustand und die Veränderungen wichtiger sozio-ökonomischer Problembereiche der Gesellschaft erleichtern oder erst ermöglichen" sollen (1973).

Die Forschungsabsicht bei der Aufstellung gültiger sozialer Indikatoren und der mit ihr verknüpften Sozialberichterstattung kann wie folgt differenziert werden (vgl. Zapf 1974/75; Noll 1997):

*   eine der „wirtschaftlichen Gesamtrechnung" vergleichbare *„soziale Gesamtrechnung"* aufzustellen und über den sozialen Zustand einer Gesellschaft oder einzelner ihrer Systeme jederzeit umfassend Auskunft geben zu können;
*   bei der wissenschaftlichen Erforschung und Planung der „Lebensqualität" die notwendigen Grundlagen zu erarbeiten;
*   die Lücken im Informationssystem zwischen Wissenschaft und Praxis, Theorie und geplantem sozialen Wandel zu schließen;
*   mit Hilfe der Sozialberichterstattung Politiker, Administratoren und andere in die Lage zu versetzen, Nebenfolgen und Rückwirkungen von Reformvorhaben abzuschätzen;
*   den Wandel der Gesellschaft oder einzelner sozialer Systeme vermittels differenzierender sozialer Indikatoren empirisch fundierter als bisher kenntlich zu machen (vergleiche die Bände der Reihe „Soziale Indikatoren").

Der Zusammenhang der Entwicklung sozialer Indikatoren mit den Theorien des sozialen Wandels ist deutlich: Die sozialen Indikatoren sollen exakter als bisher den Wandel in einzelnen sozialen Bereichen und in der Gesellschaft anzeigen. Die Hauptschwierigkeit besteht wie bei der Sozialstrukturanalyse darin, eine begründete Auswahl zu treffen. Sollen die sozialen Indikatoren wirklich exakt messen, so bedarf es auch für „kleinere" soziale Bereiche, z.B. die Struktur der gegenwärtigen Kernfamilie, einer großen Zahl von Indikatoren. Hinzu kommen die vielen weiteren Schwierigkeiten der Erhebung, der Kontinuität in der Erhebung und der Aktualität der Veröffentlichung. Die „Sozialindikatoren-Bewegung" hat jedoch zu einer Verbesserung der *Sozialstatistik* auf Bundes-, Landes-, Kreis- und Gemeindeebene geführt. Eine wichtige Ergänzung und Vertiefung erfuhr sie durch die Verbesserung international vergleichender Sozialindikatoren, wie sie z.B. für die westeuropäischen Länder – wenn auch für das 19. Jh. zum Teil lückenhaft – für den Zeitraum 1815–1975 in zwei umfangreichen Datenhandbüchern vorliegen (Flora 1983, 1987).

III. Der Zusammenhang von sozialem und kulturellem Wandel

1. Autonomiezuwachs für das kulturelle System

Dass Kultur und Gesellschaft – bei aller gewonnenen Autonomie – in enger Wechselbeziehung stehen, ist Teil der Alltagserfahrung und des Alltagswissens, aber auch Bestandteil der zahlreichen wissenschaftlichen Disziplinen, die sich entweder intensiver mit der Gesellschaft, wie die Soziologie, oder mehr mit Kultur, wie die Kulturwissenschaften i.e.S., beschäftigen. Gesellschaftlicher Wandel ist insofern auch kultureller Wandel – und umgekehrt.

Mit der Systemtheorie von Niklas Luhmann lässt sich zwar verdeutlichen, dass auch die Kultur seit gut zweihundert Jahren zu jenen Bereichen gehört, die sich ausdifferenzieren und selbstreferentiell werden, d.h. ihre Evolution und ihre Themen vor allem aus den eigenen Strukturen und Prozessen schöpfen, doch die Verbindungen zu allen anderen Sozialsystemen einer Gesellschaft sind über die Wertorientierungen und kulturellen Hervorbringungen in diesen Systemen offenkundig. Aus umgekehrter Perspektive ließe sich also formulieren: Trotz aller „Interpenetrationen" des Kultursystems mit den einzelnen Gesellschaftsbereichen ist eine Eigendynamik und Selbstbezüglichkeit seit der Entwicklung moderner Nationalstaaten unverkennbar.

Friedrich Tenbruck (1919–1994) wies darauf hin, dass erst um 1800 die Begriffe Gesellschaft, Kultur und Geschichte zu Schlüsselbegriffen der Moderne wurden und die damit verbundenen Bereiche als eigenständig ins Bewusstsein traten: „Aus der Entstehung einer säkularen Kulturintelligenz, der Dauerproduktion von immer neuen Kulturgütern und der Eigendynamik dieser Kulturprozesse" sei die Verselbstständigung der Kultur hervorgegangen (1989: 84). Ebenso verhält es sich mit der Verselbstständigung der gesellschaftlichen Systeme i.e.S., wie entsprechende Schlüsselbegriffe (Kapitalismus, Industrialisierung, Klasse usw.) demonstrieren.

2. Die Wertbasis der Kultur bei Max Weber

Max Webers (1864–1920) Lebenswerk kann auch als Replik auf Marx und Engels und die noch zu seinen Lebzeiten immer dominanter werdende marxistisch-leninistische Geschichts- und Gesellschaftstheorie gesehen werden. Weber war von der *Wertphilosophie* Heinrich Rickerts (1863-1936) und Friedrich Nietzsches

(1844–1900) beeinflusst. Es sind letztlich Werte und Wertentscheidungen, zumal die religiös verankerten, die der Kultur- und Gesellschaftsentwicklung die Richtung weisen. Daher verwundert nicht, dass das größte geschlossene Teilwerk in Webers Oeuvre der Religionssoziologie gewidmet ist. Der bekannteste dieser Aufsätze, „Die protestantische Ethik und der Geist des Kapitalismus" (1963; zuerst 1905), enthält die Kernthesen Webers zu einer kulturwissenschaftlichen, wertbezogenen Gesellschaftstheorie. Auch der *Kapitalismus*, „die schicksalsvollste Macht des modernen Lebens" (aus der „Vorbemerkung" Webers zu o.g. Aufsatz), basiert auf religiös fundierten Wertbeziehungen und „einen spezifisch gearteten Rationalismus der okzidentalen Kultur" (ebda). Dieser Prozess fortschreitender Rationalisierung aller Lebensbedingungen und Sozialverhältnisse ist mit einem „Entzauberungsprozess" in der Weltdeutung und Daseinsauffassung verbunden.

Max Webers Soziologie hat neben der (zumeist impliziten) Frontstellung gegen Marx auch methodologische Probleme einer „Kulturwissenschaft" zum Ausgangspunkt. Diese war nicht nur gegen die Ansprüche des Historischen Materialismus gerichtet, sondern auch gegen die Naturwissenschaften und deren Objektivitäts- und Exaktheitsanspruch. Im 1903 erschienenen „Objektivitätsaufsatz" hieß es: „Wir haben als ‚*Kulturwissenschaften*' solche Disziplinen bezeichnet, welche die Lebenserscheinungen in ihrer Kulturbedeutung zu erkennen streben. Die Bedeutung der Gestaltung einer Kulturerscheinung und der Grund dieser Bedeutung kann aber aus keinem noch so vollkommenen System von Gesetzesbegriffen entnommen, begründet und verständlich gemacht werden, denn sie setzt die Beziehung der Kulturerscheinung auf Wertideen voraus. Der *Begriff der Kultur* ist ein Wertbegriff. Die empirische Wirklichkeit ist für uns ‚Kultur', weil und sofern wir sie mit Wertideen in Beziehung setzen, sie umfasst diejenigen Bestandteile der Wirklichkeit, welche durch jene für uns bedeutsam werden, und nur diese" (Weber 1968: 175).

Weber zeigt an Beispielen, dass ein und dasselbe Phänomen wie Tausch oder Geldwirtschaft, in unterschiedlichen Kulturen, z.B. der des Altertums oder „unserer sozialökonomischen Kultur", etwas anderes bedeuten, ebenso wie bei verschiedenen Klassen und Schichten. Der Begriff „sozialökonomische Kultur" beinhaltet aber auch, dass die gesamte Kultur unter die Dominanz von Tausch- und Geldbeziehungen geraten ist. Man mag darin eine Annäherung an den Standpunkt von Marx sehen, sollte aber den methodologisch völlig anderen Stellenwert nicht verkennen. Der kulturelle Faktor ist eben gegenüber der materiellen und ökonomischen Basis nicht nur im Rückstand, wie die von William F. Ogburn aufgestellte Theorie vom *cultural lag* behauptet, sondern ermöglicht durch den Wert- und Kulturwandel überhaupt erst den technischen und sozialen Wandel. Auch die Prozesse der Rationalisierung und Kapitalisierung der okzidentalen Kultur haben nach Max Weber ihre Basis in sich verändernden Werten.

3. Kultur, Zivilisation, Gesellschaft

„Der Mensch ist von Natur ein Kulturwesen", so hat der Anthropologe und Soziologe Arnold Gehlen (1904–1976) immer wieder betont (1993). Die Differenzierung des Menschen in ein Naturwesen und ein Kulturwesen hielt er vom Ansatz her für falsch, und damit auch die vor allem in der deutschen Geistes- und Kulturgeschichte so bedeutsame Unterscheidung von Kultur und Zivilisation.

Charakteristisch für die deutsche Geistes- und Kulturgeschichte, aber auch für die politische Geschichte seit Ende des 19. Jh.s war jedoch der prononcierte Gegensatz von *Kultur* und *Zivilisation*. Im Ersten Weltkrieg gingen die jungen Soldaten für *deutsche Kultur* und gegen französische oder angelsächsische *Zivilisation* in den Krieg. Die „Ideen von 1914" (Johann Plenge, 1874-1963) wurden als Ausdruck der deutschen Kultur den „Ideen von 1789" entgegengesetzt (besonders eindringlich in Thomas Manns „Betrachtungen eines Unpolitischen", 1919; in einer späteren Rückschau, „On Myself", sagte er über dieses Werk: „Das Buch war ein Protest gegen die Nivellierungstendenzen der heraufkommenden mechanischen Zivilisation und ihren ‚Aufstand der Massen', ein Protest gegen seelische Verödung, Geldherrschaft und Korruption").

Vor diesem geistes- und kulturgeschichtlichen wie soziologiegeschichtlichen Hintergrund ist die Leistung von Norbert Elias (1897–1990) um so höher einzuschätzen, wenn er den Begriff der Zivilisation zum Ausgangspunkt kulturspezifischer Entwicklungen und Verhaltensweisen macht (zusammenfassend Elias 2003). Im ersten Kapitel seines Buches „Über den Prozess der Zivilisation" (zuerst 1938), über die „Soziogenese der Begriffe ‚Zivilisation' und ‚Kultur'", schrieb Elias: „Der Begriff ‚Zivilisation' bezieht sich auf sehr verschiedene Fakten: auf den Stand der Technik, auf die Art der Manieren, auf die Entwicklung der wissenschaftlichen Erkenntnis, auf religiöse Ideen und Gebräuche. Er kann sich auch auf die Art des Wohnens oder des Zusammenlebens von Mann und Frau, auf die Form der gerichtlichen Bestrafung oder der Zubereitung des Essens beziehen (…)" (1997: 89).

Trotz der breiten Rezeption der Zivilisationstheorie von Norbert Elias hat sich sein die Dichotomien von Kultur und Zivilisation negierender Zivilisationsbegriff nicht durchgesetzt. Unter dem Einfluss des amerikanisch-angelsächsischen Kulturbegriffs, der Rezeption der amerikanischen Kulturanthropologie in der deutschen Soziologie nach 1945 hat sich der spezifisch deutsche Kulturbegriff zwar immer mehr dem englisch-amerikanischen angenähert, aber er hat die Differenz nicht aufgehoben. Unter „Zivilisation" werden im Deutschen seit der Entwicklung und Verbreitung dieses Begriffs Ende des 18. Jh.s vornehmlich zwei Bereiche verstanden: der des zivilisierten Verhaltens, vor allem auch in der damals entstehenden bürgerlichen Öffentlichkeit, und der Bereich der „äußeren" Kultur, ihr materielles Substrat, das seit eben dieser Zeit zunehmend durch Wissenschaft und Technik und die Technisierung der Arbeits- und Lebenswelt gekennzeichnet ist.

Hinsichtlich eines spezifischen soziologischen Kulturbegriffs ist neben dem Einfluss der Kulturanthropologie auch der des Strukturfunktionalismus zu nennen, namentlich von Talcott Parsons (1902-1979). Parsons unterschied drei miteinander verknüpfte Systeme, das kulturelle, das soziale und das personale. *Enkulturation* ist dann jener Prozess, in dem Individuen und soziale Gruppen an die Muster einer bestehenden Kultur angepasst werden, also vor allem durch *Sozialisation* und *Internalisierung* gegebener Werte und Normen in den verschiedenen Handlungsbereichen.

Unter diesen Voraussetzungen definierte Hans Joachim Klein (2003) Kultur wie folgt: „*Kultur*, von lat. colere = pflegen, zunächst im Sinne von ‚agricultura' = Bodenanbau, dann (schon bei Cicero, 106–43 v.Chr.) als ‚cultura' erweitert auf materielle und geistige Produkte und Fähigkeiten schlechthin. Heute versteht man unter Kultur die raum-zeitlich eingrenzbare Gesamtheit gemeinsamer materieller und ideeller Hervorbringungen, internalisierter Werte und Sinndeutungen sowie institutionalisierter Lebensformen von Menschen."

Und mit Wolfgang Lipp (1988: 239) kann ergänzt werden: „Kultur und Gesellschaft, Strukturen, Funktionen und Sinnbezüge, sind weder begrifflich noch konkret, im umfassenden soziokulturellen Geschehen, definitiv zu trennen. An die Stelle verengter spezialistischer Kulturbegriffe tritt, je näher man die Phänomene selbst betrachtet, notwendig ein ‚erweiterter Kulturbegriff', und man stößt auf den Sachverhalt, dass Kulturelles und Gesellschaftliches (…) ineinander verschachtelt sind."

Immer hat *Kultur* mit der spezifischen Prägung von Verhaltensweisen und Gesten, von Symbolen und Werten und allen damit verbundenen Formen der Tradition und Tradierung (Bildung) zu tun. Eine Abspaltung der kulturellen von der sozialen Sphäre ist nicht möglich; Gesellschaftswissenschaft kann eigentlich nur als *Kulturwissenschaft* im Sinne Max Webers betrieben werden. Trotzdem gibt es Bereiche, in denen – im Sinne Niklas Luhmanns – das *Kulturelle* gleichsam selbstreferentiell und Kultur als System (Bühl 1986) begreifbar wird, weil die Hervorbringung von Kultur in einem engeren Sinne, deren Vermittlung und Tradierung, vorrangiges Ziel des betrachteten Handlungssystems ist, wie z.B. in den hier gesondert betrachteten Bereichen des Bildungssystems und des religiös-kirchlichen Systems (über Kultur als Teil der bundesrepublikanischen und der DDR-Gesellschaftsgeschichte vgl. Glaser 1997; 2003).

Besteht Einigkeit darüber, dass Kultur und Gesellschaft ebenso eng zusammengehören wie Kultur und soziales Handeln, so ist gleichwohl auf eine *Kulturtheorie* als Gesellschaftstheorie zu verweisen, in der die Kultur und die von ihr ausgehenden „feinen Unterschiede" eine Sonderstellung einnehmen. Diese Theorie verbindet sich vor allem mit dem Namen von Pierre Bourdieu (1930–2002). Nach Bourdieu ist „Kultur keine unschuldige Sphäre, sondern das entscheidende Medium zur Reproduktion der Klassenstrukturen in spätkapitalistischen Konsumgesellschaften" (Müller 1986: 162). Müller bezeichnet Bourdieus Gesellschaftstheorie als eine soziokulturelle Klassentheorie, die den Zusammenhang zwischen Klassenlagen und -positionen, Bildungspartizipation, Kulturkonsum und Lebensstilen zum Gegenstand hat.

Literatur

Beck, Ulrich, 1996, Weltrisikogesellschaft, Weltöffentlichkeit und globale Subpolitik, in: *A. Diekmann/C. G. Jaeger*, Hg., Umweltsoziologie, Bd. 36 der KZfSS, S. 119–147

Beck, Ulrich, 1997, Risikogesellschaft. Auf den Weg in eine andere Moderne, 14. Aufl., Frankfurt (zuerst 1986)

Beck, Ulrich, 1997, Was ist Globalisierung? Frankfurt/M.

Bell, Daniel, 1975, Die nachindustrielle Gesellschaft, Frankfurt/New York (Orig. amerik. 1973), Neuausgabe 1996

Berger, Peter A., Stefan Hradil, Hg., 1990, Lebenslagen, Lebensläufe, Lebensstile, Sonderbd. 7 der Zeitschrift Soziale Welt, Göttingen

Bourdieu, Pierre, [15]2003, Die feinen Unterschiede. Kritik der gesellschaftlichen Urteilskraft, Frankfurt/M. (Orig. frz. 1979)

Bühl, Walter L., 1986, Kultur als System, in SH der KZfSS (*Neidhardt et al.*, Hg.), a.a.O., S. 118–144

Castells, Manuel, 2001, Der Aufstieg der Netzwerkgesellschaft, Opladen (Orig. amerik. 1996)

Coleman, James S., 1986, Die asymmetrische Gesellschaft. Vom Aufwachsen mit unpersönlichen Systemen, Weinheim/Basel

Dangschat, Jens, 1996, Lokale Probleme globaler Herausforderungen in deutschen Städten, in: *B. Schäfers/G. Wewer*, Hg., Die Stadt in Deutschland, Opladen, S. 31–60

Dreitzel, Hans Peter, Hg., 1967, Sozialer Wandel. Zivilisation und Fortschritt als Kategorien der soziologischen Theorie, Neuwied/Berlin

Eder, Klaus, Hg., 1989, Klassenlage, Lebensstil und kulturelle Praxis. Beiträge zur Auseinandersetzung mit Pierre Bourdieus Klassentheorie, Frankfurt/M.

Elias, Norbert, 1988, Über die Zeit, Frankfurt/M.

Elias, Norbert, 2001, Über den Prozeß der Zivilisation, 2 Bde., Frankfurt/M.

Elias, Norbert, 2003, Art. „Zivilisation", in: *B. Schäfers*, Hg., a.a.O., Opladen, S. 446–450

Flora, Peter, 1983, State, Economy and Society in Western Europe 1815–1975. A Data Handbook. Vol. I: The Growth of Mass Democracies and Welfare States, Frankfurt; Vol. II: The Growth of Industrial Societies and Capitalist Economies, Frankfurt/London/Chicago 1987

Fraser, Julius T., 1993, Die Zeit. Auf den Spuren eines vertrauten und doch fremden Phänomens, 3. Aufl., München (Orig. amerik. 1887)

Fürstenberg, Friedrich, „Sozialstruktur" als Schlüsselbegriff der Gesellschaftsanalyse, in: KZfSS Jg. 18/1966, S. 439–453

Gehlen, Arnold, 1993, Anthropologische und sozialspychologische Untersuchungen, 6.–7. Tsd., Reinbek bei Hamburg (zuerst 1986; Neuausgabe älterer rde-Bde.)

Geiger, Theodor, 1931, Art. „Gesellschaft" in: Handwörterbuch der Soziologie, hg. von *A. Vierkandt*, Stuttgart (Neuausg. 1959)

Geißler, Rainer, 2002, Die Sozialstruktur Deutschlands. Die gesellschaftliche Entwicklung vor und nach der Wiedervereinigung, 3. grundlegend überarb. Aufl., Wiesbaden

Giddens, Anthony, 1988, Die Konstitution der Gesellschaft. Grundzüge einer Theorie der Strukturierung, Frankfurt/New York (Orig. engl. 1984)

Giddens, Anthony, 1993, Tradition in der post-traditionalen Gesellschaft, in: Soziale Welt, H. 4, S. 445–482

Glaser, Hermann, 1997, Deutsche Kultur 1945–2000, München/Wien

Glaser, Hermann, 2004, Kleine deutsche Kulturgeschichte von 1945 bis heute, Frankfurt/M.

Glatzer, Wolfgang, 2002, Art. „Sozialstruktur" in: Wörterbuch der Soziologie, hg. von *G. Endruweit/G. Trommsdorff*, Bd. 3, Stuttgart, S. 534–538

Globale Trends 1998. Fakten, Analysen, Prognosen, hg. von *I. Hauchler/D. Messner/F. Nuscheler*, Frankfurt/M. 1997

Haller, Max, Hans-Jürgen Hoffmann-Nowotny, Wolfgang Zapf, Hg., 1989, Kultur und Gesellschaft. Verhandlungen des 24. Deutschen Soziologentages, Zürich 1988, Frankfurt/New York

Hamm, Bernd, 1996, Struktur moderner Gesellschaften. Ökonomische Soziologie Bd. 1, Opladen

Hamm, Bernd, Ingo Neumann, 1996, Siedlungs-, Umwelt- und Planungssoziologie, Ökologische Soziologie Bd. 2, Opladen

Hobsbawm, Eric, 1962, Europäische Revolutionen 1789–1848, Zürich (Orig. engl.)

Hradil, Stefan, 1987, Sozialstrukturanalyse in einer fortgeschrittenen Gesellschaft. Von Klassen und Schichten zu Lagen und Milieus, Opladen

Hradil, Stefan, Hg., 1992, Zwischen Bewusstsein und Sein. Die Vermittlung „objektiver" Lebensbedingungen und „subjektiver" Lebensweisen, Opladen

Jaeger, Wieland, Meyer, Hans-Joachim, 2003, Sozialer Wandel in soziologischen Theorien der Gegenwart, Wiesbaden

Joerges, Bernward, 1989, Technische Normen – Soziale Normen? In: Soziale Welt, 40. Jg., H. 1/2, S. 242-258

Klein, Hans-Joachim, 2003, Art. „Kultur", in: *B. Schäfers*, Hg., a.a.O., Opladen, S. 198-201

Leipert, Christian, 1973, Soziale Indikatoren. Überblick über den Stand der Diskussion, in: Konjunkturpolitik, Jg. 1973, H. 4, S. 204-256

Lenz, Karl, 2002, Makro- und Mikrosoziologie, in: Wörterbuch der Soziologie, hg. von *Günter Endruweit/Gisela Trommsdorff*, Stuttgart, S. 336f.

Linde, Hans, 1972, Sachdominanz in Sozialstrukturen, Tübingen

Lipp, Wolfgang, Friedrich H. Tenbruck, 1979, Zum Neubeginn der Kultursoziologie, in: KZfSS, Jg. 31, S. 393-398, Opladen

Lipp, Wolfgang, 1988, Was heißt eigentlich Kultur – und wozu ist sie gut? In: Der Bürger im Staat, Heft 4/1988: Kulturpolitik, Stuttgart, S. 676-687

Luhmann, Niklas, Hg., 1985, Soziale Differenzierung. Zur Geschichte einer Idee, Opladen

Luhmann, Niklas, 1997, Die Gesellschaft der Gesellschaft, 2 Bde., Frankfurt/M.

Lutz, Burkart, Hg. (im Auftrag der Deutschen Gesellschaft für Soziologie), 1987, Technik und sozialer Wandel. Verhandlungen des 23. Deutschen Soziologentages in Hamburg 1986, Frankfurt/M.

Meyer, Hansgünter, 1992, Sozialstruktur und Lebensstile. Zur Neuorientierung der Sozialstrukturforschung, in: *S. Hradil*, Hg., a.a.O., S. 57–66

Meyer, Hansgünter, 1998, Über Soziologie und Sozialstrukturforschung in der DDR, in: *ders./ I. Lötsch*, Sozialstruktur als Gegenstand der Soziologie und der empirischen Forschung. Beiträge zu einem Kolloquium in memoriam Manfred Lötsch, Berlin, S. 61-102

Müller, Hans-Peter, 1986, Kultur, Geschmack und Distinktion. Grundzüge der Kultursoziologie Pierre Bourdieus, in: *F. Neidhardt et al.*, Hg., a.a.O., S. 162-190

Neidhardt, Friedhelm, Lepsius, M. Rainer, Weiss, Johannes, 1986, Kultur und Gesellschaft, SH 27 der KZfSS, Opladen

Noll, Heinz-Herbert, Hg., 1997, Sozialberichterstattung in Deutschland. Konzepte, Methoden und Ergebnisse für Lebensbereiche und Bevölkerungsgruppen, Weinheim/München

Ogburn, William F., 1967, Die Theorie des „Cultural Lag", in: *H.P. Dreitzel*, a.a.O., S. 328-338

Sassen, Saskia, 1991, The Global City, New York et al.

Schäfers, Bernhard, 1998, Politischer Atlas Deutschland. Gesellschaft, Wirtschaft, Staat, 2. verb. Aufl., Bonn

Schäfers, Bernhard, Zapf, Wolfgang, Hg., 2001, Handwörterbuch zur Gesellschaft Deutschlands, 2. verb. u. erw. Aufl., Opladen

Schäfers, Bernhard, 2001, Gesellschaft der Bundesrepublik Deutschland 1945/49-1990, in: *B. Schäfers/ W. Zapf*, Hg., a.a.O., S. 238-247

Schäfers, Bernhard, Hg., 2003, Grundbegriffe der Soziologie, 8. verb. Aufl., Opladen

Schäfers, Eduard, 2003, Die Kosmopolitgesellschaft, unveröff. Ms., Karlsruhe

Scheuch, Erwin K., unter Mitarbeit von *Ute Scheuch*, 2003, Sozialer Wandel. Bd. 1: Theorien des sozialen Wandels; Bd. 2: Gegenwartsgesellschaften im Prozess des Wandels, Wiesbaden

Simmel, Georg, 1890, Über sociale Differenzierung. Sociologische und Psychologische Untersuchungen, in: *G. Schmoller*, Hg., Staats- und sozialwissenschaftliche Forschungen, Bd. 10, Leipzig, S. 109–297

Smelser, Neil J., Hg., 1988, Art. „Social Structure", in: Handbook of Sociology, hg. von *N.J. Smelser*, Newbury Park et al., S. 103–130

Spinner, Helmut F., 1998, Die Architektur der Informationsgesellschaft. Entwurf eines wissensorientierten Gesamtkonzepts, Bodenheim

Statistisches Bundesamt, Hg., 2002, Datenreport 2002. In Zusammenarbeit mit WZB und ZUMA, 2. aktual. Aufl., Bonn; online: http://www.destatis.de/download/veroe/datenreport02n.pdf (10.5.2004)

Statistisches Bundesamt, Hg., 2003, Statistisches Jahrbuch 2003 für die Bundesrepublik Deutschland, Wiesbaden

Strasser, Hermann, Randall, Susan C., 1979, Einführung in die Theorie des sozialen Wandels, Darmstadt/Neuwied

Tönnies, Ferdinand, 1963, Gemeinschaft und Gesellschaft. Grundbegriffe der reinen Soziologie, Darmstadt (Nachdruck der 8. Aufl. von 1935; zuerst 1887)

Wallerstein, Immanuel, The Modern World-System, Bd. I, New York et al. 1974, Bd. II, New York et al. 1980

Weber, Max, 1963, Die protestantische Ethik und der Geist des Kapitalismus, in: *ders.*, Gesammelte Aufsätze zur Religionssoziologie, Bd. I, Tübingen (Reprint der Ausgabe von 1920), S. 17–205

Weber, Max, 1968, Die „Objektivität" sozialwissenschaftlicher und sozialpolitischer Erkenntnis, in: *ders.*, Gesammelte Aufsätze zur Wissenschaftslehre, 3. Aufl., Tübingen, S. 146–214

Zapf, Wolfgang, Hg., 1974/1975, Soziale Indikatoren. Konzepte und Forschungsansätze, 3 Bde., Frankfurt/New York

Zapf, Wolfgang, Hg., 1984, Theorien des sozialen Wandels, 4. Aufl., Köln/Berlin (zuerst 1969)

Zapf, Wolfgang, 2001, Modernisierung und Transformation, in: *B. Schäfers/W. Zapf*, Hg., a.a.O., S. 492–502

Kapitel 2
Gründung und Grundlagen des bundes-republikanischen Staats- und Gesellschaftssystems

I. **Ausgangsbedingungen**
1. Bedingungslose Kapitulation
2. Die territoriale und demographische Situation

II. **Wiedererwachen des politischen Lebens**
1. Die Ausgangsbedingungen
2. Die Entwicklung in den westlichen Besatzungszonen
    2.1   Die Entstehung von CDU und CSU
    2.2   Die SPD und ihr Selbstverständnis
    2.3   Gemeinden und Länder als Rückhalt
3. Die Entwicklung in der SBZ. Gründung der DDR

III. **Gründung der Bundesrepublik Deutschland**
1. Voraussetzungen für einen neuen Gesellschaftsvertrag
2. Wirtschaftspolitische Einigung und die neue Wirtschaftsordnung („Soziale Marktwirtschaft")
3. Das Grundgesetz als neuer Gesellschaftsvertrag
    3.1   Wende in der Deutschlandpolitik 1948
    3.2   Rahmenbedingungen und Hauptstadtfrage
    3.3   Die Bundesrepublik als „demokratischer Verfassungsstaat"
    3.4   Grundgesetz, deutsche Einheit und soziale Grundordnung
4. Die Wahlen zum Ersten Deutschen Bundestag

IV. **Restauration und Neubeginn**

Literatur

I. Ausgangsbedingungen

1. Bedingungslose Kapitulation

Mit der bedingungslosen Kapitulation der deutschen Streitkräfte am 7. und 8. 5. 1945 in Reims und Berlin-Karlshorst verlor das Deutsche Reich nach einer umstrittenen Auffassung zwar nicht seine nationale Souveränität, faktisch aber alle Rechte und Möglichkeiten eines souverän handelnden Staates.

In der „Berliner Deklaration" vom 5. 6. 1945 der vier Oberbefehlshaber der alliierten Streitkräfte wurde auch formell die Regierungsgewalt in Deutschland durch die Vier Mächte (USA, UdSSR, Großbritannien, Frankreich) im *Alliierten Kontrollrat* übernommen und die Einteilung des (ehemaligen) Deutschen Reiches in vier Besatzungszonen und vier Berliner Sektoren endgültig festgelegt. Auch die Verwaltung wurde auf allen Ebenen von den Besatzungsmächten übernommen; wo Deutsche mit ihrer Wahrnehmung betraut wurden, geschah dies im Auftrag und unter Kontrolle der jeweiligen Besatzungsmacht. Deutsche Gerichte durften erst 1946 ihre Tätigkeit wieder aufnehmen.

Die bedingungslose Kapitulation war das Ende einer zwölfjährigen totalitären Gewaltherrschaft, die die Deutschen aus eigener Kraft nicht hatten beseitigen können. So war denn auch die Kapitulation für die einen die Besiegelung einer militärischen Niederlage in einem falsch geführten Krieg – für die anderen ein Akt der Befreiung von einer menschenverachtenden Diktatur und Hoffnung auf einen demokratischen Neubeginn. Doch ist es kaum möglich, die Bewusstseinslage der Deutschen bei Kriegsende, ihr Hoffen und Wollen, ihre Einschätzung der gegebenen und zu gestaltenden sozialen und politischen Situation auf einen Begriff zu bringen; zu unterschiedlich waren die Ausgangsbedingungen für jeden Einzelnen.

In den zahlreichen amerikanischen sozialwissenschaftlichen Untersuchungen zur Sozial- und Bewusstseinslage im Deutschland der unmittelbaren Nachkriegszeit werden die dominanten Lebensgefühle wie folgt beschrieben: introvertiert; apathisch; resigniert; gebrochener Lebenswille; Gefühl, „nun endgültig erledigt zu sein" (Braun/Articus 1984: 716).

Die Amerikaner machten deutlich, dass sie nicht als Befreier Deutschlands gekommen waren, sondern als Besatzer eines besiegten Feindstaates. So stand es in der für die amerikanische Besatzungspolitik grundlegenden Direktive JCS 1067 vom 26. 4. 1945; und so äußerten sich der Oberkommandierende der Alliierten Streitkräfte, General Dwight D. Eisenhower wie auch Präsident Harry S. Truman (der am 12. 4. 1945 den an diesem Tag verstorbenen Präsidenten Franklin D. Roosevelt abgelöst hatte). Die genannte Direktive enthielt auch das Verbot jeglicher politischen Betätigung der Deutschen, der Fraternisierung der Amerikaner mit Deutschen, Verbote zur Stabilisierung der Wirtschaft usw.

Da die Amerikaner davon ausgingen, zumindest 25–40 Jahre in Deutschland als Besatzungsmacht bleiben zu müssen, weil zuvor weder die von ihnen angestrebte totale Entnazifizierung noch die Parallelaktion der Re-Education erreicht sein könnten, gab es bis Ende 1947 kaum ermunternde Anzeichen dafür, einen neuen deutschen Staat zu gründen.

Jossif Stalin hingegen hatte in seiner Siegesrede vom 9. 5. 1945 erklärt, dass die UdSSR nicht die Absicht habe, Deutschland als Ganzes zu vernichten oder staatlich aufzuteilen. Aber in anderen Reden machte Stalin deutlich, wie er sich diese Einheit dachte: unter den Voraussetzungen der sowjetisch-sozialistischen Gesellschaftsordnung. So verwundert nicht, dass in der Sowjetischen Besatzungszone (SBZ) bald nach der Kapitulation vollendete Tatsachen geschaffen wurden. Hierzu gehörten die seit Juni 1945 intensiv vorbereitete, aber erst April 1946 endgültig vollzogene Vereinigung von KPD und SPD zur SED (Sozialistische Einheitspartei Deutschlands); die Zulassung von antifaschistischen Parteien und Gewerkschaften in der SBZ am 10.6.1945; die Schließung der Großbanken (23. 7. 45); die im September 1945 beschlossene Enteignung des Grundbesitzes von über 110 ha usw., die Schaffung von fünf Ländern, die am 22. 10. 1945 mit Gesetzgebungsrecht ausgestattet wurden. Schon an diesen Maßnahmen der Herbeiführung vollendeter Tatsachen in der SBZ wird deutlich, dass sich die Alliierten weder vor noch nach Kriegsende auf ein gemeinsames Konzept der Deutschlandpolitik einigen konnten.

Der am 5. 6. 1945 errichtete Alliierte Kontrollrat hatte zwar „Entscheidungen über alle Deutschland als Ganzes betreffenden wesentlichen Fragen" zu treffen, und dies einstimmig, aber die Basis für gemeinsame Entscheidungen war schmal – und blieb es auch nach der so wichtigen Konferenz von Potsdam (17. 7.– 2. 8. 1945; Teilnehmer: Winston Churchill, ab 28. 7. durch den Labour-Premier Clement Attlee ersetzt; Stalin und Truman). Die Konferenz hatte zwar den Neuaufbau des demokratischen Lebens in Deutschland zugestanden, aber die Auffassungen von Demokratie bei den drei westlichen Besatzungsmächten und in der UdSSR waren fundamental verschieden.

Für die von Anfang an geringe Konsensbasis der Alliierten im Hinblick auf die in den vier Besatzungszonen zu verfolgende Politik sind unter anderem folgende Gründe zu nennen:

- Die völlig unterschiedlichen Interessen der Alliierten in den von ihnen verwalteten Besatzungsgebieten. Während – aus territorialen Gründen – bei Frankreich und der UdSSR Sicherheitsinteressen im Vordergrund standen, ebenso Fragen der Reparationen und Kriegsentschädigung, hatten Amerika und England, wie schon nach dem Ersten Weltkrieg, ein vordringliches Interesse daran, Deutschland durch entsprechende Maßnahmen in die Gemeinschaft der demokratischen Staaten zurückzuführen;
- die Sonderrolle Frankreichs. Frankreich wurde zwar ein Besatzungsgebiet zugestanden, aber es blieb von der Potsdamer Konferenz ausgeschlossen; es fühlte sich daher auch nicht in allem an die Beschlüsse der Potsdamer Konferenz gebunden und hatte zudem erhebliche Schwierigkeiten mit der politischen Situation im eigenen Land, aber auch in seinen Kolonien.

Es gab also keinen einheitlichen politischen Willen, der sich auf Deutschland als Ganzes konzentrierte, im Gegenteil: Die Besatzungspolitik wurde mehr und mehr zum Anlass, die aus den unterschiedlichen Gesellschaftssystemen und Staatsordnungen der Alliierten resultierenden Differenzen zu Vehikeln des sich abzeichnenden Kalten Krieges werden zu lassen. Bereits am 12. 5. 1945 hatte Churchill ein warnendes Telegramm an Truman gesandt und seiner Sorge über den „Eisernen Vorhang" Ausdruck gegeben (das Dokument ist abgedruckt in: Kleßmann 1982: 349). Populär wurde der Ausdruck „Eiserner Vorhang" erst durch Churchills Reden in Fulton/USA (März 1946) und Zürich (September 1946). Eine der letzten gemeinsamen Aktionen der vier Alliierten war der im November 1945 begonnene Hauptkriegsverbrecherprozess in Nürnberg, der am 1. 10. 1946 durch Verkündigung der Urteile abgeschlossen wurde (vgl. dtv-Dokumente: Das Urteil von Nürnberg 1946: 297f.).

2. Die territoriale und demographische Situation

Eine Grundvoraussetzung für die Staaten- und Nationenbildung ist die territoriale Integrität; nach dem 8. 5. 1945 war diese für Deutschland nicht mehr gegeben. Im Osten des Deutschen Reiches waren Gebietsverluste die Folge. Die deutschen Gebiete östlich der Oder-Neiße-Grenze wurden formell unter sowjetische und polnische Verwaltung gestellt, faktisch aber diesen Staaten einverleibt. Die deutschen Ostgebiete umfassten insgesamt 114 296 km² und hatten 1939 9,6 Mio. Einwohner; der geringere Teil mit 13 205 km² (und 1939 1,16 Mio. Einwohner) fiel unter sowjetische, der restliche Teil mit 101 091 km² unter polnische Verwaltung.

Doch auch im Westen des ehemaligen Deutschen Reiches waren die Grenzen nicht unstrittig. Unabhängig davon, dass Elsass und Lothringen an Frankreich zurückfielen und das Saarland bis zum 1. 1. 1957 verwaltungsmäßig und wirtschaftlich angegliedert wurde, erhob Frankreich Grenzgarantien und Gebietsforderungen zu seiner Sicherheit.

Eine besonders gravierende Einschränkung der gesellschaftlichen und staatlichen Erneuerung lag in der Zerstörung der Städte, denen für die Staatenbildung in Europa – und nicht nur hier – immer eine besondere Bedeutung zugekommen war. Auf insgesamt 131 deutsche Städte waren Großangriffe aus der Luft geflogen worden (in Berlin allein 29-mal); die Zentren einiger großer Städte waren zu etwa vier Fünfteln völlig zerstört, z.B. Köln, Mainz, Würzburg, Dresden, Hamburg, Münster, Hannover, Kassel, Berlin, Düsseldorf. Für einige Städte, z.B. Hannover und Dresden, wurde ernsthaft der Vorschlag erwogen, sie an der bisherigen Stelle nicht wieder aufzubauen (vgl. die Dokumentationen zum Bombenkrieg bei von Beyme 1987; Groehler 1990; Friedrich 2002).

Um eine vergleichbar chaotische territoriale und demographische Situation aufzuzeigen, muss man in der deutschen Geschichte in die Zeit des 30-jährigen Krieges zurückgehen. In wenigen Stichworten sei versucht, die Situation nach 1945 zu beschreiben:

- Ein großer Strom an Flüchtlingen und Vertriebenen, der in diesen Dimensionen nicht seinesgleichen in der deutschen Geschichte hat, verteilte sich höchst disproportional auf die existente Siedlungsstruktur, d.h. v.a. auf die ländlichen Räume. Nach den Ergebnissen der ersten (wohl kaum sehr zuverlässigen) Volkszählung vom 29.10.1946 wurden in den drei Westzonen 5,9 Mio. Vertriebene und Flüchtlinge gezählt (bis zum 1. 10. 1949 kamen nochmals 1,7 Mio. hinzu). In allen vier Besatzungszonen betrug bis zum 1. 4. 1947 die Zahl der Vertriebenen, Flüchtlinge und Zwangsaussiedler 10,1 Mio. In Schleswig-Holstein z.B. nahm bis 1946 die Bevölkerung gegenüber 1939 um 62 % zu, in Niedersachsen und Bayern um 37 resp. 24 %;
- die Rückkehr der Evakuierten zog sich über viele Jahre hin, Ende 1944 sollen es ca. 9 Mio. gewesen sein; noch am 1. 4. 1947 gab es unter den 65,9 Mio. Menschen der vier Besatzungszonen 3,1 Mio. Evakuierte;
- auf dem Gebiet der Bundesrepublik lebten 1939 39,4 Mio. Menschen, 1946 bereits – trotz der hohen Kriegsverluste unter Soldaten und der Zivilbevölkerung – 43,9 Mio.;
- ein Evakuierungsproblem besonderer Art stellten die sog. *Displaced Persons* (DPs) dar; bei Kriegsende sollen sich 8–10 Mio. dieser Personen in Deutschland befunden haben, der Großteil von ihnen ins Reich verschleppte Zwangsarbeiter (allein von Mai bis Sept. 1945 wurden 4,6 Mio. DPs repatriiert, im Frühjahr 1947 gab es in den vier Zonen immer noch rund eine Mio. DPs);
- die Disproportionalität des Frauen- und Männeranteils an der Gesamtbevölkerung war äußerst gravierend: Am 1. 4. 1947 kamen auf 100 Männer 125

Tabelle 1 Herkunft der Vertriebenen und nationalen Flüchtlinge 1945–1947 in den vier Besatzungszonen (in 1000)

Herkunftsländer		Anzahl
aus	den deutschen Ostgebieten	6 944
	Ostpreußen	1 935
	Ostpommern	1 432
	Ostbrandenburg	424
	Schlesien	3 153
aus	deutschen Siedlungsgebieten im Ausland	4 786
	Baltische Staaten	170
	Danzig	284
	Polen	672
	Tschechoslowakei (v.a. Sudetendeutsche)	2 921
	Ungarn	287
	Jugoslawien	287
	Rumänien	246
zusammen:		11 730

Quelle: Brockhaus-Enzyklopädie in 20 Bänden, Bd. 19/1974

Frauen; in der Altersgruppe der 25- bis 45-Jährigen betrug um 1950 der Frauenanteil auf 100 Männer 164 (Köllman 1983);
- nach der Volkszählung vom 29. 10. 1946 gab es in den drei westlichen Besatzungszonen für 13,7 Mio. Haushalte nur 8,2 Mio. Wohnungen.

II. Wiedererwachen des politischen Lebens

1. Die Ausgangsbedingungen

Die Not der Nachkriegszeit führte zur Dominanz kleingruppenhafter, familien-
und verwandtschaftsbetonter Sozialverhältnisse. Die schlechten bzw. nicht vorhandenen Verkehrsmöglichkeiten, die weitgehende Zwangsbewirtschaftung, die
Suche nach Wohnraum, die große Bedeutung des Naturaltausches und des
Schwarzmarktes und Beschränkungen der Freizügigkeit reduzierten das ökonomische und soziale Leben auf lokale und enge regionale Grenzen.

So verwundert nicht, dass es in der Bevölkerung an den erforderlichen Möglichkeiten, aber auch Interessen und Einstellungen fehlte, über den Tag hinaus zu
denken und zu planen.

Die Absperrung der Besatzungszonen untereinander (mit Grenzen und Schlag-
bäumen) und die unklare Situation sowohl im Hinblick auf die Besatzungspolitik
der Vier Mächte als auch in den einzelnen Besatzungszonen waren keine günstigen Voraussetzungen für ein neues politisches und parteipolitisches Leben. Ab
August 1945 wurden zwar demokratische Parteien und als verlässlich geltende
Zeitschriften, Zeitungen und Rundfunksender lizenziert, doch der Handlungsspielraum muss als eng und undurchsichtig bezeichnet werden.

Die politische Situation nach der bedingungslosen Kapitulation war für die deutsche Bevölkerung noch viel undurchschaubarer als für die alliierten Politiker/Mi-
litärs in Deutschland, die häufig auch nicht wussten, wie weit ihre Kompetenzen
in der Auslegung und Handhabung der Direktiven reichten. Daher resümiert
Theodor Eschenburg (1983: 402) völlig zu Recht: „Deutsche Politiker, die den
Ehrgeiz hatten, eine profilierte Rolle bei der Entstehung eines zukünftigen
Deutschland zu spielen, befanden sich im Jahre 1945 in einer keineswegs benei-
denswerten Lage. Sie standen im Kreuzfeuer höchst divergierender Konzeptio-
nen der Alliierten, und es erforderte schon prophetische Gaben, um die künftige
Kräftekonstellation richtig einzuschätzen."

Vor allen anderen besaß Konrad Adenauer (1876–1967), 1919–1933 Oberbürger-
meister von Köln und populärer Zentrums-Politiker der Weimarer Republik, die
politische Gabe, sich die Neugestaltung Deutschlands in neuen Grenzen vorstellen zu können. In einem Brief vom Oktober 1945 (abgedruckt in: Kleßmann
1982: 425) stellte Adenauer unter anderem heraus, dass die Trennung in ein von
Russland beherrschtes Osteuropa und in ein von Frankreich und England domi-
niertes Westeuropa eine Tatsache sei, dass die „Schaffung eines zentralisierten

Einheitsstaates nicht möglich" sein werde; dass „der nicht von Russland besetzte Teil Deutschlands ein integrierender Teil Westeuropas" sei; dass „dem Verlangen Frankreichs und Belgiens nach Sicherheit auf die Dauer nur durch wirtschaftliche Verflechtung von Westdeutschland, Frankreich, Belgien, Luxemburg, Holland wirklich genüge geschehen" könne.

2. Die Entwicklung in den westlichen Besatzungszonen

2.1 Die Entstehung von CDU und CSU

Die wohl erstaunlichste und für die weitere politische Entwicklung in den drei Westzonen und Westsektoren wichtigste parteipolitische Entwicklung in der unmittelbaren Nachkriegszeit ist die Auflösung bzw. Umstrukturierung des Zentrums (der Zentrumspartei, nach 1870/71 Partei des politischen Katholizismus) und die damit zusammenhängende Gründung von CDU/CSU. Die Bedeutung dieser Neugründungen für die Konsolidierung der sozialen und politischen Verhältnisse, als Sammelpartei des bürgerlichen, des christlich-gewerkschaftlichen wie des konfessionellen Lagers – aber nun in einer überkonfessionellen Partei – kann kaum überschätzt werden (zur Geschichte der christlich-demokratischen und christlich-sozialen Bewegungen in Deutschland seit dem 19. Jahrhundert vgl. Rüther 1989).

Erstaunen muss, noch vor Kriegsende, die Gleichzeitigkeit der Bestrebungen an verschiedenen Orten, von denen für die spätere CDU die wichtigsten Köln (Karl Arnold, ab Ende August 1945 Konrad Adenauer), Berlin (Jakob Kaiser, Ernst Lemmer, Andreas Hermes) und Frankfurt sind. Für die CSU ist Würzburg der Gründungsort (10. 10. 1945), das Zentrum der weiteren Entwicklung jedoch München. In beiden Fällen, bei CDU und CSU, wirkten Gedanken des *Christlichen Sozialismus** auf die Parteiprogramme ein.

Der Name CDU geht auf Andreas Hermes zurück, dem „die Protestanten nur halben Herzens zustimmten" (Eschenburg 1983: 187). Aber „die Wahl des Wortes ‚christlich' entsprach der religiösen Renaissance jener Zeit, zugleich löste sie aber auch das Problem, den Namen für eine überkonfessionelle Partei zu finden, die in der deutschen Geschichte bis dahin eine unbekannte Erscheinung war" (Eschenburg 1983: 201).

Im August 1945 begrüßten die katholischen Bischöfe die Bildung einer überkonfessionellen christlichen Partei und sprachen sich gleichzeitig gegen die Wiedergründung des Zentrums aus. Einige Wochen später signalisierte auch eine Konferenz der evangelischen Landeskirchen in Treysa Wohlwollen. Damit waren die Weichen für eine „aus dem Stand" höchst erfolgreiche Parteigründung gestellt. Im „Ersten Aufruf vom 20. 6. 1945 an das Deutsche Volk" forderten die Parteigründer die Verstaatlichung der Bodenschätze und der so genannten Monopol- und Schlüsselindustrien. Aber das Privateigentum wurde, wie auch im Ahlener Programm der CDU vom Februar 1947, ausdrücklich bejaht. Damals lag die CDU/CSU nicht nur im Trend der Renaissance christlicher Werte, sondern auch der allgemeinen antikapitalistischen Zeitströmung, denn in den Antizipationen einer neuen gesellschaftlichen und wirtschaftlichen Ordnung spielten der Sozialismus bzw. der Anti-Kapitalismus eine nicht unbedeutende Rolle.

2.2 Die SPD und ihr Selbstverständnis

Die Konsensbasis für den Begriff *Sozialismus* scheint in der unmittelbaren Nachkriegszeit breiter gewesen zu sein als die für Demokratie. Sofern nicht, wie z.B. in Teilen der SPD, vor allem aber in der KPD, der Zusammenhang von Sozialismus und Demokratie programmatisch als unauflöslich angesehen wurde, ist daran zu erinnern, dass Demokratie als Begriff nicht ausschließlich positiv wertbesetzt war. Zu gut war das Scheitern der Weimarer Parteiendemokratie in Erinnerung oder hatten die Denunziationen der Demokratie während der Weimarer Republik und der Nazi-Herrschaft Spuren hinterlassen. Bei Vielen war noch die Überzeugung vorherrschend, dass Demokratie und „welscher" Individualismus und Liberalismus zusammengehörten – und eben nicht deutscher Tradition und Gemeinschaftsauffassung entsprachen. Demokratie als Begriff hatte also nicht jene Magnetwirkung und Integrationskraft, die sich heute mit ihm verbinden.

Dass die künftige Gesellschaftsordnung eine sozialistische sein würde und sein müsse, wurde nicht nur als Konsequenz aus dem totalen Zusammenbruch bzw. dessen Ursachen „abgeleitet", sondern als Quintessenz geschichtsphilosophischer Betrachtungen geradezu postuliert. So schrieb der Ökonom Heinz Dietrich Ortlieb in einem Aufsatz über „Sozialismus gestern, heute und morgen" in der für das Wiedererwachen des intellektuellen, politischen und kulturellen Lebens wichtigen Zeitschrift DER RUF (l. Jg. Nr. 6, Nov. 1946): „Die nun einige Menschenalter währende geistig-politische Auseinandersetzung um den Sozialismus kann heute wohl als zugunsten des Sozialismus entschieden angesehen werden (...). Zwar führen die Neo-Liberalisten, die heutigen Verfechter einer freien Verkehrswirtschaft, den Kampf gegen den Sozialismus fort, sie sind aber (...) (vor allem auch in der wirtschafts-politischen Praxis; B.S.) in die Verteidigung gedrängt" (vgl. auch die Schrift von Alexander Mitscherlich, Alfred Weber, Freier Sozialismus, Heidelberg 1946).

Überraschen muss deshalb, dass der SPD, als ältester deutscher Partei und als einziger, die – nach bereits erfolgter Ausschaltung der Kommunisten – dem „Ermächtigungsgesetz" (24. 3. 1933) Hitlers nicht zugestimmt hatte, auf Grund dieser epochaltypischen, den Sozialismus begünstigenden Konstellationen nicht die unbestrittene politische Führungsrolle zukam.

Die SPD war vor 1933 ihren Mitgliedern so etwas wie eine Heimat, da sie „für nahezu alle Vereinsbedürfnisse ihrer Mitglieder besondere sozialistische Organisationen bereithielt" (Eschenburg 1983: 172). Im Mai 1946 hatte die SPD in den Westzonen 600 Tsd. eingeschriebene Mitglieder. Obwohl viele Intellektuelle eintraten (wie 1967ff.), gelang damals „der beabsichtigte Einbruch in die neuen und alten Mittelschichten so gut wie gar nicht" (ders.: 180).

In ihrem ebenso geachteten wie energischen Vorsitzenden Kurt Schumacher (1895-1952) hatte die SPD eine Symbolfigur des Widerstandes im Dritten Reich wie auch des Anti-Totalitarismus und damit eben auch des Anti-Kommunismus an ihrer Spitze, einen im In- und Ausland viel beachteten Sprecher der Deutschen nach der Kapitulation. So erklärte Kurt Schumacher am 5. 10. 1945: „Im Sinne der deutschen Politik ist die Kommunistische Partei überflüssig. Ihr Lehrgebäude ist zertrümmert, ihre Linie durch die Geschichte widerlegt." Und im Mai 1946: „Es gibt keinen Sozialismus ohne Demokratie, ohne die Freiheit des Erkennens und die Freiheit der Kritik. Es gibt auch keinen Sozialismus ohne Menschlichkeit und ohne Achtung vor der menschlichen Persönlichkeit." Er fügte aber auch hinzu: „Wie der Sozialismus ohne Demokratie nicht möglich ist, so ist umgekehrt eine wirkliche Demokratie im Kapitalismus in steter Gefahr" (Informationen zur politischen Bildung, Heft 157/1974: 15).

2.3 Gemeinden und Länder als Rückhalt

Das politische Leben konkretisierte sich zunächst in Kommunalwahlen, die ab April und Mai 1946 in der amerikanischen und in der britischen Zone sowie im Oktober 1946 in der französischen Zone stattfanden. Der Aufbau der politischen Grundstrukturen von der Gemeinde über die Länder zu einem (möglichen) Gesamtstaat entsprach auch den angelsächsisch-amerikanischen Vorstellungen von der Bedeutung der gemeindlichen Basis für eine stabile politische Kultur.

Theodor Eschenburg (1974: 64ff.) betonte zu Recht, dass trotz der Niederlage, dem Zerfall des Reiches, der Zerschlagung Preußens und der Besatzung die Verwaltungseinheiten und bürokratischen Strukturen auf den Ebenen Gemeinde, Kreis und Land im Wesentlichen bestehen geblieben waren. Diese Strukturen bezeichnete Eschenburg als „bürokratischen Rückhalt". Insbesondere der Gemeinde, als der untersten Verwaltungseinheit und dem unmittelbaren Lebensraum der Menschen, kam die Aufgabe der Linderung der Not und des Wiederaufbaus zu.

Neben den Gemeinden waren es vor allem die Länder, die vor der Konstituierung der Bundesrepublik als Staat für die Erfordernisse des Wiederaufbaus die notwendige Vorsorge trafen. In der amerikanischen Besatzungszone wurden schon am 18.9.1946 die Länder Bayern, Großhessen und Württemberg-Baden gebildet. In der britischen Besatzungszone entstanden Anfang 1947 aus den vier ehemaligen preußischen Provinzen die Länder Niedersachsen, Nordrhein-Westfalen und Schleswig-Holstein. In der französischen Besatzungszone kam es 1945/46 zur Gründung der Länder Baden, Württemberg-Hohenzollern und Rheinland-Pfalz.

Im November/Dezember 1946 wurden in der amerikanischen Zone per Volksabstimmung die von den jeweiligen Landesversammlungen ausgearbeiteten Landesverfassungen für Bayern, Württemberg-Baden und Hessen verabschiedet. Bis Mai 1947 folgten auch die Länder der französischen Zone. Schwieriger gestaltete sich die Situation in der britischen Zone. Bis auf Hamburg erhielten die genannten drei Länder erst nach Verabschiedung des Grundgesetzes (23. 5. 1949) ihre Verfassungen.

Bei den Landtagswahlen zwischen Oktober 1946 und Oktober 1947 erreichte die CDU/CSU mit 6,55 Mio. Stimmen vor der SPD mit 6,07 Mio. knapp die Mehrheit. In den Landesverfassungen spielten Fragen der Wirtschaftslenkung und der so genannten „Lebensordnungsrechte" für die Familie, für Unterricht und Bildung und für die Ausgestaltung der sozialen Rechte – wie das Recht auf Arbeit – eine viel größere Rolle als im späteren „Grundgesetz für die Bundesrepublik Deutschland". Auch die Regelung der wirtschaftlichen Mitbestimmungsfragen oder das Verbot der Aussperrung – wie in der Hessischen Verfassung – spiegeln die Diskussionen um die Neugestaltung und Einheit des sozialen, politischen, wirtschaftlichen und kulturellen Lebens dieser Zeit wider.

3. Die Entwicklung in der SBZ. Gründung der DDR

Die Grenzen der späteren SBZ (Sowjetischen Besatzungszone) wurden von den Alliierten seit 1943 diskutiert und am 18. 2. 1944 vereinbart. Die Besatzungstruppen der Amerikaner zogen sich seit Mai 1945 aus den von ihnen erkämpften westlichen Teilen des SBZ-Territoriums zurück, um dafür die Einrichtung von zwei (später, unter Einschluss der Franzosen, drei) Westlichen Sektoren in Berlin, das zunächst von der Roten Armee allein besetzt war, zu erreichen.

Die auf der Potsdamer Konferenz erzielten Gemeinsamkeiten einer Politik für Gesamtdeutschland wurden bald ein Opfer der unterschiedlichen Interessen der Alliierten und des heraufziehenden Kalten Krieges; so begann die „Sowjetisierung" der SBZ faktisch mit Kriegsende. Hierzu seien einige Daten genannt (vgl. z.B. Kleßmann 1982: 535ff.):

- 29.4.1945: Rückkehr der „Gruppe Ulbricht" aus Moskau (benannt nach Walter Ulbricht, 1893–1973, einem führenden Funktionär der KPD seit der Weimarer Republik), Neuaufbau der KPD;
- 9. 6. 1945: Bildung der Sowjetischen Militäradministration in Deutschland (SMAD) mit Sitz in Berlin;
- Herbst 1945: Bodenreform; entschädigungslose Enteignung des Großgrundbesitzes („Junkerland in Bauernhand"), des ehemaligen Staates, der NSDAP, der Wehrmacht und großer Industrie- und Handelsunternehmen;
- 22. 4. 1946: Zwangsvereinigung von SPD und KPD zur „Sozialistischen Einheitspartei Deutschlands" (SED);
- 17. 8. 1946: SMAD-Befehl Nr. 253 regelt, dass Arbeiter, Angestellte, Frauen, Jugendliche „gleichen Lohn für gleiche Arbeit" erhalten;
- 9. 3. 1948: die Deutsche Wirtschaftskommission übernimmt die zentrale Lenkung und Leitung der Wirtschaft der SBZ;
- auf die Durchführung der Währungsreform in den drei westlichen Besatzungszonen und in den Westsektoren Berlins (18.–20. 6. 1948) wurde mit der Sperrung der Zufahrtswege nach West-Berlin reagiert. Beginn der Luftbrücke der Westalliierten am 26.6.1948 (bis 12.5.1949);
- 24.–28. 6. 1948: Währungsreform in der SBZ;

- 7. 10. 1949: Gründung der Deutschen Demokratischen Republik; 15. 10. 1949: Aufnahme diplomatischer Beziehungen zur UdSSR.

III. Gründung der Bundesrepublik Deutschland

1. Voraussetzungen für einen neuen Gesellschaftsvertrag

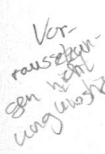

In den bisherigen Ausführungen stand die Perspektive im Vordergrund, dass es nach der bedingungslosen Kapitulation eigentlich unmöglich war, in relativ kurzer Zeit wieder einen souveränen deutschen Staat gründen zu können. Im Folgenden ist nun zu verdeutlichen, dass die Voraussetzungen für einen neuen Gesellschaftsvertrag nicht ungünstig waren – und dies zum Teil unabhängig von den weltpolitischen Konstellationen des Kalten Krieges.

Der Nationalsozialismus, der Zweite Weltkrieg und die Nachkriegszeit hatten soziale Klassen und Schichten miteinander in Berührung gebracht, die vorher in jeder Beziehung stark segregiert waren. Berufs- und lokalspezifische Milieus waren durch die Auswirkungen des Nationalsozialismus wie der Nachkriegszeit entweder verschwunden oder in ihrer Besonderheit eingeebnet, das galt insbesondere für die Arbeiterbewegung als Kultur, der ihre Basis durch die sich wechselseitig verstärkenden Wirkungen der Gleichschaltung, des Krieges, der Vertreibung und den Programmen der Sozialen Marktwirtschaft – z.B. im Wohnungsbau – gleichermaßen entzogen wurde.

Kriegs- und Nachkriegszeit führten zur Depossedierung (Eigentumsenteignung und Eigentumsverlust) breiter Bevölkerungskreise, in bürgerlichen und großbürgerlichen Schichten. Hierzu zählten viele Vertriebene und Flüchtlinge, aber auch die Ausgebombten oder die nach dem Sturz des Nazi-Regimes aus hohen und gutbezahlten Partei- und Regierungsämtern, Militär- und Kriegsämtern vertriebenen Funktionäre. Dieser Tatbestand der Depossedierung wirkte zusammen mit anderen Faktoren als Element der Nivellierung zuvor höchst heterogener sozialer und politischer Strukturen. Im Einzelnen sind folgende Faktoren zu nennen, die dem politischen Konsens förderlich waren:

- Die Ausgliederung spezifischer Regionalstrukturen: „der protestantisch ostdeutschen Landwirtschaft, des katholischen schlesischen Industriegebietes, der sächsisch-thüringischen Industrie- und Gewerbegebiete, der altpreußisch-mecklenburgischen Agrarregionen, Berlins in der Funktion der Reichshauptstadt" (Lepsius 1983: 11f.).
- Die für Deutschland einst so bedeutsame Konfessionsspaltung verlor durch Krieg und Kriegsfolgen, vielleicht schon durch die Bedrängung der Kirchen im Dritten Reich, an Bedeutung. Der Anteil der Katholiken betrug im Deutschen Reich 1939 genau ein Drittel an der Gesamtbevölkerung (Protestanten 60,8%). Auf dem Territorium der Bundesrepublik war dieser Anteil bis 1950 auf 44,3% gestiegen; gegenüber den Protestanten (1950 51,5%; Flora 1983)

konnte nunmehr von einer quasi-paritätischen Konstellation ausgegangen werden.

• Entgegen einer verbreiteten Auffassung wurden die Elite-Positionen „in Politik, Verwaltung, Wirtschaft, Verbänden und Kultur insgesamt gesehen gründlicher umbesetzt bzw. neu besetzt als 1933 oder 1918/19. Am wenigsten galt das für die Kirchenleitungen und führende Positionen an den Hochschulen; am deutlichsten wurde es in Regierung, Parlament und den Parteien" (Kocka 1979: 157).

• Die für die neuere deutsche Geschichte so schicksalsvollen Rollen der Großgrundbesitzerklasse wie des preußischen Staates und des preußischen Militarismus waren ausgespielt und für die Neugründung der Bundesrepublik nicht mehr strukturbestimmend.

• Die traditionale deutsche Dreigliederung des Gewerkschaftssystems wurde nach 1945 nicht restauriert. Die bereits vor 1933 aktiven Bemühungen um die so genannte Einheitsgewerkschaft konnten nach dem Krieg, nicht zuletzt dank der intensiven Bemühungen von Hans Böckler, verwirklicht werden.

• Proletariat und Arbeiterkultur hatten bald nach 1945, im „Schmelztiegel" der Kriegs- und Nachkriegszeit und weiterer Entwicklungsfaktoren, nicht mehr die integrative Kraft einer selbstständigen, klassenspezifischen Teilkultur wie noch in der Weimarer Republik.

• Entsprechende, die Chancen für einen neuen (demokratischen) Gesellschaftsvertrag erhöhende Veränderungen waren im Kleinbürgertum vor sich gegangen.

• Erstmals in der deutschen Geschichte konnte die Demokratie als einzig mögliche Regierungs- und Staatsform auch in den besitzenden Oberschichten, im Beamtenbund, aber auch bei den Kirchen, akzeptabel gemacht werden und damit war, so schien es, der deutsche Sonderweg beendet (der Sonderweg der „verspäteten Nation", wie Helmuth Plessners bekannte These lautete).

2. Wirtschaftspolitische Einigung und die neue Wirtschaftsordnung („Soziale Marktwirtschaft")

Bemühungen um die Durchsetzung einer bestimmten Wirtschaftsordnung wurden in der unmittelbaren Nachkriegszeit hartnäckiger verfolgt als Gedanken um eine politische und verfassungsmäßige Neuordnung, die unter den gegebenen Umständen zunächst als Angelegenheit der Gemeinde- und Landesebene angesehen wurde. Das Wirtschaftssystem hatte seine eigene Dynamik, und die weltwirtschaftlichen Verflechtungen wie die weltpolitischen Auseinandersetzungen waren im hochsensiblen Wirtschaftssystem vielleicht direkter spürbar und umsetzbar als in den politischen Strukturen.

Auch die Programmatiken des wieder erwachenden parteipolitischen und des gewerkschaftlichen Lebens, der Institutionen und Verbände konzentrierten sich sehr stark auf die Wirtschaftspolitik und die damit verknüpfte Eigentums-, Vermögens- und Umverteilungspolitik. Die wirtschafts- und gesellschaftspolitischen

Diskussionen dieser Zeit gipfelten in der Frage, ob die Gefahren der künftigen Ordnung eher von einem schrankenlosen Liberalismus oder von einer sich totalitär entwickelnden Planwirtschaft kommen würden. Verband sich der Liberalismus – als die zentrale Wirtschaftstheorie der bürgerlichen Gesellschaft – seinem Wortursprung und Pathos nach mit der Freiheit jedes Individuums, so die Planwirtschaft mit dem Gedanken, dass die völlige Freiheit bei allen Prozessen der Produktion und der Distribution zu Kapitalismus (und damit zum Einsatz des Kapitals ausschließlich nach Profitgründen) führen müsse; die Grundbedürfnisse der Mehrzahl der Menschen könnten deshalb nur durch planvolle Vorsorge befriedigt werden.

Es ist an dieser Stelle nicht möglich, die Gründe aufzuführen, die zur allmählichen Akzeptanz des Neo-Liberalismus (in Form des Ordo-Liberalismus) führten. Am 20. 6. 1948 kam es zur Währungsreform und zur Abschaffung breiter Bereiche der Zwangsbewirtschaftung (zur Durchsetzung der Sozialen Marktwirtschaft ausführlich Ambrosius 1977). Vorbehalte der Alliierten, vor allem der USA, gegenüber Sozialismus, Planwirtschaft und Verstaatlichung und außenpolitische Determinanten ergänzten und unterstützten sich.

Wichtiger waren die klaren wirtschaftspolitischen Ordnungsvorstellungen einiger neo-liberaler Theoretiker der Marktwirtschaft, z.B. eine Schrift von Alfred Müller-Armack (1901–1978) über „Wirtschaftslenkung und Marktwirtschaft", Soziale Marktwirtschaft genannt (entsprechend einer Kapitelüberschrift des Buches von 1947). Ludwig Erhard (1897–1977), zunächst Leiter der „Sonderstelle Geld und Kredit des Wirtschaftsrates" und seit dem 2. 3. 1948 Direktor der Verwaltung für Wirtschaft des Vereinigten Wirtschaftsgebietes, übernahm diesen Begriff und „machte daraus eine gängige Parole" (Eschenburg 1983: 439).

Für die Entwicklung der (späteren) Bundesrepublik war von großer Bedeutung, dass die Grundzüge der Wirtschaftspolitik entwickelt waren und Eingang in die Praxis gefunden hatten, bevor die Bundesrepublik als Staatswesen existierte. So kann man Hans-Peter Schwarz zustimmen, wenn er resümierte: „Die Bundestagswahl von 1949 war denn auch in der Tat eine Art Plebiszit über die Wirtschaftsordnung. Es ging zugunsten der marktwirtschaftlich orientierten Parteien aus" (1974: 59).

Neben der im Grundgesetz verankerten „freiheitlich-demokratischen Grundordnung" (Art. 18; 21) waren und sind es die Prinzipien der „Sozialen Marktwirtschaft", auf denen das Selbstverständnis der Bundesrepublik als eines politisch-sozialen Gemeinwesens beruht. In einer Denkschrift Müller-Armacks von 1947 wurden als Betätigungsfelder „künftiger sozialer Gestaltung" u.a. genannt:

a) „Schaffung einer sozialen Betriebsordnung, die dem Arbeitnehmer (…) ein soziales Mitgestaltungsrecht einräumt, ohne dabei die betriebliche Initiative und Verantwortung des Unternehmers einzuengen.

b) Verwirklichung einer als öffentliche Aufgabe begriffenen Wettbewerbsordnung (…).

c) Befolgung einer Antimonopolpolitik zur Bekämpfung möglichen Machtmissbrauches in der Wirtschaft.

d) Durchführung einer konjunkturpolitischen Beschäftigungspolitik" (abgedruckt in: Müller-Armack 1974).

Die Soziale Marktwirtschaft überzeugte durch ihren Erfolg. Das brachten auch die für die weitere Wirtschafts- und Gesellschaftspolitik der Bundesrepublik so wichtigen „Düsseldorfer Leitsätze" der CDU vom 15. Juli 1949 (also noch vor der ersten Bundestagswahl) zum Ausdruck. Dort hieß es u.a.: „Der 20. Juni 1948 brachte den Umschwung. Die von der CDU vertretene Wirtschaftspolitik führte zu einer wirtschaftspolitischen Wende. Die menschliche Arbeit erhielt wieder ihren Sinn (...) Die industrielle Produktion stieg rasch und steil an und erreichte in wenigen Monaten eine Verdoppelung. Die Aufhebung der Bezugsscheinwirtschaft gab dem Verbraucher wieder die Freiheit zurück (...) Die Läden füllten sich, Mut, Kraft und Energie wurden entfacht und das ganze Volk aus dem Zustand der Lethargie gerissen". Die „Düsseldorfer Leitsätze" waren eine klare Absage an das Ahlener Programm vom Februar 1947, in dem noch eine Teil-Sozialisierung und -Lenkung der Wirtschaft festgeschrieben waren.

Der Erfolg der Sozialen Marktwirtschaft war die wichtigste Grundlage für die Integration heterogener Bevölkerungsschichten in die neue Gesellschaft der Bundesrepublik, der Flüchtlinge und Vertriebenen, der verschiedenen Klassen und Schichten. Wenn auch die soziale Not von bestimmten Bevölkerungsgruppen in diesen Anfangsjahren nicht übersehen werden kann, so der Kriegerwitwen, zahlreicher Rentnergruppen, großer Teile der weiblichen Berufstätigen, so ist doch kaum vorstellbar, dass eine andere Wirtschaftsordnung bessere Resultate erzielt hätte. Auch die „lohnabhängige Bevölkerung" konnte seit Etablierung der Sozialen Marktwirtschaft spürbare Verbesserungen ihres Realeinkommens und damit ihres Lebensstandards und ihrer Wohnsituation verzeichnen. In ihrem Wahlverhalten signalisierte sie eine prinzipielle Zustimmung zur neuen Wirtschafts- und Gesellschaftsordnung.

Dass die vor allem von Ludwig Erhard konzipierte und couragiert durchgesetzte Währungsreform vom 20. Juni 1948 zum entscheidenden Umbruch in der Nachkriegsgeschichte führte und die Konsensbasis für die neue Wirtschaftsordnung schnell breiter wurde, hatte letztlich Ursachen, die mehr in epochal-typischen Phänomenen als in gänzlich neu geschaffenen Bedingungen lagen. In Bezug auf Walt W. Rostows „Stadien des wirtschaftlichen Wachstums" (1960) war Deutschland bereits in den 1920er Jahren in das Zeitalter des Massenkonsums eingetreten, in Entwicklungen, die durch den Zweiten Weltkrieg zwar unterbrochen, aber nicht aufgehoben waren und die nun zum raschen Ausbau einer modernen Konsumgesellschaft führten.

Wenn auch der von der Wirtschaftspolitik und wirtschaftlichen Einigung ausgehende Aufbau der westdeutschen Staatlichkeit wesentlich durch die bürgerlichen Parteien, vor allem CDU/CSU und FDP vorangetrieben wurde, so darf der Beitrag der SPD zu dieser Entwicklung nicht unterschätzt werden. Auch die SPD hatte sich ab 1947/48 nicht mehr gesträubt, in den Westzonen gegenüber der SBZ einen Sonderweg zu beschreiten. Das wurde nicht nur durch die Schaffung vollendeter Tatsachen in der SBZ bewirkt. Diese stießen in der westdeutschen

Bevölkerung auf breite Ablehnung und Empörung und waren zusammen mit den Entwicklungen in den deutschen Ostgebieten eine Grundlage des wachsenden Antikommunismus und des Kalten Krieges.

Kurt Schumacher selbst propagierte die Vorstellung von der Magnetwirkung, die von demokratischen und prosperierenden Westzonen auf die SBZ ausgehen müsse. Schumacher in einer Rede 1947: „Es ist realpolitisch vom deutschen Gesichtspunkt kein anderer Weg zur Erringung der deutschen Einheit möglich als diese ökonomische Magnetisierung des Westens (...). Es ist vermutlich ein schwerer und vermutlich langer Weg (...)" (Vorstand der SPD, 1953: 26f.).

Auch wenn mit diesen Sätzen Schumachers kein Bekenntnis zur Sozialen Marktwirtschaft verbunden war (das erfolgte erst im Godesberger Programm der SPD von 1959), so hatte doch die Hervorhebung der ökonomischen Prosperität und Schumachers positive Einstellung zur demokratischen Nation der USA ihre eigene implizite Unterstützung der seit 1948 in Gang gekommenen wirtschaftlichen Dynamik und des westdeutschen staatlichen Sonderweges mitbewirkt.

3. Das Grundgesetz als neuer Gesellschaftsvertrag

3.1 Wende in der Deutschlandpolitik 1948

Die politischen Aktivitäten auf Gemeinde- und Länderebene führten seit 1947 zu einer zunehmenden Akzeptanz des parlamentarischen Lebens. Hierzu gehörte auch die Parlamentarisierung des wirtschaftlichen Lebens auf überzonaler Ebene.

Am 25. Juni trat in Frankfurt/Main der Wirtschaftsrat zusammen, ein aus 54 Abgeordneten bestehendes parlamentarisches Gremium, das praktisch die wirtschaftliche Vereinigung der englischen und der amerikanischen Zone (Bi-Zone; acht Länder umfassend) bedeutete (der im Februar 1948 gebildete „Zweite Wirtschaftsrat" hatte 104 Mitglieder: 40 CDU/CSU; 40 SPD; 8 FDP; 6 KPD; 4 DP; 4 Zentrum; 2 Wirtschaftliche Aufbauvereinigung). Doch die entscheidenden strukturellen Änderungen für zwei sich auf unterschiedlicher Basis entwickelnde Staaten erfolgten im Jahre 1948. Neben den bereits genannten – wie Währungsreform; *Berliner Blockade* – sind folgende Ereignisse dieses Jahres zu nennen:

- Am 20. März zerbrach der Alliierte Kontrollrat und damit die gemeinsame Basis der vier Besatzungsmächte im Hinblick auf die Neuordnung Deutschlands;
- über den *Marshall-Plan* (im Rahmen des April 1948 beschlossenen Auslandshilfegesetzes der USA) erhielt Deutschland bis Mitte 1949 über 600 Millionen Dollar in Form von Waren, insgesamt 1,5 Milliarden DM. Benannt ist der Plan nach dem General und Außenminister der USA in den Jahren 1947–49, George Marshall (1880–1959);
- am 1. Juli 1948 wurden in Frankfurt/Main von den drei westalliierten Militärgouverneuren den Ministerpräsidenten der Länder in den Westzonen die „Londoner Empfehlungen" einer im Frühjahr abgehaltenen Sechsmächtebe-

sprechung (Benelux-Länder, USA, Frankreich, Großbritannien) überreicht (seither „Frankfurter Dokumente" genannt), die u.a. die Einberufung einer verfassungsgebenden Versammlung bis zum 1.9.1948 forderten;
- am 1.August wurde die Bizone durch Einschluss der französischen Zone zur Trizone erweitert („Trizonesien");
- vom 10. Juli bis zum 1.August tagte in Schloss Herrenchiemsee der Verfassungskonvent zur Vorbereitung der Arbeit des Parlamentarischen Rates, der die Verfassung auszuarbeiten hatte (vgl.: Auf dem Weg zum Grundgesetz 1998);
- am 1.September trat der Parlamentarische Rat in Bonn zusammen, um über eine Verfassung für einen zu bildenden deutschen Teilstaat zu beschließen. Dem Parlamentarischen Rat gehörten 65 Mitglieder an, die von den 11 Landtagen gewählt waren: je 27 von der CDU/CSU und der SPD; fünf von der FDP; je zwei von der Deutschen Partei, vom Zentrum und der KPD, dazu fünf Vertreter Berlins mit beratender Stimme.

3.2 Rahmenbedingungen und Hauptstadtfrage

Im Hinblick auf die auszuarbeitende Verfassung war im Dokument 1 der Frankfurter Dokumente als Rahmen verbindlich festgelegt worden: „Die verfassungsgebende Versammlung wird eine demokratische Verfassung ausarbeiten, die für die beteiligten Länder eine Regierungsform des föderalistischen Typs schafft, die am besten geeignet ist, die gegenwärtig zerrissene deutsche Einheit schließlich wieder herzustellen und die Rechte der beteiligten Länder schützt, eine angemessene Zentralinstanz schafft und Garantien der individuellen Rechte und Freiheiten enthält" (vgl. Entstehungsgeschichte der Artikel des Grundgesetzes, 1951).

Auf Grund der Arbeit des Parlamentarischen Rates konnte am 23. 5. 1949 das Grundgesetz der Bundesrepublik Deutschland verkündet werden (über die politischen und sozialen Kräfte, die auf seine Entstehung einwirkten, vgl. Sörgel 1985, mit einem umfangreichen Dokumentationsteil; Niclauß 1982; Handbuch 1983). Als das Grundgesetz am 24. 5. 1949 in Kraft trat, war die Bundesrepublik Deutschland gegründet. Vorbehalte der Alliierten, im Besatzungsstatut niedergelegt, galten weiter. Erst im Zusammenhang des deutschen Einigungsprozesses erlangte die Bundesrepublik durch den „Vertrag über die abschließende Regelung in Bezug auf Deutschland" („Zwei-plus-Vier-Vertrag") vom 12.9.1990 ihre volle Souveränität zurück.

Die beabsichtigte Vorläufigkeit der neuen Staatsordnung kam nicht nur im Namen „Grundgesetz" – statt Verfassung – zum Ausdruck, sondern auch in einer vorangestellten „Präambel". Am 12. Mai 1949 war bereits die Entscheidung mit 33 gegen 29 Stimmen gefallen, Bonn und nicht Frankfurt zur vorläufigen Hauptstadt der Bundesrepublik zu machen.

Auch mit der Wahl Bonns sollte das Vorläufige des Staatsgebildes zum Ausdruck kommen. Im Einigungsvertrag vom 31. 8. 1990 heißt es in Art. 2: „Hauptstadt Deutschlands ist Berlin". In einer Sondersitzung des Deutschen Bundestages am

20. 6. 1991 wurde dem nach kontroverser Diskussion zugestimmt. Berlin sollte nicht nur Hauptstadt, sondern auch Regierungssitz sein. Die Mehrzahl der Ministerien ist inzwischen nach Berlin umgezogen. Der Bundespräsident verlegte bereits 1993 seinen Amtssitz dorthin.

In der sowjetischen Besatzungszone verlief die Entwicklung fast parallel: Am 7. Oktober 1949 wurde die Verfassung der Deutschen Demokratischen Republik verkündet und (Ost-) Berlin zur Hauptstadt der DDR erklärt.

3.3 Die Bundesrepublik als „demokratischer Verfassungsstaat"

Die im Grundgesetz verfasste Staatsordnung der Bundesrepublik ist dem Staatstypus „demokratischer Verfassungsstaat" zuzuordnen, der sich von England und Frankreich ausgehend zunächst in West- und Nordeuropa und in Nordamerika verbreitet hat. Ohne hier auf die Frage näher einzugehen, ob mit der Weimarer Reichsverfassung von 1919 bereits der Anschluss an die 1848/49 unterbrochene Tradition der westlichen Verfassungsgeschichte wieder voll erreicht wurde, war der Grundkonsens für die demokratisch-parlamentarisch fundierte Staats- und Gesellschaftsordnung 1948/49 sicher breiter als 1918/19.

Bei allen an der Verfassung beteiligten Personen und Parteien – ausgenommen die KPD – bestand Konsens darüber,

- dass ein demokratischer Verfassungsstaat als parlamentarische Demokratie zu gründen sei;
- dass dieser Staat ein gewaltenteilender Rechtsstaat und föderaler Bundesstaat sein müsse;
- dass die Sicherung der Freiheitsrechte der Bürger Vorrang habe;
- dass die Handlungsfähigkeit und zugleich die Kontrolle der Exekutive zu sichern sei (bei gleichzeitiger Ausschaltung plebiszitärer Elemente);
- dass grundlegende Prinzipien des neuen Gesellschaftsvertrages nicht abgeändert werden dürfen (Art. 79, Abs. 3 GG), das Grundgesetz aber gleichwohl für den gesellschaftlich-geschichtlichen Wandel offen und flexibel sein müsse.

3.4 Grundgesetz, deutsche Einheit und soziale Grundordnung

Eine Frage, die bei allen Diskussionen um die einzelnen Artikel des Grundgesetzes implizit und explizit eine Rolle spielte (vgl. Entstehungsgeschichte, 1951), war die nach der Offenheit des neuen Gesellschaftsvertrages im Hinblick auf die in der Präambel zum Grundgesetz betonte „nationale und staatliche Einheit". Das Grundgesetz, so hieß es in der Präambel, soll „dem staatlichen Leben für eine Übergangszeit eine neue Ordnung geben" (zur Änderung der Präambel und einiger Art. im GG durch den Einigungsprozess vgl. Kap. 3).

Die SPD hielt am längsten an der Vorstellung fest, dass der zu schaffende Staat ein Provisorium sei – und dies noch zu einer Zeit, als sich die anderen Parteien, vor allem Adenauer, längst auf die Teilstaatlichkeit eingestellt hatten. In der damaligen Einstellung der SPD zum Transitorischen des neuen Staates liegt auch einer der Gründe, die sozialstaatliche Komponente (vgl. Art. 20, Abs. 1 und Art. 28, Abs. 1 GG) wie die wirtschaftliche Grundordnung nicht weiter zu konkretisieren.

Carlo Schmid (1896–1979), einer der Väter des Grundgesetzes (es gab auch vier „Mütter"), schrieb in seinen „Erinnerungen" (1979: 373f.): „Auch gegen die von vielen gewünschte Einführung so genannter sozialer Grundrechte, an denen die Weimarer Verfassung so reich gewesen ist, habe ich mich energisch gewehrt, waren sie doch nichts anderes als Programme oder Tautologien oder Kennzeichnungen der Zustände, die bei vernünftigem Umgang mit den klassischen Grundrechten aus den politischen Auseinandersetzungen hervorgehen sollten." Einen anderen, wohl ebenso wichtigen Grund nannte er nicht: dass die SPD wie auch die CDU/CSU darauf hofften, aus den anstehenden ersten Bundestagswahlen als Sieger hervorzugehen und dann im Zuge der Gesetzgebung auf die Entwicklung des Sozialstaates und die wirtschaftliche Grundordnung konkret einwirken zu können.

4. Die Wahlen zum Ersten Deutschen Bundestag

Am 14. August 1949 fanden die Wahlen zum ersten Parlament der Bundesrepublik Deutschland statt. Die Wahlbeteiligung betrug 78,5 %.

Tabelle 2 Ergebnis der Wahlen zum ersten Deutschen Bundestag 1949

Partei	Stimmenanteil	
	in %	Sitze[1]
CDU/CSU	31,0	139
SPD	29,2	131
FDP	11,9	52
Bayernpartei	4,2	17
Deutsche Partei (DP)	4,0	17
KPD	5,7	15
Wirtschaftliche Aufbauvereinigung	2,9	12
Zentrum	3,1	10
Extreme Rechte	1,8	5
Südschleswigsche Wählervereinigung	0,3	1

[1] Eine Fünf-Prozent-Sperrklausel auf Bundesebene gab es noch nicht

Hoffnungen auf eine Große Koalition zerschlugen sich bald nach der Wahl. Konrad Adenauer betrieb systematisch seine Kanzlerschaft und untermauerte den Führungsanspruch der CDU. Es kam schließlich zur kleinen Koalition von CDU/CSU – FDP – DP. Die CDU/CSU war zusammen mit der FDP schon deshalb im Vorteil, auch gegenüber den Alliierten, weil sie die Mehrheit im Frankfurter Wirtschaftsrat und mit Adenauer den Vorsitzenden und Sprecher des Parlamentarischen Rates gestellt hatte. Mit Adenauer an der Spitze der neuen Regierung zeichnete sich bald ab, was später „Kanzlerdemokratie" genannt wurde.

IV. Restauration und Neubeginn

Die Restaurationsthese wurde schon im Herbst 1946 in DER RUF von Hans Werner Richter vertreten: Nach Kriegsende sei nicht, wie es doch zu erwarten war, eine Revolution über dieses Land hinweggegangen, sondern es habe „lediglich eine behördlich genehmigte Restauration stattgefunden".

In der gleichen Zeitschrift ist aber vom gleichen Autor nachzulesen, dass ihm die „revolutionäre" Entwicklung in der SBZ auch nicht gefiel. Wie also hätte die Revolution aussehen können und welcher Handlungsspielraum bestand überhaupt auf deutscher Seite dafür? Man darf auch folgende, psychologisch und sozialpsychologisch höchst wichtigen Tatsachen nicht aus dem Blick verlieren, wenn Behauptungen über einen falschen oder restaurativen Neubeginn aufgestellt werden: Auf der einen Seite waren es die extreme Notlage, mit Kälte- und Hungerkrisen, der beginnende Kalte Krieg und die durch die Entwicklung in der SBZ und den deutschen Ostgebieten mitverursachte Angst vor einer Sowjetisierung, die für einen revolutionären oder sozialistischen Neubeginn nicht gerade als ideale Ausgangsvoraussetzungen anzusehen sind (auch wenn idealistische Überzeichnungen der Anfangssituation dies nicht wahrhaben wollen), auf der anderen Seite war der Nationalsozialismus, trotz der irrigen Behauptung von der „Stunde Null", nicht einfach verschwunden, sondern in Personen und Institutionen, Gesinnung und Weltanschauung immer noch präsent.

Hierin und in der breiten Beteiligung aller Bevölkerungsschichten am Nationalsozialismus liegt auch eine der Ursachen für die Zurückweisung der *Kollektivschuld*. Diese Voraussetzungen trugen dazu bei, über das Gewesene den Mantel des Vergessens und Schweigens zu hüllen und nicht die Gegenwart, auch nicht die familiäre und nachbarschaftliche, mit der Permanenz der Infragestellung und Verdächtigung zu belasten. Zudem gab es die Entnazifizierung und den Kriegsverbrecherprozess in Nürnberg – das Übrige war Alltagswelt, Irrtum, Irreführung und nicht der „wahre" Nationalsozialismus, an den man geglaubt hatte. So verwundert es nicht, dass sich die Aufarbeitung von Schuld und Vergehen bis in die Gegenwart hinzieht und erst in den 1980er Jahren die Universitäten, die Medizin und den Richterstand voll erreichte.

Es waren zwei, allenfalls drei Jahre, die Zeit von 1948 bis 1950/51, in denen die Grundlagen des neuen Gesellschaftsvertrages gelegt wurden, Überzeugungskraft gewannen und zu einer insgesamt erstaunlich schnellen Konsolidierung und Institutionalisierung auf der nun geschaffenen Basis führten. Dabei darf neben positiver Zustimmung natürlich das uninteressierte Gewährenlassen der neuen Ordnung durch jene breiten Bevölkerungskreise nicht unerwähnt bleiben, deren a-politische Ohne-mich-Haltung und materialistische Einstellung sowohl die Durchsetzungsfähigkeit der neuen Ordnung wie die der restaurativen Tendenzen zumindest passiv ermöglichten.

Ein sehr wichtiges Element der Restauration lag in dem Tatbestand, dass die wirtschaftliche Grundordnung gut 15 Monate vor Verwirklichung der demokratischen und sozialstaatlichen Ordnung vollendete Tatsachen schuf. Aber das für die Soziale Marktwirtschaft so wichtige Monopolproblem war ungelöst wie andere Fragen der Wirtschafts-, Eigentums- und Vermögensordnung. Das Funktionieren der marktwirtschaftlichen Ordnung, der Lastenausgleich, der soziale Wohnungs-bau, aber auch die Entwicklung in der SBZ schufen Legitimationsgrundlagen ganz eigener Art und entlasteten von den als spitzfindig angesehenen theoretisch-ideo-logischen Überlegungen zur Wirtschaftsdemokratie, Planwirtschaft usw.

Das Monopolproblem wurde delatorisch behandelt. Erhard, der unbestrittene Motor der Marktwirtschaft, war hier keine treibende Kraft. Für Gesetzesinitiati-ven, die es zwischen Juni 1948 (Währungsreform) und der Verabschiedung des Grundgesetzes gegeben hat, verwies Erhard auf die bald anstehenden Bundes-tagswahlen und die dann verbindliche Gesetzgebung. Auch die Alliierten dräng-ten hier nicht mehr zur Eile. So wurde erst im Juni 1957 ein „Gesetz gegen Wett-bewerbsbeschränkungen" (Kartellgesetz) verabschiedet, das aber schon erheb-lich von den neoliberalen Forderungen abwich.

Demnach liegen restaurative Tendenzen weniger im Beginn der Bundesrepublik und dem Gesellschaftsvertrag des Grundgesetzes selbst, als im ökonomisch-ma-teriellen Erfolg der neuen Wirtschafts- und auch Sozialordnung. Diese erreichte zwar keine spektakuläre Umverteilung, aber durch ein stetig steigendes Beschäf-tigungsniveau seit Ende der 1950er Jahre „Wohlstand für alle", auch für die Mehrzahl der Vertriebenen und Flüchtlinge.

Literatur

Akten zur Vorgeschichte der Bundesrepublik Deutschland 1945–1949 (insges. 6 Bde.), Bd. 1: Sept. 1945–Dez. 1946, bearb. von *W. Vogel/C. Weisz*, München/Wien 1976

Ambrosius, Gerold, 1977, Die Durchsetzung der sozialen Marktwirtschaft in Westdeutschland, Stuttgart

Auf dem Weg zum Grundgesetz. Verfassungskonvent Herrenchiemsee 1948, Hg. Haus der Bayerischen Geschichte, Augsburg 1998

Benz, Wolfgang, Hg., 1983, Die Bundesrepublik Deutschland. Geschichte in drei Bänden, Fi-scher TB, Frankfurt/M.

von Beyme, Klaus, 1987, Der Wiederaufbau. Architektur und Städtebaupolitik in beiden deut-schen Staaten, München

Braun, Hans, Stephan Articus, Sozialwissenschaftliche Forschung im Rahmen der amerikani-schen Besatzungspolitik 1945–1949, in: KZfSS 36. Jg./1984, H. 4, S. 703–737

Entstehungsgeschichte der Artikel des Grundgesetzes. Im Auftrag der Abwicklungsstelle des Parlamentarischen Rates und des Bundesministers des Innern auf Grund der Verhandlun-gen des Parlamentarischen Rates, bearb. von *K.-B. Doemming/R. W. Füsslein/W. Matz*, Jb. des Öffentlichen Rechts der Gegenwart NF/Bd. 1, Tübingen 1951

Erhard, Ludwig, Alfred Müller-Armack, 1972, Soziale Marktwirtschaft. Ordnung der Zukunft. Manifest 1972, Ullstein Buch Nr. 3647

Eschenburg, Theodor, 1974, Der bürokratische Rückhalt, in: *R. Löwenthal/H.P. Schwarz*, Hg., Die zweite Republik, a.a.O., S. 64-94

Eschenburg, Theodor, 1983, Jahre der Besatzung 1945-49, Bd. I der Geschichte der Bundesre-publik Deutschland (insgesamt 5 Bände), Stuttgart/Wiesbaden

Flora, Peter et al., 1983, State, Economy, and Society in Western Europe 1815-1975. A Data Handbook in two Volumes, Vol. 1: The Growth of Mass Democracies and Welfare States, Frankfurt et al.

Friedrich, Jörg, 2002, Der Brand. Deutschland im Bombenkrieg 1940-1945, München

Groehler, Olaf, 1990, Bombenkrieg gegen Deutschland, Berlin (Ost)

Handbuch des Verfassungsrechts der Bundesrepublik Deutschland, hg. von *E. Benda/ W. Maihofer/H. Vogel*, unter Mitwirkung von *K. Hesse*, Berlin/New York 1983

Kleßmann, Christoph, 1982, Die doppelte Staatsgründung. Deutsche Geschichte 1945-1955, Schriftenreihe der Bundeszentrale für politische Bildung, Bd. 193, Bonn

Kocka, Jürgen, 1979: Neubeginn oder Restauration? in: *C. Stern/H. A. Winkler*, Hg., Wendepunkte deutscher Geschichte 1848-1949, Frankfurt/M. (Fischer TB 3421), S. 141-168

Köllmann, Wolfgang, 1983, Die Bevölkerungsentwicklung der Bundesrepublik, in: Sozialgeschichte [...] a.a.O., S. 66-114

Lepsius, M. Rainer, 1983, Die Bundesrepublik in der Kontinuität und Diskontinuität historischer Entwicklungen: Einige methodische Überlegungen, in: Sozialgeschichte [...] a.a.O., S. 11-19

Löwenthal, Richard, Hans-Peter Schwarz, Hg., Die zweite Republik. 25 Jahre Bundesrepublik Deutschland – eine Bilanz, Stuttgart 1974

Müller-Armack, Alfred, 1974, Die Anfänge der Sozialen Marktwirtschaft. Zugleich eine Dokumentation ihrer Entwicklung in den Jahren 1945, 1946, 1947, 1948, in: *R. Löwenthal/ H. P. Schwarz*, Hg., a.a.O., S. 123-148

Nahm, Peter Paul, 1974, Lastenausgleich und Integration der Vertriebenen und Geflüchteten, in: *R. Löwenthal/H. P. Schwarz*, Hg., a.a.O., S. 817-841

Niclauß, Karlheinz, 1982, „Restauration" oder Renaissance der Demokratie? Die Entstehung der Bundesrepublik Deutschland 1945-1949, Berlin

Rostow, Walt W., 1960, Stadien des wirtschaftlichen Wachstums, Göttingen (Orig. engl.)

Rüther, Günther, Hg., 1989, Geschichte der christlich-demokratischen und christlich-sozialen Bewegungen in Deutschland, 3. Aufl., Bonn (Bd. 216 der Schriften der Bundeszentrale für politische Bildung)

Schelsky, Helmut, 1980, Die Soziologen und das Recht. Abhandlungen und Vorträge zur Soziologie von Recht, Institution und Planung, Opladen

Schildt, Axel, Arnold Sywottek, Hg., 1993, Modernisierung im Wiederaufbau. Die westdeutsche Gesellschaft der 50er Jahre, Bonn

Sörgel, Werner, 1985, Konsensus und Interessen. Eine Studie zur Entstehung des Grundgesetzes für die Bundesrepublik Deutschland, Opladen

Sozialgeschichte der Bundesrepublik Deutschland. Beiträge zum Kontinuitätsproblem, 1983, hg. von *W. Conze/M. R. Lepsius*, Stuttgart

Kapitel 3
Vereinigungsprozess und Institutionentransfer

I. Integration der DDR durch Beitritt als „neue Bundesländer"

Nach einem vierjährigen Interregnum deutscher Staatlichkeit wurden im Frühjahr bzw. Herbst 1949 zwei deutsche Staaten gegründet, die jeweils beanspruchten, die Ausgangsbasis für eine wieder zu erringende Gesamtstaatlichkeit zu sein: Das Gründungsdatum der Bundesrepublik Deutschland war der 23. Mai 1949 – der Tag, an dem das Grundgesetz verabschiedet wurde; das Gründungsdatum für die Deutsche Demokratische Republik (DDR) war der 7. Oktober 1949, der Tag der Verabschiedung der ersten Verfassung der DDR. Am 3. Oktober 1990 erfolgte die Wiedervereinigung, aber völlig anders, als man sich das „hüben und drüben" vorgestellt hatte.

Während die Bundesrepublik entsprechend den Traditionen der deutschen Geschichte als föderaler Bundesstaat gegründet wurde, d.h. mit Ländern, die partiell Staatsfunktionen haben, verlief die Entwicklung im Einheitsstaat DDR nur zunächst vergleichbar (vgl. Art. 1 der Verfassung von 1949), dann jedoch völlig anders. Darum mussten im Hinblick auf die Angliederung der DDR nach Art. 23 GG die 1952 liquidierten Länder der DDR neu gegründet werden (vgl. Präambel und Art. 23 GG in der bis zum 3. 10. 1990 geltenden Fassung). Dies geschah weitgehend nach den historischen Vorgaben bzw. dem bis 1952 geltenden Zustand.

Diese fünf neuen Bundesländer machen zusammen mit Ost-Berlin, das mit West-Berlin zu einem eigenen Bundesland bzw. Stadtstaat vereinigt wurde, 30,3 % des Gesamtterritoriums und 18,8 % der Bevölkerung der Bundesrepublik Deutschland aus. Auf den ersten Blick scheinen die fünf neuen Länder in ihrer Größe (zwischen 16 und 29 Tsd. km^2) und Bevölkerungszahl – zwischen 1,8 und 4,6 Mio. – ausgewogener als die alten Bundesländer und die beiden Stadtstaaten Hamburg und Bremen. Bremen mit 677 Tsd. und das Saarland mit 1,08 Mio. Einwohnern stehen Bayern mit 10,0 Mio. und Nordrhein-Westfalen mit 17,9 Mio. Einwohnern gegenüber (vgl. Tab. 4).

Trotz aller Beteuerungen im Grundgesetz (Präambel und Art. 23; Art. 146), trotz eines „Ministeriums für innerdeutsche Beziehungen" und der Behauptung, wenn man schon nicht verfassungsrechtlich eine' Nation sein könne, so gebe es doch zumindest die deutsche Kulturnation – all dies und natürlich die persönlichen und verwandtschaftlichen Verbindungen können nicht darüber hinwegtäuschen, dass die Wiedervereinigung nicht als kurzfristig erreichbares Ziel das politische Handeln und das Bewusstsein der Menschen bestimmte, weder hüben noch drüben. Bis in den frühen Herbst des Jahres 1989 konnte sich niemand in der damaligen DDR und in der Bundesrepublik vorstellen, dass nur ein Jahr später, am 3. Oktober 1990, die Wiedervereinigung, wenn man so will: die Erweiterung der Trizone zur Vierer-Zone, erreicht sein würde. Im Gegenteil: Die offizielle Politik lief im Zeitalter zunehmender Entspannung eher auf ein friedliches Nebeneinander hinaus als auf Überwindung des *status quo* in einem grundsätzlichen Sinn.

„Die doppelte Staatsgründung" (Kleßmann 1982) gehörte, zumal seit den Ostverträgen (1970 und 1973) zum politischen und kulturellen Selbstverständnis. Die Wiedervereinigung, in der Präambel zum Grundgesetz der Bundesrepublik Deutschland zum Ziel des staatlichen Handelns erklärt, schien trotz der Entwicklungen in Osteuropa seit 1985, dem Beginn der „Ära Gorbatschow", in eine unbestimmte Zukunft gerückt. Allenfalls wurde an Reformen im „real existierenden Sozialismus" (mit dem Begriff von Rudolf Bahro) der DDR gedacht, nicht aber an eine völlige Preisgabe der staatlichen Souveränität (auch der Jubiläumsband der Bundeszentrale für politische Bildung zum 40-jährigen Bestehen der beiden deutschen Staaten, der 1989 von Weidenfeld und Zimmermann unter dem Titel „Deutschland-Handbuch. Eine doppelte Bilanz 1949–1989" herausgegeben wurde, ließ in Vorwort und Analysen nicht ahnen, dass sehr bald unter anderen Vorzeichen zu bilanzieren sein würde).

II. Vereinigung des Gegensätzlichen

Die Vereinigung der beiden deutschen Staaten erfolgte nach den Vorgaben des Gesellschafts- und Staatssystems der Bundesrepublik: Die offiziell bis zum 3. Oktober 1990 existierende DDR wurde Teil der Bundesrepublik Deutschland. Es entstand also kein neuer Staat auf neuer Verfassungsgrundlage, sondern die bisherige Bundesrepublik erweiterte sich um das Territorium der DDR. Damit dies so geschehen konnte, mussten, wie schon erwähnt, die nicht mehr existierenden Länder der DDR im September 1990 neu gegründet werden.

Gegensätzlicher als in den beiden deutschen Staaten kann man sich die politischen und sozialen, kulturellen und ökonomischen Strukturen in Industriegesellschaften kaum vorstellen: hier eine parlamentarische Demokratie und Marktwirtschaft – dort die von Friedrich Engels (1820–1895) und Wladimir I. Lenin (1870–1924) propagierte Vorstellung, dass unter kommunistischen Voraussetzungen der Staat absterbe und alles der gesellschaftlichen Organisation der Werktätigen, symbolisiert in der Partei des Proletariats, überantwortet werde (zur Sozialstruktur der DDR und zur Differenz der Gesellschaftssysteme vgl. das bereits genannte Deutschland-Handbuch; „Materialien" zu den Berichten zur Lage der Nation der Bundesregierung, 1971 ff.; D.Voigt et al. 1987; P.Voigt 2001).

Eine Reihe von Institutionen, die der Differenziertheit des ökonomischen und sozialen, des politischen und kulturellen Lebens entsprechen und die zugleich für den Bürger Rechtssicherheit bedeuten, gab es nicht, ebenso wenig eine unabhängige Justiz oder eine Verwaltung, deren Beschlüsse man anfechten konnte; es gab keine parteilich unabhängigen Gewerkschaften, keine selbstständigen Jugendorganisationen oder Frauenverbände. Viele Institutionen des staatlichen und gesellschaftlichen Lebens, die wieder aufgebaut werden mussten, wurden in der DDR-Propaganda und -Erziehung als bürgerlich-dekadent angesehen, nur als Vorstufe der sozialistischen Gesellschaft. Neben den genannten Einrichtungen sind zu erwähnen: die freie Presse, die vielen Formen der Selbstverwaltung, z.B. in den für die deutsche Wirtschafts- und Sozialgeschichte seit dem 19. Jh. so wichtigen Kammern der Industrie und des Handels und der freien Berufe wie Ärzte, Anwälte und Architekten. Auch Universitäten und andere Einrichtungen mussten ihre Selbstverwaltungsgarantie zurückgewinnen bzw. neu gegründet werden.

Die Bundesrepublik war aber nicht nur mit ihrer Rechtsordnung, ihrem Föderalismus und ihren politischen Institutionen das Vorbild, sondern auch mit ihrer Form der Organisation des Wirtschaftslebens, oder ihrem für die Deutschen so wichtigen Vereinsleben. Grundlage waren die beiden Staatsverträge, die vor der Vereinigung mit der DDR abgeschlossen wurden: Der erste Staatsvertrag vom 18. 5. 1990 brachte zum 1. Juli 1990 die Währungs-, Wirtschafts- und Sozialunion mit der DDR; der zweite Staatsvertrag, auch *Einigungsvertrag* genannt, regelte für den mehrstaatlichen, rechtlichen, politischen und kulturellen Bereich die Formen des Übergangs und der Integration (vgl. „Die Verträge zur Einheit Deutschlands"). Verfassungsrechtlich relevant war vor allem der „Einigungsvertrag", d.h. der „Vertrag zwischen der Bundesrepublik Deutschland und der DDR über die Herstellung der Einheit Deutschlands vom 31.8.1990" (wirksam ab 3. 10. 1990). Für das ehemalige Staatsgebiet der DDR galt nun auch der Verfassungstypus der westlichen Demokratien.

III. „Institutionentransfer"

Die Vereinigung erfolgte verfassungsrechtlich nach den Vorgaben des Grundgesetzes Art. 23 (seit der Vereinigung ist Art. 23, der in seiner alten Fassung entfallen konnte, dem Thema „Europäische Union" gewidmet). Wenn überhaupt, wurde die Wiedervereinigung der beiden deutschen Staaten eher nach dem Modus von Art. 146 (dem letzten des Grundgesetzes in seiner bis zum 3. 10. 1990 geltenden Form) erwartet. Dort hieß es: „Dieses Grundgesetz verliert seine Gültigkeit an dem Tage, an dem eine Verfassung in Kraft tritt, die von dem deutschen Volke in freier Entscheidung beschlossen worden ist".

Für die historisch gebotene rasche Form der Wiedervereinigung sollte sich Art. 23 GG – der Beitritt nach Ländern – als eine „List der Vernunft" erweisen (Lehmbruch 1999: 463). Dies erlaubte den zügigen *„Institutionentransfer"* (Lehmbruch 1993) und damit die bruchlose Übernahme der Rechts- und Verwaltungsordnung der Bundesrepublik, ihrer Justiz- und Finanzverfassung, die Übernahme aller völkerrechtlichen Verträge, ob Europa oder die NATO betreffend (so bestimmte es der *Einigungsvertrag*).

Es darf jedoch nicht übersehen werden, dass viele Monate vor dem formellen Einigungsvertrag und noch mit der Kompetenz der DDR-Volkskammer die Transformation des SED-Regimes begann. So wurde am 1. 12. 1989 eine Verfassungsänderung durchgesetzt, mit der der Führungsanspruch „der Arbeiterklasse und ihrer marxistisch-leninistischen Partei" aus der Verfassung gestrichen wurde. Mit einer Verfassungsänderung am 12. 1. 1989 wurden Privateigentum und ausländische Beteiligungen an Unternehmen zugelassen (vgl. Wollmann 1996: 154ff.). Es folgten, zumal nach den Wahlen zur Volkskammer vom 18. März 1990, eine große Anzahl weiterer Gesetze, von denen einige auf die Aktivitäten der Runden Tische zurückgingen, die den Institutionentransfer der DDR-Gesellschaft vorbereiteten.

Neben den genannten Bereichen waren vom Institutionentransfer der Bildungs- und Ausbildungssektor, das Wissenschafts- und Forschungssystem, der Wirtschaftsbereich und der komplexe kulturelle Sektor betroffen. Im Bereich der Medien (z.B. der Rundfunkanstalten), im Gesundheitswesen, im Bereich des Militärs und aller weitern Institutionen und Sozialbereiche, die insgesamt das Gesellschafts- und Staatssystem der Bundesrepublik Deutschland konstituieren, wurde ebenfalls eine völlige Umstrukturierung nach dem Muster bundesrepublikanischer Institutionen vorgenommen.

Helmut Schelsky hat in seiner Theorie der Institution und des Rechts darauf hingewiesen, dass entweder bestehende Institutionen durch Recht geändert oder neue Institutionen vermittels Gesetze und rechtlicher Regeln geschaffen werden (Schelsky 1980). Für die Transformation der DDR-Gesellschaft in die neuen Bundesländer war der auf gesetzlicher und rechtlicher Basis vollzogene Umbau und Neubau von Institutionen das wichtigste Instrument des „geplanten sozialen Wandels" und Umbaus einer sozialistischen Kadergesellschaft in eine parlamentarische, rechtstaatliche Demokratie.

Vom Beginn des Einigungsprozesses an wurde gesehen, dass sich hier für die Sozialwissenschaften ein einzigartiges Forschungsfeld ergab, in dem Theorien des sozialen Wandels bzw. der Transformation eines ganzen Gesellschaftssystems empirisch überprüft werden konnten. Eine der ersten Schriften trug den bezeichnenden Titel: „Experiment Vereinigung. Ein sozialer Großversuch" (Giesen/ Leggewie 1991). Bald nach der Wiedervereinigung wurde die „Kommission für die Erforschung des sozialen und politischen Wandels in den neuen Bundesländern" (KSPW) eingerichtet, in deren Auftrag eine große Anzahl empirischer Untersuchungen durchgeführt wurde. Auch die Deutsche Forschungsgemeinschaft reagierte schnell und finanzierte von 1991–1996 ein Programm zur „Erforschung des sozialen und politischen Wandels im Zuge der Integration der DDR-Gesellschaft" (über diesen Forschungsertrag vgl. Schäfers 1999).

IV. Staat, Nation und Nationalismus seit dem Einigungsprozess

Es überrascht nicht, dass der Begriff *Nation* zu einem Schlüsselbegriff im Einigungsprozess wurde; er behauptete damit seinen nunmehr zweihundertjährigen Stellenwert zur „politischen Primäridentität" (so der Historiker Rudolf Vierhaus). Gleichwohl: Der Begriff war und ist ein unklarer Begriff (vgl. Elwert 2001). Er

Die Nation [handwritten margin note]

will unter ein Dach bringen, was nicht einmal in der oft beneideten *Grande Nation* Frankreich gegeben ist: die Einheit von Volk, Sprache, Kultur und Geschichte auf einem klar begrenzten geographischem Raum. Der Begriff Nation scheint besonders geeignet, unterschiedliche historische Ansprüche, ideologische und parteiliche Positionen zu bündeln. Mit dem Begriff verbanden sich im 19. Jh. erst linksliberale und Ende des Jh.s auch rechtskonservative Positionen. Schließlich nannte sich die deutsche Spielart des Faschismus „National"-Sozialismus.

Wie kompliziert die Sache mit der deutschen Nation ist, erkennt man daran, dass auch die DDR hier bestimmte Ansprüche stellte. So hieß es in der Verfassung von 1968: „Getragen von der Verantwortung, der ganzen deutschen Nation den Weg in eine Zukunft des Friedens und des Sozialismus zu weisen, in Ansehung der geschichtlichen Tatsache, daß der Imperialismus unter Führung der USA im Einvernehmen mit Kreisen des westdeutschen Monopolkapitals Deutschland gespalten hat, um Westdeutschland zu einer Basis des Imperialismus und des Kampfes gegen den Sozialismus aufzubauen, was den Lebensinteressen der Nation widerspricht (…)".

In der Präambel zum Grundgesetz hieß es: „(…) von dem Willen beseelt, seine nationale und staatliche Einheit zu wahren (…)". Die Präambel der DDR-Verfassung verdeckte, dass der Begriff der Nation bereits im letzten Drittel des 19. Jh.s eine seiner vielen Metamorphosen auch dadurch bewerkstelligt hatte, dass er gegen den kommunistischen Internationalismus die Einheit von Volk, Kultur und Geschichte parteiübergreifend zusammenband (hier liegen auch Wurzeln der Abwehr gegen den Internationalismus des Katholizismus, repräsentiert in Rom, wie er im *Kulturkampf* unter Bismarck im neu gegründeten Deutschen Reich zum Ausdruck kam).

In der westdeutschen Verfassungs- und Staatsgeschichte ging der Streit u.a. darum, ob das (westdeutsche) Staatsbewusstsein mit dem Nationalbewusstsein identisch werden dürfe. Das wurde immer wieder bestritten. Wenn diese Diskussionen in begriffsgeschichtlicher, verfassungs- und staatsrechtlicher Hinsicht kompliziert wurden, flüchtete man sich in den Begriff der *deutschen Kulturnation*. Dies sei die eigentliche Klammer, die die beiden Deutschland trotz aller Differenzen und gewollten Gegensätzlichkeiten zusammengehalten habe. Die Bedeutung von Leipzig, Potsdam und Weimar, Dresden, Eisenach und den Luther-Gedenkstätten, von Rostock und Quedlinburg, als Zeugnissen deutscher Geschichte und Kulturgeschichte war gegenwärtig.

Die Diskussion um die deutsche Nation nach dem Einigungsprozess hat wohl wegen der fehlenden Verfassungsdiskussion nicht zu einem bestimmten nationalen Selbstverständnis geführt. Daher wurde und wird in dieser Diskussion zu Recht an den von Dolf Sternberger geprägten Begriff des *Verfassungspatriotismus* erinnert; in ihm artikuliert sich eine „verfassungszentrierte demokratische politische Kultur", ein zeitgemäßes „Identitätskonzept der Nation" (Gebhard 1993; zu neueren Versuchen, Kategorien wie Volk, Staat, Nation aufeinander zu beziehen und streng soziologisch zu definieren, um dadurch einerseits den Belastungen durch ihren Missbrauch zu entgehen und andererseits auf ihre Unverzichtbarkeit zu verweisen, vgl. Heckmann 1992).

V. Die parzellierte gesellschaftliche Transformation

In der Euphorie des Einigungsprozesses wurde davon ausgegangen, dass Ostdeutschland nicht nur institutionell, sondern auch ökonomisch und mental die Gleichstellung mit der Referenzgesellschaft der alten Bundesrepublik schnell erreichen würde. Zehntausende von westdeutschen Beamten, Angestellten und Arbeitern gingen für kürzere oder längere Zeit in die neuen Bundesländer, um beim Institutionentransfer die erforderliche Unterstützung zu geben. Hierauf wird in nachfolgenden Lektionen, bezogen auf die einzelnen sozialen Systeme, einzugehen sein. Diesen Analysen seien einige allgemeinere Trends der *gesellschaftlichen Transformation* vorangestellt.

Inhärent ist dem Transformationsbegriff der Wegfall alter und die Institutionalisierung neuer Basisstrukturen – wie eines der bekanntesten Werke unter diesem Titel, Karl Polanyis „The Great Transformation" (1944/1978), theoretisch untermauerte. Auch der Transformationsbegriff selbst machte einen Wandel durch. Er wurde in den ersten Jahren der russischen Oktoberrevolution von Nikolai Bucharin geprägt, um damit die Übergangsperiode zum Kommunismus, also den genau umgekehrten Prozess, zu beschreiben (Meier 1997).

Wichtig in diesem Begriffsumfeld ist auch die Unterscheidung von exogener und endogener Transformation. Hier wird ein neues Untersuchungsfeld eröffnet: Die Unterscheidung von autonomem, indogenem sozialen Wandel in allen anderen ehemals sozialistischen Gesellschaften der sowjetischen Machtsphäre – im Gegensatz zum exogenen, also von außen, der Referenzgesellschaft Bundesrepublik, gesteuerten sozialen Wandel in den neuen Bundesländern. Die Frage, ob die Herstellung der Einheit über Institutionen- und Ressourcentransfer nur als Privileg zu betrachten ist oder – wie in allen anderen postkommunistischen Ländern – in einem eigenen politischen Prozess gestaltet werden muss, lässt sich nicht schlüssig beantworten (vgl. Wiesenthal 1996; zur „privilegierten Position Ostdeutschlands in der postkommunistischen Transformation" vgl. Haerpfner 1996).

Ein anderer Gesichtspunkt, der im Zusammenhang der Transformation der DDR-Gesellschaft durch Institutionentransfer ins Blickfeld gerückt wurde, berührt vor allem auch die institutionelle Verfasstheit der alten Bundesrepublik zum Zeitpunkt der Wiedervereinigung.

Es ist heute völlig unstrittig, dass der Institutionentransfer zu einem Zeitpunkt begonnen wurde, als der institutionelle Umbau dieser Institutionen längst fällig war und nun auch wegen der knapp werdenden ökonomischen Mittel und der Fülle der Aufgaben doppelt erschwert ist. Die aktuelle politische Diskussion gibt hierfür täglich neue Belege.

Ohne auf einzelne Ergebnisse der zahlreichen empirischen Untersuchungen zum Umbau der DDR-Gesellschaft und die Rückwirkungen auf Westdeutschland hier einzugehen, seien einige abstrakte Bedingungen und Grundlagen für die Transformation der DDR in die neuen Bundesländer 1900ff. hervorgehoben:

- Der totale Umbau der Planwirtschaft bedeutete eine Verlagerung von Entscheidungsprozessen und Handlungsstrukturen auf die individuelle und private Ebene;
- die im Grundzug liberale, marktwirtschaftliche Ausrichtung der bundesrepublikanischen Gesellschaft erforderte neue Formen der Partizipation an einer Vielzahl Institutionen;
- für die Stellung der Frau in der Arbeitswelt entfielen zum Teil die unterstützenden Institutionen; die Betriebe/Arbeitsstätten büßten ihre soziale und kulturelle Multifunktionalität ein.

Die Transformationsforschung hat auch ihre eigenen Defizite benannt: dass die Analyse der Rückwirkungen auf die Referenzgesellschaft zum Teil völlig unterblieben und nicht gesehen wurde, dass die „Transformation vieles von dem verändert, was als deren Voraussetzung gelten kann" (Baecker 1998: 47). Insgesamt wurde wohl versäumt, nach 40 Jahren bundesrepublikanischer Verfassungs- und Institutionengeschichte einige Grundlagen des nun gemeinsamen Gesellschaftssystems zu überprüfen. Doch das sog. „Zeitfenster" wurde als zu eng gesehen, um die Integration der DDR-Gesellschaft auch noch mit einer Länderneugliederung, einem zeitgemäß reformierten Föderalismus und anderen Elementen des Reformstaus zu belasten.

Literatur

Baecker, Dirk, 1998, Poker im Osten. Probleme der Transformationsgesellschaft, Berlin

Elwert, Georg, 2001, Art. „Deutsche Nation", in: Handwörterbuch zur Gesellschaft Deutschlands, hg. von *B. Schäfers/W. Zapf*, 2. verb. Aufl., Opladen, S. 127–138

Gebhardt, Jürgen, 1993, Verfassungspatriotismus als Identitätskonzept der Nation, in: Beilage zur Wochenzeitung Das Parlament, Heft 14, S. 29ff.

Giesen, Bernhard, Claus Leggewie, Hg., 1991, Experiment Vereinigung. Ein sozialer Großversuch, Berlin

Haerfpner, Christian, 1996, Die privilegierte Position Ostdeutschlands in der postkommunistischen Transformation, in: *H. Wiesenthal*, a.a.O., S. 105–140

Heckmann, Friedrich, 1991, Ethnos, Demos und Nation, in: *U. Bielefeld*, Hg., Das Eigene und das Fremde. Neuer Rassismus in der Alten Welt, Hamburg, S. 51–78

Heckmann, Friedrich, 1992, Ethnische Minderheiten, Volk und Nation. Soziologie inter-ethnischer Beziehungen, Stuttgart

Kleßmann, Christoph, 1982, Die doppelte Staatsgründung. Deutsche Geschichte 1945–1955, Schriftenreihe der Bundeszentrale für politische Bildung, Bd. 193, Bonn

Kocka, Jürgen, 1945: Neubeginn oder Restauration? in: *C. Stern/H. A. Winkler*, Hg., Wendepunkte deutscher Geschichte 1848-1949, Frankfurt 1979 (Fischer TB 3421), S. 141–168

Lehmbruch, Gerhard, 1990, Die improvisierte Vereinigung: Die Dritte deutsche Republik, in: Leviathan, Jg. 18, S. 462–486

Lehmbruch, Gerhard, 1993, Institutionentransfer. Zur politischen Logik der Verwaltungsintegration in Deutschland, in: *W. Seibel et al.*, Hg., Verwaltungsreform und Verwaltungspolitik im Prozeß der deutschen Einigung, Baden-Baden, S. 42–66

Meier, Arthur, Ursula Rabe-Kleberg, Klaus Rodax, Hg., 1997, Transformation und Tradition in Ost und West, Opladen

Polanyi, Karl, 1978, The Great Transformation. Politische und ökonomische Ursprünge von Gesellschaft und Wirtschaftssystem, Frankfurt/M. (zuerst engl. 1944)

Schäfers, Bernhard, 1999, Perspektiven zur Wiedervereinigung, in: Soziologische Revue, Jg. 22, S. 301–308

Schelsky, Helmut, 1980, Die Soziologen und das Recht. Abhandlungen und Vorträge zur Soziologie von Recht, Institution und Planung, Opladen

Voigt, Dieter, Werner Voss, Sabine Meck, 1987, Sozialstruktur der DDR. Eine Einführung, Darmstadt

Voigt, Peter, 2001, Gesellschaft der Deutschen Demokratischen Republik 1949–1990, in: *B. Schäfers/W. Zapf*, Hg., Handwörterbuch zur Gesellschaft Deutschlands, Opladen, S. 241–252

Wehling, Hans-Georg, Red., 1990, (Wieder-) Vereinigungsprozeß in Deutschland, Stuttgart et al. (Kohlhammer TB 1092)

Weidenfeld, Werner, Hartmut Zimmermann, Hg., 1989, Deutschland-Handbuch. Eine doppelte Bilanz 1949–1989, Bonn

Wiesenthal, Helmut, Hg., 1996, Einheit als Privileg. Vergleichbare Perspektiven auf die Transformation Ostdeutschlands, Frankfurt/M. /New York

Wollmann, Helmut, 1996, Institutionenbildung in Ostdeutschland: Neubau, Umbau und „schöpferische Zerstörung", in: *Max Kasse et al.*, Bericht der KSPW, Bd. 3: Politisches System, Opladen, S. 47-155

Kapitel 4
Kulturelles System. Religion und Kirchen

I. **Kulturentwicklung nach 1945**
   1. Die Situation in Westdeutschland
   2. Kulturentwicklung in der DDR

II. **Religion und Kirchen als Elemente der Sozialstruktur**
   1. Begriffliches. Sozialbedeutung
   2. Zur Sozialgeschichte von Religion und Kirchlichkeit
      2.1 Die Entwicklung bis 1945
      2.2 Die Entwicklung nach dem Zweiten Weltkrieg in Westdeutschland
      2.3 Die Entwicklung in der SBZ/DDR
      2.4 Kirchen und Religionsgemeinschaften in Deutschland
   3. Zum Verhältnis Staat – Kirche – Gesellschaft
   4. Säkularisierung des öffentlichen und des privaten Lebens
   5. Vor einer neuen Religiosität?

III. **Massenmedien und Kulturprozess**
   1. Entwicklung und Ausweitung der Medienlandschaft
   2. Veränderung des Vertrauten
   3. Ein neues Basis-Überbau-Verhältnis?

IV. **Kulturentwicklung zwischen Regionalismus und Weltkultur**
   1. Vereine als Basis des kulturellen und sozialen Lebens
   2. Jugendkultur und jugendliche Subkultur

V. **Unbehagen in der Kultur**

Literatur

I. Kulturentwicklung nach 1945

1. Die Situation in Westdeutschland

Die Berufung auf die grundlegenden Werte der deutschen Kultur, auf Reformation und Humanismus, auf die deutsche Klassik und den Idealismus in Philosophie und Pädagogik, auf das Erbe des Christentums und die große deutsche Bildungstradition gehörte zu den moralischen Stützen der unmittelbaren Nachkriegszeit. Noch einmal war Kultur vor allem Hochkultur oder was dazu hochstilisiert worden war: Goethe und Schiller, Bach und Beethoven.

Das Goethe-Jahr 1949 zum 200. Geburtstag des Dichters bot einen willkommenen Anlass für eine geistige Neubesinnung – aber auch zum Streit um das deutsche Erbe in nunmehr zwei deutschen Staaten, die in diesem Jahr, auch mit Anspruch auf das Erbe des „anderen, wahren Deutschland", gegründet wurden (vgl. Glaser 1997: 107ff.: „Auf Goethe hoffend"). Die geteilte Nation und die weitgehend zusammengebrochene Gesellschaft fanden eine Stütze in den Werten der deutschen Kultur- und Bildungstradition. Das Wort von der deutschen *Kulturnation* bekam eine unerwartete Wirklichkeit und wurde zu einer Grundlage der Zusammengehörigkeit. Glaser (1997) hat diese Zeit anschaulich mit Beispielen aus allen Kulturbereichen beschrieben: Die Rückbesinnung auf das Erbe einerseits, das Nachholen und Einholen der durch den Nationalsozialismus verzögerten oder zerstörten *Moderne* in Musik und Literatur, Malerei und Theater, Baukunst und Städtebau.

Doch ein bruchloses oder kritikloses Anknüpfen an das Erbe der Kulturnation konnte es ebenso wenig geben wie eine Erneuerung von Staat und Gesellschaft allein aus deutschem Geist. Es gab das Wort von Theodor W. Adorno (1903–1969), dass nach Auschwitz kein Gedicht mehr möglich sei; und es gab warnende Stimmen, das deutsche Bildungs- und Kulturerbe aus der Mitverantwortung für die Entwicklung zum und im Nationalsozialismus herauszuhalten (vgl. Glaser 1989: 413f.).

Wie für die Erneuerung des staatlichen und politischen Lebens auf ein Schwanken zwischen Restauration und Revolution hingewiesen wurde, so gilt dies auch für die Kulturentwicklung nach 1945. Überwiegt hier das Neue? Trotz der „Gruppe 47", trotz Wolfgang Borchert („Draußen vor der Tür") und der Aufnahme und Entwicklung der neuen Musik über ihre Zentren in Darmstadt, Donaueschingen und Baden-Baden; trotz der spürbaren Kulturbegeisterung, die sich in modernen Theaterbauten ebenso zeigte wie in großer Aufgeschlossenheit gegenüber modernem Design – vom Radio bis zur Kaffeemaschine –, sind Zweifel angebracht.

2. Kulturentwicklung in der DDR

Im sowohl in der DDR als auch in der Bundesrepublik verbreiteten „Philosophischen Wörterbuch" von Klaus/Buhr hieß es zum Begriff *Kultur*: „Die Entwicklung und allseitige Herausbildung des menschlichen Wesens im Ringen um die Beherrschung der Naturkräfte und ganz besonders des eigenen gesellschaftlichen Zusammenlebens wird als der eigentliche Inhalt aller Kulturentwicklung aufgefasst".

Nicht erst seit 1945/49 kam diese historisch-materialistische Auffassung der Kulturentwicklung und -bedeutung zum Tragen, sondern seit Entwicklung der sozialistischen Arbeiterbewegung im 19. Jh., wie z.B. in den Arbeiterbildungsvereinen oder in der sich zu einem großen Teil prononciert sozialistisch verstehenden Kulturentwicklung nach dem Ersten Weltkrieg (bis hin zum „Proletkult"). Daran wurde nach 1945 angeknüpft, vielfach von den gleichen Personen. Es hatte erhebliche Signalwirkung, auch im Ausland, dass weltweit anerkannte Schriftsteller wie Bertold Brecht oder Heinrich Mann aus dem Exil in die SBZ/DDR gingen oder der schon im Juni 1945 zurückgekehrte Dichter Johannes R. Becher zentrale Aufgaben im Kulturbereich übernahm (und später Kultusminister wurde). Die sowjetische Besatzungsmacht förderte aus ihrer Einstellung zur Kultur von Anfang an ein breites, mit den Werktätigen verbundenes Kulturschaffen. Der von Becher seit August 1945 geleitete Aufbau-Verlag hatte wie die von dem Lyriker Peter Huchel redigierte Zeitschrift „Sinn und Form" zwar Parallelen in Westdeutschland, aber ihr Stellenwert war ein anderer. Das galt ebenso für das „Berliner Ensemble" unter Bertold Brecht im „Theater am Schiffbauerdamm", das über Brechts Tod (1956) hinaus Weltruhm genoss.

Dem hohen Stellenwert, der auf der einen Seite Literatur, Theater wie anderen Künsten bei der Schaffung des „neuen Menschen" eingeräumt wurde, korrespondierte auf der anderen Seite die Furcht vor Abweichung, was zu entsprechenden Zensurmaßnahmen und Überwachungen führte (vgl. hierzu z.B. die Autobiographie von Heiner Müller, des schon vor der „Wende" meistgespielten deutschen Dramatikers: „Krieg ohne Schlachten"). Mit der Ausweisung des Liedermachers Wolf Biermann 1976 wurden die Drangsalierungen von Künstlern zum weltweit beachteten Skandal. Aber die DDR-Literatur blieb eine wichtige Klammer der deutschen *Kulturnation*. Werke von Christa Wolf gelangten auszugsweise auch in westdeutsche Schulbücher oder waren Anlass für Themenstellungen in Abituraufsätzen (z.B. „Der geteilte Himmel", 1963; „Nachdenken über Christa T.", 1968; „Kindheitsmuster", 1976).

Die DDR verfügte über eine sehr breite und differenzierte Infrastruktur im Bereich der Kultur: 1989 gab es 217 Theater, 87 Orchester, 719 Museen (davon 128 Geschichtsmuseen), 16 883 Bibliotheken (davon ca. 6 Tsd. Betriebsbibliotheken) und 1709 Kulturhäuser (Thomas 1993: 421).

Mit der Wiedervereinigung (vgl. auch Art. 35 des Einigungsvertrages) ging diese Differenzierung und kulturelle Basis zu einem guten Teil verloren, auch auf Grund der völlig neuen Organisationsstrukturen des kulturellen Lebens, die nun übernommen werden mussten. So war auch von einem „Kulturschock" die Rede. Demgegenüber entwickelte sich sehr schnell eine neue Form der Kulturförderung, in der kommunale und vor allem auch private Initiativen eine herausragende Rolle spielen. Nur dadurch konnte, und das häufig in letzter Minute, ein reiches Erbe vor Verfall, Zerstörung oder Ausverkauf, z. B. von wertvollen Bibliotheksbeständen, bewahrt werden.

II. Religion und Kirchen als Elemente der Sozialstruktur

1. Begriffliches. Sozialbedeutung

In religionswissenschaftlicher Perspektive bezieht sich „das Religiöse" auf „das Heilige", auf das Jenseitige und außerhalb der alltäglichen Erfahrung Liegende; es umfasst „die Riten, Kulte, Rollen und Einrichtungen, durch die sich die Menschen in ihrem Zusammenleben einer außeralltäglichen Wirklichkeit versichern" (Kaufmann 1995: 254).

Im funktionalistischen Rollenverständnis, das v.a. auf Émile Durkheim und Talcott Parsons zurückgeht, dient Religion durch die mit ihr geleistete Fundierung eines Wertsystems der Integration der Gesellschaft. Nach Niklas Luhmann (1996) leistet Religion die „soziale Chiffrierung" des Unbekannten; sie dient sowohl der „Kompensation von Leid- und Unrechtserfahrungen" wie „der symbolischen Stabilisierung des Gesamtzusammenhangs" (Kaufmann 2003: 281).

In wissenssoziologischer (und anthropologischer) Perspektive werden – so Kaufmann – unter Religion die Elemente einer Kultur verstanden, „die den Menschen gestatten, sich des überindividuellen Sinns ihres Daseins zu vergewissern".

In Anlehnung an Sichtweisen im religionssoziologischen Werk von Max Weber, das den größten Teil seines Werkes überhaupt ausmacht, kann ergänzt werden: Religion dient nicht nur der religiösen, „methodischen Lebensführung" im engeren Sinn, sondern auch der „innenweltlichen" Daseinsbewältigung, und sei es für Weltdeutung und Verständigung über „letzte Wahrheiten". Die Sozialbedeutung der Religion, von der Sozialisation bis zur religiösen Symbolik, von der Beeinflussung sozialer Beziehungen (z.B. bei Heirat und allen weiteren „sozialen Schlüsselereignissen" wie Geburt und Tod) ist größer, als die säkularisierte Arbeits- und Medienwelt erkennen lässt (vgl. hierzu w.u.; zu diesen und anderen Grundfragen der Religionssoziologie vgl. den Überblick bei Detlef Pollack 1997).

Unter *Kirchen* ist „die Selbstbezeichnung der Christen für ihre Vergemeinschaftungsform" zu verstehen (Kaufmann 1995: 149). In soziologischer Perspektive sind Kirchen jene ausdifferenzierten, abgrenzbaren Sozialbereiche, in denen auf eine bestimmte Religion bezogen gedacht, gehandelt und kommuniziert wird. In Deutschland versteht man unter Kirchen an erster Stelle die beiden großen christlichen Kirchen, die *Evangelische Kirche in Deutschland (EKD)* und die *Katholische Kirche.*

Für die spezifischen Ausprägungen der (christlichen) Religion und ihre kirchliche Verankerung ist auch der Begriff *Konfession* üblich. „Konfessionen kann man definieren als über Glaubenssonderwissen, Sonderwerte, Sondernormen und Sonderriten integrierte (…) Kommunikations- und Handlungszusammenhänge mit sozialer Schließungs- und Ausschließungstendenz" (Ebertz 1997: 1).

2. Zur Sozialgeschichte von Religion und Kirchlichkeit

2.1 Die Entwicklung bis 1945

Religiosität und Kirchlichkeit waren dominante Elemente der Sozialstruktur, der Kultur und des Bewusstseins mittelalterlicher und ständischer Gesellschaften bis ins 19. Jh. Insbesondere in Deutschland wurde durch die Reformation und die geistes- und kulturgeschichtlich überragende Gestalt Martin Luthers (1483–1546) eine Entwicklung angebahnt, die bis ins 20. Jh. prägend blieb. Seit dem Augsburger Religionsfrieden (1555) waren die konfessionelle Bindung der sich herausbildenden absolutistischen Staaten und die territoriale Gliederung der Kirchen mitbestimmend für den weiteren Geschichtsverlauf (Schilling 1988; Gabriel/Kaufmann 1988).

Aber die Hoffnung, die in den Augsburger Religionsfrieden und in die Einhaltung des Prinzips *cuius regio eius religio* gesetzt wurden, trogen: Der Dreißigjährige Krieg (1618–1648) mit seinen für Deutschland verheerenden Folgen, bis hin zu den Konsequenzen einer „verspäteten Nation" (Helmuth Plessner), konnte nicht vermieden werden. Die Wunden heilten langsam. Die Versöhnung zwischen den Konfessionen erfolgte, streng genommen, erst in der Geschichte der Bundesrepublik. Entsprechend mühsam war der Weg, religiöse Toleranz und damit ein Element sich entwickelnder Bürger- und Menschenrechte durchzusetzen.

Unter der zeitweisen Herrschaft Napoleons bzw. durch die Auswirkungen der Französischen Revolution und der Napoleonischen Kriege wurde in Deutschland *Säkularisierung* in einem größeren Umfang wirksam. Der in diesem Zusammenhang bedeutsame Reichsdeputationshauptschluss von 1803 hatte weitreichende religiöse und kirchliche, vor allem aber territoriale Auswirkungen, die bis heute nachwirken (für Baden und Württemberg vgl. „Kirchengut in Fürstenhand" 2003). Dieser Prozess wurde durch eine lang andauernde, mit der Romantik beginnende Reaktion und die Konfessionalisierung des sich entwickelnden Volksschulbildungswesens abgelöst. Die Gründung oder Angliederung von Katholisch- oder Evangelisch-Theologischen Fakultäten an bestehende Universitäten seit Beginn des 19. Jh.s machte katholische wie lutherische Geistliche quasi zu Staatsdienern.

Die Kirche, v.a. die katholische, tat sich schwer, Aufklärung und Moderne, Liberalismus und Demokratie zu akzeptieren. Auch ihr soziales Engagement im frühen Industrialisierungs- und Verstädterungsprozess folgte zunächst ständisch-feudalen Mustern. Doch ab ca. 1850 entwickelte sich eine Christliche Soziallehre, deren Tradition über den sog. „Christlichen Sozialismus" bis – wenn auch sehr verblasst – in die Christlichen Sozialausschüsse von CDU/CSU reicht. 1891 wurden von der katholischen Kirche mit der *Sozialenzyklika Rerum Novarum* von Papst Leo XIII. die neuen sozialen und staatlichen Realitäten anerkannt. In dieser Enzyklika wurde nicht nur die Notwendigkeit staatlicher Sozialpolitik und die Sozialbindung des Eigentums gefordert, sondern auch die Koalitionsfreiheit.

Die großen Hilfswerke der beiden christlichen Kirchen entstanden durch die sozialen Herausforderungen der städtisch-industriellen Gesellschaft im 19. Jh. Die *Innere Mission* fasste auf Betreiben Johann Hinrich Wicherns (1808–1881) die zahlreichen Hilfswerke der evangelischen Kirche zusammen (seit 1848 als „Centralausschuß für die Innere Mission"). Auf katholischer Seite kam es 1897 zu einer vergleichbaren Zusammenfassung im *Deutschen Caritasverband*. 1957 wurde die Innere Mission mit dem „Hilfswerk der Evangelischen Kirche in Deutschland" (EKD) zum *Diakonischen Werk* zusammengefasst.

Hinsichtlich der Staatskirchenverfassung brachte erst die Weimarer Reichsverfassung (1919) jenen Prozess zum Abschluss, der die alten reichsrechtlichen und landesfürstlichen Sicherungen für die Kirchen durch die Freiheitsgarantien des modernen Verfassungsstaates ersetzte. „Die ältere Kirchen- und Staatsgeschichte blieb aber sichtbar in der Konfessionsverteilung, im öffentlichen Leben und nicht zuletzt in einem Bestand gemeinchristlicher Wertüberlieferungen" (Maier 1989: 165). Für die evangelische(n) Kirche(n) stellte die Ablösung des Staatskirchentums 1919 einen größeren Einschnitt dar als für die katholische Kirche.

2.2 Die Entwicklung nach dem Zweiten Weltkrieg in Westdeutschland

1945 bedeutete auch für das konfessionelle und kirchliche Leben einen radikalen Einschnitt. Bereits an früherer Stelle (S. 32) wurde hervorgehoben, wie sich durch die territorialen Verschiebungen und die großen Wanderungsbewegungen die deutsche, zumal die spätere bundesrepublikanische, Konfessionskarte veränderte – was zusammen mit der Gründung der CDU/CSU als christlicher, aber überkonfessioneller Partei und den religions- und kirchenrelevanten Bestimmungen des Grundgesetzes nicht unerheblich zum erforderlichen Grundkonsens der Staats- und Gesellschaftsgründung beitrug.

Wenn auch die Kirchen nach dem ideologisch-weltanschaulichen Zusammenbruch des Nationalsozialismus und dem Verfall vieler Institutionen, aber auch aus Gründen innerkirchlichen Widerstandes im Dritten Reich, zunächst eine dominierende Stelle im öffentlichen und privaten Leben einnahmen, bedeutete dies aber nur ein Interregnum: „der politische Prälat verschwand allmählich aus den Landtagen und trat im Bundestag erst gar nicht auf" (Maier 1989: 166). Die katholische Gewerkschaft wurde ebenso aufgegeben wie andere Vereinigungen und Parteien, die einen über die engeren kirchlichen Aufgaben hinaus wirkenden, allgemein-politischen Anspruch hatten.

Hingegen kam der aus dem 19. Jh. stammenden Tradition der *Katholikentage* für die Repräsentanz des Katholizismus in der Öffentlichkeit eine bis heute anhaltende Bedeutung zu. Ihnen „wurden seit 1949 die Deutschen *Evangelischen*

Kirchentage an die Seite gestellt, seit 1957 in zweijährigem Rhythmus mit den Katholikentagen alternierend" (Maier 1989: 167). Als „gesamtdeutsche Klammer" und Treffpunkt der Christen aus Ost und West hatten diese Veranstaltungen eine nicht zu übersehende politische Bedeutung, ebenso wie die aus Westdeutschland in die DDR hineinreichende Bistumsgliederung der katholischen Kirche.

Nach langen Vorbereitungen und Erfahrungen, unter anderem mit der *Bekennenden Kirche* (1934f.), kam es zur Gründung der *Evangelischen Kirche Deutschland (EKD)* als „Bund lutherischer, reformierter und unierter Kirchen". Die Grundordnung der EKD wurde nach einer ersten Kirchenversammlung in Treysa bei Kassel (Aug. 1945) im Juli 1948 in Eisenach (Thüringen) beschlossen. „Der Wechsel in der Namensgebung von der ‚Deutschen Evangelischen Kirche' von 1933 zur ‚Evangelischen Kirche in Deutschland' von 1948 geschah in der Absicht, der Vorstellung einer mehr politisch bedingten Zuordnung von Nation, Staat und Kirche entgegenzutreten, aber zugleich die kirchliche Verpflichtung gegenüber dem deutschen Volk zu unterstreichen. Die EKD ist Kirche in dieser Nation und für diese Nation, aber sie ist keine Nationalkirche" (Wilkens 1989: 185).

2.3 Die Entwicklung in der SBZ/DDR

Mit der Vereinigung der beiden deutschen Staaten am 3. Oktober 1990 wurden die Stammlande des deutschen Protestantismus als „neue Bundesländer" in die bestehende Staats- und Gesellschaftsordnung der Bundesrepublik eingegliedert, aber im Hinblick auf Konfessionalität und Kirchlichkeit der Bewohner in völlig veränderter Struktur. Gehörten 1945 noch über 90 % der Bevölkerung einer der beiden Kirchen, überwiegend der protestantischen, an, so war durch die äußerst rigide Kirchenpolitik der SED – zumal in den 50er und 60er Jahren – der Anteil der Kirchenzugehörigkeit auf deutlich unter 30 % gesunken – „in den städtischen Ballungszentren und den Industrieregionen Ostdeutschlands sind es sogar weniger als 10 % der Bevölkerung" (Hartmann 1993: 404).

Nur langsam bekannte sich der SED-Staat zum historischen Luther-Erbe auf seinem Territorium, zumal als begriffen wurde, dass es ein welthistorisches Erbe war und die Weltöffentlichkeit dementsprechend Aufmerksamkeit schenkte. Die kirchlichen Feiern zum 450. Jahrestag des Wittenberger Thesenanschlags im Jahre 1967 wurden staatlicherseits als Jubiläum der frühbürgerlichen Revolution gefeiert, die sich leider noch im theologischen Gewand hätte darbieten müssen (und den alten Streit um Martin Luther und den revolutionären Thomas Müntzer neu belebten). Eine gewisse Wende und Entkrampfung brachten erst die weltweit beachteten Feiern zum 500. Geburtstag von Luther im Jahre 1983.

Doch sehr bald traten neue Spannungen auf, weil die Kirche als Hort der Dissidenten galt – und in der Tat für die Vorbereitung der „friedlichen Revolution" des Jahres 1989 eine bedeutende Rolle innehatte.

Trotz aller anti-religiösen und anti-kirchlichen Politik der DDR waren sowohl das Hineinragen der katholischen Bistümer Fulda, Osnabrück, Paderborn und Würzburg in das DDR-Territorium als auch die erwähnte Gründung der *Evangelischen Kirche Deutschlands* eine gesamtdeutsche Klammer. Dies wurde sogar von der Sowjetischen Militäradministration Ende der 1940er Jahre „als kirchliche Vorwegnahme der staatlichen Wiedervereinigung" begrüßt (Henkys 1989: 195). Ab 1983 sollte vor allem der polnische Papst, Johannes Paul II., unter ganz anderen Voraussetzungen und mit ganz anderen Absichten die „systemübergreifende Kraft der Kirche" ausdrücklich – zumal mit Blick auf das Bistum Berlin – betonen (Höllen 1989: 176).

In dem Maße, wie diese Hoffnungen schwanden, verschärfte sich der Kirchenkampf des SED-Regimes; 1957 wurden die Verbindungen Kirche – Staat offiziell beendet. 1969 wurde nach langem Kampf die „gesamtdeutsche" EKD aufgelöst. Aus Furcht vor noch größeren staatlichen Repressalien, zumal nach Verabschiedung der 1968 in Kraft getretenen neuen „sozialistischen Verfassung", entschlossen sich die Verantwortlichen am 10.6.1969 zur Gründung des Bundes der Evangelischen Kirchen in der DDR. Die Mitgliedschaft in der EKD wurde aufgekündigt (Henkys 1989: 199f.).

2.4 Kirchen und Religionsgemeinschaften in Deutschland

Wie der nachfolgenden Tabelle entnommen werden kann, ist das Verhältnis von Katholiken und Protestanten gegenwärtig in etwa ausgeglichen; aber es gibt nach wie vor, trotz aller Bevölkerungsumschichtungen nach 1945, der Entkonfessionalisierung eines großen Teils der DDR-Bevölkerung und der bei den Protestanten zahlreicheren Kirchenaustritte seit den späten 1960er Jahren eine sehr disproportionale Verteilung von Katholiken und Protestanten im (früheren) Bundesgebiet: Der Norden und Berlin sind überwiegend protestantisch; das Saarland und Bayern überwiegend katholisch, gefolgt von Nordrhein-Westfalen und Rheinland-Pfalz.

Tabelle 3 Kirchen und Religionsgemeinschaften in Deutschland

Kirche/Religionsgemeinschaft	Mitglieder in Tausend
Evangelische Kirche Deutschlands, EKD; 2001: 24 Landeskirchen	26 454
Römisch-katholische Kirche; 2001: 7 Erzbistümer und 20 Bistümer	26 656
Jüdische Gemeinden; 2002: 86 Gemeinden	98 335
Christliche Freikirchen	394
Orthodoxe Gemeinden	1 000
Muslime	1 800
Buddhisten	60
Religiöse Szene außerhalb der christlichen Groß- und Freikirchen	800

Quelle: Statistisches Jahrbuch 2003, S. 97ff.; ab „christliche Freikirchen": Gabriel 2001

Die neben den Christen größte Glaubensgemeinschaft in Deutschland sind die Angehörigen des Islam mit ca. drei Mio. Gläubigen (ca. 80 % von ihnen sind türkischer Herkunft) (vgl. Datenreport).

Kann trotz verbleibender Differenzen in Glaubensfragen – z.B. das Abendmahl oder die Rechtfertigungslehre betreffend – alles in allem von einem ökumenischen Miteinander der beiden großen christlichen Kirchen ausgegangen werden, so zeigen sich neue Spannungen im Verhältnis zum Islam. Dies ist zum einen der weltpolitischen Situation geschuldet, zum anderen den Problemen der Repräsentanz der nicht-christlichen Religionen im öffentlichen, auch politischen Leben. Das Verhältnis von Religion, Staat und Gesellschaft hat eine noch vor wenigen Jahren unerwartete Aktualität erhalten.

3. Zum Verhältnis Staat – Kirche – Gesellschaft

Hinsichtlich des Verhältnisses von Kirche und Staat übernahm das Grundgesetz in Art. 140 die entsprechenden Artikel (136-139 und 141) der Weimarer Verfassung von 1919. Darin heißt es unter anderem:

- „Die bürgerlichen und staatsbürgerlichen Rechte und Pflichten werden durch die Ausübung der Religionsfreiheit weder bedingt noch beschränkt";
- „der Genuss bürgerlicher und staatsbürgerlicher Rechte sowie die Zulassung zu öffentlichen Ämtern sind unabhängig von dem religiösen Bekenntnis";
- „niemand ist verpflichtet, seine religiöse Überzeugung zu offenbaren";
- „es besteht keine Staatskirche";
- „Religionsgesellschaften bleiben Körperschaften des öffentlichen Rechts, soweit sie solche bisher waren";
- „der Sonntag und die staatlich anerkannten Feiertage bleiben als Tag der Arbeitsruhe und der seelischen Erhebung gesetzlich geschützt".

Weiter bestimmt Art. 140 GG, dass die Religionsgesellschaften freien Zugang zu öffentlichen Anstalten, wie Heer, Krankenhäuser oder Strafanstalten haben, wenn es dort „ein Bedürfnis nach Gottesdienst und Seelsorge" gibt. Auch sind die Religionsgesellschaften berechtigt, „auf Grund der bürgerlichen Steuerlisten nach Maßgabe der landesrechtlichen Bestimmungen Steuern zu erheben" (zum *Staatskirchenrecht* und damit zu den Rechtsbeziehungen zwischen Staat und den Religionsgemeinschaften vgl. v. Campenhausen 1980). Neben dem Staatskirchenrecht gibt es das Kirchenrecht, wonach den Kirchen für ihren eigenen Bereich „ein weitgehender Gestaltungsraum zugesprochen wird" (vgl. Kaufmann 1988; dort auch zum „System der Kirchensteuer").

Die kirchenfreundliche Stimmung in der Gründungsphase der Bundesrepublik, zu der auch die Alliierten erheblich beigetragen hatten, wich mehr und mehr der Skepsis und einem immer gespannteren Verhältnis von Kirche und Öffentlichkeit. Hierzu hatten u.a. der Militärseelsorgevertrag (1957) und der Kampf um die Bekenntnisschule bzw. gegen sie Anlass gegeben. Einzelne gerichtliche Entscheidungen, z.B. über die Zulässigkeit des Schulgebets oder die staatlich erhobene Kirchensteuer, führten zu Massendemonstrationen. Das sog. „Kruzifixurteil" des Bundesverfassungsgerichts vom August 1995 über die Zulässigkeit von Kreuzen in staatlichen Schulen führte insbesondere in Bayern zwar zu heftigen Kontroversen, aber nicht mehr zu einem prinzipiellen Spannungsverhältnis von Staat und Kirche.

Seit den 1960er Jahren kam es, wie auch in anderen gesellschaftlichen Bereichen, zu einer tief greifenden Wandlung der innerkirchlichen Strukturen und des Verhältnisses Kirche und Gesellschaft. Auf katholischer Seite waren es u.a. die Auswirkungen des Zweiten Vatikanischen Konzils (1962–1965); auf evangelischer Seite waren und sind es die seit 1962 herausgegebenen *Denkschriften*, die zur Aktualisierung religiös-kirchlicher Standpunkte im öffentlichen und privaten Leben erheblich beitrugen, z.B. die Ostdenkschrift (1965), die zur Sexualethik (1971), zu den Grundwerten (1979) oder zur Freiheitlichen Demokratie (1985).

4. Säkularisierung des öffentlichen und des privaten Lebens

Wie hervorgehoben, verlief der Prozess der *Säkularisierung* keineswegs kontinuierlich. Das gesamte 19. Jh. brachte eine einzigartige Revitalisierung und Reorganisierung des religiösen und kirchlichen Lebens, die bis nach dem Zweiten Weltkrieg anhielt. Erst der *Wertwandel* im Zusammenhang der sozialen Bewegungen der 1960er Jahre führte zu einem Bruch mit dieser Entwicklung. „Vom strukturellen wie kulturellen Modernisierungsschub, der Mitte der 60er Jahre einsetzte, zeigen sich die beiden Kirchen in besonders nachhaltiger Weise betroffen" (Gabriel 2001).

Zwischen 1968 und 1973 zeigte sich der Bewusstseinswandel mit seinen weitreichenden Verhaltensänderungen darin, dass die Kirchenbesucherzahlen um ca. ein Drittel zurückgingen, bei den Jüngeren sogar um die Hälfte. Die Kirchenaustritte häuften sich und die Bildungsreform der 1960er Jahre beseitigte weitgehend das aus dem 19. Jh. stammende konfessionell geprägte staatlich-öffentliche Schulsystem.

Die nachlassende Kirchen- und Religionsbindung traf die katholische Kirche besonders hart, die – so Gabriel – neben der sozialistischen Arbeiterschaft „das sozial-moralische Milieu mit der stärksten Bindungskraft" besaß. Dieser Erosionsprozess ist auf das gestiegene Bildungsniveau der Katholiken ebenso zurückzuführen wie auf die drastische Zunahme städtischer Lebensweisen und die allgemeine Säkularisierung der Lebenswelt, einschließlich Medien und Kunst, Politik und Allgemeinbildung.

Hermann Lübbe (1986) nannte Beispiele, an denen man sich durch die eigene Alltagserfahrung und dem Vergleich mit Lebensbedingungen, die nur eine Generation zurückliegen, verdeutlichen kann, wie schnell und umfänglich dieser Prozess der Säkularisierung vonstatten gegangen ist:

- Die auffällige Säkularisierung von Geburts-, Heirats- und vor allem Todesanzeigen;
- der Wegfall des Tischgebetes in den meisten Familien;
- der Wegfall (neuer) religiöser Symbole am Haus und im Haus, an Wegen und Kreuzungen;

- der Wegfall des Priester- und Ordenshabits im Straßenbild (natürlich auch verursacht durch einen drastischen Rückgang der Welt- und Ordensgeistlichen in der letzten Generation);
- die Änderung der Freizeitgewohnheiten sowohl sonntags als auch feiertags, verbunden mit der geringer gewordenen Zahl kirchlich religiöser Festtage und der abnehmenden Bestimmung des Jahres- und Tagesverlaufs durch den religiösen Festkalender;
- die abnehmende Bedeutung der Konfessionszugehörigkeit in fast allen Berufen, bei Heiraten, im geselligen Verkehr usw.;
- der weitgehende Wegfall des Schulgebetes und eines konfessionell geprägten Schulwesens.

Streiten mag man darüber, ob die *freiwillige Säkularisierung* des religiösen und öffentlichen Lebens in Westdeutschland oder die *erzwungene Säkularisierung* in Ostdeutschland in ihren Resultaten so grundverschieden sind, auch wenn die statistisch völlig verschiedenen Werte der Kirchenzugehörigkeit entsprechend differenzierte Einstellungen und Verhaltensweisen zunächst vermuten lassen.

Trotz dieser offenkundigen Säkularisierung, der nachlassenden Kirchenbindung und des abnehmenden religiösen Engagements der in der Kirche Verbliebenen, wäre es völlig falsch, die einleitend hervorgehobenen Funktionen von Religion und Kirche für Individuum und Sozialstruktur zu übersehen (zur Kritik an einer zu undifferenziert vorgetragenen Säkularisierungsthese vgl. auch Pollack 1997: 216f.).

5. Vor einer neuen Religiosität?

Daniel Bell (1976) ging davon aus, dass sich die Faszination der *Moderne* erschöpft habe und alle Versuche der Neuzeit, die traditionelle Religion zu „ersetzen" – Bell nannte Rationalismus, Ästhetizismus, Existentialismus, Zivilreligion und politische Ideen –, gescheitert seien. Dieses Scheitern war natürlich in dem Maße vorprogrammiert, wie sich an diese intellektuell-modernistischen Deutungsformen der Welt Gesamterklärungsansprüche des In-der-Welt-Seins des Menschen anhängten.

Soziologische und psychologische Analysen über die „Funktion der Religion", von der Integrationsfunktion und Angstbewältigung bis zur „Kosmisierung" und Transzendierung der Welt (Kaufmann 1986: 303), können nicht als Ausgangspunkt für neue Fundierungen des Religiösen genommen werden. Eine religionssoziologisch begründete Religiosität kann es ebenso wenig geben wie eine soziologisch begründete Normativität der Gesellschaft. Darüber hinaus ist immer weniger klar erkennbar, wo die Grenzen vom Religiösen und Kirchlichen verlaufen, ja, wo die Grenzen des Religiösen selbst sind. In einer sich starr durch Dogmen abgrenzenden Kirche mag das klar sein; in einer Gesellschaft der *Posthistoire* und der „kulturellen Kristallisationen" (Arnold Gehlen), der Kulturmuster aus allen Epochen und Erdteilen zur Verfügung stehen, auch religiös und metaphysisch, ist dies schwieriger auszumachen. So erstaunt nicht, dass das zweifelsohne feststellbare neue Interesse an Religion(en) sehr unterschiedlichen Ursachen entspringt und mit kirchlich verfasster Religiosität zumeist wenig zu tun hat.

Die analytisch und empirisch gewonnenen Funktionsbestimmungen der Religion können beitragen zur geistigen und kulturellen Standortbestimmung der Gegenwart; ein moralisches und religiöses Fundament für die individuelle Standortgewinnung, Sinngebung oder Religiosität können sie nicht sein. Ebenso wenig ist soziologisch oder irgendwie wissenschaftlich widerlegbar, dass Modernität der Anschauungen und des Lebensstils auf überzeugende Weise mit Gläubigkeit und Religiosität vereinbar sind und durchaus nicht – wie noch Max Weber unterstellte – das „Opfer des Intellekts" erfordern. Moderne und Säkularisierung, Verwissenschaftlichung und Dauerreflexion haben dem Glauben auf nicht vorhergesehene Weise „Platz gemacht" und damit eine Forderung des Aufklärungsphilosophen Immanuel Kant (1724–1804) eingelöst (zur ausführlicheren Thematisierung des Zusammenhangs von Religion und Modernität vgl. Kaufmann 1989; Schluchter 1988).

Hatte Kant in seiner Schrift über „Die Religion innerhalb der Grenzen der bloßen Vernunft" (zuerst 1793) gesagt, dass es „eine Religion, die der Vernunft unbedenklich den Krieg ankündigt, es auf Dauer gegen sie nicht aushalten" kann, so wird man heute sagen können: eine Vernunft, die jedweder Religion den Krieg ankündigt, ist auch nicht glaubhaft.

III. Massenmedien und Kulturprozess

1. Entwicklung und Ausweitung der Medienlandschaft

Die Struktur der Rundfunk- und Fernsehanstalten spiegelt trotz aller Veränderungen immer noch jene Medienlandschaft wider, die die drei westlichen Alliierten nach dem Krieg für Deutschland lizenziert und durchgesetzt hatten. Dies war eine Reaktion auf die historisch in diesem Ausmaß erstmalige Einsetzung der *Massenmedien*, vor allem des Radios, als Propagandainstrument durch die Nationalsozialisten. Und es war zugleich der Versuch, die Massenmedien als Mittel der *Reeducation* und Demokratisierung von der Basis her zu nutzen. „Nach dem Sieg der alliierten Truppen trat zunächst Funkstille ein. Jegliche deutsche Rundfunkaktivität war verboten" (Eschenburg 1983: 137; dort ausführlich über die Entwicklung von Rundfunk und Presse 1945-1949).

Bereits 1945 entstand der RIAS, der „Rundfunk im amerikanischen Sektor" in Berlin; danach in der britischen Zone der West- und der Nordwestdeutsche Rundfunk (WDR und NDR) und in der amerikanischen Zone der Bayrische und der Hessische Rundfunk sowie Radio Bremen. Im Juli 1949 kamen hinzu der Südwestfunk in Baden-Baden (dem Sitz des Oberbefehlshabers der französischen Streitkräfte in der soeben gegründeten Bundesrepublik) und der Süddeutsche

Rundfunk in Stuttgart. Rundfunkentwicklung und Entwicklung der Bundesländer haben also einige Parallelen. Streitpunkte zwischen den politischen und sozialen Gruppen bei der Besetzung der Rundfunkräte und der politischen Ausrichtung der von der Struktur her zur parteipolitischen Neutralität verpflichteten öffentlich-rechtlichen Rundfunkanstalten, ihrer Größe und Zuständigkeit, haben hier ebenfalls ihren Ausgangspunkt bis auf den heutigen Tag.

Zu Beginn der Bundesrepublik verfügten ca. 45 % der Haushalte über ein *Radio*. Seit Anfang der 1950er Jahre erhielt das Radio durch die Transistorentwicklung und Ausstattung mit Kassetten, Kopfhörern usw. zusätzliche Qualitäten, vor allem die der Raumungebundenheit und der ständigen Verfügbarkeit, auch als Autoradio. Seit den 1970er Jahren veränderte sich diese Struktur u.a. dadurch, dass das Radio in eine immer direktere Kommunikation mit den Bürgern trat und sich auch auf lokaler Ebene neben der Zeitung als Medium durchsetzte.

Der tief greifende Wandel der kulturellen und sozialen Strukturen durch die Expansion der *Massenmedien* sei durch folgende Punkte verdeutlicht:

*   Trotz erster Fernsehübertragungen zur Olympiade 1936 in Berlin gab es 1949 kein *Fernsehen*. Seit etwa 1990 gibt es eine Vollversorgung aller Haushalte, z.T. mit zwei oder drei Apparaten und zusätzlich mit Video-Geräten. Auch Kinder und Jugendliche verfügen zu einem großen Teil über eine Ausstattung mit verschiedenen Medien;
*   der Fernsehkonsum beansprucht einen Teil der Tages- und Wochenendfreizeit und hat zu großen Veränderungen des Familienlebens, der Informationsbeschaffung, des Lernverhaltens und der Weltsicht geführt;
*   die Bedeutung des Fernsehens für die „Mitgestaltung" und „Beschleunigung" politischer Prozesse wurde seit der Berichterstattung über die Ereignisse und politischen Umwälzungen 1989ff. in Polen, Ungarn, der Tschechoslowakei, dann der DDR und Rumänien deutlich; dies zeigte auch, dass das Fernsehen für die Einheit der deutschen Nation als *Kulturnation* einen großen Stellenwert hatte;
*   1949 verfügten ca. 8 % der Haushalte über ein *Telefon*; nunmehr sind es ca. 98 %. Die damit gegebenen Veränderungen des kommunikativen (und sprachlichen) Verhaltens, bis hin zur Veränderung des Nachbarschaftsverhaltens, der Verabredungen und Gespräche über das Telefon usw., sind weitreichend;
*   die Expansion der Zeitschriften ist ein besonderes Element der Kulturgeschichte. Es gibt kein kulturelles und sonstiges Interesse, kein Hobby, kein Informations- und Unterhaltungsbedürfnis, das nicht über Zeitschriften markt- und kommerzfähig gemacht würde. Die Diversifizierung nach Alter und Geschlecht, Sozialschicht und Bildungsstand gehört noch zu den einfachsten Kriterien der Marktstrategien.

Eine Diversifizierung des Angebots und der Nutzung gibt es bei allen Medien: durch Entwicklung von 3. und 4. Hörfunkprogrammen der öffentlich-rechtlichen Rundfunkanstalten, auch als Reaktion auf die Konkurrenz der privaten Rundfunksender; durch Ausdehnung der Sendezeiten und Vermehrung der Fernsehprogramme. 1961 wurde das ZDF in Mainz gegründet. Nach dem Medienurteil des Bundesverfassungsgerichts aus dem Jahre 1986 kam das kommerzielle Fernsehen mit Sat.1, EINS PLUS und anderen Sendeanstalten hinzu. 1972 umfasste das ARD-Gemeinschaftsprogramm erst knapp acht Stunden tägliche Sendezeit; das ZDF-Programm neun Stunden. Durch Satelliten und Verkabelung ist in vielen Haushalten inzwischen eine Programmwahl „rund um die Uhr", vergleichbar dem Rundfunk, gewährleistet.

2. Veränderung des Vertrauten

Bei Niklas Luhmann (1996: 9) heißt es lapidar: „Was wir über unsere Gesellschaft, ja über die Welt, in der wir leben, wissen, wissen wir durch die Massenmedien".

Die Ausbreitung der Massenmedien und neuen Medien, basierend auf der Entwicklung neuer Technologien, führte zu tiefgreifenden Veränderungen personaler, sozialer und kultureller Gewohnheiten. Wertsystem und Wissensordnung wandelten sich. Der Bezug zur Realität wird unter diesen Voraussetzungen ein anderer; er löst sich von den Gegenständen, er wird ein „konstruierter". Realität wird – so Luhmann – zu einem „internen Korrelat der Systemoperationen" (1996: 19).

Durch die *neue Wissensordnung* der Gesellschaft (Spinner 1998), ihre technologisch neuen Kommunikations- und Informationsmöglichkeiten, ändern sich die Seh- und Denkgewohnheiten, die Weltbilder und die Sprache. So hat Götz Großklaus (1989) darauf hingewiesen, dass durch die neuen Medien die Kategorien von Nähe und Ferne, von Raum und Zeit einem Wandel unterliegen: „Seit der Mitte des 19. Jahrhunderts haben die Apparate der Sucht nach Nähe gedient, aber erst am Ende unseres Jahrhunderts sind globale Systeme an der Herstellung von Nähe beteiligt: Tagtäglich nehmen wir über Fernsehprogramme an den Ritualen der Nähe teil. Die Nah- und Nächstwahrnehmung des glücklichen, mächtigen, erfolgreichen Idols (…) hat längst die Form des kollektiven Rituals angenommen."

Wahrnehmungsgewohnheiten ändern sich wie Denk- und Lesegewohnheiten; die Prozesse der künstlerischen Produktion und ihrer Vermittlung haben sich darauf längst eingestellt. Dem immer schnelleren Veraltern der Moderne entspricht ihre zügige Musealisierung in der sich weiterhin ausbreitenden, auch städtebaulich relevanten Museumskultur.

Ein neues *audio-visuelles Zeitalter* schafft sich seine eigenen Wirklichkeiten, deren Rückwirkungen auf die „Realität an sich", die wahrnehmenden und reflektierenden Individuen eingeschlossen, immer komplexer werden.

3. Ein neues Basis-Überbau-Verhältnis?

Zu fragen bleibt, ob diese und andere kulturrelevanten technologischen Entwicklungen nicht zu einem völlig neuen Verhältnis von Kultur und Gesellschaft, der Basis von Produktion und Technik, und dem Überbau der kulturellen und sozialen Verhältnisse, geführt haben. In der Theorie des sozialen Wandels von William F. Ogburn (vgl. S. 7), die die Kategorien von Basis und Überbau in eine Theorie des *cultural lag** einbringt, schien es noch selbstverständlich, dass das kulturelle System den innovativen Systemen der Technik und der Produktion hinterherhinkt.

Waren an dieser Theorie immer Zweifel berechtigt, weil – wie im Anschluss an Max Weber bereits hervorgehoben – ein bestimmtes Kultur- und Wertsystem allererst da sein muss, um sich der auch in anderen Kulturen und anderen Epochen gegebenen technologischen Möglichkeiten in bestimmter Weise zu bedienen, so hat sich in fortgeschrittenen Industriegesellschaften dieses Verhältnis nach Ansicht von Daniel Bell (1975) umgekehrt: In der *nachindustriellen Gesellschaft* bekommen die Phänomene des theoretischen Wissens, der Wissensvermittlung und der technologisch erst jetzt möglichen Zentralisierung des Wissens eine Schlüsselstellung für die Sozialstruktur und die gesellschaftliche Entwicklung. Bells These, dass sich in der nachindustriellen Gesellschaft die Kluft zwischen Gesellschaftsstruktur und Kultur zwangsläufig weiter vertiefe (1975: 366), ist jedoch zu widersprechen. Im Gegenteil: das kulturelle, technische und soziale System interpenetrieren immer stärker, nicht zuletzt über differenziertere Formen der Kommerzialisierung und des *Sponsoring* im Kunst- und Kulturbetrieb, zunehmend auch im Bereich von Bildung und Ausbildung, Hochschul- und Studienprogrammen.

IV. Kulturentwicklung zwischen Regionalismus und Weltkultur

Die Kulturentwicklung in der (alten) Bundesrepublik hatte seit den 1980er Jahren zwei Pole deutlicher hervortreten lassen: Regionalismus, Provinz- und Heimatkultur einerseits und Weltkultur andererseits.

Nach Wolfgang Lipp (1994) muss zwischen Heimatkultur und *Moderne* kein Widerspruch bestehen. Die Prozesse der Modernisierung müssen, „sollen sie nicht irrational werden, auch in der Gestaltung des Nahraums und des Lebensdienlichen ihre Verankerung haben" (an der kultur- und sozialwissenschaftlichen Aufwertung des Heimatbegriffs, seiner „Befreiung" aus Enge und Spießigkeit, hatten u. a. die Arbeiten von Hermann Bausinger und Ina-Maria Greverus großen Anteil). Ein Widerspruch wäre wohl erst gegeben, wenn eine sich provinziell abschottende Heimatkultur die eigenen Maßstäbe und Bewertungen auf größere Zusammenhänge übertrüge. Das wäre auch für die politische Kultur bedenklich.

Trotz aller Globalisierungsprozesse ist die deutsche kulturelle Landschaft immer noch relativ differenziert und der Zusammenhang zwischen politischer Kultur und historischer Landschaft vergleichsweise eng. Für die Globalisierungsprozesse der Kultur wird auf ein Schema von Meier-Dallach (1989) zurückgegriffen, das den Wertwandel, technologische Möglichkeiten und die weltweiten Zusammenhänge sozialer und kultureller Prozesse verdeutlicht.

Übersicht 1 Globalisierungsprozesse der Kultur

Wertbrüche 60er und 70er Jahre	Hegemonien 80er Jahre	Trends, Entwicklungen, Prozesse Ende 80er u. 90er Jahre	Bilder künftiger Weltkultur
Modernistische und antimodernistische Linie	Neoliberale Hegemonie der kapitalistischen Führungsnationen	Kommerzialisierung	Weltweite Warensymbolik
		Informatisierung	Global orientierte Codes für Aktualitäten und Ereignisse
Kulturkritische Linie	Wertkonservative Gruppierungen, restaurative Positionen	Musealisierung	Global ausgerichtete Formen von Musealität und Gedächtnisbildung
Fundamentalistische Linie	Neokonservative Gruppierungen, charismatische Erneuerer	Fundamentalisierung	Global orientierte Muster von Religiosität, Mythen oder Esoterik
Gesellschaftskritische, emanzipatorische Linie	Liberale, linksliberale, linke und alternative Gruppierungen	Universalisierung ästhetischer Codes	Global orientierte Kunst
		Universalisierung von kognitiven und intellektuellen Codes	Global orientiertes Wissen
		Universalisierung pragmatischer Codes für Handeln	Global orientierte Pragmatik zur Lösung dringlicher Probleme

Quelle: Meier-Dallach 1989, S. 305 (geringfügig verändert)

1. Vereine als Basis des kulturellen und sozialen Lebens

Heimatkultur und Regionalkultur haben in Deutschland ihre Basis in einer Vielzahl von Vereinen. Bereits Émile Durkheim, der Deutschland von eigenen Studien kannte, sah in ihnen jene entscheidenden *institutions intermédiaires*, die eine moderne arbeitsteilige Gesellschaft benötige, um zwischen Individuum und dem Staat bzw. dem Abstrakt-Gesellschaftlichen zu vermitteln.

Die Forderung nach freier Gründung von Vereinen und Assoziationen, von Verbänden und Koalitionen zieht sich wie ein roter Faden durch die politischen Emanzipationsbewegungen von Bürgertum und Arbeiterschaft. In der Bundesrepublik ist dieses Recht in Art. 9 GG („Vereinigungsfreiheit") als Grundrecht verankert (vgl. die Darstellungen in Best 1993).

Vereine spielen im Leben der Bundesbürger und der Gemeinden, vor allem der kleineren, eine zentrale Rolle; sie „gliedern" die komplexe Gesellschaft in überschaubare, gemeinschaftliche Strukturen; sie leisten einen zentralen Beitrag zur Integration der Menschen, auch der ausländischen Wohnbevölkerung, zumal der Kinder und Jugendlichen.

Das Bürgerliche Gesetzbuch (BGB) unterscheidet zwischen „Idealvereinen", deren „Zweck nicht auf einen wirtschaftlichen Geschäftsbetrieb gerichtet ist", und wirtschaftlichen Vereinen. Durch Eintragung in das Vereinsregister des zuständigen Amtsgerichts erlangt der Verein Rechtsfähigkeit und wird zur „juristischen Person". Die überwiegende Mehrzahl aller Vereine sind „eingetragene Vereine"; das gilt für Sportvereine wie für Bürgerinitiativen, die sich zu bestimmten Zwecken gründen. Vor allem die Sportvereine, die Musikvereine, die Schützenvereine, örtlich aber auch Vereine der Brauchtumspflege sind für die Individuen und ihre Einbindung in das freizeitliche, soziale und kulturelle Leben von großer Bedeutung. Die Zahl der Vereine wird auf ca. 300-350 Tsd. geschätzt (Klein 2001: 706). Die wichtigsten Bereiche sind (vgl. auch Sahner 1993):

• Sport und Freizeit;
• Bildung und Kultur (z.B. Gesangsvereine); Kirche und religiöses Leben;
• Politik; Wirtschaft; Wissenschaft;
• Soziales/Caritatives;
• Heimat- und Brauchtumspflege;
• Natur- und Wandervereine; Vereine für Naturschutz, Umwelt;
• Kleingärtner, Obst- und Gartenbauvereine.

Etwa sechs von zehn der über 14-jährigen Bundesbürger sind zumindest in einem Verein Mitglied (Klein 2001: 707). Die zahlenmäßig größten Vereine sind die Sportvereine, die im Deutschen Sportbund als Dachorganisation zusammengefasst sind. Die Wiedervereinigung brachte auch auf dem Gebiet des Vereinswesens zwei inzwischen unterschiedliche „Kulturen" zusammen: Westdeutschland mit einer über rund zweihundert Jahre kontinuierlich entwickelten Vereinsstruktur mit einem Land (DDR), in dem diese „bürgerliche" Tradition gebrochen war und vor allem von den Betrieben her neue „Kollektive" aufgebaut wurden, zumal für Jugend und Sport, Freizeit und Kultur. Inzwischen gibt es auch hier Angleichungsprozesse (vgl. länderspezifische Vereinskarten für Deutschland in Schäfers 1998: 44f.).

2. Jugendkultur und jugendliche Subkultur

Als Beispiel für die jeweils erforderlichen Differenzierungen im Themenbereich „Kultur und Sozialstruktur", schicht- und altersspezifisch und bezogen auf Werthaltungen, Lebensstile usw., seien einige begriffliche Differenzierungen zur *Jugendkultur* vorgetragen (Schäfers 2001: 143ff.).

Die Jugendkultur als Teil der allgemeinen Kultur einer Gesellschaft hat sich in dem Maße entwickelt und verselbstständigt, wie Jugend überhaupt als eigenständige Alters- und Sozialgruppe mehr und mehr an Autonomie gewann. Spätestens seit der Jugendbewegung, beginnend um die Wende vom 19. zum 20. Jh., kann man von einer eigenständigen Jugendkultur sprechen. Der Begriff „Jugendkultur" wurde von einem der „geistigen Führer" der Jugendbewegung, Gustav Wyneken (1875–1963), geprägt.

Jugendkultur meint im Hinblick auf den allgemeinen Kulturbegriff, dass hier spezifische Inhalte und Formen der materiellen, vor allem aber der geistigen Kultur, ausgebildet werden: als Ausdruck von Eigenständigkeit, einem eigenen Lebensgefühl und eigenen Werthaltungen. In diesem Verständnis hatte bereits Friedrich H. Tenbruck (1962) die Jugend insgesamt als Teilkultur definiert. Die jugendliche *Teilkultur* erfasse „souverän alle Lebensgebiete". Nach Tenbruck haben die Jugendlichen „nicht nur ihre unverwechselbaren Formen des Umgangs, Sports, Vergnügens, sie besitzen auch ihre eigene Mode, Moral, Literatur, Musik und Sprache". Eine so definierte Jugendkultur bzw. Subkultur ist latent immer auch *Gegenkultur, Alternativkultur*, also nicht nur Teil der allgemeinen Kultur, sondern bewusst und gewollt etwas anderes als die „offizielle" (hegemoniale) Kultur.

Der Begriff der *Subkultur* ist weder in der Alltags- noch in der Wissenschaftssprache eindeutig festgelegt. Hier wird er mit dem Begriff „gesellschaftliche Teilkultur" gleichgesetzt. Zwischen Teilkultur im Sinne von „Teil der offiziellen Kultur" bis zur bewusst und aggressiv von der „offiziellen" Kultur abweichenden subkulturellen Bewegung liegt ein breites Spektrum von Möglichkeiten. Diese variieren hinsichtlich

- der Inhalte und „Stile", die teilweise oder völlig von der dominanten Kultur abweichen (Sprache, Kleidung, Körpersprache, Gewohnheiten, Verhaltensweisen, Anerkennung gesellschaftlicher Werte wie Eigentum, Leistung etc.);
- der Größe der abweichenden Gruppe;
- ihrer Aktionsbereitschaft, der latenten und manifesten Aggressionsbereitschaft;
- ihrer alters- und schichtspezifischen Besonderheiten.

Auch deutlich abweichende jugendliche Subkulturen (Beispiele: Skinheads, Punks) sind Teilkulturen in dem Sinne, dass sie auf eine gesellschaftliche Situation, wie verzerrt diese auch wahrgenommen wird, in bestimmter Weise reagieren.

Radikale Subkulturen versuchen, Vereinnahmungen durch das System, durch Kommerz- und Kulturbetrieb, zu entgehen und ihren eigenen Stil zu entwickeln. *Stil* ist die Gesamtheit der auf typische Weise genutzten oder neu innovierten Ausdrucksmittel; Sprache, Mode, Körpersprache und Musik sind ihre wichtigsten „Medien". In „Schock und Schöpfung" (1986) wurde der breit angelegte Versuch unternommen, die Jugendästhetik im 20. Jh. in entwicklungsgeschichtlicher und vergleichender Perspektive darzustellen. Wandervögel und Lichtfreunde, Wilde Cliquen und Sonnenmenschen, die jugendliche Bohème und die Bündischen, die Antiautoritären und die „Blumenkinder" der 1960er Jahre – sie alle „stilisieren" sich in bestimmter Weise, wobei dem jeweiligen Stil entweder nur gruppenunterstützende Funktion zukommt, wie z. B. bei den Wandervögeln, oder er zum Selbstzweck wird bzw. für Nichtzugehörige so erscheinen muss, wie z. B. bei den Punks.

Der *Kulturbegriff* ist im Selbstverständnis der Subkulturen (wie auch der Alternativkultur) um einiges weiter gefasst als der „klassische" bürgerliche Kulturbegriff. Er umfasst die gesamte Lebensweise und das Lebensgefühl einer bestimmten Gruppe.

V. Unbehagen in der Kultur

Mit Max Weber kann davon ausgegangen werden, dass wir in einer „entzauberten Welt" leben, in der die *Religion* ihre Prägekraft für Alltagsethik und Weltdeutung weitgehend eingebüßt hat, zumindest in der Öffentlichkeit, der Arbeitswelt, dem Kulturbetrieb und anderen Bereichen. Diese „innerweltliche Orientierung" (Weber) der Werte und der Ethik hat ihre eigenen Probleme, weil die Verbindlichkeit einer Letztbegründung fehlt und alles dem Diskurs anvertraut ist.

Die Kulturentwicklung seit der *Aufklärung* mit ihren Schüben an Individualisierung und Reflexion, aber auch an Abbau überkommener Bindungen und kultureller Selbstverständlichkeiten, hat dem Kulturprozess eine neue Dimension hinzugefügt: die des „Unbehagens in der Kultur" (Sigmund Freud). Was mit diesem zum Schlagwort gewordenen Titel (zuerst 1930) auf den Begriff gebracht wurde, begleitete den Kultur- und Individualisierungsprozess der *Moderne* von Anfang an: das Auseinandertreten von Lebenswelt und Erfahrung, von technisch-industrieller, gesellschaftlich-bürokratischer „Superstruktur" und der Welt der Werte und Gefühle, der kleinen Gemeinschaften und des Überschaubaren. Die Kulturtheorien des Idealismus und der Romantik hatten diese Problemlage bereits thematisiert. Lebensreform- und Jugendbewegung der Wende vom 19. zum 20. Jh. und die Alternativ- und Öko-Bewegungen der Gegenwart sind kultur- und epochentypische Reflexionen dieses immer bedrohlicheren Auseinandertretens von angeblich rationaler Daseinsbewältigung und dem Verhältnis des Menschen zu bleibenden Grundwerten seiner Existenz; dazu gehört auch sein Verhältnis zur Natur.

Die *Dialektik der Aufklärung* (Horkheimer/Adorno, zuerst 1944) analysierte angesichts des Epochenphänomens des Faschismus und seiner Gewalt diesen Entwicklungsprozess als „rastlose Selbstzerstörung der Aufklärung" (so im Vorwort zu den Ausgaben 1947 und 1969) aus der Logik eines fehlgelaufenen Vernunftprozesses. Die *Kultur der Moderne* (Münch 1986) ist ohne diese tief empfundene, von der Religion immer weniger mediatisierte Widersprüchlichkeit nicht denkbar. Das Lebenswerk Max Webers steht ganz im Banne dieses Widerspruches bzw. seiner Thematisierung (vgl. z.B. die Ausführungen in seinem Vortrag/Aufsatz: „Wissenschaft als Beruf" aus dem Jahr 1919).

Das Unbehagen in der Kultur bzw. an der Kultur bezieht sich heute vor allem auf den Kulturbetrieb, auf die Kommerzialisierung der Kultur, auf ihre beliebige, Zeiten und Räume überspringende Verfügbarkeit und Funktionalität und auf ihre repräsentative und statuserhöhende Konsumfunktion.

Die Strategien auf dem hart umworbenen, den kapitalistischen Marktmechanismen voll unterworfenen weltweiten Kunstmarkt besorgen ein Übriges, dem „Kunstwerk im Zeitalter seiner technischen Reproduzierbarkeit" (Walter Benjamin, 1892–1940) seine Aura, seine sakrale und ästhetische raum- und epochenspezifische Eigenständigkeit zu nehmen. Der Schritt vom Kunstwerk zum Design, vom revoltierenden Stil zur Mode hat sich ebenso verkürzt wie der Weg aktueller Kunst ins Museum. Hier verschaffen viele Werke nicht wenigen Betrachtern ein neues Unbehagen, weil sie mit einem überkommenen Verständnis von Kunst und Ästhetik längst gebrochen haben.

Literatur

Abromeit, Heidrun, Göttrik Wewer, Hg., 1989, Die Kirchen und die Politik. Beiträge zu einem ungeklärten Verhältnis, Opladen

Bell, Daniel, 1975, Die nachindustrielle Gesellschaft, Frankfurt//New York (Orig. amerik. 1973); Neuausgabe 1996

Bell, Daniel, 1976, Die Zukunft der westlichen Welt. Kultur und Technologie im Widerstreit, Frankfurt/M. (Orig. amerik. 1976)

Best, Heinrich, Hg., 1993, Vereine in Deutschland. Vom Geheimbund zur freien gesellschaftlichen Organisation, Bonn

von Campenhausen, Alex, 1980, Staatskirchenrecht. Ein Leitfaden durch die Rechtsbeziehungen zwischen Staat und den Religionsgemeinschaften, München

Dann, Otto, 1993, Vereinsbildung in Deutschland in historischer Perspektive, in: *Best, H.,* a.a.O., S. 119–142

Ebertz, Michael N., 1997, Kirche im Gegenwind. Zum Umbruch der religiösen Landschaft, Freiburg

Eschenburg, Theodor, 1983, Jahre der Besatzung 1945-1949, Bd. I der „Geschichte der Bundesrepublik Deutschland" in 5 Bänden, Wiesbaden

Gabriel, Karl, Franz-Xaver Kaufmann, 1988, Der Katholizismus in den deutschsprachigen Ländern, in: *F.-X. Kaufmann/B. Schäfers,* Hg., a.a.O., S. 31–60

Gabriel, Karl, 2001, Kirchen/Religionsgemeinschaften, in: *B. Schäfers/W. Zapf,* Hg., Handwörterbuch zur Gesellschaft Deutschlands, Opladen, S. 380-391

Glaser, Hermann, Kulturgeschichte der Bundesrepublik Deutschland, Bd. I: Zwischen Kapitulation und Währungsreform 1945-1948; Bd. II: Zwischen Grundgesetz und Großer Koalition 1949-1967; Bd. III: Zwischen Protest und Anpassung 1968-1989, München/Wien 1985, 1986, 1989

Glaser, Hermann, 1997, Deutsche Kultur 1945-2000, München

Großklaus, Götz, 1989, Nähe und Ferne. Wahrnehmungswandel im Übergang zum elektronischen Zeitalter, in: *G. Großklaus/E. Lämmert,* Hg., Literatur in einer industriellen Kultur, Stuttgart, S. 489-520

Hartmann, Matthias, 1993, Art. „Kirchen", in: Handbuch zur deutschen Einheit, hg. von *W. Weidenfeld/K.-R. Korte,* Bonn, S. 403-413

Henkys, Reinhard, 1989, Die Evangelische Kirche in der DDR, in: Deutschland-Handbuch, hg. von *W. Weidenfeld/H. Zimmermann,* Bonn, S. 193-202

Höllen, Martin, 1989, Die Katholische Kirche in der DDR, in: Deutschland-Handbuch, hg. von *W. Weidenfeld/H. Zimmermann,* Bonn, S. 174-184

Horkheimer, Max, Theodor W. Adorno, 2000, Dialektik der Aufklärung. Philosophische Fragmente, Frankfurt/M. (zuerst 1944)

Kaufmann, Franz-Xaver, 1986, Religion und Modernität, in: *H. Berger,* Hg., Die Moderne – Kontinuitäten und Zäsuren, Soziale Welt, Sonderband 4, Göttingen, S. 283-307

Kaufmann, Franz-Xaver, 1988, Staatskirchenrecht und Kirchenorganisation in der Bundesrepublik Deutschland, in: *F.-X. Kaufmann/B. Schäfers*, Hg., a.a.O., S.107-128

Kaufmann, Franz-Xaver, Bernhard Schäfers, Hg., 1988, Religion, Kirchen und Gesellschaft in Deutschland, SH 5 der Zeitschrift Gegenwartskunde, Opladen

Kaufmann, Franz-Xaver, 1989, Religion und Modernität. Sozialwissenschaftliche Perspektiven, Tübingen

Kaufmann, Franz-Xaver, 2003, Art. „Religion", in: *B. Schäfers*, Hg., Grundbegriffe der Soziologie, 8. überarb. Aufl., Opladen (UTB 1416)

Klein, Hans Joachim, 2001, Vereine, in: *B. Schäfers/W. Zapf*, Hg., Handwörterbuch zur Gesellschaft Deutschlands, 2. verb. u. erw. Aufl., Opladen, S. 676-687

Lipp, Wolfgang, Hg., 1989, Kulturpolitik. Standorte, Innensichten, Entwürfe, Berlin

Lipp, Wolfgang, 1994, Drama Kultur. Teil 1: Abhandlungen zur Kulturtheorie; Teil 2: Urkulturen. Institutionen heute. Kulturpolitik, Berlin

Luhmann, Niklas, [4]1996, Funktion der Religion, Frankfurt/M. (zuerst 1977)

Luhmann, Niklas, 1996a, Die Realität der Massenmedien, 2. erw. Aufl., Opladen

Lübbe, Hermann, 1965, Säkularisierung. Geschichte eines ideenpolitischen Begriffs, München

Lübbe, Hermann, 1986, Religion nach der Aufklärung, Graz et al. (2. Aufl. 1990)

Maier, Hans, 1989, Die Katholische Kirche in der Bundesrepublik Deutschland, in: Deutschland-Handbuch. Eine doppelte Bilanz 1949-1989, hg. von *W. Weidenfeld/H. Zimmermann*, München (auch als Bd. 275 der Schriftenreihe der Bundeszentrale für politische Bildung), S. 165-173

Meier-Dallach, Hans-Peter, 1989, Weltweite Kulturprozesse – weltbürgerliche Kulturpolitik, in: *W. Lipp*, Hg., a.a.O., S. 297-334

Münch, Richard, 1986, Die Kultur der Moderne, 2 Bde., Frankfurt/M.

Pollack, Detlef, 1997, Religionssoziologie, Lektion X in: *B. Schäfers/H. Korte*, Hg., Einführung in Praxisfelder der Soziologie, 2. Aufl. Opladen, S. 203-222

Sahner, Heinz, 1993, Vereine und Verbände in der modernen Gesellschaft, in: *H. Best*, a.a.O., S. 11-118

Schäfers, Bernhard, 1988, Die Moderne und der Säkularisierungsprozeß, in: *F.-X. Kaufmann/ B. Schäfers*, Hg., a.a.O., S. 129-144

Schäfers, Bernhard, 1998, Kirche und Glaube, in: *ders.*, Politischer Atlas Deutschland, 2. verb. Aufl., Bonn, S. 34f.; ebda.: Vereine, S. 44 f.

Schäfers, Bernhard, 2001, Jugendsoziologie. Einführung in Grundlagen und Theorien, 7. verb. und aktual. Aufl., Opladen, UTB 1131

Schilling, Heinz, 1988, Reformation und Konfessionalisierung in Deutschland und die neuere deutsche Geschichte, in: *F.-X. Kaufmann/B. Schäfers*, Hg., a.a.O., S. 11-30

Schluchter, Wolfgang, 1988, Religion und Lebensführung, Bd. I: Studien zu Max Webers Kultur- und Werttheorie; Bd. II: Studien zu Max Webers Religions- und Herrschaftssoziologie, Frankfurt/M.

Spinner, Helmut F., 1998, Die Architektur der Informationsgesellschaft. Entwurf eines wissensorientierten Gesamtkonzepts, Bodenheim

Tenbruck, Friedrich H., 1962, Jugend und Gesellschaft, Freiburg

Tenbruck, Friedrich H., 1989, Die kulturellen Grundlagen der Gesellschaft. Der Fall der Moderne, Opladen

Weber, Max, Gesammelte Aufsätze zur Religionssoziologie, 3 Bde., zuerst Tübingen 1920/21 (jetzt als UTB-Bde.)

Wewer, Göttrik, 1989, Die großen Kirchen und das politische System der Bundesrepublik Deutschland, in: *H. Abromeit/G. Wewer*, Hg., a.a.O., S. 49-98

Wilkens, Erwin, 1989, Die Evangelische Kirche in Deutschland, in: Deutschland-Handbuch, hg. von *W. Weidenfeld/H. Zimmermann*, Bonn, S. 185-192

Kapitel 5
Grundgesetz, Rechts- und Staatsordnung

I. Rechtsstaatliche Gewährleistungen

Nach dem Grundgesetz ist die Bundesrepublik Deutschland ein „demokratischer und sozialer Bundesstaat" (Art. 20, Abs. 1). Auch in den Ländern muss die verfassungsmäßige Ordnung den Grundsätzen des „republikanischen, demokratischen und sozialen Rechtsstaates" (Art. 28, Abs. 1) entsprechen.

Demokratisch heißt: Die Staatsgewalt geht prinzipiell vom Volk aus (Art. 20). Organ der Staatsgewalt ist nicht das Volk direkt, sondern die vom Volk auf Zeit gewählte Volksvertretung, die es repräsentiert und die aus allgemeinen, unmittelbaren, freien, gleichen und geheimen Wahlen hervorgeht (Art. 38 GG). Die Volksvertretung, das Parlament, wird der historischen Tradition gemäß *Bundestag* genannt. Einrichtungen einer so genannten plebiszitären (von lat. *plebs*, das Volk) oder auf Räten (z.B. „Sowjets") basierenden direkten Demokratie fehlen vollständig. Selbst das plebiszitäre Element der Wahl des Präsidenten der Republik, in der Weimarer Reichsverfassung von 1919 noch vorgesehen, fehlt (aufgrund der historischen Erfahrungen mit plebiszitären Führerwahlen). Dadurch erfolgt eine Konzentration auf das parlamentarische Element. So ist die Gesetzgebung (Legislative) im Bund wie in den Ländern ausschließlich Sache der gewählten Volksvertretung.

Die Besonderheit dieses in der Bundesrepublik vorherrschenden *parlamentarischen Regierungssystems* zeigt sich also vor allem in der engen Verzahnung von Regierung und Parlament, wozu auch die Wahl des Bundeskanzlers durch den Bundestag (Art. 63 GG) und die einzig mögliche Form seiner Ablösung durch das sog. „konstruktive Misstrauensvotum" nach Art. 67 GG gehören. Die Volksvertreter des Bundestages sind nach Art. 38 GG „Vertreter des ganzen Volkes, an Aufträge und Weisungen nicht gebunden und nur ihrem Gewissen unterworfen".

Sozialer Rechtsstaat: Die Verpflichtung auf den sozialen Rechtsstaat ist eine historisch bedeutsame Fortentwicklung gegenüber dem *liberalen Rechtsstaat* des 19. Jh.s, der in der Wahrung der Gleichheits- und bürgerlichen Freiheitsrechte seine wichtigste Aufgabe gesehen hatte. Nunmehr ist der Staat verpflichtet, durch soziale Maßnahmen, z.B. bei der Einkommens-, Steuer- und Vermögenspolitik, die Grundlagen der sozialen Gleichheit und Gerechtigkeit fortzuentwickeln.

Zu den Fundamentalprinzipien des Grundgesetzes gehört die Unzulässigkeit der Änderung von Basisstrukturen. Nach Art. 79, Abs. 3 GG sind von Grundgesetzänderungen ausgenommen: die Gliederung des Bundes in Länder; die Mitwirkung der Länder bei der Gesetzgebung; die in den Art. 1 und 20 niedergelegten Gesetze. Auch hinter diesen Bestimmungen einer *wehrhaften Demokratie* stehen Erfahrungen mit dem Untergang der Weimarer Republik. Neben diesen Fundamentalprinzipien der Staatsordnung sind einige *rechtsstaatliche Gewährleistungen* (Garantien) anzuführen:

- Sicherung der Freiheits-(Bürger-)Rechte auch gegenüber dem Staat und möglicher Willkür seiner Organe in den Grundrechten der Art. 1-19 und Art. 101–

104. Diese Grundrechte können nur durch ihren Missbrauch verwirkt werden, z.B. wenn die Freiheitsrechte gegen die freiheitlich-demokratische Grundordnung selbst genutzt werden (Art. 18 GG);

- Grundsatz der *Gewaltenteilung* und der Gesetzmäßigkeit der Verwaltung, also die unabhängige, sich gegenseitig kontrollierende und im Gleichgewicht haltende Trennung der Legislative (Gesetzgebung), der Exekutive (Regierung) und der Judikative (Rechtsprechung). Die Lehre von der Gewaltenteilung ist seit Montesquieu (1689–1755) ein Eckpfeiler der Staats- und Demokratietheorie. Für die Bundesrepublik muss auch die dem traditionsreichen Prinzip des *Föderalismus* verpflichtete Dezentralisierung des Staatsaufbaus in Bund, Länder und Kommunen als Element der Gewaltenteilung gesehen werden;
- die prinzipiell mögliche Kontrolle der Gesetzgebung, der Regierung und der Verwaltung durch unabhängige Gerichte (Art. 19 und 92ff.).

Ein wesentliches Element der staatlichen Ordnung und damit Gegenstand der politischen Willensbildung ist die *Kulturordnung*, z.B. Bestimmungen

- über das Schulwesen, das in die Kompetenz der Länder fällt (Art. 7 GG);
- über Religion („soziale" Bedeutung und Wirksamkeit religiöser Bekenntnisse; Rechte der Religionsgemeinschaften); Art. 140 GG übernimmt hierzu die Bestimmungen der Art. 137–140 der Weimarer Reichsverfassung von 1919;
- über die Freiheit von Wissenschaft und Kunst, Forschung und Lehre (Art. 5, Abs. 3 GG);
- über die Grundlagen der Meinungs- und Pressefreiheit (Art. 5, Abs. 1: „Eine Zensur findet nicht statt").

Ein besonderes, immer aktueller werdendes Problem stellt die Gewährleistung des Staatsbürgerrechts und damit die Staatsangehörigkeit dar (vgl. w.u.). Dieter Oberndörfer (1989) wies darauf hin, dass das Grundgesetz in diesem Punkt zwei unterschiedlichen Vorstellungen folge: Auf der einen Seite betone es mit der Gewährleistung der universal gültigen Menschrenrechte ihr „weltbürgerliches Wertfundament"; auf der anderen Seite werde ein „ethnisch-völkischer Nationalismus" betont. So würden in den Art. 11 und 16 GG fundamentale Rechte im Widerspruch zu Art. 3 allein Deutschen vorbehalten.

II. Der Staat der Bundesrepublik

1. Wandel des Staatsverständnisses

Ein *Staat* setzt die folgenden drei Elemente voraus: Staatsgebiet, Staatsvolk, Staatsgewalt (zur Herkunft des Staatsbegriffes aus der europäischen politischen Geschichte und zu anderen Begriffen der politischen Theorie vgl. von Beyme 2000). Zu den Elementen einer Staatslehre gehören u.a. Fragen nach der inneren und äußeren Souveränität eines Staates und wie diese sowohl gegenüber den eigenen Bürgern wie gegenüber anderen Staaten legitim und wirksam durchgesetzt werden kann.

Vom Staat als einem „Zentrum der Macht", in welchem bindende Entscheidungen über die Ordnung und Integration einer Gesellschaft hergestellt und durchgesetzt werden, war in den ersten Jahren der Bundesrepublik nicht viel die Rede. Jene Parteien, die seit den Landtagswahlen der Jahre 1946/47 und der Bildung des Frankfurter Wirtschafts- und Verwaltungsrates (1947/48; vgl. S. 36) im Wesentlichen die Aufgabe der Neuordnung übernommen hatten, waren sich mit den alliierten Besatzungsmächten darin einig, dass es einen starken, zentralisierten Staat auf deutschem Boden nicht wieder geben sollte. Aus den Erfahrungen mit dem totalitären „Führerstaat" der Nationalsozialisten sollten die Grundlagen für die neue staatliche und politische Ordnung gewonnen werden. Darum wurden die *Grundrechte*, die Freiheits- und Menschenrechte und schließlich das Recht auf Widerstand (Art. 20, Abs. 4 GG) als Abwehrrechte gegenüber dem Staat und möglichen totalitären Übergriffen im Grundgesetz deutlich herausgestellt.

Gleichwohl konnte und kann auch die Gesellschaft der Bundesrepublik nicht darauf verzichten, dass die Entscheidungen, die alle Bürger betreffen und die überhaupt erst die Integration, die Selbstbehauptung nach innen und außen und eine zielorientierte Fortentwicklung des Gemeinwesens erlauben, in einem „obersten" Entscheidungszentrum zusammengefasst sind. Da es sich um eine ständig wachsende Zahl an Aufgaben und damit verknüpften Entscheidungen handelt, ist es immer schwieriger, „den" Staat eindeutig zu lokalisieren (im Mittelalter befand sich dieses Zentrum dort, wo sich gerade der Herrscher aufhielt und „Hof hielt", wie zum Beispiel in den deutschen Pfalzen).

Der Staat ist in eine große Zahl zentraler und dezentraler, hierarchisch aufgebauter Ministerien und „Behörden" mit „staatlichen Hoheitsbefugnissen" aufgespalten. Das föderale, bundesstaatliche Prinzip verstärkt die Dezentralisierung. Dieses Prinzip wird zusätzlich dadurch untermauert, dass viele oberste Bundesbehörden nicht in der Bundeshauptstadt Berlin (seit 20.6.1991) bzw. in Bonn ihren Sitz haben. So befinden sich z.B. das Bundesverfassungsgericht und der Bundesgerichtshof in Karlsruhe, das Bundessozialgericht ist in Kassel, der Bundesrechnungshof und die Deutsche Bundesbank haben ihren Sitz in Frankfurt/M., das Bundesverwaltungsgericht ist in Leipzig, das Bundesarbeitsgericht in Erfurt.

Der Staat ist im traditionalen Sinn nicht mehr Obrigkeitsstaat; er wird als eine Instanz begriffen, die für Sicherheit nach innen und außen, für Ausgleich der (gesellschaftlichen) Interessenkämpfe und für die Durchsetzung rechts- und sozialstaatlicher Grundsätze zu sorgen hat. Als Garant einer umfassenden, vor allem über den Sozialstaat garantierten *Daseinsvorsorge* hat der Staat an Schrecken wie an respektvoller Hochachtung verloren. Seine Selbstdarstellung („Repräsentation") hält sich in der Bundesrepublik im Vergleich zu anderen Ländern in Grenzen: Das Absingen der Nationalhymne, das Hissen der Flaggen, das Paradieren des Militärs haben keinen festen Platz im öffentlichen Leben des Bundesbürgers. Das in unterschiedlichen Ausprägungen bis 1990 wachgehaltene Bewusstsein, nur Teilstaat einer größeren deutschen Nation zu sein, zog der nationalen Identität wie ihrer Symbolisierung Grenzen.

Für die alte Bundesrepublik mag es einen weiteren Grund gegeben haben, warum vom Staat zunächst wenig die Rede war und man demgegenüber eher die pluralistische Gesellschaftsordnung mit ihren dezentralen Entscheidungsstrukturen in den Vordergrund rückte. Seit der einflussreichen Staatsphilosophie des „preußischen Staatsphilosophen" Georg Wilhelm Friedrich Hegel (1770–1831) wurde dem Staat eine eigene Würde (Dignität), eine eigene „Idee" und, so Hegel, die „höchste Sittlichkeit" zugeschrieben. Ob missverstanden oder nicht: Diese Staatsphilosophie führte zu einer Abwehr des Parlamentarismus, des Pluralismus, der Demokratie und zur Betonung der Notwendigkeit eines autoritären Staatswesens, schließlich, so bei dem einflussreichen Staats- und Verfassungsrechtler Carl Schmitt in den krisenreichen Jahren der Schlussphase der Weimarer Republik, zur Legitimation des „Führerstaates".

2. Nationalstaat, Ethnizität und Staatsbürgerrecht

Der Nationalstaat entwickelte auch ein *Staatsbürgerrecht* im modernen Verständnis. Der Rechts- und vor allem der Sozialstaat machten erforderlich, die Grenzen zwischen den Staatsbürgern und den Fremden („Ausländern") eng zu ziehen und Pässe, Meldepflicht, Geburtsurkunden u.a. einzuführen. Nimmt man nur Deutschland, Frankreich und Großbritannien als Beispiel, so lässt sich in der Entwicklung des Staatsbürgerrechts über die letzten 200 Jahre verfolgen, dass „es sich immer stärker an Kriterien der ethnischen Zugehörigkeit ausgerichtet hat" (Bös 1993:619).

Entgegen verbreiteten Vorstellungen ist die mit dem Staatsbürgerecht verbundene segmentäre Differenzierung der Gesellschaften, ihre Abgrenzung gegeneinander, nicht ein Relikt vormoderner Epochen, sondern deren eigenstes Produkt. Erinnert sei hier an Schriften von Michel Foucault (1926–1984) et al., die gezeigt haben, wie sich die bürgerlichen, nationalstaatlichen Gesellschaften in jeder sozial und rechtlich relevanten Form segmentierten und differenzierten und immer mehr Institutionen zum Sortieren und Aussortieren schufen: zum Erziehen und Umerziehen, zum Strafen und zum Verwahren (Foucault 1976).

Die durch den *Nationalstaat* initiierte Identitätsbildung und Identitätsbehauptung auf neuer territorialer Basis haben von Beginn an mit den Prozessen des Abgrenzens und Ausgrenzens und der Herstellung von *Ethnizität* zu tun. Ethnizität basiert daher auf der auch durch das Staatsbürgerrecht fundierten Annahme, dass gemeinsame Herkunft und Geschichte, Kultur und Sprache die Basis der nationalstaatlich verfassten Solidargemeinschaft sind (Heckmann 1991).

Zugleich werden die *Menschrenrechte* und die Freiheits- und Bürgerrechte an das Staatsbürgerrecht angebunden. Darum heißt es in der Erklärung der Allgemeinen Menschenrechte der UNO vom 10. Dezember 1948 in Art. 15: „Jeder Mensch hat Anspruch auf Staatsbürgerrecht. Niemandem darf seine Staatsangehörigkeit willkürlich entzogen, noch ihm das Recht versagt werden, seine Staatsangehörigkeit zu wechseln".

In Deutschland gestaltete sich die Ausarbeitung des Staatsbürgerrechts besonders schwierig; die Gründe dafür liegen in seiner geopolitischen Lage und Geschichte. Neben Art. 16 GG, der regelt, dass – anders als im Nationalsozialismus – die Staatsbürgerschaft nicht entzogen werden darf, ist es vor allem Art. 116, Abs. 1 GG, der den historisch und ethnisch erweiterten Begriff des „Deutschen" definiert. Art. 16 und 116 GG werden ergänzt durch Vereinbarungen zwischen Bund und Ländern (entsprechend der Bundesstaatlichen Verfassung der Bundesrepublik). Dort heißt es u.a.: Deutscher mit deutscher Staatsangehörigkeit ist, „der nachweist oder zumindest glaubhaft macht, daß er und seine Vorfahren seit dem 1. 1. 1914 immer als Deutsche behandelt wurden (…)" (zitiert bei Bös 1993: 627). Ebenso haben Deutsche ohne Staatsangehörigkeit, Flüchtlinge und Vertriebene deutscher Volkszugehörigkeit und die Spätaussiedler Anspruch auf Einbürgerung.

Nach Paragraph 6 des Bundesvertriebenen- und Flüchtlingsgesetzes liegt deutsche *Volkszugehörigkeit* vor, wenn jemand „sich in seiner Heimat zum deutschen Volkstum bekannt hat, sofern dieses Bekenntnis durch bestimmte Merkmale wie Abstammung, Sprache, Erziehung, Kultur bestätigt wird". Dieses ohne Zweifel gegenüber „ethnokulturellen Deutschen expansive" und gegenüber nichtdeutschen Einwohnern restriktive Gesetz (Kleger/D'Amato 1995: 262) hat auch Schutzfunktionen gegenüber Deutschstämmigen gehabt. Es ist praktisch seit 1914 in Kraft, also unmittelbar vor Beginn der großen Kriege und Vertreibungen des 20. Jh.s. Auf der Basis dieses Rechts wurden bis 1950 ca. 8 Mio. ethnisch Deutsche zu Bundesbürgern; insgesamt wurden von 1950 bis 2000 4,2 Mio. Deutschstämmige aufgenommen. Nach 1988 setzte ein unerwarteter Zustrom vor allem aus den Staaten Ost- und Südosteuropas ein, so dass bis 1990 – also in nur neun Jahren – zwei Mio. deutschstämmige Spätaussiedler zu integrieren waren (vgl. Kapitel 6, IV. 2).

3. Wandel des föderalen Staatsaufbaus?

Wie hervorgehoben, ist die Bundesrepublik ein *Bundesstaat* mit einer historisch einzigartigen föderalen Tradition und Struktur, die nicht zuletzt durch die Dezentralisierung der Staatsorgane gestützt wird. Wichtigstes Organ des Föderalismus ist der *Bundesrat*, durch den „die Länder bei der Gesetzgebung und Verwaltung des Bundes" mitwirken (Art. 50 GG; Art. 51 behandelt die Zusammensetzung des Bundesrates).

Die Parlaments-, Verfassungs- und Regierungsgeschichte der Bundesrepublik ist nicht zuletzt durch das Spannungsverhältnis zwischen zentralem Bundesstaat und den föderalen Bundesländern charakterisiert. Regieren und Verwalten im kooperativen Föderalismus sind komplexer und schwieriger geworden. Die Ursachen dieser Spannungen liegen:

- im Vorrang des Bundesrechts: „Bundesrecht bricht Landesrecht" (Art. 31 GG). Das gilt auch für die in einzelnen Bestimmungen der vom Grundgesetz abweichenden Regelungen in den Verfassungen der Länder;
- in der Ungleichgewichtigkeit der Bundesländer und der versäumten Chance der Länderneugliederung lt. Art. 29, Abs. 1 GG;
- in der Tendenz der *Politikverflechtung* (Fritz W. Scharpf), die bei der Aufgabenwahrnehmung das Zusammenwirken von Gemeinden, Ländern und Bund immer mehr voraussetzt (das Problem liegt vor allem darin, dass parlamentarische Zuständigkeiten und die tatsächlichen Entscheidungs- und Verwaltungsebenen immer stärker divergieren);
- in Zentralisierungstendenzen des Parteienstaates (Mintzel/Oberreuter 1992);
- in Änderungen des Grundgesetzes, die zu einer Zunahme der Gemeinschaftsaufgaben und damit zur Stärkung der bundesstaatlichen Kompetenzen führten.

1968 wurde durch Grundgesetzänderung der Abschnitt „VIIIa. Gemeinschaftsaufgaben" mit den Art. 91a und 91b in das Grundgesetz eingefügt. Danach „wirkt der Bund auf folgenden Gebieten bei der Erfüllung von Aufgaben der Länder mit, wenn diese Aufgaben für die Gesamtheit bedeutsam sind und die Mitwirkung des Bundes zur Verbesserung der Lebensverhältnisse erforderlich ist": Ausbau und Neubau von Hochschulen einschließlich der Hochschulkliniken; Verbesserung der regionalen Wirtschaftsstruktur; Verbesserung der Agrarstruktur und des Küstenschutzes. Auch andere der seit 1949 über 40 Grundgesetzänderungen erweiterten die Gesetzgebungsbefugnisse des Bundes.

III. Grundgesetz und Wirtschaftsordnung

Ein weiterer Kernbereich der Staats- und Gesellschaftsordnung ist die *Wirtschafts- und Sozialordnung*. Im Unterschied zur Weimarer Verfassung enthält das Grundgesetz keine besonderen Vorschriften über die Wirtschaftsordnung. Hier ist daran zu erinnern, dass die Einführung der marktwirtschaftlichen Ordnung (Juni 1948) der Verabschiedung des Grundgesetzes vorausging (vgl. Papier 1983). Im Parlamentarischen Rat verfügten die marktwirtschaftlich orientierten Parteien jedoch über keine so eindeutige Mehrheit, dass sie die von ihr präferierte Wirtschaftsordnung noch deutlicher als ohnehin geschehen verankern konnten. Hier gab es zudem Vorbehalte der Alliierten.

Aus den Grund- und Freiheitsrechten und der zugestandenen Koalitionsfreiheit (Art. 9, Abs. 3 GG) wird gefolgert, dass das Grundgesetz zulässt:

- die wirtschaftliche Wettbewerbsfreiheit;
- die Vertragsfreiheit;
- die (wirtschaftliche) Vereinigungsfreiheit;
- die Freiheit der Verfügung über privates (Wirtschafts-)Eigentum (auf dieser Basis wird auch die zeitweise intensiv diskutierte Investitionslenkung abgelehnt).

Die Fixierung auf ein ganz bestimmtes Wirtschaftssystem bzw. wirtschaftspolitisches Handeln ist mit diesen Garantien aber nicht verknüpft. Als das Bundesverfassungsgericht im Jahre 1954 den langjährigen Hader um die strittige Neutralität des Grundgesetzes im Hinblick auf die Wirtschaftsverfassung vorläufig im sog. „Investitionshilfeurteil" beendete, führte es unter anderem aus: „Das Grundgesetz garantiert weder die wirtschaftspolitische Neutralität der Regierungs- und Gesetzgebungsgewalt noch eine nur mit marktkonformen Mitteln zu steuernde ‚Soziale Marktwirtschaft'. Die ‚wirtschaftspolitische Neutralität' des Grundgesetzes besteht lediglich darin, daß sich der Verfassungsgeber nicht ausdrücklich für ein bestimmtes Wirtschaftssystem entschieden hat. Dies ermöglicht dem Gesetzgeber, die ihm jeweils sachgemäß erscheinende Wirtschaftspolitik zu verfolgen, sofern er dabei das Grundgesetz beachtet. Die gegenwärtige Wirtschafts- und Sozialordnung ist zwar eine nach dem Grundgesetz mögliche Ordnung, keineswegs aber die allein mögliche" (BVerfGE 4/17).

Das Bundesverfassungsgericht hat in seinem Urteil über die Verfassungsmäßigkeit des Mitbestimmungsgesetzes von 1976 im Jahre 1979 diese Auffassung bestätigt. Unter Bezug auf das Urteil von 1954 wird u.a. ausgeführt, dass der Gesetzgeber die ihm sachgemäß erscheinende Wirtschaftspolitik verfolgen könne – jedoch ohne die in den Einzelgrundrechten garantierten individuellen Freiheiten zu verkürzen. Nach den Bestimmungen des Grundgesetzes sind auch Enteignungen von Grund und Boden, Naturschätzen und Produktionsmitteln möglich, wenn es das Wohl der Allgemeinheit gebietet (Art. 15 GG). Doch ohnehin ist im Art. 14 der Gebrauch des Eigentums an soziale Bindungen und Verpflichtungen geknüpft. Die Wirksamkeit dieses Artikels ist umstritten.

Über folgende Grundprobleme jeder Sozialordnung in einer industriellen Gesellschaft enthält das Grundgesetz keine ausdrücklichen Bestimmungen:

*   Anerkennung des Streikrechts; damit verbunden der *Aussperrung* (Instrument des Arbeitskampfes der Arbeitgeber durch zeitweilige Aufhebung der Beschäftigungs- und Lohnzahlungspflicht);
*   Grundsätze der betrieblichen und überbetrieblichen Mitbestimmung.

IV. Recht und Rechtsordnung als Elemente der Sozialstruktur

1. Sozialbedeutung des Rechts

Das Recht ist gleichsam das Skelett der Sozialstruktur: Es hält die einzelnen Teile zusammen und ist als Ganzes, als Rechtsordnung, ein Fundament der Gesellschaft und Ausgangsbasis für weitere Entwicklungen. Die Theoretiker der bürgerlichen Gesellschaft als Rechtsgesellschaft haben diese Funktionen, neben der Gewährleistung allgemeiner Rechtssicherheit, deutlich hervorgehoben.

In soziologischer Perspektive ist das *Recht* jener allgemein verbindliche Handlungsrahmen, der gesamtgesellschaftlich wichtige Normierungen festlegt (vgl. den Überblick zu Grundzügen der Rechtssoziologie bei Schäfers 1997). Durch das Recht (Verfassungsnormen, Gesetze und Verordnungen) werden

- für das Handeln von Personen und Institutionen vorstrukturierende und damit entlastende Orientierungen vorgegeben; die Folgen von Handlungen werden kalkulierbar;
- grundlegende Werte (z.B. Freiheit) positiv oder im Falle des Zuwiderhandelns negativ sanktioniert;
- Konflikte zwischen Personen und Institutionen auf eine sachliche Ebene der Auseinandersetzung gehoben.

Durch das Recht wird die legale staatliche und bürokratische Ordnung auf Dauer gestellt. Recht ist darüber hinaus, worauf Helmut Schelsky (1980) hingewiesen hat, ein „Instrument zur Initiierung und Kanalisierung des sozialen Wandels". Bei der Darstellung der Grundlagen der Wiedervereinigung wurde bereits darauf hingewiesen, in welchem Ausmaß dieser Prozess durch Übernahme des Rechts der (alten) Bundesrepublik gesteuert wurde. Dass das Recht von einer seiner Wurzeln, dem Gerechtigkeitsempfinden der Menschen Ausdruck zu verleihen, unter den Bedingungen totalitärer Gesellschaftssysteme sich völlig entfernen und zur Pervertierung des Rechtsempfindens selbst beitragen kann, gehört zu den Erfahrungen des Dritten Reiches, der DDR und anderer totalitärer Systeme.

2. Rechtsverwirklichende Instanzen. Justiz als Dritte Gewalt

Zunächst ist die Hierarchie der Rechtsordnung und der Rechtsnormen hervorzuheben. Nach Art. 3 GG binden die Grundrechte „Gesetzgebung, vollziehende Gewalt und Rechtsprechung als unmittelbar geltendes Recht".Art. 20, Abs. 3 GG ergänzt: „Die Gesetzgebung ist an die verfassungsmäßige Ordnung, die vollziehende Gewalt und die Rechtsprechung sind an Gesetz und Recht gebunden." In diesen Bestimmungen sind Struktur und Hierarchie der Rechtsordnung begründet. Art. 31 GG bestimmt: „Bundesrecht bricht Landesrecht" und Art. 80 GG ergänzt, dass Rechtsverordnungen der Bundesregierung, der Bundesminister oder der Landesregierung nur auf der Basis von Gesetzen erlassen werden dürfen.

Sind die genannten Grundsätze der Rechtsordnung bereits ein wesentliches Element der Verwirklichung des Gewaltenteilungsprinzips (Art. 20, Abs. 2 GG) moderner Staaten und Gesellschaftsordnungen, so ist die Rechtsprechung und damit die Justiz mit ihren Gerichten die Verkörperung der Dritten Gewalt; sie ist – und dies macht die besondere Qualität des Rechtsstaates aus – von politischen Weisungen unabhängig (dass politische Entscheidungen, z. B. bei Auslieferungen, Begnadigungen, gleichwohl hineinspielen, muss hierzu kein Widerspruch sein, da sich auch diese Aktivitäten auf der Basis von Gesetzen und ihrem der Politik zugestandenen Handlungs- und Ermessensspielraum bewegen).

Für die Gerichte als rechtsverwirklichende Instanzen lässt sich folgende „Hierarchie" angeben:

- *Verfassungsgerichtsbarkeit* (Bundesverfassungsgericht in Karlsruhe und Verfassungsgerichte der Länder; vgl. Art. 92-94 GG; Gesetz über das Bundesverfassungsgericht, BVerfG);
- *Ordentliche Gerichtsbarkeit*: für Strafsachen (z. B. Diebstahl) und Zivilsachen (z. B. Mietstreit); Hierarchie auf Länderebene: Amtsgerichte, Landgerichte, Oberlandesgerichte. Die höchste Instanz ist der Bundesgerichtshof (BGH) in Karlsruhe;
- Allgemeine und Besondere Verwaltungsgerichtsbarkeit für Streit zwischen Bürgern und Behörden, also letztlich staatlichen Instanzen. Hier sind vier Bereiche zu nennen: Arbeitsgerichtsbarkeit; Allgemeine Verwaltungsgerichtsbarkeit; Finanzgerichtsbarkeit und Sozialgerichtsbarkeit (auf Bundesebene mit dem Bundesarbeitsgericht in Erfurt; dem Bundesverwaltungsgericht in Berlin und Leipzig; dem Bundessozialgericht in Kassel und dem Bundesfinanzhof in München).

Diese Institutionen sind zu ergänzen durch die des Strafvollzugs, der Bewährungshilfe und schließlich durch jene Bereiche der Bürokratie und Verwaltung in allen nur denkbaren Institutionen (Staat und Wirtschaft, Gemeinden und Verbände), in denen ein Teil des Personals mit Rechtsfragen beschäftigt ist. Das Rechtssystem kann in dieser Bedeutung nur mit dem ökonomischen System und der Wissens- und Informationsordnung verglichen werden: Es diffundiert in alle Sozialbereiche und in die Mehrzahl der sozialen Beziehungen. Dieser Prozess der *Verrechtlichung* schreitet zügig voran. Auf den drei Ebenen der Gewaltenteilung sind damit die folgenden Teilprozesse verbunden: Vergesetzlichung als Zunahme der parlamentarischen Gesetzesproduktion; Bürokratisierung als Kompetenzzuwachs der Verwaltung; Justizialisierung als Kompetenzzuwachs der Gerichte.

Die Tendenzen der Verrechtlichung können nicht nur negativ gesehen werden. Zum einen gibt es rechtsfreie Räume, wie z. B. im Umweltschutz, beim Internet oder in der Genforschung; zum anderen suchen über die zahlenmäßig in den letzten Jahrzehnten stark ausgebauten Rechtsschutzversicherungen nun auch diejenigen Bürger Schutz beim Rechtsstaat, die früher eher jede gerichtliche Auseinandersetzung gemieden haben. Die negativen Wirkungen der Verrechtlichung werden umschrieben mit Schlagworten wie „Gesetzesflut", „Normierungswut", „Paragraphendschungel" usw. Wie im folgenden Punkt auszuführen ist, hat die Verrechtlichungstendenz auch viel zu tun mit der Durchsetzung der Gleichheitsforderungen moderner rechts- und sozialstaatlicher Demokratien.

3. Das Bundesverfassungsgericht

Das Bundesverfassungsgericht (BVerfG) wurde 1951 durch das Bundesverfassungsgerichtsgesetz (BVerfGG) errichtet. Das BVerfG hat – auch im internationalen Vergleich – eine einzigartige Stellung. Es ist der so oft beschworene und angerufene „Hüter der Verfassung"; es steht auf Grund seiner Autonomie aber auch in der Gefahr, zum „Herrn der Verfassung" zu werden. Die Entscheidungen des BVerfG binden nach §31 BVerfGG „die Verfassungsorgane des Bundes und der Länder sowie alle Gerichte und Behörden".

Das BVerfG ist somit das höchste Verfassungsorgan der Bundesrepublik; seine Entscheidungen und Verfassungsinterpretationen unterliegen nur der Kontrolle durch eine rechtsbewusste Öffentlichkeit, jedoch ohne unmittelbar erzwingbare Korrekturmöglichkeit. Durch diese Position und im Hinblick auf seine Aufgaben hat es eine einmalige Kompetenzfülle, in der das Prinzip der Gewaltenteilung seine Vollendung gefunden hat. Zu den Aufgaben des BVerfG zählen nach Art. 93 GG:

- die Auslegung des Grundgesetzes und der Schutz der Grundrechte;
- Prüfung der Verfassungsmäßigkeit von Gesetzen;
- Streitschlichtung zwischen den Staatsorganen und zwischen Bund und Ländern;
- Entscheidung über Parteiverbote;
- Wahlprüfungsbeschwerden und Verwirkung von Grundrechten (Art. 18 GG).

1969 wurde durch Verfassungsänderung Art. 93, Abs. 14a eingeführt, wonach „Verfassungsbeschwerden [...] von jedermann mit der Behauptung erhoben werden können, durch die öffentliche Gewalt in einem seiner Grundrechte oder in einem seiner in Art. 20, Abs. 4, Art. 33, 38, 101, 103 und 104 enthaltenen Rechte verletzt zu sein". Die Zahl der Verfassungsbeschwerden war seither sehr groß, die Erfolgsquote relativ gering. Doch der öffentliche Stellenwert der Verfassungsbeschwerde kann nicht an Quoten gemessen werden; er ist erheblich und ein geradezu konstitutiver Faktor für den Grundkonsens in der Bundesrepublik. Als Beispiel sei die Entscheidung zum Volkszählungsgesetz vom 15.12.1983 hervorgehoben, in der u.a. das *Recht auf informationelle Selbstbestimmung* geschaffen wurde (BVerfGE 61,1).

Die Kompetenzfülle des BVerfG hat auch eine Reihe nicht gewollter Folgen, die den Zusammenhang von Verfassungsgerichtsbarkeit und Demokratie berühren:

- Die häufige Anrufung des BVerfG, auch aus Gründen der parteipolitischen Profilierung, führt zu einer Verrechtlichung politischer Probleme;
- hiermit wächst die Gefahr, dass die Gesetzgebung auf Bundes- wie auf Landesebene den möglichen und notwendigen Handlungsspielraum zur Gestaltung sozialer Verhältnisse nicht voll ausnutzt, aus Angst vor dem „Gang nach Karlsruhe" (Limbach 1997).

Gegenwärtig erfolgen einige noch nicht abschließend überschaubare Eingrenzungen der Kompetenzfülle des BVerfG durch den Prozess der europäischen Integration. Von den vier Grundinstitutionen der *Europäischen Union* – Kommission, Ministerrat, Europäisches Parlament, Europäischer Gerichtshof – hat der Gerichtshof in Luxemburg seit der Verabschiedung der Einheitlichen Europäischen Akte (EEA) im Februar 1986 wohl den bedeutendsten Kompetenzzuwachs erfahren.

V. Verwaltung (Bürokratie) und legale Herrschaft

1. Leben in der „verwalteten Welt".
Bürokratie als Rückgrad legaler Herrschaft

Die Metapher von der „verwalteten Welt" (Theodor W. Adorno, 1903–1969) gehört zu den bekanntesten Signaturen der modernen Zeit, ihrer Bürokratie und der mit ihr gegebenen Allgegenwärtigkeit des Staates bzw. von Herrschaft. Einen entsprechenden Stellenwert nimmt die Charakterisierung der *verwalteten Welt* bzw. der Bürokratie in der Literatur (Franz Kafka; George Orwell) und Philosophie (Martin Heidegger et al.) ein. Hier ist ein anderer Gesichtspunkt hervorzuheben. Von Alexis de Tocqueville (1805–1859) und weiteren Theoretikern der sich entwickelnden Massendemokratie wurde sehr früh gesehen, dass die Durchsetzung der Gleichheitsforderungen ohne eine entsprechende Verbürokratisierung der Daseinsbedingungen nicht möglich ist. Etwa 80 Jahre später sprach Max Weber (1864–1920) in seinen grundlegenden Untersuchungen über die Bürokratie bereits vom „unabwendbaren Schicksal unserer Zeit". Die Durchsetzung neuer Gleichheitsforderungen oder Sozialrechte ist jeweils mit einem Mehr an Bürokratie und sozialer Kontrolle verbunden.

In Deutschland, zumal in Preußen und Bayern, in Baden und Sachsen, war der Aufbau und Ausbau einer modernen Verwaltungsstruktur und einer als unbestechlich, über den Parteien stehenden öffentlichen Verwaltung höchst erfolgreich. Auch die seit den *Stein-Hardenbergschen Reformen** (1807ff.) wieder gestärkten Kräfte der Selbstverwaltung sollten in dieser Aufzählung nicht fehlen (für die Kommunalebene festgeschrieben in Art. 28 GG). Die Verwaltung wurde im 19. Jh. zu einer Basisstruktur der Gesellschaft und des auch über die Verwaltung initiierten bzw. ablaufenden geplanten sozialen Wandels. In Max Webers Sicht der Entwicklung moderner Gesellschaften und Staaten ist die Verwaltung (Weber: *Bürokratie*) das Rückgrat der legalen Herrschaft; die moderne Bürokratie ist für ihn „der technisch reinste Typus legaler Herrschaft". Repräsentiert wird dieser Typus durch das „moderne Beamtentum", dessen „spezifische Funktionsweise" u.a. durch folgende Momente charakterisiert ist (Weber 1964: 703):

- Es besteht das Prinzip der festen, durch Regeln (Gesetze oder Verwaltungsvorschriften) generell geordneten behördlichen Kompetenzen;
- es besteht eine feste Verteilung der für die Zwecke des bürokratisch strukturierten Bereiches erforderlichen, regelmäßigen Tätigkeiten als amtliche Pflichten;
- für die regelmäßige und kontinuierliche Erfüllung der kompetenzmäßig verteilten Pflichten sind Personen (bei Weber: Beamte) mit einer generell geregelten Qualifikation angestellt.

Diese drei Momente konstituieren nach Weber in der öffentlich-rechtlichen Herrschaft den Bestand der bürokratischen Behörde.

Aus Webers Analyse der *bürokratischen Herrschaft* seien einige Besonderheiten der Rechts- und Verwaltungsentwicklung in Massendemokratien hervorgehoben: „Die ‚Rechtsgleichheit‘ und das Verlangen nach Rechtsgarantien gegen Willkür fordert die formale rationale Sachlichkeit der Verwaltung (...) Das ‚Ethos‘ aber, wenn es in einer Einzelfrage die Massen beherrscht, (...) stößt mit seinen am konkreten Fall und der konkreten Person orientierten Postulaten nach materieller ‚Gerechtigkeit‘ mit dem Formalismus und der regelgebundenen kühlen ‚Sachlichkeit‘ der bürokratischen Verwaltung unvermeidlich zusammen und muss aus diesem Grund emotional verwerfen, was rational gefordert war." Durch die Wirkungen der „öffentlichen Meinung" und unter den Gesetzlichkeiten der modernen Massendemokratie durchkreuzt „ein aus irrationalen ‚Gefühlen‘ geborenes, normalerweise von Parteiführern und Presse inszeniertes oder gelenktes Gemeinschaftshandeln (...) den rationalen Ablauf der Justiz und Verwaltung ebenso stark und unter Umständen weit stärker, als es die ‚Kabinettjustiz‘ einer ‚absoluten‘ Herrschaft tun konnte" (Weber 1964: 721).

Weber thematisierte bereits, was erst differenzierende verwaltungssoziologische Untersuchungen seit den 1970er Jahren empirisch belegten: dass das Verhältnis von Verwaltung und Publikum (Klienten) stets durch ein kaum aufhebbares Dilemma gekennzeichnet ist. Hier sind es Individuen mit ihren eigenen Schicksalen, Notlagen und Bedürfnissen; dort hochformalisierte Sozialsysteme mit typischen Strukturen von Organisationen und typisierenden Bearbeitungen von „Fällen".

2. Einige Grundzüge der Verwaltungsordnung

Die Verwaltung (hier synonym mit Administration und Bürokratie gebraucht) hat letztlich ins Werk zu setzen, was Wille des Gesetzgebers auf Bundes- und Landesebene und der sonstigen rechtsetzenden und rechtsverordnenden Instanzen ist. Sie ist Teil der Zweiten Gewalt, im Grundgesetz (Art. 1 III, Art. 20 II) als „vollziehende Gewalt" bezeichnet.

Abschnitt VII. des Grundgesetzes ist der „Ausführung der Bundesgesetze" und der Bundesverwaltung gewidmet (Art. 83ff.). Dem Bund ist danach nur bedingt erlaubt, für seine politischen Programme und Gesetzesvorhaben eine eigene Verwaltung aufzubauen; dies würde den Grundsätzen widersprechen, dass die Länder an Gesetzgebung und Verwaltung mitwirken (vgl. auch die Art. 71 und 72 GG über die *ausschließliche* bzw. *konkurrierende Gesetzgebung* des Bundes). Grundsätzlich gilt, dass Bundesgesetze von den Bundesländern als eigene Angelegenheit ausgeführt werden (*mittelbare Bundesverwaltung*); nur in einzelnen Bereichen, z.B. der Bundeswehrverwaltung, gibt es die *unmittelbare Bundesverwaltung*.

Literatur

Alemann, Ulrich von, 1992, Parteien und Gesellschaft in der Bundesrepublik, in: *A. Mintzel/ H. Oberreuter,* Hg., a.a.O., S. 89-132

Ammer, Thomas, 1992, Die Parteien in der DDR und in den neuen Bundesländern, in: *A. Mintzel/H. Oberreuter,* Hg., a.a.O., S. 421-484

Benda, Ernst, Werner Maihofer, Hans-Jochen Vogel, Hg., 1983, Handbuch des Verfassungsrechts der Bundesrepublik Deutschland, Berlin/New York (2. Aufl. 1994)

von Beyme, Klaus, 1993, Das politische System der Bundesrepublik Deutschland nach der Vereinigung, vollst. überarb. Neuausgabe, München

von Beyme, Klaus, 2000, Die politischen Theorien der Gegenwart. Eine Einführung, 8., neubearb. und erw. Aufl., Wiesbaden

Bös, Mathias, 1993, Ethnisierung des Rechts? Staatsbürgerrecht in Deutschland, Frankreich, Großbritannien und den USA, in: KZfSS Jg. 45, H. 4, S. 619-643

Deichmann, Carl, 1993, Politische Ordnung und Regierungssystem der Bundesrepublik Deutschland, Stuttgart et al.

Foucault, Michel, 1976, Überwachen und Strafen. Die Geburt des Gefängnisses, Frankfurt/M. (Orig. frz. 1975)

Foucault, Michel, 1976a, Mikrophysik der Macht, Über Strafjustiz, Psychiatrie und Medizin, Berlin

Gebhardt, Jürgen, 1993, Verfassungspatriotismus als Identitätskonzept der Nation, in: Beilage zur Wochenzeitung Das Parlament, B 14, S. 29ff.

Heckmann, Friedrich, 1991, Ethnos, Demos und Nation, in: *U. Bielefeld,* Hg., Das Eigene und das Fremde. Neuer Rassismus in der Alten Welt, Hamburg, S. 51-78

Heckmann, Friedrich, 1992, Ethnische Minderheiten, Volk und Nation. Soziologie inter-ethnischer Beziehungen, Stuttgart

Kleger, Heinz, Giovanni D'Amato, 1995, Staatsbürgerrecht und Einbürgerung – oder: Wer ist ein Bürger? In: Journal für Sozialforschung, Jg. 35, H. 3/4, S. 259-281

Leibholz, Gerhard, 1958, Strukturprobleme der modernen Demokratie, Karlsruhe

Limbach, Jutta, 1997, Mißbraucht die Politik das Bundesverfassungsgericht? Köln

Luhmann, Niklas, 1974, Grundrechte als Institution. Ein Beitrag zur politischen Soziologie, 2. Aufl., Berlin (zuerst 1965; 3. Aufl. 1986)

Mintzel, Alf, Heinrich Oberreuter, Hg., 1992, Parteien in der Bundesrepublik Deutschland, Bd. 282 der Schriftenreihe der Bundeszentrale für politische Bildung, Bonn

Mintzel, Alf, Die Christlich Soziale Union in Bayern, in: *A. Mintzel/H. Oberreuter,* Hg., a.a.O., S. 217-265

Oberndörfer, Dieter, 1989, Der Nationalstaat – ein Hindernis für das dauerhafte Zusammenleben mit ethnischen Minderheiten? Zeitschrift für Ausländerrecht und Ausländerpolitik, 9. Jg., S. 3-14

Papier, Hans-Jürgen, 1983, Grundgesetz und Wirtschaftsordnung, in: *E. Benda* et al., Hg., a.a.O., S. 609-652

Plessner, Helmuth, 1974, Die verspätete Nation. Über die politische Verführbarkeit bürgerlichen Geistes, Frankfurt/M. (stw 66; zuerst 1935 unter anderem Titel; 5. Aufl. 1994)

Ritter, Gerhard A., Merith Niehuss, 1991, Wahlen in Deutschland 1946-1991. Ein Handbuch, München

Rohe, Karl, 1978, Politik. Begriffe und Wirklichkeiten. Eine Einführung in das politische Denken, Stuttgart et al.

Schäfers, Bernhard, Hg., 1973, Gesellschaftliche Planung. Materialien zur Planungsdiskussion in der BRD, Stuttgart

Schäfers, Bernhard, 1997, Rechtssoziologie, Lektion XI, in: *H. Korte/ders.,* Hg., Einführung in Praxisfelder der Soziologie, Opladen, S. 223-243

Schäfers, Bernhard, 1998, Politischer Atlas Deutschland. Gesellschaft, Wirtschaft, Staat, 2. verb. Aufl., Bonn (zuerst 1997)

Schelsky, Helmut, 1980, Die Soziologen und das Recht. Abhandlungen und Vorträge zur Soziologie von Recht, Institution und Planung, Opladen

Sontheimer, Kurt, 1997, Grundzüge des politischen Systems der Bundesrepublik Deutschland. 17. Aufl., München (1971)

Weber, Max, 1956, Über einige Kategorien der verstehenden Soziologie, in: Soziologie. Weltgeschichtliche Analysen. Politik, Stuttgart (Kröner Taschenausgabe Bd. 229; 6. Aufl. 1992)

Weber, Max, 1964, Wirtschaft und Gesellschaft. Grundriß der verstehenden Soziologie, Studienausgabe, 2 Bde., Köln/Berlin

Weidenfeld, Werner; Karl-Rudolf Korte, Hg., 1993, Handbuch zur deutschen Einheit, Frankfurt/M. (und Bundeszentrale für pol. Bildung)

Kapitel 6
Bevölkerungsstruktur.
Ausländer und Ausländerintegration. Wanderungen

I. Der Zusammenhang von Bevölkerungs- und Sozialstruktur

1. Bevölkerung als Grundelement der Gesellschaft

Unter *Bevölkerung* versteht man die Gesamtzahl der Einwohner eines bestimmten Gebietes an einem Stichtag.

Hinsichtlich seiner Gesamtfläche von 357 Tsd. km^2 nimmt Deutschland in Europa den sechsten Platz ein (vgl. auch S. 293), bezogen auf die *Bevölkerungsdichte* mit 222 Einwohner/km^2 den vierten Platz.

Tabelle 4 Bundesländer nach Fläche, Einwohnern und durchschnittlicher Besiedelungsdichte am 31.12.2002

Land	Fläche in km^2	Einwohner in 1 000	Einw./km^2
Baden-Württemberg	35.752	10.551	298
Bayern	70.549	12.387	176
Berlin	891	3.392	3.804
Brandenburg	29.477	2.582	88
Bremen	404	662	1.638
Hamburg	755	1.729	2.289
Hessen	21.115	6.092	288
Mecklenburg-Vorpommern	23.173	1.745	75
Niedersachsen	47.618	7.980	168
Nordrhein-Westfalen	34.083	18.076	530
Rheinland-Pfalz	19.847	4.058	204
Saarland	2.569	1.065	415
Sachsen	18.413	4.349	236
Sachsen-Anhalt	20.445	2.549	125
Schleswig-Holstein	15.763	2.817	179
Thüringen	16.172	2.392	148
Deutschland	**357.026**	**82.537**	**231**
Alte Länder	**248.455**	**65.417**	**225**[1]
Neue Länder	**108.571**	**17.120**	**128**[2]

Quelle: Statistisches Bundesamt 2004, http://www.destatis.de/jahrbuch/jahrtab1.htm
[1] Ohne Bremen und Hamburg; [2] Ohne Berlin

Die Bevölkerung ist das Grundelement einer Gesellschaft bzw. eines sozialen Systems. Die Sozialwissenschaften haben es aber nicht mit der Bevölkerung „an sich" zu tun, sondern mit der Bevölkerungsstruktur als Teil der Sozialstruktur. Rein biologische Faktoren der Bevölkerungsstruktur wie Geschlecht und Alter sind immer zugleich soziale Faktoren: Die soziale Position der Mädchen und Frauen in Familie, Beruf und Öffentlichkeit ist von der des männlichen Geschlechts verschieden; die mit dem Alter zusammenhängenden sozialen Positionen sind historisch und sozio-kulturell unterschiedlich ausgeprägt (vgl. den Überblick zur Bevölkerungssoziologie bei Korte 1997; zu den Problemen einer Geschichte der Bevölkerungswissenschaft speziell in Deutschland von Brocke 1998).

Weil sozio-biologische Faktoren für die Sozialstruktur eine fundamentale Bedeutung haben, besteht die Gefahr, die Bevölkerung zur Schlüsselvariablen für die Erklärung sozialer Phänomene zu machen. Davor ist jedoch zu warnen, sonst würde man in die Einseitigkeiten und Fehler verfallen, die für den *Malthusianismus**, den *Sozialdarwinismus** („Auslese der Tüchtigsten") und die Rassenlehren des 19. und 20. Jh.s typisch waren.

So wurde während der Herrschaft des Nationalsozialismus in Deutschland dem Faktor Bevölkerung von der Medizin (incl. Eugenik), der Biologie und den Sozialwissenschaften unter rassistischen und geo-politischen Gesichtspunkten eine so große Aufmerksamkeit gewidmet, dass in der Bundesrepublik Deutschland an den Aufbau einer sachlichen Bevölkerungswissenschaft zunächst nicht zu denken war (vgl. zu den „Bevölkerungsfragen auf Abwegen der Wissenschaften", Mackensen 1998). Erst seit Ende der 1960er Jahre, seit dem starken Absinken der Geburtenrate (fälschlicherweise *Pillenknick* genannt), sind bevölkerungswissenschaftliche Fragen wieder ein Thema der Gesellschaftswissenschaften und der Gesellschaftspolitik. Die Diskussion um die absinkenden Geburtenraten, um den relativen Anstieg der Geburten von Gastarbeiterkindern und die damit verbundenen gesellschaftspolitischen Fragen haben die Bedeutung demographischer Grundlagen des „Gesellschaftskörpers" wieder aktualisiert. Hierzu haben von der UNO veranstaltete Diskussionen um die Bevölkerungsprobleme der *Dritten Welt* ebenso beigetragen wie die Probleme des Schwangerschaftsabbruchs oder des steigenden Bevölkerungsanteils alter Menschen.

2. Ältere Bevölkerungsstheorien

Wie wichtig der Faktor der Bevölkerung für die Sozialstruktur eines Gemeinwesens ist, kann man daran erkennen, dass theoretisch begründete und staatlich initiierte Versuche, auf die Struktur der Bevölkerung einzuwirken, eine sehr lange Tradition haben. Bereits Platon (427–347 v. Chr.) und Aristoteles (384–322 v. Chr.) waren Befürworter einer planmäßigen *Bevölkerungspolitik.*

Bekannt sind die Bemühungen des Absolutismus (17./18. Jh.), durch bevölkerungspolitische Maßnahmen, durch Einwanderungspolitik, die sog. „Peuplierungspolitik", auf die Gewerbeförderung einzuwirken. In diese Zeit fällt auch der Beginn einer systematischen Bevölkerungswissenschaft, die eine wichtige Grundlage für die Entwicklung der Sozialwissenschaften darstellt (in England: John Graunt, 1620–1674; William Petty, 1623–1687; in Deutschland z.B. Johann Peter Süßmilch, 1707–1767).

Die Bevölkerungspolitik des Absolutismus bedeutete einen entscheidenden Einbruch in die ständisch-feudale Agrarordnung. Diese hatte gefordert, die Bevölkerungszahl durch eine bestimmte *„Bevölkerungsweise"* klein zu halten und sie dem von Robert Malthus (1766–1834) in den Mittelpunkt gerückten „Nahrungsspielraum" anzupassen. Nur der durfte heiraten, der eine familienernährende Stelle nachweisen konnte, also z.B. der Vollbauer oder Meister, der Lehnsherr oder der selbstständige Kaufmann. Doch seit Ende des 18. Jh.s stiegen die Geburtenraten, nicht zuletzt deshalb, weil die ständischen Prinzipien der Heirat und der Familiengründung an Gültigkeit einbüßten. Die Zünfte und Gilden, die Guts- und Grundherren verloren das Recht bzw. die Autorität, Heiraten zu genehmigen und sie von einer nachgewiesenen „Vollstelle" abhängig zu machen. Seit Mitte des 19. Jh.s stiegen die Geburtenraten auch aufgrund der Leistungen der Medizin (z.B. Seuchenbekämpfung) und der Hygiene.

Seit etwa 1900 setzte sich eine industriell-städtische Bevölkerungsweise mehr und mehr durch, d.h. das generative Verhalten eines immer größer werdenden Bevölkerungsteils änderte sich; die Geburtenraten begannen zu sinken. Gerhard Mackenroth hat in idealtypischer Zusammenfassung (1955: 78f.) die „vorindustrielle Bevölkerungsweise" der „generativen Struktur des Industriesystems" gegenübergestellt. Zu den generativen Strukturen und Verhaltensweisen des Industriesystems gehörte, dass Geschlechtsverkehr und Zeugung nur noch in einem möglichen, nicht mehr in einem zwingend gebotenen Zusammenhang gesehen wurden (wie es dem strengen Ethos des Calvinismus entsprach und noch heute die Grundauffassung der Katholischen Kirche wiedergibt). Im Kindersegen wurde nicht mehr nur Gottes Segen gesehen, weil

- die Kinder und Jugendlichen durch Schulpflicht und verlängerte Ausbildungsphasen für das Erwerbsleben und die Alterssicherung zunehmend ausfielen;
- die „Säkularisierung der Verhaltensweisen" auch zu einer Einstellungsänderung des generativen Verhaltens und seiner möglichen Konsequenzen führte;
- sich der schnelle soziale Wandel seit Mitte des 19. Jh.s und das geschärfte Krisenbewusstsein gegenüber den sozialen Problemen (Wohnungsnot; Weltkriege; Weltwirtschaftskrisen) auswirkten.

3. Maße der Bevölkerungsstruktur. Bevölkerungspyramide

Jede Analyse des Zusammenhangs von Bevölkerungs- und Sozialstruktur hat auszugehen von der sozialen Bedeutung der elementaren bevölkerungsstatistischen „Ereignismaßen", z.B. Fruchtbarkeit und Geburt, Lebenserwartung und Sterbefälle, Verheiratetenquote und Geschlechterproportion, Binnen- und Außenwanderungen.

Neben diesen bevölkerungsstatistischen Ereignismaßen sind folgende Maße zur Bevölkerungsstruktur und -entwicklung hervorzuheben:

- Die *Lebenserwartung* ist in der Bevölkerungs- und Sozialgeschichte der Bundesrepublik relativ kontinuierlich angestiegen: Sie lag bei Vollendung des ersten Lebensjahres in Deutschland im Jahre 1871/80 für Männer bei 46,5 und für Frauen bei 48,1 Jahren; 1949/51 für Männer bei 67,8 und für Frauen bei

71,0 Jahren. In der Bundesrepublik betrug sie – wiederum bei vollendetem ersten Lebensjahr – 1970 68,2 Jahre für Männer und 74,3 für Frauen (DDR 1970: 68,5 bzw. 73,5 Jahre); 1999/2001 75,1 für Männer und 81,1 für Frauen (für Deutschland).

- Die *Säuglingssterblichkeit* (Tod des Säuglings bis zur Vollendung des ersten Lebensjahres, bezogen auf 1000 lebend geborene Säuglinge) betrug in der Bundesrepublik 1950 55,3 und 1960 33,8; 2001 war die Säuglingssterblichkeit auf 4,3 gesunken.
- Ein anschauliches Maß für die Bevölkerungsentwicklung ist die sog. *Generationenrate.* Mit dieser Nettoreproduktionsrate für Frauen von 15 bis unter 50 Jahren wird das Verhältnis der geborenen Mädchen zur Zahl der Frauen im genannten Alter gemessen. Ein Wert von 1,0 bedeutet, dass die Zahl der Töchter die Mütter-Generation ausgleicht. Die Generationenrate betrug in der Bundesrepublik 1965 1,174 und im Jahre 2003 nur noch 0,65. Dies bedeutet: Die Müttergeneration wird nur noch zu 65 % von den Töchtern ersetzt.
- Ein interessantes Maß der Bevölkerungsstruktur ist die *Sexualproportion*, d.h. die geschlechtsspezifische Verteilung der Bevölkerung. Zunächst ist überraschend, dass in westlichen Industrienationen auf 100 Mädchengeburten ca. 106 Jungengeburten kommen. Dieser männliche Geburtenüberschuss wird aber im Lebensverlauf (vor allem durch die deutlich höhere Lebenserwartung der Frau) mehr als ausgeglichen. Bezogen auf die Gesamtbevölkerung betrug der Frauenanteil 2002 in Deutschland 51,1 %.

Eine anschauliche Zusammenfassung der Bevölkerungsstruktur zeigt die sog. Bevölkerungs- oder Alterspyramide. Stellt man – wie in nachfolgender Abb. 1 – die Alterspyramide mehrerer Zeitpunkte vergleichend gegenüber, so zeigt sich die Grundstruktur der Bevölkerungsentwicklung über den entsprechenden Zeitraum.

Während der Bevölkerungsaufbau um 1900 noch die klassische, Namen gebende Pyramidenform zeigt, gleicht ihr Bild heute mehr und mehr einer „zerzausten Wettertanne" (Paul Flaskämper).

Die Bevölkerungspyramide zeigt nicht nur die Sexualproportionen und den in den einzelnen Jahrgängen vorherrschenden „Überschuss" an Jungen/Mädchen bzw. Männern/Frauen, sondern verweist mit markanten Einschnitten zugleich auf besonders dramatische Epochen in der Geschichte und deren Auswirkungen auf die Bevölkerungsentwicklung, so wie z.B. bei den heute über 90-Jährigen die Ereignisse der beiden Weltkriege sichtbar werden.

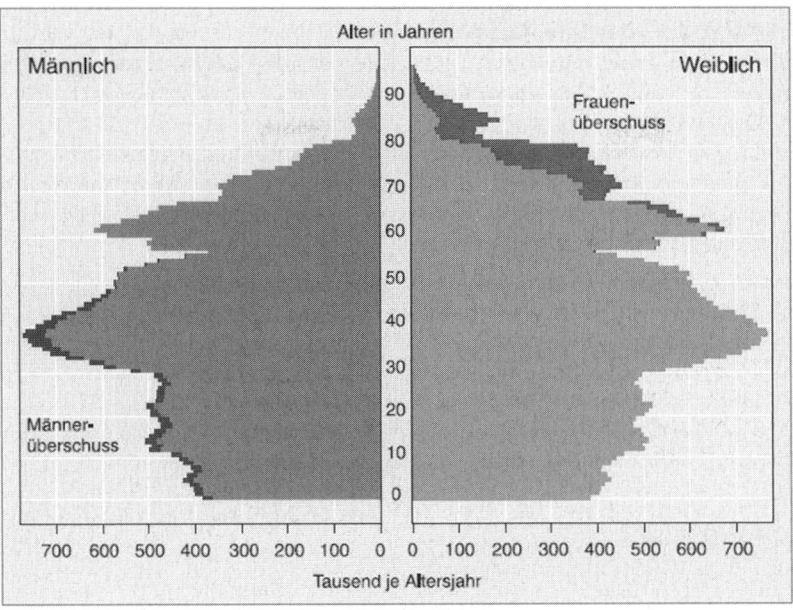

Abb. 1 Alterspyramide 2002
Quelle: Datenreport 2002, S. 35

4. Deutsche und ethnische Minderheiten

Die Bevölkerungspyramide erfasst die gesamte Wohnbevölkerung eines Landes und unterteilt nicht nach Deutschen und Ausländern hinsichtlich der Staatsangehörigkeit bzw. der einzelnen Ethnien und Volksgruppen auf deutschem Territorium.

Ein besonderes Interesse verdienen die ethnischen Minderheiten in Deutschland, die zu einem Teil deutsche Staatsangehörige sind – wie die dänische oder sorbische Minderheit – und zum Teil den Status von Ausländern, Flüchtlingen oder Asylbewerbern, von Kriegsflüchtigen oder sog. Kontingentflüchtlingen haben (einen Überblick zu den ethnischen Minderheiten in Deutschland geben Schmalz-Jacobsen/Hansen 1995, 1999).

Nur auf zwei ethnische Minderheiten, die zur deutschen Bevölkerung zählen, sei kurz eingegangen, weil sie die deutsche Geschichte in der Zentrallage Europas und die Problematik der nationalen Grenzziehungen verdeutlichen: die dänische Minderheit in Schleswig-Holstein und die sorbische Minderheit in Brandenburg und Sachsen (vgl. zum Folgenden Schmalz-Jacobsen/Hansen 1999).

Die *Dänen* deutscher Staatsangehörigkeit werden auf 50- bis 60 Tsd. Personen geschätzt; sie leben v.a. in Südschleswig. Ihr Sonderstatus gründet auf die bewegte Geschichte dieses Raumes im dänisch-deutschen – und zuvor auch im slawischen – Siedlungs- und Hoheitsgebiet. Nach einer Volksabstimmung im Jahr 1920 – die wie viele Volksabstimmungen in dieser Zeit zur „ethnischen Homogenisierung" nach den Erschütterungen und staatlichen Neuordnungen als Folge des Ersten Weltkrieges führte – blieb Südschleswig deutsch, Nordschleswig kam zu Dänemark. Art. 113 in der Weimarer Verfassung hatte die Rechte der ethnischen Minderheiten festgeschrieben und insbesondere zum Schutz des kulturellen Erbes aufgefordert.

Nach dem Zweiten Weltkrieg wurden die Rechte dieser Minderheit in der Verfassung des neuen Bundeslandes Schleswig-Holstein verankert; zu diesen Rechten gehört, dass immer ein Abgeordneter des „Südschleswigschen Wählerverbandes" Mitglied im Kieler Landtag ist. Basis der kulturellen Identität ist das Schulwesen mit über 50 Grund- und weiterführenden Schulen.

Eine vergleichbare Sonderstellung hat keine andere ethnische Minderheit in Deutschland, auch nicht die etwa 60 Tsd. *Sorben*. Sie sind zwar eine anerkannte autochthone nationale Minderheit (und in den Landesverfassungen von Brandenburg und Sachsen seit 1992 entsprechend verankert), aber wegen verschiedener Dialekte und kultureller Besonderheiten nicht mit der dänischen Minderheit vergleichbar. Das Interesse an der sorbischen Sprache geht in dem Maße zurück, wie das Erlernen westeuropäischer Sprachen für Jugendliche an Attraktivität gewinnt.

II. Generatives Verhalten als Sozialverhalten

1. Determinanten der Bevölkerungsweise

Wie werden die Grunddaten der Bevölkerungsstruktur und die geschilderte bevölkerungsstatistische und bevölkerungspolitische Situation zu Elementen des generativen Verhaltens? Welches sind die Faktoren, die das einzelne Individuum eine bestimmte generative Verhaltensweise einnehmen lassen?

Gerhard Mackenroth (1953) hatte in seiner sozial-historischen Betrachtungsweise die vorherrschende *Bevölkerungsweise* und damit das generative Verhalten im Wesentlichen auf fünf Faktoren zurückgeführt:

- das physische Können (Zeugungs- und Gebärfähigkeit);
- die sozialen Schranken (Vorstellungen in der Gesellschaft über die wünschenswerte Kinderzahl, eheliche und außereheliche Mutterschaft etc.);
- die materielle Situation (so ist eindeutig, dass Wirtschaftskrisen zum Absinken der Kinderzahl führen, ohne dass die Zahl der Eheschließungen gleichzeitig abnimmt; aber auch das Einkommen ist – im sozialstatistischen Durchschnitt – von Einfluss auf die Kinderzahl);
- das persönliche Wollen bezüglich Geschlechtsverkehr, Zeugung, Anzahl der Kinder;

- den sozialen Wandel (dies ist letztlich eine „Restgröße", die alles das zu erklären hat, was mit den übrigen Faktoren nicht aufgehellt werden kann und daher relativ unspezifisch ist).

Wenn das generative Verhalten soziales Verhalten ist, dann müsste die Definition Max Webers zutreffen, dass es sinnhaft motiviert und auf das Verhalten anderer bezogen ist. Damit stellt sich die Frage, ob das generative Verhalten teil hatte an der Rationalisierung und Säkularisierung der menschlichen Verhaltensweisen (zumindest insofern es auf Zeugung bezogen ist). Redewendungen wie: „bewusste Elternschaft"; „nur noch Wunschkinder" etc. machen glauben, dass das auf Zeugung bezogene generative Verhalten in den Bereich der bewusst und sinnhaft orientierten Verhaltensweisen einzugliedern ist. Einige Faktoren machen eine derartige Einschätzung allerdings schwierig:

- Die Zahl der offiziell registrierten Abtreibungen, incl. der illegalen Schwangerschaftsabbrüche. 1974 erfolgte eine Legalisierung des *Schwangerschaftsabbruchs* nach bestimmten Voraussetzungen: der Indikation aus ethischen, eugenischen und sozialen Gründen. Die sehr schwierige Gesetzgebung auf diesem Gebiet, die vom Bundesverfassungsgericht mehrfach behandelt wurde, komplizierte sich dadurch, dass in der DDR – und für eine Übergangszeit in den neuen Bundesländern – die sog. Fristenregelung galt. Ab dem 16.6.1993 gilt im gesamten Bundesgebiet einheitlich die sog. Beratungsregelung. 2002 gab es in Deutschland 130 Tsd. legalisierte Schwangerschaftsabbrüche; davon überproportional viele in den neuen Bundesländern (über 31 Tsd., ohne Ostberlin). 97 % der Schwangerschaftsabbrüche erfolgten nach der Pflichtberatung, ohne eine der o.g. Indikationen;
- die wohl immer noch als gering anzusehende Aufklärung in der Bevölkerung über das generative Verhalten und die damit verknüpften biologischen, medizinischen, psychischen und sozialen Problembereiche;
- die große Zahl von Eheschließungen nach der Erwartung des ersten Kindes. Hier wird eingewandt, dass die Heiratenden sich schon vorher über die Ehe einig waren und nur der Hochzeitstermin durch das erste Kind „naturwüchsig" bestimmt wird.

Wenn bei den obigen Aussagen das generative Verhalten in einen engen Zusammenhang mit Zeugung und Geburt gebracht wurde, dann vor allem aus dem Grunde, weil es an diesem Faktum am eindeutigsten ablesbar ist. Generatives Verhalten ist jedoch nicht mit Zeugungsverhalten gleichzusetzen. Von den pluralen gesellschaftlichen Kräften ist wohl nur noch die Katholische Kirche bemüht, diesen Zusammenhang als ethische Norm zu postulieren.

2. Motive der Geburtenbeschränkung

Als weitere Faktoren, die auf das generative Verhalten, insbesondere das Zeugungsverhalten, in der gegenwärtigen Gesellschaft von Einfluss sind, bleiben zu nennen:

- Motivationsänderungen, die von Phänomenen der sozialen Verunsicherung und von Konjunktur- und Beschäftigungskrisen ausgehen;
- gesellschaftspolitische Zielsetzungen, wie z.B. die Emanzipation der Frau, die nur über eine geringe, in der Geburtenfolge gedrängte Kinderzahl erreichbar scheint. Hier wurde gesellschaftspolitisch bisher versäumt, für eine verantwortungsvolle Sozialisationsleistung sowohl in der Familie wie außerhalb die notwendigen Hilfen bereitzustellen;
- die von den Kirchen aufgestellten Normen über generatives Verhalten. Seit der Enzyklika *Humanae Vitae* der Katholischen Kirche von 1968 ist immer wieder betont worden, dass der Gebrauch von empfängnisverhütenden Mitteln, so auch der Pille, selbst Eheleuten untersagt und sogar die sog. natürliche, sich nach dem Zyklus der Frau richtende Empfängnisverhütung nur sehr bedingt erlaubt ist (Methode *Knaus-Ogino**);
- die Orientierung an einem als wünschenswert angesehenen Lebensstandard (Einfluss des Einkommens, der Wohnungsgröße, der Berufssicherheit etc. auf die Kinderzahl). Tatsache ist, dass die ökonomischen Belastungen bei Familien mit Kindern durch sozialpolitische Maßnahmen nicht entsprechend ausgeglichen werden.

Die „demographische Zeitenwende" (Birg 2001) und damit die Ursachen des Fertilitätsrückganges haben in den letzten Jahrzehnten Wissenschaftler und Politiker gleichermaßen beschäftigt. Neben den mehr historischen Analysen von Mackenroth (1953) und Linde (1984), die lange Zeitreihen berücksichtigen, gibt es die mehr psychologischen Erklärungen, dass „ein oder zwei Kinder genügen, um die mit Elternschaft verbundenen Werte und emotionalen Befriedigungen zu erfahren" (Birg 1989: 47). Ökonomische Erklärungsansätze verweisen auf die so genannten Opportunitätskosten von Kindern. Im Kern seien das, so Birg, die mit dem Verzicht auf Erwerbsarbeit verbundenen Einkommensverzichte der Frau. Soziologische Theorien thematisieren vor allem den *Wertewandel*. Zu seinen hier relevanten Dimensionen gehört, dass Kinder zu haben nicht mehr zu den unbefragten sozialen Selbstverständlichkeiten gehört. Zudem sind die im Arbeitsleben dominanten Werte wie „lebenslanges Lernen", Flexibilität und Mobilität den familialen Werten zum Teil entgegengesetzt.

Birg weist weiterhin darauf hin, dass biographisch relevante Entscheidungen langfristige Festlegungen beinhalten, die sich bezüglich der Nichtumkehrbarkeit ihrer Wirkungen auszeichnen. So sind die Folgen biographischer Festlegungen durch Partnerbindungen und Kindgeburten langfristig und nicht rückgängig zu machen. In einer sich schnell wandelnden Welt ist es jedoch vernünftig, langfristig wirkende Festlegungen aufzuschieben und Wahlmöglichkeiten offen zu halten – „zumal die Risiken der Festlegungen und die Vielfalt der Optionen mit der Veränderungsgeschwindigkeit der Welt noch wachsen" (Birg 2001).

III. Bevölkerungsentwicklung. Veränderung der Altersphasen

1. Ausgangslage in der BRD und der DDR

Als die Bundesrepublik und die DDR 1949 gegründet wurden, waren in Mittel-, Ost- und Südosteuropa – bezogen auf die Kürze des Zeitraumes – die umfangreichsten Bevölkerungsbewegungen der Geschichte zu einem vorläufigen Abschluss gekommen. Für das Gebiet der späteren Bundesrepublik sind zu nennen:

- Bis 1949 wurden 7,6 Mio. Flüchtlinge und Vertriebene aufgenommen;
- 1,2 Mio. *Spätaussiedler*, die zwischen 1950 und 1982 aufgenommen wurden (dieser Vorgang ist immer noch nicht abgeschlossen; vgl. w.u.);
- ca. 3 Mio. Einwohner aus der DDR, die bis zum Bau der *Berliner Mauer* (13.8.1961) aus der DDR flüchteten.

Zusammen sind das ca. 11,8 Mio. Vertriebene, Flüchtlinge und Umsiedler, die strukturell, wirtschaftlich und sozial in die (alte) Bundesrepublik eingegliedert werden mussten. Da seit dem Ersten Weltkrieg eine „normal verteilte", pyramidenförmig strukturierte Bevölkerung nicht mehr gegeben war, war die Sozialstruktur der Bundesrepublik durch die Ungleichgewichte ihrer Bevölkerungsstruktur erheblichen Belastungen ausgesetzt.

Für die DDR können Besonderheiten der Bevölkerungsentwicklung wie folgt zusammengefasst werden:

- Nach 1952, als die Flüchtlinge und Vertriebenen wie die eigene Bevölkerung begannen, in die Bundesrepublik abzuwandern, war die DDR das einzige Land, das kontinuierlich Bevölkerungsverluste hatte; zwischen 1948 und 1989 schrumpfte die Bevölkerung um 2,7 Mio. Einwohner auf 16,4 Mio.;
- nach dem Mauerbau war solch ein erheblicher Geburtenrückgang zu verzeichnen, dass die DDR die niedrigste Geburtenrate der Welt hatte; auch die dann einsetzenden familienpolitischen Maßnahmen konnten nicht bewirken, dass die Geburtenrate zur Konstanz der Bevölkerung beitrug (was in der Bundesrepublik seit Ende der 1960er Jahre nur durch die hohen Geburtenraten der Gastarbeiter erreicht wurde);
- der Ausländeranteil war mit ca. 1% extrem niedrig. Aus ideologischen Gründen gab es keine „Gastarbeiter"; ab Mitte der 1980er Jahre wurden ca. 50 Tsd. Vietnamesen ins Land geholt, die aber wegen ihrer kasernierten Unterbringung allenfalls den Status von Leiharbeitern hatten; von den ca. 190 Tsd. Ausländern Ende der 1980er Jahre hatten nur 20% einen festen Wohnsitz (Korte 1997: 82).

Die politische Entwicklung in der DDR seit dem 9.11.1989, dem Tag der Maueröffnung, konnte die anschwellende Zahl der Ausreisewilligen zunächst nicht stoppen. Im ersten Halbjahr 1990 kamen 238 Tsd. *Übersiedler* aus der DDR in die Bundesrepublik; bis zum Ende des Jahres (in dem am 3.10. der Beitritt erfolgte) waren es nochmals 151 Tsd.; 1991 verringerte sich diese Zahl auf 244 Tsd.

Demographische Faktoren müssen – wie bereits hervorgehoben – säkular (Linde 1984) bzw. als langfristig wirksame soziale Prozesse betrachtet werden. Unter dieser Prämisse haben Zapf/Mau (1993) die Entwicklung von Geburtenraten, Eheschließungen usw. in den neuen Bundesländern betrachtet. Ihr Ergebnis: Es hat eine „demographische Revolution" gegeben, für die es keine historischen Vergleiche gibt. Die wichtigsten Eckdaten:

- 1991 gab es gegenüber 1990 einen Geburtenrückgang um 39,6 %; 1992 verringerte sich dieses drastische Geburtentief nochmals um 18,1 % (BiB-Mitteilungen 3/93);
- 1991 gab es einen Rückgang der Eheschließungen (gegenüber 1990) um 50,4 %; 1992 gab es einen weiteren Rückgang um 4,5 % (BiB-Mitteilungen 4/93);
- bei Ehescheidungen betrug der Rückgang von 1990 auf 1991 72 %. Dieser historisch einmalige „Rekord" hat vor allem mit den Unsicherheiten zu tun, die die Umstellung auf das neue Scheidungsrecht mit sich brachte (einen drastischen Einbruch entsprechender Quoten gab es auch im alten Bundesgebiet 1978 nach Wirksamwerden des neuen Scheidungsrechts; vgl. S. 129).

Man kann die genannten Daten zur „demographischen Revolution" als Indikatoren für das Ausmaß des Transformationsprozesses Ostdeutschlands seit 1989 interpretieren, für den es keine historischen Vergleiche und Vorbilder, bezogen auf Umfang und Geschwindigkeit, gibt.

2. Veränderungen der Lebensphasen und der Lebenssituation älterer Menschen

Die Soziologie des Jugendalters (vgl. Schäfers 2001) hat herausgearbeitet, dass die Jugendzeit demographisch und sozial in verschiedene Phasen zu unterteilen ist, weil sie sich immer mehr verlängert und differenziert; gleiches gilt auch für die Lebensphase des Alters (vgl. Rosenmayr 1990; Prahl/Schroeter 1996).

Ausgehend von einer durchschnittlichen *Lebenserwartung* bei Frauen von 81,1 Jahren und bei Männern von 75,1 Jahren und dem Beginn des Ruhestandes um das 60. bis 65. Lebensjahr zeigt sich eine nach Größe und Zusammensetzung in sich höchst differenzierte Population. Im Jahr 2002 war jeder fünfte Bundesbürger älter als 65 Jahre.

Noch weniger als beim Jugendalter sind für die alten Menschen relativ fixe Altersgrenzen als Einteilungskriterium brauchbar, weil der *Alterungsprozess* eine größere Variationsbreite in medizinischer und psychologischer Hinsicht aufweist als das Jugendalter.

2.1 Wandlungen der Altersrolle

Seit der griechischen Antike, als für unseren Kulturkreis das Alter erstmalig Gegenstand philosophischer Erörterungen wurde (Platon, Aristoteles), haben sich die Auffassungen über das Alter sehr gewandelt (vgl. den Überblick bei Lehr

1996; Rosenmayr 1990). Aus diesen geistes- und sozialgeschichtlichen, sprach- und bewusstseinsgeschichtlichen Rekonstruktionen ist zu lernen, dass auch die heutigen Auffassungen über das Alter Ergebnis langer Entwicklungsprozesse sind und sich weiterhin wandeln werden. Weitere Änderungen des Selbst- und Fremdbildes des Alters sind zu erwarten. Es macht einen großen Unterschied, ob das Alter als Krankheit aufgefasst wird (Aristoteles, Seneca) oder als Lebensabschnitt mit besonderer Würde, dem alle anderen Lebensalter eine auszeichnende Hochachtung entgegen zu bringen haben. Teil der heutigen Auffassung und sich damit verbindender Motivationsstrukturen ist die Annahme von der Eigenständigkeit des Alters und einer dynamischen *Altersrolle*. Dies führt zu bestimmten Zuschreibungen und Erwartungen, Aktivitäten und natürlich auch zu neuen Stereotypen.

Für das Eigen- und Fremdbild des Alters spielen in einer „wissenschaftlich-technischen Zivilisation" (Helmut Schelsky) Aussagen der Wissenschaften vom Alter eine zunehmende Rolle. War es ursprünglich nur die Medizin, die hier eine große Autorität besaß, so sind mit der Soziologie des Alters und der Psychogerontologie differenzierende Betrachtungsweisen hinzugekommen. In dem Maße, wie die Ergebnisse dieser Wissenschaften popularisiert werden (heute v.a. über das Fernsehen), nehmen sie Einfluss auf das Selbst- und Fremdbild des Alters. Wenn z.B. in der Öffentlichkeit die Auffassung diskutiert wird, dass das Alter unter Aspekten des Defizits, des „Nicht-Mehr" oder der Belastung für nachfolgende Generationen zu betrachten ist, so hat dies andere Auswirkungen, als wenn davon ausgegangen wird, das Alter sei eine Zeit von großer Eigenständigkeit und reifer Lebenserfahrung.

2.2 Sozialstatistische Grunddaten

Aus den Sozialstatistiken zur Situation alter und sehr alter Menschen in der Bundesrepublik seien einige Daten zusammengefasst:

- Der Anteil der über 65-Jährigen an der Gesamtbevölkerung betrug 1871 im Deutschen Reich 4,7 %, 2002 in Deutschland 17,4 % (1970 in der alten Bundesrepublik 13,2 %); bevölkerungswissenschaftliche Prognosen gehen davon aus, dass sich der Anteil von 17,4 % der über 65-Jährigen bis zum Jahre 2050 auf ca. 37 % erhöhen wird;
- in der alten Bundesrepublik lebten 1970 298 Menschen, die 100 Jahre und älter waren; 2001 lebten bereits 5.500 Menschen, die über 100 waren (zu über 70 % Frauen);
- im Jahr 2002 war jeder dritte Haushalt (36,7 %) in der Bundesrepublik ein Einpersonenhaushalt; von diesen wiederum war jeder zweite der Haushalt eines älteren Menschen;
- das Geschlechterverhältnis betrug 2001 bei den über 65-Jährigen 154 Frauen zu 100 Männer (was aber gegenwärtig noch mit den Männerverlusten in beiden Weltkriegen zusammenhängt; sonst wäre die Relation ausgeglichener); die Zahl der Frauen über 75 Jahre ist mit 4,06 Mio. um das 2,2fache größer als die der Männer dieses Alters;

- von den 65- bis unter 70-jährigen Männern waren 2001 noch 82,6 % verheiratet; doch bei den Frauen dieser Altersgruppe lebten nur noch 62,7 % verheiratet zusammen.

Die unterschiedliche Lebenserwartung und der Tatbestand, dass die Männer bei der Eheschließung durchschnittlich drei Jahre älter sind als die Frauen, führt dazu, dass dreimal so viele Ehen durch den Tod des Mannes als durch den Tod der Frau gelöst werden.

Ein weiteres Grunddatum für die Soziologie und Psychologie des Alters ist der durch die höhere Lebenserwartung und das frühere Ausscheiden aus dem Beruf verlängerte Lebensabschnitt ohne Beruf und Arbeitspflichten. 2002 waren in Deutschland nur 35,1 % der 60-65-jährigen Männer und 16,9 % der Frauen gleichen Alters erwerbstätig (Stat. Jb. 2003: 102).

2.3 Zur Lebenssituation alter Menschen

Der hohe Prozentsatz allein lebender Menschen über 60 bzw. 65 Jahren darf soziologisch und sozialpsychologisch nicht von vornherein unter Kriterien wie Einsamkeit oder Ausgrenzung analysiert werden. Dagegen sprechen zunächst folgende Tatbestände, die einen Zuwachs an Selbstständigkeit, auch im Sinne der praktischen Lebensführung, bedeuten:

- Die Verbesserung und Verselbstständigung der ökonomischen Situation alter Menschen;
- die deutliche Verbesserung des Gesundheitszustandes älterer Menschen;
- die Technisierung der Haushalte, wozu auch die breite Versorgung mit dem Telefon als Kommunikationsmittel, aber auch für Hilferufe usw., zu zählen ist;
- die kaum zu überschätzende Bedeutung des Fernsehens für Information und Unterhaltung;
- die vielen mobilen Dienste und Hilfen für ältere Menschen („Essen auf Rädern", Pflegedienste etc.);
- die Tatsache, dass bei einem hohen Prozentsatz der älteren Menschen Kinder oder Enkel im gleichen Haus oder in kurzfristig überwindbarer Entfernung leben;
- die Prozesse der Individualisierung, d.h. die sich im Alter ebenso ausdifferenzierenden Lebensformen, wie dies bei der Jugend und im Erwachsenenalter zu beobachten ist.

IV. Faktoren der Bevölkerungsdynamik

Neben den Geburten, Todesfällen und den sonstigen „statistischen Ereignismaßen" der Bevölkerungsentwicklung sind es in erster Linie die Wanderungen von Menschen, die über die aktuelle Größe und Struktur der Bevölkerung eines bestimmten Gebietes entscheiden (zu Wanderungen in sozialstruktureller Bedeutung vgl. Pt. VI.).

1. Gastarbeiter: Zuzug von Arbeitsmigranten

Wenn nachfolgend von Arbeitsmigranten als Element der Bevölkerungsdynamik die Rede ist, so ist dies kein neues Phänomen, sondern integraler Bestandteil der deutschen Geschichte. Kaum ist noch bewusst, dass die Migrantenströme oft in die umgekehrte Richtung gingen: Im Mittelalter und in der frühen Neuzeit als „Ost-Kolonisation" oder Auswanderung nach Siebenbürgen und in die Wolga-regionen, was Jahrhunderte danach zu den jetzigen „Spätaussiedlern" führte (vgl. w.u.) und im 19. Jh. als Emigration in die USA und in die wenigen deutschen Kolonien. „Allein zwischen 1800 und 1930 verließen an die 7 Mio. Deutsche aus wirtschaftlicher Not, aber auch aus politischen Gründen ihre Heimat. Die meisten emigrierten nach Übersee" (Münz et al. 1999: 16).

Migranten sind also Menschen, die ihren Lebensmittelpunkt in ein anderes Land verlagern. „Der Migrationsbegriff setzt erwerbs-, familienbedingte, politische oder biographisch bedingte Wanderungsmotive und einen relativ dauerhaften Aufenthalt in der neuen Region oder Gesellschaft voraus" (Treibel 2001: 472).

Seit Beginn der 1960er Jahre, als durch den Bau der Berliner Mauer der Zustrom von jüngeren, zum Teil gut ausgebildeten Flüchtlingen aus der DDR stark redu-ziert wurde, kam ein verstärkter Zuzug von *Gastarbeitern* (jetzt „ausländische Arbeitnehmer" genannt) aus dem europäischen Ausland und dann vor allem aus der Türkei hinzu. Betrug die Gesamtzahl der ausländischen Arbeitnehmer in den Jahren 1958 127 Tsd. und 1960 279 Tsd., so schnellte sie 1961 bereits auf 549 Tsd. hoch, um 1968 die Millionengrenze zu erreichen. Über die Entwicklung in den folgenden Jahren gibt Tabelle 5 Aufschluss.

Tabelle 5 Ausländische Arbeitnehmer in der BRD nach ausgewählten Herkunftsländern in 1000 (die %-Werte beziehen sich auf die Gesamtzahl der ausländischen Arbeitnehmer)

Jahr	Ausländische Arbeitnehmer	Italien		Jugo-slawien+		Türkei		Griechen-land		Spanien		Sonstige	
		abs.	%	abs.	%	abs.	%	abs.	%	abs.	%	abs.	%
1967	991	266	27	95	10	131	13	140	14	118	12	241	24
1974	2 361	370	15	470	20	590	25	225	10	165	7	541	23
1988	1 624	178	11	296	18,2	534	32,9	99	6,1	63	3,9	455	28
1992	2 036	165	8,1	376	18,5	652	32	103	5,1	55	2,7	685	33,6
2002*	1 959	197	10	183	9,3	534	27,2	107	5,4	39	2	896	45,7

Quelle: Statistisches Jahrbuch, verschiedene Jahrgänge (2003: S. 122f.)
* Ausländische, sozialversicherungspflichtig Beschäftigte am 30.6.2002
+ bezogen auf die Länder des ehem. Jugoslawien; 2002: Serbien und Montenegro

Rechnet man die Familienangehörigen der *ausländischen Arbeitnehmer* hinzu, so waren es – bezogen auf das frühere Bundesgebiet – im Jahre 1987 4,24 Mio. Ende 2003 waren es in Deutschland 7,34 Mio. (8,9 % der Wohnbevölkerung); da-von lebten nur 315 Tsd. in den neuen Bundesländern (2,3 % der Wohnbevölke-rung).

2. Asylbewerber und Spätaussiedler

Die weltpolitische und die weltökonomische Situation, die Politik Michail Gorbatschows in der UdSSR und entsprechende Entwicklungen in Osteuropa haben seit Mitte der 1980er Jahre zu einer neuen historischen Dynamik der Bevölkerungsentwicklung für die Bundesrepublik geführt; unter den Stichworten *Asylbewerber, Spätaussiedler* und *DDR-Übersiedler* sei diese kurz erläutert.

In Art. 16 II GG war, nicht zuletzt auf Grund der Erfahrungen mit dem Nationalsozialismus und in anderen totalitären Systemen, das Recht auf *Asyl als Grundrecht* fest verankert: „Kein Deutscher darf an das Ausland ausgeliefert werden. Politisch Verfolgte genießen Asylrecht".

Von 1953 bis 1979 gab es in (West-)Deutschland 218 Tsd. Asylsuchende; von 1980 bis 1990 gab es in Westdeutschland bzw. ab 1990 in Deutschland insgesamt 2,4 Mio. Anträge auf Asyl. Bis etwa 1986 kamen die meisten Asylbewerber aus Asien, danach v.a. aus Europa (ehemaliges Jugoslawien, Albanien, Rumänien usw.).

Nach heftiger innenpolitischer Diskussion zur „Eindämmung der Asylantenflut" seit Ende der 1980er Jahre bzw. zur Etablierung einer verantwortungsvollen Einwanderungspolitik wurde dieser Artikel geändert. Der am 28.6.1993 neu in das Grundgesetz eingefügte Art. 16a bestimmt zwar weiterhin: „Politisch Verfolgte genießen Asylrecht", aber die Absätze 2–4 bedeuten faktisch sehr weitgehende Einschränkungen. So lag die Anerkennungsquote politischer Flüchtlinge im Jahr 2001 bei nur 5,3 % (1972: 40 %).

Nach dem deutschen *Staatsbürgerrecht* (vgl. hierzu S. 77) sind die deutschstämmigen *Aussiedler* als Deutsche mit allen Rechten und Pflichten anzuerkennen – auch wenn viele von ihnen kaum der deutschen Sprache mächtig sind. Nach Paragraph 6 des Bundesvertriebenen- und Flüchtlingsgesetzes (BVFG) liegt *deutsche Volkszugehörigkeit* dann vor, wenn jemand „sich in seiner Heimat zum deutschen Volkstum bekannt hat, sofern dieses Bekenntnis durch bestimmte Merkmale wie Abstammung, Sprache, Erziehung, Kultur bestätigt wird".

Tabelle 6 Aussiedler nach Herkunftsländern 1968–2002

Jahr	insges.			davon aus:			
		Polen	SU	Rumän.	CSSR	Ungarn	sonst.
1968–1984	652 897	365 234	72 664	147 528	47 011	7 065	3 413
1988	202 645	140 226	47 572	12 902	949	763	233
1989	377 055	250 340	98 134	23 387	2 027	1 618	1 549
1996*	177 751	1 175	172 181[1]	4 284	14[2]	14	83
2002*	91 416	553	90 587[1]	256	13[2]	3	4

Quelle: Statistisches Jahrbuch 1997: 84; 2003: 80
* Zahlen für Gesamtdeutschland
[1] Zahlen für ehem. Sowjetunion
[2] Zahlen für ehem. Tschechoslowakei

Nach dem Bau der Berliner Mauer kamen seit dem 13. August 1961 bis Mitte 1987 ca. 1,5 Mio. Flüchtlinge, Vertriebene und Aussiedler aus der DDR und Osteuropa in die Bundesrepublik (vgl. Informationen zur politischen Bildung, H. 222/1989: Aussiedler). Seit Sommer 1987 gab es einen unerwarteten Zustrom vor allem aus den Staaten Ost- und Südosteuropas, seit Herbst 1989 aus der DDR.

Das Durchschnittsalter der Aussiedler liegt erheblich unter dem der bundesrepublikanischen Bevölkerung. Bei den unter 18-Jährigen betrugen die Anteile an der jeweiligen Gesamtpopulation 25,5 Tsd. resp. 27,9 % (2002). Waren von der Bevölkerung der Bundesrepublik zum genannten Zeitpunkt 17,5 % über 65 Jahre, so waren es bei den Aussiedlern nur 6,5 %.

V. Ausländer und Ausländerintegration

1. Herkunft und Status

Die juristische Kategorie des „Ausländers" wurde in den letzten Jahren im Hinblick auf sozialwissenschaftliche Analysen zu Recht als zu unspezifisch angesehen, weil sie gegenüber dem tatsächlichen Status der sozio-ökonomischen und sprachlichen Integration blind sei (vgl. Salentin/Wilkening 2003)

Nur ein Teil der o.g. Sozialgruppen, die als neue Elemente der Bevölkerungsdynamik bezeichnet wurden, sind *Ausländer* im rechtlichen Sinne. Ihre Zahl stieg zunächst vor allem durch die starke Zunahme der Arbeitsmigranten; seit Mitte der 1980er Jahre kamen aber völlig neue Gründe und Sozialgruppen hinzu, die u.a. mit den Kriegshandlungen im ehemaligen Jugoslawien, dem Zustrom von Asylbewerbern und sonstigen humanitären Gründen zu tun hatten.

Tabelle 7 Entwicklung der ausländischen Bevölkerung in Deutschland 1980–2002

Jahr	insgesamt	männlich		weiblich	
		insges.	in %	insges.	in %
1980	4 453,3	2 619,2	58,8	1 834,1	41,2
1985	4 378,9	2 504,9	57,2	1 874,1	42,8
1990	5 342,5	3 011,8	56,3	2 330,7	43,7
1995	7 173,9	4 024,4	56,0	3 149,5	44,0
2002	7 335,6	3 926,7	53,5	3 408,9	46,5

Quelle: Statistisches Bundesamt 2004, http://www.destatis.de/basis/d/bevoe/bevoetab7.htm

Die folgende Tabelle zeigt die Herkunftsländer der Ausländer nach Kontinenten.

Tabelle 8 Herkunftsländer der Ausländer in Deutschland am 31.12.2002

Herkunftsländer	insgesamt	männlich (%)	weiblich (%)
Europa	5 816,7	53,1	46,9
Afrika	308,2	63,7	36,3
Amerika	223,9	47,2	52,8
Asien	901,7	53,5	46,5
Australien und Ozeanien	8,8	50,0	50,0
Staatenlos	17,2	58,1	41,9
Ungeklärt	56,0	59,1	40,9
insgesamt	7 335,6	53,5	46,5

Quelle: Statistisches Jahrbuch 2003, S. 65

Die Ausländer verteilen sich höchst disproportional auf die einzelnen Bundeslän-der: Ihr Anteil in den Stadtstaaten Bremen und Hamburg beträgt 12,5% und 14,8% an der Wohnbevölkerung (2002), in den Ländern Baden-Württemberg, Hessen und Nordrhein-Westfalen 12,2%, 11,6% und 11%, während er in den neuen Bundesländern am geringsten ist; der Durchschnitt liegt bei 2,3%, ohne Berlin (Datenreport 2002).

Nicht nur die Herkunft und regionale Verteilung der Ausländer ist unterschied-lich, auch die Aufenthaltsdauer differenziert stark. Fast genau die Hälfte ist bereits seit über zehn Jahren in Deutschland.

Tabelle 9 Ausländische Bevölkerung in Deutschland nach Aufenthaltsdauer am 31.12.2002

Aufenthaltsdauer in Jahren	Anzahl ausländischer Bevölkerung
unter 1	335 582
1– 4	998 143
4– 6	551 391
6– 8	562 253
8–10	542 962
10–15	1 308 568
15–20	536 009
20–25	610 904
30 und mehr	1 233 038
insgesamt	7 335 592

Quelle: Statistisches Bundesamt 2004, http://www.destatis.de/basis/d/bevoe/bevoetab8.htm

Die folgende Tabelle zeigt den unterschiedlichen Aufenthaltsstatus der Auslän-der:

Tabelle 10 Ausländische Bevölkerung in Deutschland nach Aufenthaltsstatus und Duldung am 31.12.2002

Aufenthaltsstatus	Anzahl ausländischer Bevölkerung
insgesamt	
darunter:	7 335 592
Aufenthaltserlaubnis befristet	1 648 549
Aufenthaltserlaubnis unbefristet	1 996 799
Aufenthaltsberechtigung	783 048
Aufenthaltsbewilligung	325 061
Aufenthaltsbefugnis	264 032
Aufenthaltserlaubnis EU befristet	423 603
Aufenthaltserlaubnis EU unbefristet	637 400
Duldung	226 547

Quelle: Statistisches Bundesamt 2004, http://www.destatis.de/basis/d/bevoe/bevoetab9.htm

2. Grundfragen der Ausländerintegration

Grundfragen der Ausländerintegration werden in der „Soziologie des Fremden" behandelt, die seit Georg Simmel, Alfred Schütz et al. eine lange Tradition mit sehr unterschiedlichen Sichtweisen hat (vgl. den Überblick bei Mintzel 1997; Heckmann 1991).

Ausländer sind in den Augen der Bevölkerung *Fremde*; aber nicht jeder Fremde muss Ausländer sein (in entlegenen Dörfern und Gemeinden ist auch der deutsche Zugezogene ein Fremder). Grundsätzlich gilt für alle Ausländer, was mit Bezug auf Georg Simmels „Exkurs über den Fremden" (zuerst 1908) so formuliert werden kann: Wir haben es im Prinzip nicht mit Wandernden zu tun, die heute kommen und morgen gehen, sondern mit Personen, die heute kommen und morgen bleiben. Für die „Gastarbeiter" zeichnete sich dieser Umschwung zum Bleiben – und damit das Problem der Integration – in aller Deutlichkeit erst nach 1970 ab. Danach kamen immer mehr Arbeitsimmigranten, die in Deutschland eine neue Heimat suchten, hier Kinder bekamen und Familienangehörige nachkommen ließen.

Auf diese veränderte Situation hat die Politik viel zu spät reagiert. Wertvolle Zeit wurde dadurch verloren, dass es starke politische Kräfte gab und wohl weiterhin gibt, die den Fremden nicht auch einen Teil der Last der Integration – durch Spracherwerb, Erwerb von Kenntnissen über die „freiheitlich-demokratische Grundordnung", in der sie leben etc. – aufbürden wollten.

Ein wichtiges Instrument des politischen Systems zur Integration der Ausländer ist das Staatsangehörigkeitsrecht; dieses wurde zuletzt 1999/2000 reformiert (vgl. zum Folgenden Dornis 2002: 163ff.). Zu den wichtigsten Änderungen gehörte – auch im Anschluss an die Rechtsentwicklung in anderen europäischen

Ländern –, dass die Staatsangehörigkeit durch Inlandsgeburt erworben wird, also nach dem *jus soli*. Weiterhin wurde die Mindestaufenthaltsdauer im Hinblick auf einen Einbürgerungsanspruch erheblich verkürzt. Das neue Recht verstärkte insgesamt den Einbürgerungswunsch und erhöhte die Einbürgerungsquote (Anteil der Eingebürgerten an allen Ausländern). Lag dieser Anteil in den 1980er und frühen 1990er Jahren unter 1 %, so stieg er bis 1999 auf 1,5 %, um seit Wirksamwerden des Gesetzes im Jahr 2000 die 2 %-Marke deutlich zu überschreiten.

Kritisiert wird am neuen Einbürgerungsrecht, dass die Nachweise über die Grundlagen einer erfolgreichen Integration unzureichend seien.

2.1 Assimilation und Akkulturation

In der Soziologie werden Probleme der Integration anhand der Begriffe Assimilation und Akkulturation verdeutlicht. *Assimilation* (lat. das „Ähnlichmachen") bedeutet so viel wie „Angleichung" und wird von *Akkulturation* (lat./engl. acculturation), der Übernahme von kulturellen Elementen einer bisher fremden Kultur, dadurch unterschieden, dass die eigenen, ursprünglichen Kultur- und Verhaltensmuster an Bedeutung verlieren und eine vollständige Integration in Kultur und Lebensweise des Aufnahmelandes stattfindet.

Auch diese beiden Begriffe sind nicht ausreichend, die höchst komplexen Phänomene der Auseinandersetzung der *Ausländer/Fremden* mit der deutschen Kultur und Zivilisation zur Sprache zu bringen. In den empirischen Untersuchungen über Ausländer in Deutschland finden sich – bei starker Vereinfachung differenzierter Ergebnisse – u.a. die Aussagen, dass die erste, zuwandernde Generation „nur" die Stufe der Akkulturation schafft (und schaffen will); die nächste, bereits hier geborene Generation aber die vollständige Assimilation anstrebt – und gerade dadurch vielfach in Widerspruch zur Elterngeneration gerät.

Entsprechend der Vielzahl der *Ethnien* auf deutschem Territorium (vgl. Schmalz-Jacobson/Hansen 1997) sind damit auch unterschiedliche Formen und Intentionen, Grade und Erfolge von Akkulturation und Assimilation gegeben. Die Differenzierungen reichen bis in die einzelnen Familien und Gemeinden, die Schulen und Kindergärten, die Sportvereine und Universitäten, die Fabriken und Jugendzentren. In dieser Aufzählung liegt auch ein Hinweis darauf, dass die Zeit der Arbeitsmigration im engeren Sinn längst vorbei ist und alle Institutionen in Deutschland sich mit den Fragen der Akkulturation und Assimilation der Ausländer zu beschäftigen haben. Deutschland hat, wie es Klaus Bade ausdrückte, eine „Einwanderungssituation, ohne ein Einwanderungsland zu sein" (1994: 18).

Nach über vier Jahre währendem Streit der Parteien und der parlamentarischen Gremien konnte der Bundesrat am 9. Juli 2004 ein *Zuwanderungsgesetz* verabschieden, das am 1. Januar 2005 in Kraft tritt. Die Regierungskoalition von Rot-Grün musste im Verlauf des Vermittlungsverfahrens erhebliche Abstriche an ihrem ursprünglichen Gesetz hinnehmen.

2.2 Auf dem Weg zu einer multikulturellen Gesellschaft?

Die Vielfalt von Ethnien und Kulturen ist seit den 1970er Jahren zu einem alltäglichen Erscheinungsbild der westdeutschen Gesellschaft geworden. Im Begriff *„multikulturelle Gesellschaft"* (zur Begriffsentwicklung vgl. Mintzel 1997) verdichten sich diese Entwicklungen zu einem Element der Bevölkerungs- und Sozialstruktur und zu einem Konzept politischen und pädagogischen Handelns. Städte, in denen fast jeder dritte Bewohner ein Ausländer ist (Frankfurt/M.), Schulen, in denen mehr als die Hälfte der Kinder Ausländer, Kriegsflüchtlinge oder Spätaussiedler sind, oder Fabriken, in denen nahezu 100 % der Belegschaft ausländische Arbeitskräfte sind, gehören zum Alltag des bundesrepublikanischen Lebens. Ist die Bundesrepublik deshalb schon eine „multikulturelle Gesellschaft"?

Dieser Begriff avancierte Ende der 1980er Jahre zu einem Schlagwort, aber auch zu einem sozialwissenschaftlichen und politologischen Begriff (Robertson-Wensauer 2000). Entstanden ist er in Kanada („multiculturalism") und verbreitete sich dann schnell in andere als vorbildlich geltende Einwanderungsländer (USA, Australien). In Deutschland fand der Begriff auch deshalb rasche Verbreitung, weil die 1980er Jahre im Zeichen von *Kultur* standen: „Kultur für alle" (Hilmar Hoffmann), Stadtteilkultur, „Kulturmeilen" der Museen und Theater und viele andere Kulturbegriffe suggerierten, dass die Kultur der eigentliche „melting pot" der Generationen, der Klassen und Schichten und letztlich auch der Ethnien sei. Doch nimmt man die Begriffe „Kultur" und „Gesellschaft" ernst, dann muss man wohl Endruweit (1995: 147) zustimmen, dass der Begriff „multikulturelle Gesellschaft" eine „logische Unmöglichkeit" sei; möglich sei einzig „Multikulturalität" in einem begrenzten Ausmaß.

Der Begriff „multikulturelle Gesellschaft" sollte nicht dazu verführen, die jeweilige Besonderheit einer Kultur und die komplizierten Prozesse ihres Erlernens zu ignorieren. Mit differenzierenden Konzepten der Assimilation und Akkulturation, welche die kulturelle Selbstständigkeit der verschiedenen Ethnien respektieren, ist mehr gewonnen als mit Visionen einer Welteinheitskultur.

Die Herbeiführung der multikulturellen Gesellschaft wird vor allem den sozialen Schichten abverlangt, die in ihrem Arbeitsprozess und Wohnbereich mit den zu Assimilierenden und deren Problemlagen konfrontiert werden; sie vor allem konkurrieren mit ihnen um Wohnraum, Arbeitsplätze, Kindergartenplätze usw.

Ein weiterer Punkt der Kritik fragt nach dem Ausmaß der kulturellen Selbstverwirklichung bei den Zugewanderten. Die Grenze wird durch die Grundwerte der demokratischen Verfassung gezogen. Zu denken ist an religiös begründete Einschränkungen der Meinungsfreiheit, der Rechte von Frauen und Kindern, an Blutrache (in einzelnen Ländern) und viele Punkte mehr, die in Deutschland und anderen Staaten den Grund- und Menschenwerten widersprechen. Das Leben in Multikulturalität wird auch künftig nicht spannungsfrei sein; gleichwohl muss es für alle zu einer „kulturellen Selbstverständlichkeit" (Peter R. Hofstätter) werden.

VI. Umfang und Auswirkungen der räumlichen Mobilität (Wanderungen)

1. Arten und Anlässe räumlicher Mobilität

Unter *räumlicher Mobilität* (auch horizontale oder geographische Mobilität, Wanderung oder *Migration* genannt) sind alle Bewegungsvorgänge von Personen und Personengruppen im Raum zu verstehen (Zimmermann 2001). Um die große, kaum überschaubare Anzahl dieser Bewegungsvorgänge sinnvoll einteilen und untersuchen zu können, wird nach zumindest folgenden Gesichtspunkten untergliedert:

*   freiwillige und unfreiwillige (erzwungene) Mobilität;
*   Berufsmobilität oder Arbeitswanderung (bzw. -migration), „der Prototyp der Wanderung in modernen Gesellschaften" (Treibel 2003);
*   gemeindliche, zwischengemeindliche, regionale (inter- und intraregionale) Mobilität, nationale und internationale Mobilität;
*   Einzel-, Gruppen- und Massen-Mobilität.

Es ist offenkundig, dass sich der Katalog leicht erweitern ließe und sich die einzelnen Punkte nicht gegenseitig ausschließen; die freiwillige Mobilität kann Berufsmobilität und interregionale Mobilität zugleich sein.

Als *Wanderung* im engeren Sinne sollen hier nur jene räumlichen Bewegungsvorgänge definiert werden, die einen Wechsel des Wohnsitzes bedingen. Ein Sonderfall sind die zumeist berufsbedingten *Pendlerbewegungen* und die umfangreiche Ferien- und Freizeitmobilität. Sie sind siedlungs- und verkehrsinfrastrukturell von großer Bedeutung.

2. Sozialbedeutung der Wanderungen

Die Untersuchung der räumlichen Mobilität, ihrer verschiedenen Ursachen und Erscheinungsformen, kann als eines der am gründlichsten erforschten Gebiete des menschlichen Entscheidungsverhaltens überhaupt gelten (vgl. die zusammenfassenden Darstellungen und theoretischen Grundlegungen bei Albrecht 1972; Hoffmann-Nowotny 1970; Franz 1984; Esser/Friedrichs 1990; Treibel 2003; Zimmermann 2001). Folgende Gründe sind hervorzuheben:

*   Wanderungen betreffen nicht nur die Wandernden, sondern immer ein größeres Umfeld: Familie, Nachbarschaft, Arbeitsumfeld usw.;
*   Wanderungen können als „problemlösendes Sozialverhalten" (Albrecht 1972: 8) im Hinblick auf die Bedingungen des Arbeitens und Wohnens, der Bildung und Freizeit und aller anderen, für Individuen und Gruppen (z.B. Familien) jeweils relevanten Faktoren interpretiert werden;
*   Wanderungen sind Ausdruck eines neuen oder zu erwerbenden sozialen Status. Ein Aufstieg auf der sozialen Schichtungsleiter, z.B. durch einen berufli-

chen Aufstieg, wird durch einen (ggf. innergemeindlichen) Wohnortwechsel dokumentiert;

- räumliche Mobilität ist eine Reaktion von Individuen oder Gruppen auf die *„Disparität der Lebensbereiche"* (vgl. S. 245). Hiermit sind die seit dem 19. Jh. so zahlreichen „Selektionstheorien" des Abwanderns der „Besten", der Jüngeren, der Dynamischsten etc. in die jeweiligen Entwicklungszentren verknüpft (einen Überblick zu diesen Theorien gibt Pfeil 1972: 137f.).

Die große Bedeutung der Wanderungen für die Sozialstruktur einer Gesellschaft und ihren sozialen Wandel kann dahingehend zusammengefasst werden, dass die räumliche Mobilität Ursache und Ziel der Veränderung von individuellen und gruppenspezifischen sozialen Positionen ist.

Tabelle 11 Wanderungen über die Gemeinde- und Landesgrenzen innerhalb des früheren Bundesgebietes

Jahr	Über die Gemeindegrenzen in 1 000	je 1 000 Einw.	Davon über die Landesgrenzen (Bund) in 1 000	je 1 000 Einw.
1970	3 662	59,8	1 118	18,5
1980	3 024	49,1	820	13,3
1990	2 970	47,0	841	13,3
2001	3 875	47,1	1 180	14,4

Quelle: Datenreport 2002: 51

Die Zahlen verdeutlichen den großen Umfang der Wanderungen. Die Zahl der Wanderungen erhöht sich, wenn die Umzüge ins Ausland und die Wanderungen zwischen alten und neuen Bundesländern hinzugerechnet werden.

Die *innergemeindlichen Umzüge* werden zwar nicht als Wanderung gerechnet; sie haben jedoch einen erheblichen Anteil am Mobilitätsverhalten der Bevölkerung. In Karlsruhe z.B., einer Stadt mit 271 Tsd. Einwohnern, machten 2002 19 Tsd. Personen einen innerstädtischen Umzug; das sind 7 % der Einwohner (Stat. Jb. der Stadt Karlsruhe 2003).

3. Berufspendelwanderung

Die Berufspendlerströme machen zwar nur ein Fünftel des gesamten Personenverkehrs in Deutschland aus, aber durch ihr immer noch stark zeitbedingtes Aufkommen zu den „rush-hours" führen sie, wenn auch mit abnehmender Tendenz, zu den morgendlichen und nachmittäglichen Staus und „Verkehrsspitzen".

Einige Indikatoren können den starken Wandel der Berufspendlerströme verdeutlichen:

- 1970 benutzten ca. 34,5 % aller Berufspendler einen PKW (oder Motorrad), 1987 waren es 66,9 %. Diese Zuwachsrate ist noch um vieles größer, wenn nur die Pendlerströme über die Gemeindegrenzen hinaus betrachtet werden.

Laut dem Mikrozensus 2000 benutzten in der früheren Bundesrepublik nunmehr 64 % der Berufspendler den privaten PKW (1991: 57 %), in den neuen Bundesländern waren es gut 61 % (1991: 33 %). Die Anteile für öffentliche Verkehrsmittel betrugen 2000 in den alten Ländern 12 % (1991: 12 %), in den neuen Ländern ebenfalls 12 % (1991: 26 %);

- die Pendlerwege werden immer länger: Anfang der 1960er Jahre lag die durchschnittliche Entfernung zwischen Wohnung und Arbeitsplatz bei ca. 9 km, im Jahre 2002 bei 15,6 km; hierbei ist das Zeitbudget durch die Verbesserung der Verkehrsanbindungen etwa gleich geblieben. Die neuen ICE-Linien ermöglichen, die aus vielen Gründen weiterhin wachsende Distanz zwischen Wohnbereich und Arbeitsplatz zeitlich zu begrenzen.
- die Quote der Berufspendler über die Gemeindegrenzen an der Zahl der Erwerbstätigen beträgt ca. ein Drittel; fast 10 % der Pendler sind „Wochenpendler" bzw. „Wochenendheimfahrer".

Als Ursachen für die Distanzzunahme im Pendelverkehr gelten u.a. die anhaltende Suburbanisierung der Wohnstandorte sowie die Stadt-Umland-Wanderung der Arbeitsplätze (vgl. auch S. 279), die leichtere Erreichbarkeit entfernter Orte, die abnehmende Bereitschaft, bei einem örtlichen Berufswechsel zugleich einen Wohnortwechsel vorzunehmen.

Literatur

Albrecht, Günter, 1972, Soziologie der geographischen Mobilität. Zugleich ein Beitrag zur Soziologie des sozialen Wandels, Stuttgart

Bade, Klaus G., Hg., 1994, Das Manifest der 60: Deutschland und die Einwanderung, München

Birg, Herwig, 1989, Die demographische Zeitenwende, in: Spektrum der Wissenschaften, H. 1/1989, S. 40–50

Birg, Herwig, 2001, Die demographische Zeitenwende. Der Bevölkerungsrückgang in Deutschland und Europa, München

Bolte, Karl Martin, Dieter Kappe, Josef Schmid, 1980, Bevölkerung. Statistik, Theorie. Geschichte und Politik des Bevölkerungsprozesses, 4., völlig neu überarb. Aufl., Opladen (UTB Bd. 986)

von Brocke, Bernhard, 1998, Bevölkerungswissenschaft – quo vadis? Möglichkeiten und Probleme einer Geschichte der Bevölkerungswissenschaft in Deutschland, Opladen (Teil II: Literatur und Quellen zur Geschichte der Bevölkerungswissenschaft mit kommentiertem Namensverzeichnis)

Dormis, Christian, 2002, Zwei Jahre nach der Reform des Staatsangehörigkeitsrechs – Bilanz und Ausblick, in: Migrationsreport 2002, a.a.O., S. 163–177

Esser, Hartmut, Jürgen Friedrichs, Hg., 1990, Generation und Identität. Theoretische und empirische Beiträge zur Migrationssoziologie, Opladen

Franz, Peter, 1984, Soziologie der räumlichen Mobilität. Eine Einführung, Frankfurt/M.

Geißler, Rainer, 2002, Die Sozialstruktur Deutschlands. 3. grundlegend überarb. Aufl., Wiesbaden (darin Kap. 3: Struktur und Entwicklung der Bevölkerung, zs. mit *Thomas Meyer*, S. 49–80)

Heckmann, Friedrich, 1992, Ethnische Minderheiten. Volk und Nation. Soziologie inter-ethnischer Beziehungen, Stuttgart

Hoffmann-Nowotny, Hans-Joachim, 1970, Migration. Ein Beitrag zu einer soziologischen Erklärung, Stuttgart

Korte, Hermann, 1997, Bevölkerungssoziologie, Lektion IV in: *H. Korte/B. Schäfers*, Hg., Einführung in Praxisfelder der Soziologie, 2. verb. u. erw. Aufl., Opladen, S. 75-98

Lehr, Ursula,[8]1996, Psychologie des Alterns, Heidelberg (UTB 55)

Linde, Hans, 1984, Theorie der säkularen Nachwuchsbeschränkung 1800-2000, Frankfurt/New York

Mackenroth, Gerhard, 1953, Bevölkerungslehre. Theorie, Soziologie und Statistik der Bevölkerung, Berlin, Göttingen, Heidelberg

Mackenroth, Gerhard, 1955, Bevölkerungslehre, in: Soziologie. Ein Lehr- und Handbuch zur modernen Gesellschaftskunde, hg. von *A. Gehlen/H. Schelsky*, Düsseldorf-Köln, S. 46-92

Mackensen, Rainer, 1972, Theoretische Erwägung zur Vielgestaltigkeit des „Demographischen Übergangs", in: *W. Köllmann/P. Marschalck*, Hg., Bevölkerungsgeschichte, Köln, S. 76ff.

Mackensen, Rainer, Hg., 1998, Bevölkerungsfragen auf Abwegen der Wissenschaften. Zur Geschichte der Bevölkerungswissenschaft in Deutschland im 20. Jahrhundert, Opladen

Migrationsreport 2002. Fakten – Analysen – Perspektiven. Für den Rat für Migration herausgeben von *K. J. Bade/R. Münz*, Frankfurt/New York 2002

Mintzel, Alf, 1997, Multikulturelle Gesellschaften in Europa und Nordamerika. Konzepte, Streitfragen, Analysen, Befunde, Passau

Münz, Rainer, Wolfgang Seifert, Ralf Ulrich, 1999, Zuwanderung nach Deutschland. Strukturen, Wirkungen, Perspektiven, 2. akt. und erw. Aufl., Frankfurt/New York

Pfeil, Elisabeth, 1972, Großstadtforschung. Entwicklung und gegenwärtiger Stand, 2. neu bearb. Aufl., Hannover

Prahl, Hans-Werner, Klaus R. Schroeter, 1996, Soziologie des Alterns. Eine Einführung, Paderborn et al. (UTB 1924)

Rosenmayr, Leopold, 1990, Die Kräfte des Alterns, Wien

Robertson-Wensauer, Caroline, 2000, Grundsätzliches zur aktuellen Diskussion über die multikulturelle Gesellschaft, in: *dies.*, Hg., Multikulturalität - Interkulturalität? 2. Aufl. Baden-Baden, S. 15-35

Salentin, Kurt, Frank Wilkening, 2003, Ausländer, Eingebürgerte und das Problem einer realistischen Zuwanderer-Integrationsbilanz, in: KZfSS, Jg. 55, H. 2, S. 278-298

Schäfers, Bernhard, Wolfgang Zapf, Hg., 2001, Handwörterbuch zur Gesellschaft Deutschlands, 2. verb. u. erw. Aufl., Opladen

Schäfers, Bernhard, 2001, Soziologie des Jugendalters, 7. aktualis. und überarb. Aufl., Opladen (UTB 1131)

Schmalz-Jacobsen, Cornelia, Georg Hansen, Hg., 1997 (Konzeption und Gesamtbearbeitung: *Rita Polm*), Kleines Lexikon der ethnischen Minderheiten in Deutschland, München

Schmitz, Stefan, 1992, Verkehrsvermeidung – welche Rolle kann die Raumplanung spielen? in: Raumforschung und Raumordnung, H. 6, S. 327-334

Schwitzer, Klaus Peter, Alte Menschen in den neuen Bundesländern. Das andere deutsche Alter, in: Beilage zur Wochenzeitung Das Parlament. B 44/1993, S. 39-47

Treibel, Annette, 2001, Art. „Migration", in: *B. Schäfers/W. Zapf*, Hg., a.a.O., S. 472-481

Treibel, Annette, 2003, Migration in modernen Gesellschaften. Soziale Folgen von Einwanderung und Gastarbeit, 3. verb. Aufl., Weinheim und München

Zapf, Wolfgang, Steffen Mau, 1993, Eine demographische Revolution in Ostdeutschland? in: Informationsdienst Soziale Indikatoren Nr. 10, S. 1-5

Zimmermann, Gunter E., 2001, Räumliche Mobilität, in: *B. Schäfers/W. Zapf*, Hg., a.a.O., S. 529-538

Kapitel 7
Haushaltsstrukturen. Lebens- und Familienformen
(unter Mitarbeit von Bianca Lehmann)

I.   Haushalte – die personale Basis der Sozialstruktur

II.   Wandel von Ehe und Familie
  1. Definition von Ehe und Familie
  2. Strukturwandel
  3. Funktionswandel
  4. Sozio-kulturelle und rechtliche Grundlagen
  5. Ehen und Familien im Verwandtschaftssystem
  6. Der Wandel vorherrschender Leitbilder
  7. Reform des Ehe- und Familienrechts

III.   Pluralisierung der Lebens- und Familienformen
  1. Nichteheliche Lebensgemeinschaften
  2. Gleichgeschlechtliche Partnerschaften
  3. Differenzierung familialer Haushalte

IV. Familienhaushalte
  1. Rückgang der Kinderzahlen
  2. Eheschließungen
  3. Ehescheidungen. Umfang und Folgen
  4. Mütter im Erwerbsleben
  5. Allein erziehende Mütter und Väter

Literatur

I. Haushalte – die personale Basis der Sozialstruktur

Die Bevölkerung lebt in der Regel in Privathaushalten; Anstaltshaushalte (z.B. Internate, Altersheime) spielen nur eine untergeordnete Rolle; in ihnen leben nur ca. 2 % der bundesdeutschen Bevölkerung.

Haushalte sind die Basis der individuellen Wohlfahrtsproduktion, deren wichtigste Aufgabe in der „Erhaltung und Verbesserung von Lebensqualität" zu sehen ist (Glatzer 2001: 297). In der Haushaltsproduktion werden die – zumeist unentgeltlichen – Leistungen für die Individuen erbracht. Die Besonderheiten der Haushaltsproduktion sieht Glatzer darin, dass die Gütererstellung und die sonstigen Leistungen immer für angebbare Personen erbracht werden, nicht für einen Markt. Über Anspruch und Zugänglichkeit zu diesen Leistungen entscheiden nicht Rechtsansprüche, sondern die Zugehörigkeit zu einem bestimmten Lebenszusammenhang.

Privathaushalte werden definiert als zusammen wohnende und wirtschaftende Personen (also auch der allein wirtschaftende Einzeluntermieter ist ein Haushalt). Hervorstechendstes Merkmal der Entwicklung der Privathaushalte ist deren kontinuierliche Verkleinerung, verbunden mit einer relativen Zunahme der Einpersonenhaushalte und der Differenzierung familialer Haushaltsformen.

1871 betrug im damaligen Reichsgebiet der Anteil der Einpersonenhaushalte an den Privathaushalten 6,2 %, die durchschnittliche Personenzahl je Haushalt belief sich auf 4,6. Bis 2001 ist die durchschnittliche Personenzahl je Haushalt auf 2,15 Personen gesunken. Die Einpersonenhaushalte umfassen knapp 37 % aller Haushalte. Auch die Zahl der Haushalte mit fünf und mehr Personen hat rapide abgenommen: Während 1900 in ca. 44 % aller Haushalte mindestens fünf Personen lebten, traf dies im Jahr 2001 nur noch auf 4,3 % zu (Datenreport 2002: 38f.).

Ursachen dieser gewandelten Haushaltsgrößen sind veränderte Bedingungen des Arbeitslebens, der Siedlungsweise, der Formen des Zusammenlebens, aber auch der Anstieg der Lebenserwartung. Haushaltsstruktur und Haushaltsgröße haben nach Wolfgang Glatzer (2001) unmittelbare und mittelbare Auswirkungen auf folgende Phänomene:

- auf die alltäglichen, relativ dauerhaften Wohn- und Wirtschaftsverhältnisse eines oder mehrerer Individuen;
- auf die Struktur der familialen und nichtfamilialen Lebensformen;
- auf die Form der sozialen Netzwerke, also die Beziehungsmuster zu Verwandten und Freunden, Nachbarn und Berufskollegen, zu Vereinen und sonstigen Sozialgruppen.

II. Wandel von Ehe und Familie

1. Definition von Ehe und Familie

Ehe ist im allgemeinen und juristischen Verständnis eine Lebensgemeinschaft von Mann und Frau, die über die Form des Zusammenlebens hinaus nach traditionaler und universaler Auffassung zwei grundlegende Funktionen hat: den Geschlechtsverkehr zu legalisieren und an seine möglichen Folgen, die Geburt von Kindern, Verpflichtungen zu knüpfen.

Unter *Familie* im engeren Sinne und soziologischen Verständnis ist jene Lebensgemeinschaft und Sozialgruppe zu verstehen, in der Erwachsene sich der Erziehung (Sozialisation) von Kindern und Jugendlichen widmen. Neben dem Zusammenleben beider Elternteile mit ihren leiblichen Kindern gibt es weitere Familienformen, wie z.B. Einelternfamilien, Adoptiv- oder Stieffamilien.

Familie im weiteren Sinne umfasst auch jene Personen, die zur Verwandtschaft zählen; sie besteht über den Zeitraum des Zusammenlebens der Eltern und ihren unmündigen Kindern hinaus (vgl. Bertram 2000).

Rosemarie Nave-Herz (1994: 5) fasst die „konstitutiven Merkmale von Familie" wie folgt zusammen:

1. die „biologisch-soziale Doppelnatur" (Übernahme der Reproduktions- und Sozialisationsfunktion). Allerdings zeigt sich zunehmend eine Aufweichung der biologisch-sozialen Doppelnatur (Stieffamilien, Adoptivfamilien);
2. ein Solidaritätsverhältnis, das die üblichen Gruppenmerkmale übersteigt;
3. die Generationendifferenzierung.

Die Familie als Institution ist ebenso wie die Ehe in den uns bekannten Gesellschaften in ihrer grundlegenden Bedeutung für das menschliche Zusammenleben anerkannt. Die Institutionalisierung jeder einzelnen Ehe bzw. Familie wird durch eine Vielzahl an gesellschafts-, kultur- und regionalspezifischen Bräuchen, Riten und Kulthandlungen der Mitwelt und Öffentlichkeit kundgetan. Als Institution wird die Familie durch normative Vorgaben und Erwartungen bestimmt, sichtbar z.B. im Ehe- und Familienrecht.

Die Familie kann auch als *Gruppe* betrachtet werden; die Kernfamilie gilt als Primärgruppe schlechthin; in ihr gibt es (im Regelfall) eine Intensität und Intimität der Beziehungen und des Gefühlslebens, die sonst in keiner anderen Gruppe erreicht werden. Hierin liegt ihre Bedeutung und ihre Problematik. Die Kernfamilie kann unter noch zu nennenden Voraussetzungen einen Ort schaffen, der Sicherheit und Geborgenheit vermittelt. Auch die grundgesetzlich garantierte Autonomie der Familie (Art. 6 GG) bildet zusammen mit der Unverletzlichkeit der Wohnung (Art. 13 GG) hierfür einen Schutz- und Schonraum. Zur Struktur von Primär- und Intimgruppen gehört ein besonders intensives wechselseitiges Kommunikationsnetz (zur Definition von Primärgruppe und den Besonderheiten der Familie als Gruppe vgl. Schäfers 1999).

Dieter Claessens (1979) bezeichnete die Kernfamilie als „vibrierende Einheit", in der es zur Ausbildung einer großen Anzahl von „Sphären" komme: Ehesphäre, Mutter-Kind-Sphäre, Geschwister-Sphäre usw. Claessens zeigte auch, dass die Intensität und die Muster der familialen wie aller kleingruppenhaften Beziehungen von der Gruppengröße abhängen. Er veranschaulichte dies mit illustrativen Berechnungen: In der Familie als Dreiergruppe sind drei verschiedene Zweierbeziehungen möglich; in der Familie als Vierergruppe sechs und in der Familie als Fünfergruppe bereits zehn. Claessens resümierte aufgrund der Ergebnisse der in den 1950er Jahren in den USA intensiv betriebenen Kleingruppenforschung, „dass schon in einer Gruppe mit sechs Mitgliedern, also mit 15 möglichen Zweier-Beziehungen, die Grenze der emotionalen Kapazitäten der einzelnen Gruppenmitglieder überschritten wird". Als Folge nehme die Intensität („Dichte") der sozialen Beziehungen ab.

2. Strukturwandel

In der Industrialisierungs- und Verstädterungsphase setzte sich die Trennung von Wohnbereich und Arbeitsplatz für immer breitere Bevölkerungsschichten durch. Hierin ist die entscheidende Voraussetzung für die Heraufkunft der *isolierten Kernfamilie* zu sehen. Der Begriff stammt von Talcott Parsons, wobei „isoliert" nicht kulturkritisch, sondern im Hinblick auf die „Kontraktion" und die Wohnweise des Familienkerns zu verstehen ist. Die Kernfamilie setzt sich aus Eltern/Elternteil (zumeist die Mutter) und den erziehungsabhängigen Kindern zusammen. Isoliert heißt in diesem Zusammenhang: Zunehmend ist es nur noch dieser Kern, der eine Familien-, Haushalts- und Wohneinheit bildet.

Die Kernfamilie entstand und entsteht überall dort, wo im Verlauf des Modernisierungsprozesses überkommene Familienstrukturen und Wertmuster aufgelöst werden. Die sich herausbildende Kernfamilie ist ein Element der strukturell-funktionalen Differenzierung und Spezialisierung, die in der ganzen Gesellschaft vor sich geht. Ihre „Unabhängigkeit" besteht unter anderem darin, dass die Ehepartner sich (in der Regel) frei wählen können und die Eheschließung von einem bestimmten Alter an allen Personen offen steht.

Weit verbreitet ist die Auffassung, die Kernfamilie habe sich aus vormals bestehenden erweiterten Verwandtschaftszusammenhängen, dann der Großfamilie und schließlich der patriarchalischen Mehr-Generationen-Familie entwickelt. Diesen Tatbestand der Verminderung und Schrumpfung (lat. „Kontraktion") ehemals größerer Einheiten führte der französische Soziologe Émile Durkheim auf ein „Kontraktionsgesetz" zurück. René König zeigte in seiner Darstellung und Kritik des „Kontraktionsgesetzes" (1974: 62ff.), dass die Annahme Durkheims historisch falsch ist. Auch in früheren Gesellschaften (Römer, Hebräer, Griechen) gab es nicht nur verschiedene Familienformen nebeneinander, sondern auch eine zum Kontraktionsgesetz umgekehrte Folge ihres Auftretens: So folgte in Gallien nach langer Vorherrschaft der Kernfamilie unter römischem Einfluss und neuen ökonomischen und gesellschaftlichen Voraussetzungen wieder die

Großfamilie (König 1974: 65f.). König kommt zu dem Schluss, dass „von einer geradlinigen Entwicklung von weiteren Familienformen zu engeren gar keine Rede sein kann" und das „Kontraktionsgesetz" eine unzulässige Verallgemeinerung darstellt (zum „Mythos von der vorindustriellen Großfamilie" vgl. auch Mitterauer 1989).

Das Leitbild der bürgerlichen Familie, das sich seit Ende des 18. Jh.s durchzusetzen begann, wurde als „Familienideal im Laufe der Entwicklung des 19. und 20. Jh.s für andere Bevölkerungsklassen und -schichten zunehmend attraktiver" (Rosenbaum 1982: 251). Heidi Rosenbaum nannte als charakteristische Merkmale, die dieses Leitbild von vorausgehenden Familienformen unterscheiden:

- Intensivierung und Intimisierung der Ehebeziehung; Liebe als Grundlage der Ehe- und Familiengründung;
- Ausgrenzung der Kindheit als eigenständigen Erziehungs- und Verhaltensbereich;
- Abschottung der Familie als privater Bereich gegenüber der Berufswelt, der politischen und weiteren Öffentlichkeit.

Der gegenwärtigen Struktur und Funktion der Kernfamilie wird idealtypisch (und vielfach immer noch idealisierend) die Gestalt der Großfamilie bzw. des „ganzen Hauses" gegenübergestellt (vgl. Herrmann 1989). Im Begriff „Familie" selbst wird an den ökonomischen Tatbestand des „ganzen Hauses" (griech. „oikos") erinnert, an eine patriarchalisch-feudale Struktur, in der alles unter der Dominanz des *pater familias* stand: Kinder und Besitz, Sklaven oder Leibeigene, Mägde und Knechte.

Der Begriff Familie im heutigen Wortsinn löste erst mit dem Wandel der hausbezogenen Verwandtschafts- und Sozialbeziehungen Ende des 18. Jh.s den Begriff des Hauses ab. Wilhelm Heinrich Riehl (1823–1897) wollte in der Mitte des 19. Jh.s Gestalt und Funktion des „ganzen Hauses" vor der Auflösung durch die Ideen der politischen Revolution (Individualismus) wie den Auswirkungen der Industriellen Revolution (Industrialisierung und Verstädterung) bewahren. Er zeigte sich aber in seinem Werk „Die Familie" (1855) gegenüber den tatsächlichen „Mächten der Bewegung" (Bürgertum und „vierter Stand"), die er den „Mächten des Beharrens" (Bauern und Aristokratie) gegenüberstellte, recht ahnungslos. Dennoch kommt Riehl zusammen mit dem Franzosen Frédéric Le Play (1806–1882) das Verdienst zu, die empirisch-soziologische Familienforschung mitbegründet zu haben.

3. Funktionswandel

Zu den grundlegenden Funktionen der Familie gehört die Erziehung und Sozialisation der Kinder; die Familie ist die primäre *Sozialisationsinstanz*. Schule und Berufsausbildung, aber auch die Massenmedien, gehören zu den sekundären Sozialisationsinstanzen. Unter *Sozialisation* verstehen wir die Vermittlung eines gesellschafts- und kulturspezifischen Normen- und Wertesystems. Der Sozialisationsprozess umfasst alle Aktivitäten, die geeignet sind, das „soziale Wesen" zu schaffen. Obwohl der Sozialisationsbegriff seit Émile Durkheim, der die Erziehungsaufgabe als „methodische Sozialisation" („socialisation méthodique") bezeichnet hatte, bekannt ist, hat er in der Bundesrepublik erst seit Mitte der 1960er Jahre den pädagogischen Begriff der Erziehung ergänzt, um den Erziehungsprozess nicht einseitig als Einwirken eines Erziehers auf das Kind zu sehen und um den sozialen Charakter des Erziehungsprozesses zu betonen. Der Begriff der *Erziehung* ist weiterhin unverzichtbar; in der Wissenschaftssprache wird er verwendet für alle Prozesse der intendierten Sozialisation (paradoxerweise also für jene „erzieherischen Maßnahmen und Veranstaltungen", die Durkheim „socialisation méthodique" genannt hatte).

Mit der sich herausbildenden Kernfamilie verbindet sich ein Wandel der durch die Familie erbrachten Funktionen. In diesem Zusammenhang dominierte lange Zeit die These vom Funktionsverlust; als Beispiele dieser Entwicklung seien genannt:

• Verlust an Selbstversorgung und der Einheit von Wohnbereich und Arbeitsplatz;

• Verlust/Einschränkung der Altenfürsorge, aber auch der Leistungen der Alten (der Großeltern) für Kindererziehung und -beaufsichtigung;

• Verlust/Einschränkung der Erziehungs- und Ausbildungsfunktionen (an Kindergarten, Schule und Betrieb).

Insofern „Verlust" etwas Negatives bezeichnet, sind einige Differenzierungen erforderlich. Zunächst einmal sollte eine vom protestantischen Pfarrhaus (seit Martin Luther, 1483–1546), vom Pietismus (17./18. Jh.) und Biedermeier (etwa 1815–1848) aufgebaute Idealgestalt des „deutschen" Familienlebens nicht mit der historischen Wirklichkeit verwechselt werden und alle standes-, klassen- und schichtspezifischen Unterschiede der Familienformen und des Familienlebens verwischen. So konnte zum Beispiel die Kinderarbeit nur deshalb zu einem solch gravierenden Problem in der ersten Phase der Industrialisierung werden, weil sie in der agrarisch-feudalen Gesellschaft selbstverständlich war.

In der Diskussion um den Funktionsverlust der Familie wird auch übersehen, dass die Familie an Funktionen gewonnen hat. Daher ist angebracht, von einem Funktionswandel zu sprechen, verbunden mit der Erweiterung der durch die und in der Familie erbrachten Funktionen. So weist Hans Bertram darauf hin, dass Familie nicht beschränkt werden darf auf die Funktionen der Sozialisation und Reproduktion, sondern dass der Wandel von Ehe und Familie unter einer lebenslauftheoretischen Perspektive betrachtet werden müsse (Bertram 1997). Die „multilokale Mehrgenerationenfamilie" (Bertram) existiert auch nach dem Auszug der Kinder aus dem Elternhaus weiter und erbringt Leistungen für ihre Familienmitglieder. Mit der Zunahme der durchschnittlichen Lebenserwartung verbunden ist die Ausweitung der Familienfunktionen im Hinblick auf eine „generative Solidarität", die „ein wesentlicher Bestandteil familialer Beziehungen und damit der Familie geworden ist" (Bertram 1996).

4. Sozio-kulturelle und rechtliche Grundlagen

Entsprechend den genannten Funktionen der Ehe und Familie und ihrer Bedeutung für die Gesellschaft sind die sozio-kulturellen Normen, Werte und Rechtsvorschriften, die von der Ehe und Familie ausgehen bzw. sie stützen, kaum überschaubar; sie sind zu großen Teilen Grundbestandteil der Ethik und der Kultur. Im Folgenden können nur einige besonders wichtige Punkte dieses familienbezogenen Werte- und Rechtssystems genannt werden (vgl. hierzu Ebel et al. 1984; Peuckert 2002):

- In der Bundesrepublik – wie in den meisten Ländern – gilt die Monogamie (Einehe); sie wird als lebenslange Gemeinschaft angesehen und im Vierten Buch des BGB („Familienrecht") rechtlich ausgestaltet;
- es gilt das *Inzesttabu*, das heißt das Verbot von sexuellen Beziehungen zwischen Kindern und Eltern und der Geschwister untereinander; bis zu welchem Verwandtschaftsgrad das Inzesttabu gilt, ist allerdings epochen- und kulturspezifisch;
- es gilt der Grundsatz der *Exogamie*, das heißt der Partnerwahl außerhalb der eigenen Verwandtschaft (im Gegensatz zur Endogamie, der Heirat innerhalb der eigenen Blutsverwandten; ein in den früheren Oberschichten, z.B. im Adel, übliches, bis in die Gegenwart beobachtbares Verhalten). Inzesttabu und das Gebot der Exogamie haben einen engen Zusammenhang und tragen dazu bei, die sozialen Verkehrskreise zu erweitern und die soziale Mobilität zu erhöhen;
- das *Heiratsalter* ist in den Gesellschaften unterschiedlich festgelegt und gilt als wichtigster Indikator für die Zuerkennung des Erwachsenenstatus. Im seit dem 1.1.1975 geltenden Gesetz zur Neuregelung der Volljährigkeit wurde die Ehemündigkeit (wie die Volljährigkeit) bei Männern von 21 auf 18 Jahre herabgesetzt und bei Frauen von 16 auf 18 heraufgesetzt. Ehemündigkeit und Volljährigkeit sind nun bei beiden Geschlechtern gleich;
- es gilt der Grundsatz der Gleichberechtigung von Mann und Frau, der im Grundgesetz (Art. 3) verankert ist (vgl. hierzu w.u.).

5. Ehen und Familien im Verwandtschaftssystem

Eine Ehe bringt i.d.R. zwei verschiedene Verwandtschaftssysteme miteinander in Beziehung; in welchem Ausmaß daraus Kontakte und sich „kreuzende soziale Kreise" (Georg Simmel) entstehen, ist nicht nur zeitbedingt verschieden, sondern auch abhängig von den Ehepartnern und von regionalen und schichtspezifischen Besonderheiten. Die moderne Familiensoziologie hatte das Verwandtschaftssystem und damit die Bedeutung der *Verwandtschaft* als „soziales Netz" weitgehend aus dem Blick verloren, vielleicht unter der irreführenden Perspektive, dass die Verwandtschaft in Zeiten der isolierten Kernfamilie und den neuen Wohn- und Arbeitsbedingungen der Menschen keine Rolle mehr spielt. Erst in den 1980er Jahren trat ein Wandel ein und rückte das Verwandtschaftssystem ins Blickfeld.

Wird man auch von einer Abnahme der personalen und gesellschaftlichen Bedeutung der Verwandtschaft sprechen können, so zeigen die wenigen vorliegenden Untersuchungen, dass diese Entwicklung überschätzt wird. Wie bei der Familie ist eher von einer Funktionsverlagerung als von einem Entschwinden der Verwandtschaft in die Unverbindlichkeit und Unbekanntheit zu sprechen (vgl. zur Bedeutung von Verwandtschaft Lüschen 1988; Wagner/Schütze 1998).

Mit dem Miteinander-Verwandtsein sind auch soziale und rechtliche Folgen verbunden: Bei Versorgungsansprüchen, Erbauseinandersetzungen und anderen Rechts- und ggf. Streitfragen ist erfahrbar, wie weit auch heute noch das Verwandtschaftssystem in die Rechtsordnung hineinreicht. So regelt z.B. §1685 BGB das Recht der Großeltern auf Umgang mit dem Enkelkind, wenn dies dem Kindeswohl dient. Auch die neuen Formen von Armut und sozialer Not und die Verweise der christlichen Kirchen, aber auch der Sozialstaatspolitiker auf das Prinzip der *Subsidiarität* (vgl. hierzu S. 227) haben zur Reaktivierung familial-verwandtschaftlicher Netze beigetragen.

Glatzer (2001) hebt hervor, dass das Verwandtschaftssystem trotz eines historischen Bedeutungsverlustes immer noch als das wichtigste soziale Netzwerk anzusehen sei. Mitte der 1980er Jahre hatten 90 % der Bundesbürger nahe Verwandte außerhalb des eigenen Haushalts; bei zwei Dritteln von ihnen gab es tägliche bzw. wöchentliche Besuchskontakte. Die Intensität der Kontakte im sozialen Netzwerk Verwandtschaft ist von den Stadien im Lebenslauf abhängig, mit Intensivphasen in der Kleinkindphase und im Alter. Insofern kann immer noch der These von Lüschen (1988) zugestimmt werden, dass die verwandtschaftlichen Netze im raschen Wandel der Ehe- und Familienstrukturen das eigentlich stabile und stabilisierende Element sind.

Auch die gestiegene Lebenserwartung und die damit völlig gewandelte Generationsdynamik verändern die Verwandtschaftsstrukturen. Wenn, wie gegenwärtig, etwa ein Drittel aller Menschen im Alter von 60 Jahren noch die eigene Mutter erleben (1871/81: 4 %), dann ist dies, wie die erhöhte Zahl der Großeltern- und Urgroßelternbeziehungen, ein demographisches Faktum von grundlegender Bedeutung für das Familien- und Verwandtschaftssystem. Während die horizontale Ausdehnung der Familien- und Generationsdynamik abnimmt (weniger Geschwister), nimmt die vertikale Ausdehnung zu. So ist es heute keineswegs selten, dass Kinder die eigenen Urgroßeltern erleben.

Die Situation der älteren Menschen im Familien- und Verwandtschaftssystem wurde erstmals im Vierten Familienbericht der Bundesregierung (1986) ausführlich thematisiert. Dort hieß es über die Großelternrolle, sie sei nicht klar definiert, also auch nicht mit konkreten Verhaltenserwartungen verbunden: „Großmütter übernehmen – wenn nötig – die Rolle von Babysittern oder Ersatzeltern; sie erledigen die Hausarbeit, wenn die Mütter krank sind, Ferien machen oder wenn ein weiteres Baby geboren wird. Großeltern erscheinen besonders auch als Hilfe und Stütze in familiären Krisen, vielleicht auch als Bewahrer der Familiengeschichte und Hüterin der Tradition." Weiterhin wurde die finanzielle Unterstützung durch die Großeltern erwähnt, aber auch, dass ihnen die Erziehung der Kinder selten anvertraut wird (zu neueren Untersuchungen der Großelternschaft vgl. Herlyn/Lehmann 1998; Uhlendorff 2003).

6. Der Wandel vorherrschender Leitbilder

Der Wandel von Ehe und Familie spiegelt den gesellschaftlichen und kulturellen Wandel auf eine für diese Institution typische Weise wider; dazu zählen: Konsum- und Freizeitgewohnheiten; Mechanisierung und fortschreitende Technisierung des Haushalts; die vorherrschenden, in den Familien diskutierten und durch sie tradierten Leitbilder über Gesellschaft, Demokratie, Zukunft, Zusammenleben etc.

1945 erschien ein Buch des amerikanischen Soziologen Ernest W. Burgess und seines Mitarbeiters H. J. Locke mit dem Titel: The Family: From Institution to Companionship, „Die Familie: Von der Institution zur Partnerschaft". Damit war auch für die deutsche Soziologie ein Leitfaden der Analyse und für die Familienpolitik (als Teil der Gesellschaftspolitik) eine Perspektive vorgegeben. Ehe und Familie hätten sich auf der Basis der Gleichberechtigung von Mann und Frau zu einer partnerschaftlichen Intimgruppe entwickelt. Hierin erblickte Burgess die Wandlungsfähigkeit und Anpassungsfähigkeit der Familie an die Gesellschaft.

Die konservative Familienpolitik der 1950er Jahre, die heute als integraler Bestandteil der „Restaurationsphase", der Phase des verpassten oder verhinderten Strukturwandels, gilt, war durchaus an Leitbildern der Partnerschaft orientiert, tat aber wenig, um diese verwirklichen zu helfen. Diese Politik zeigte den Widerspruch dadurch, dass sie am Leitbild der „häuslichen" Frau und Mutter festhielt, aber die außerhäusliche Berufstätigkeit der Frau für Wirtschaftswachstum und Hebung des Lebensstandards stillschweigend voraussetzte. So ergab sich die bis heute problematische Situation für die berufstätigen Mütter (vgl. S. 130f.), aufgrund gesamtgesellschaftlicher Entwicklungen und Leitbilder (Konsumstandards; Wohnungsstandards etc.) außerhalb des Hauses zu arbeiten, ohne dass es hierfür ausreichend und finanziell vertretbare Einrichtungen und sonstige „flankierende Maßnahmen" gegeben hätte.

Die seit Mitte der 1960er Jahre einsetzenden gesellschaftswissenschaftlichen und gesellschaftspolitischen Auseinandersetzungen um Ehe – Familie – Frau – Kinder – Erziehung lassen sich in folgenden Punkten verdeutlichen:

• Die intensive Diskussion um die „deutsche Bildungskatastrophe" (Picht 1964) musste zwangsläufig von der gegebenen Chancenungleichheit im Bildungssystem die Aufmerksamkeit auf die Sozialisationsbedingungen der Kinder in ihren Herkunftsfamilien lenken;

• durch die Studentenunruhen und die Theorie der „Neuen Linken" wurde das alte Thema der Wohngemeinschaften und der Kommunen als „Alternative zur bürgerlichen Familie" neuerlich thematisiert und praktiziert;

• die selbstständige Rolle der Frau und ihre Emanzipation wurden nun als gesellschaftspolitische Forderungen anerkannt und von einer breiten wissenschaftlichen und journalistischen Aktualisierung begleitet (zumal im Zusammenhang der heftigen Auseinandersetzungen um §218 Strafgesetzbuch, der in seiner früheren Fassung die Abtreibung ausnahmslos unter Strafe stellte).

7. Reform des Ehe- und Familienrechts

Da die Rechtsauffassung und die Rechtsvorschriften den stattgehabten Wandel nachhaltig widerspiegeln, soll auf einige Punkte der Reform des Ehe- und Familienrechts eingegangen werden.

Zunächst überrascht, dass die erforderlichen Änderungen einer zum Teil vor hundert Jahren formulierten Rechtsauffassung nicht früher erfolgt sind. Die Gründe mögen in der großen Komplexität der Materie liegen, die die Bedeutung der Ehe und Familie in grundlegenden Auffassungen über menschliches Leben und Zusammenleben überhaupt (Ethik) und ihre vielfache Verwobenheit in Probleme der sozialen Sicherheit, der Wohnung, der Erziehung und Ausbildung, des Berufes etc. widerspiegelt.

Im Gleichberechtigungsgesetz von 1957 wurde erstmals die Berechtigung der Ehefrau zur Erwerbstätigkeit aufgenommen – allerdings unter der Voraussetzung, dass diese mit ihren Pflichten in Ehe und Familie vereinbar sei. Eingeführt wurde des Weiteren der Güterstand der Zugewinngemeinschaft anstelle der Verwaltung und Nutznießung des Vermögens der Frau durch den Mann. Auch wenn im Bereich der elterlichen Sorge erste Schritte zur Gleichberechtigung von Mutter und Vater getan wurden (die elterliche Gewalt sollte im gegenseitigen Einvernehmen erfolgen), blieb die letzte Entscheidung doch beim Vater: „Können sich die Eltern nicht einigen, so entscheidet der Vater; er hat auf die Auffassung der Mutter Rücksicht zu nehmen" (§1634).

Das „1. Gesetz zur Reform des Ehe- und Familienrechts" vom 14. Juni 1976 trat – von wenigen, zuvor gültigen Bestimmungen (z.B. Änderung des Namensrechts) abgesehen – zum 1. Juli 1977 in Kraft. Die wichtigsten Punkte der Reform waren:

- Der *Gleichheitsgrundsatz* (Art. 3 GG) wurde nachhaltiger als bisher durchgesetzt. Hierzu gehörte die Loslösung von der Rolle der Frau als Hausfrau, die nur in Ausnahmefällen erwerbstätig ist; die „Funktionsteilung in der Ehe (soll) der freien Entscheidung der Ehegatten überlassen" bleiben (aus der amtlichen Begründung des Gesetzentwurfs vom 8. Juni 1973);
- das geltende Ehescheidungsrecht wurde durch den Wegfall des Verschuldensprinzips und den Übergang zum Zerrüttungsprinzip „menschenwürdiger gestaltet" (ebda.). Das „Scheitern" der Ehe wurde zum ausschlaggebenden Scheidungsgrund;
- die Unterhaltsregelungen als Folge der Scheidung wurden so gestaltet, dass „Schuldgründe für die Regelung der Scheidungsfolgen keine Bedeutung mehr haben". Mit der Scheidung soll die gemeinsame wirtschaftliche Grundlage aufgelöst werden; Härten aus der „vielfach fehlenden sozialen Sicherung der Frau" (ebda.) sollten langfristig dadurch behoben werden, dass die Frau eigenständig in die Systeme der sozialen Sicherheit einbezogen wird;

- bei den Amtsgerichten wurde eine Abteilung für Familiensachen (Familiengericht) geschaffen, die die bisher getrennten Verfahren des Scheidungsausspruchs und der Regelung der Scheidungsfolgen zusammenführte.

Das Gesetz zur Reform des Ehe- und Familienrechts trat 1980 in Kraft. Das Sorgerechtsgesetz ersetzte – begrifflich und der Intention nach – die „elterliche Gewalt" (§1626 u.a. BGB) durch die „elterliche Sorge". Der Gesetzgeber (die damalige sozial-liberale Koalition) entzog damit dem patriarchalisch-autoritären Erziehungsstil des seit 1900 geltenden BGB endgültig – zumindest der rechtlichen Stützung nach – die Basis. Diese Reform trug den Trends der Individualisierung, der Emanzipation und der Selbstständigkeit Rechnung – für konservative Kritiker bereits zu weitgehend, weil darin auch Ansätze der Auflösung von Ehe und Familie als Institution in einzelne Ehe- und Familienpositionen gesehen wurden. Hier werden jedoch Rechtsansprüche, die sich auch aus dem Grundgesetz ergeben, mit der gelebten Gemeinschaft von Ehe und Familie verwechselt, für deren Ausgestaltung die Ehepartner und Familienangehörigen selbst verantwortlich sind und bleiben.

Mit der Eheschließungs- und Kindschaftsrechtsreform von 1998 erfolgte die Gleichstellung nichtehelicher und ehelicher Kinder. Des Weiteren wurde eingeführt, grundsätzlich vom gemeinsamen Sorgerecht beider Elternteile auch nach Trennung und Scheidung auszugehen, wenn die Elternteile dies wünschen. Insgesamt wurde die Stellung des Kindes weiter gestärkt. Das bis dahin bestehende Ehegesetz wurde aufgehoben und in das BGB aufgenommen. Weitere Änderungen sind u.a. die Abschaffung veralteter Eheverbote und -hindernisse, die Möglichkeit der Eheschließung ohne Trauzeugen sowie die Aufnahme der „Scheinehe" als Grund zur Verweigerung des Standesbeamten, eine Ehe zu schließen.

III. Pluralisierung der Lebens- und Familienformen

Alle zusammenfassenden Darstellungen des Wandels von Ehe und Familie – als „Basis" der Differenzierung und Pluralisierung der Lebensformen überhaupt – kommen zu dem Ergebnis, dass die letzten Jahrzehnte zu erheblichen Veränderungen der Haushalts- und Familienstrukturen und -auffassungen geführt haben (vgl. Meyer 2002; Nave-Herz 1994; Peuckert 2002; Schneider 1994).

1. Nichteheliche Lebensgemeinschaften

Die Zivilehe hat in den letzten Jahrzehnten ihre Monopolstellung eingebüßt; seither haben die nichtehelichen Lebensgemeinschaften zugenommen. Gleichwohl ist auch heute noch die Mehrzahl der Bundesbürger und -bürgerinnen zwischen dem 30. und 80. Lebensjahr verheiratet.

Die Zahl der nichtehelichen Lebensgemeinschaften ist in den letzten Jahrzehnten erheblich gestiegen. Von 1972 bis 2001 stieg die Zahl im früheren Bundesgebiet von 137 Tsd. auf 1,5 Mio.; in den neuen Bundesländern gab es im Jahr 2000 520 Tsd. nichteheliche Lebensgemeinschaften (1991: 327.000; BMFSFJ 2003: 44). Damit haben die neuen Bundesländer und Ost-Berlin gegenüber dem früheren Bundesgebiet einen etwas höheren Anteil mit Bezug auf die Gesamtbevölkerung. Sehr viel höher ist dieser Anteil, wenn die nichtehelichen Lebensgemeinschaften mit Kindern betrachtet werden; in den neuen Ländern und Ost-Berlin beträgt er knapp die Hälfte an allen nichtehelichen Lebensgemeinschaften, im früheren Bundesgebiet hingegen nur 23,8 % (der Gesamtwert für Deutschland beträgt 30,1 %; vgl. Datenreport 2002: 41).

Der Anteil der Personen, die in nichtehelichen Lebensgemeinschaften wohnen, ist bei den bis 35-Jährigen am größten (in allen Altersgruppen ist der Anteil in den neuen Bundesländern jeweils größer als in Westdeutschland). Damit ist deutlich, dass auch in der Bundesrepublik – wie in den USA und Schweden z.B. schon etwas früher beobachtet – die Phase der sog. Postadoleszenz, des dritten Lebensjahrzehnts, mehr und mehr durch Ehen auf Probe oder einfach eine neue Form des Zusammenlebens geprägt ist. Sozialstrukturell neu ist, dass sich die nichtehelichen Lebensgemeinschaften zunehmend in allen Bevölkerungsschichten und Altersklassen finden, mit einem Trend der Gleichverteilung entsprechend den Zivilehen.

Die nichtehelichen Lebensgemeinschaften haben das Monopol der Zivilehe in zweifacher Hinsicht gebrochen: einmal durch die Pluralisierung zweigeschlechtlicher Lebensgemeinschaften, zum anderen im Hinblick auf die Stellung der Ehe als „natürlicher" Vorläuferinstitution zur Familie. So hat sich die Ehe als Institution einerseits verselbstständigt, andererseits hat die Zivilehe ohne Zweifel einen Bedeutungsverlust hinnehmen müssen. Wolfgang Glatzer (1997) sieht zwischen Ehen und nichtehelichen Lebensgemeinschaften keinen prinzipiellen Gegensatz: „Wertvorstellungen, Bindungsverhalten und Verantwortung gegenüber dem Partner oder der Partnerin (sind) keine Unterscheidungsmerkmale".

2. Gleichgeschlechtliche Partnerschaften

Gleichgeschlechtliche Partnerschaften werden im soziologischen Verständnis definiert als „Intimbeziehungen zwischen zwei Männern oder zwei Frauen. Gleichgeschlechtliche Lebensgemeinschaften mit Kindern sind Familien" (Eggen 8/2001: 347).

Der Mikrozensus erhebt seit 1996 die Zahl der gleichgeschlechtlichen Lebensgemeinschaften in Deutschland; im Jahr 2002 gab es ca. 53 Tsd., wobei dieser Wert aufgrund der Freiwilligkeit der Antwort als untere Grenze zu betrachten ist. Lebensgemeinschaften von zwei Männern sind insgesamt häufiger als von zwei Frauen (59 % zu 41 %). Hinsichtlich der Haushalts- und Partnerschaftsformen zeigt sich insgesamt, dass sich heterosexuelle und homosexuelle Partnerschaften weitgehend ähneln (Buba/Vaskovics 2001).

In 13 % aller gleichgeschlechtlichen Partnerschaften leben Kinder, in Lebensgemeinschaften von zwei Frauen häufiger als von zwei Männern (StBA 2003: 25).

Dabei ist anzunehmen, dass die Kinder in der Mehrzahl der Fälle aus früheren heterosexuellen Partnerschaften stammen: zum einen aufgrund der Schwierig- keiten einer Elternschaft für Homosexuelle in Deutschland (Adoption, Insemina- tion u.ä.), zum anderen aufgrund der Tatsache, dass in jeder dritten gleichge- schlechtlichen Partnerschaft mindestens ein Partner schon einmal verheiratet war (Eggen 12/2001: 580ff.). Eggen kommt zu dem Ergebnis, dass das Leben in einer gleichgeschlechtlichen Partnerschaft (bzw. bei einem gleichgeschlechtlich orientierten Elternteil) für Kinder eine sehr seltene Familienform ist, dass diese Familienformen aber insgesamt eine ähnliche sozialstrukturelle Vielfalt wie heterosexuell orientierte Familienformen aufweisen (2/2002: 67ff.).

Mit Inkrafttreten des Gesetzes zur Beendigung der Diskriminierung gleich- geschlechtlicher Gemeinschaften (LPartG) zum 1. August 2001 haben gleichge- schlechtliche Paare die Möglichkeit, ihre Lebensgemeinschaft rechtlich eintra- gen zu lassen. Das Gesetz regelt u.a. das Recht des Paares, einen gemeinsamen Namen zu tragen, das Recht auf gegenseitigen Unterhalt, auf Erbschaft oder auf Sorgerecht. So heißt es in §9, Abs.1: „Führt der allein sorgeberechtigte Elternteil eine Lebenspartnerschaft, hat sein Lebenspartner im Einvernehmen mit dem sor- geberechtigten Elternteil die Befugnis zur Mitentscheidung in Angelegenheiten des täglichen Lebens des Kindes. §1629, Abs. 2, Satz 1 des Bürgerlichen Gesetz- buchs gilt entsprechend."

Daten zu den seit dem 1.August 2001 bundesweit registrierten Partnerschaften liegen noch nicht vor. Mit Bezug auf Daten aus Ländern, in denen es schon länger die Möglichkeit gibt, gleichgeschlechtliche Partnerschaften registrieren zu lassen (u.a. Niederlande, Norwegen, Schweden), ist zu vermuten, dass der Anteil einge- tragener Paare insgesamt vergleichsweise gering bleiben wird. Dabei variiert der Anteil länderspezifisch in Abhängigkeit der mit der Registrierung verbundenen rechtlichen Regelungen (Eggen 8/2001: 349).

Insgesamt zeigt die rechtliche Anerkennung gleichgeschlechtlicher Partnerschaf- ten die gewandelten Einstellungen im Umgang mit Homosexualität in der Bun- desrepublik: Wurden Homosexuelle bis in die 1960er Jahre strafrechtlich verfolgt und wurde auch in den Wissenschaften Homosexualität zum Teil als abnormes Sexualverhalten gesehen, so zeigt sich v.a. in den letzten Jahren eine zuneh- mende Akzeptanz (1992 hat die WHO Homosexualität aus der Liste der Krank- heiten gestrichen). So gaben in einer Studie der Universität Koblenz-Landau knapp zwei Drittel der Befragten an, sie sähen in der Homosexualität nichts An- stößiges und laut Meinungsforschungsinstitut Forsa spielt es sogar für 89% der Bevölkerung keine Rolle für die Wahlentscheidung, ob ein Kandidat homosexu- ell sei (http://www.n-tv.de/3180563.html; 5.5.2004). In einigen evangelischen Landeskirchen ist die Segnung gleichgeschlechtlicher Partnerschaften möglich.

3. Differenzierung familialer Haushalte

Von den insgesamt 38,7 Mio. Haushalten des Jahres 2000 waren rund 15 Mio. als Familienhaushalte i.e.S. anzusprechen, d.h. Haushalte, in denen Eltern oder ein allein erziehender Elternteil mit zumindest einem Kind unter 18 Jahren zusammenlebte. Dabei lebten in 51,2 % der Familienhaushalte ein Kind, in 37 % zwei Kinder. Interessant ist, dass damit knapp 41 % der deutschen Bevölkerung im Jahr 2000 in Familienhaushalten mit minderjährigen Kindern lebten; es waren aber knapp 54 % bei Betrachtung des Zusammenlebens der Eltern mit ihren ledigen Kindern – ohne Altersbeschränkung, so dass die Beschränkung der Betrachtung von Haushalten mit minderjährigen Kindern die Anzahl der Familienhaushalte verzerrt (BMFSFJ 2003: 36).

Zu den traditionalen Familienhaushalten rechnet man neben der Zwei-Generationen-Familie auch die Drei-Generationen-Familie, in der Eltern, Kinder und Großeltern zusammenleben. Ihr Anteil an allen Haushalten sank zwischen 1972 und 2000 von 3,3 % auf 1,0 % in den alten Bundesländern (BiB-Mitteilungen 1/93; BMFSFJ 2003). Bei dieser Angabe ist jedoch zu berücksichtigen, dass viele Großeltern in unmittelbarer Nähe, z.B. einer Einliegerwohnung, zu ihren Kindern und Enkeln leben und der genannte Prozentwert über den tatsächlichen Familien- und Verwandtschaftszusammenhalt nichts aussagt (vgl. zum Konzept der multilokalen Mehrgenerationenfamilie Bertram 2000).

Neben der traditionalen Familie gewinnen zunehmend weitere Familienformen an Bedeutung; zu nennen sind u.a. (vgl. Peuckert 2002):

- Einelternfamilien: Hier ist zwischen der traditionalen und der alternativen Einelternfamilie zu unterscheiden; erstere gab es immer: durch Tod eines Ehepartners, durch Scheidung oder durch das auch in früheren Zeiten nicht seltene Getrenntleben; neu und alternativ hingegen ist die Entscheidung (und Lebensplanung), Kinder von vornherein allein zu erziehen;
- binukleare Familie (*living apart together*): eine Familie lebt in zwei Haushalten; beide Eltern kümmern sich um das Kind, leben aber getrennt im eigenen Haushalt;
- Fortsetzungsehen: Die Wiederverheiratung nach einer Scheidung macht deutlich, dass nicht die Ehe als solche an Bedeutung verloren hat; gleichwohl steigt auch die Zahl Geschiedener in nichtehelichen Gemeinschaften;
- Commuter-Ehe bzw. Commuter-Familie; sie wird als „ *die* Lösung der strukturellen Spannungen angesichts der Individualisierungstendenzen in modernen Gesellschaften" angesehen (Peuckert 2002: 259; Hervorhebung im Original): Beide Ehepartner haben aus beruflichen Gründen getrennte, räumlich oft weit voneinander entfernte Haushalte.

IV. Familienhaushalte

1. Rückgang der Kinderzahlen

Die mit der Größe der Familie und der Kinderzahl verbundenen, vormals sehr charakteristischen sozialen Differenzierungen nehmen trendartig an Eindeutigkeit ab, sind aber noch nachweisbar. Im Durchschnitt der Fälle ist die Kinderzahl u.a.:

- bei bäuerlichen Familien größer als bei Familien aus dem industriellen Berufsbereich;
- in kleinen Ortschaften höher als in größeren;
- bei Katholiken höher als bei Protestanten;
- in Familien, in denen die Ehefrau ausschließlich Hausfrau ist, größer als in Familien mit erwerbstätigen Müttern;
- bei Ehepaaren größer als bei Alleinerziehenden oder nichtehelichen Lebensgemeinschaften.

Diese und weitere Faktoren stehen in einem Interdependenzverhältnis, bei dem „Ursache" und „Wirkung" nur als wechselseitige Beeinflussungsfaktoren, nicht aber als kausale Abhängigkeiten interpretiert werden können. Relativ eindeutig ist hingegen der Zusammenhang zwischen ökonomischem Status und Kinderzahl und damit dem „Index des Lebensniveaus":Trotz Kindergeld, Steuervergünstigungen und weiterer sozialpolitischer Maßnahmen sinkt – bei sonst gleichen Ausgangsdaten – das materielle Lebensniveau eindeutig mit steigender Kinderzahl, so dass Kinder – neben Arbeitslosigkeit – ein bedeutsames Armutsrisiko darstellen.

Seit der Jahrhundertwende ist ein eindeutiger Rückgang der Kinderzahl pro Familie/Frau feststellbar. Betrug 1900 die durchschnittliche Kinderzahl pro Ehe nach ca. 20-jähriger Ehedauer noch 4,1 Kinder, so 1930 3,0 und 1960 2,1. Bereits mit der letzten Zahl konnte die „Netto-Reproduktion" der Bevölkerung (Erhalt ihrer Größe) gerade noch gewährleistet werden (wozu im Durchschnitt 2,1 Kinder pro Frau erforderlich sind).

Wie dramatisch der *Geburtenrückgang* ist, zeigt die Entwicklung der zusammengefassten Geburtenziffer der 15- bis 44-jährigen Frauen: Diese lag 1970 in Westdeutschland bei 2,02, in der ehemaligen DDR bei 2,19; 30 Jahre später betrug sie dagegen nur noch 1,29 in den alten und 1,22 in den neuen Bundesländern (BMFSFJ 2003: 71).

Ohne die höheren *Fertilitätsraten* der ausländischen Wohnbevölkerung hätte bereits seit ca. 1970 die westdeutsche Bevölkerung in ihrem Bestand nicht erhalten werden können (die ostdeutsche war ohnehin schrumpfend). Über Gründe/Theorien des „säkularen Geburtenrückgangs" (Linde 1984) informiert das Kap. „Generatives Verhalten als Sozialverhalten" (vgl. S. 94f.). Die dort gemachten Aussagen sollen an dieser Stelle nur dahingehend ergänzt werden, dass die Bedeutung des Autonomiegewinns durch Individualisierung und „rationale

Entscheidung" bei der Planung von Geburt und Elternschaft weit überschätzt wird (Burkart 1994). Weiterhin ist hier viel „Naturwüchsiges" und Schicksalhaftes im „Spiel", das wohl mehr mit Ex-post-Rationalisierungen im Sinne Vilfredo Paretos (1848-1923) als mit bewusstem Wahlhandeln zu tun hat.

Stark, wenn auch nicht kontinuierlich, angestiegen ist die Zahl der nichtehelichen Geburten; auf 100 Geburten insgesamt waren es in den alten Bundesländern 1960 6,3; 1970 5,5; 1980 7,6 und 1987 9,7 nichteheliche Geburten. Im Jahr 2000 war in Deutschland der Prozentanteil nichtehelicher Geburten auf 23% gestiegen, mit einem ungewöhnlich hohen Anteil von ca. 51,5% in den neuen gegenüber 18,6% in den alten Bundesländern (BMFSFJ 2003: 77).

Seit einigen Jahrzehnten verzeichnet die Bundesrepublik einen Trend zur späteren Mutterschaft. Das Durchschnittsalter bei der Geburt des ersten ehelich geborenen Kindes stieg in Westdeutschland zwischen 1980 und 2000 von 25,2 auf 29 Jahre, in Ostdeutschland von 22,7 auf 28,4 Jahre (BMFSFJ 2003: 76f.). Die Quote der Frauen, die mit 35 Jahren oder später Kinder bekommen, ist von 1980 bis 1999 von 3,5% auf 12,3% gestiegen (http://www.z-punkt.de/download/z-spotlight0202.pdf, 24.09.2003). Späte erste Mutterschaft ist v.a. ein Phänomen hochqualifizierter Frauen, die nach der Geburt ihres Kindes vergleichsweise früh wieder ihre Berufstätigkeit aufnehmen (Herlyn et al. 2002).

2. Eheschließungen

Wie alle sozio-demographischen Variablen unterliegen auch das *Heiratsalter* und die Verheiratetenquote dem sozialgeschichtlichen Wandel bzw. sie sind Indikator für diesen Wandel. 1910 betrug das durchschnittliche Heiratsalter bei Erstheirat 27,4 (Männer) und 24,8 (Frauen) Jahre. 1970 war es in der früheren Bundesrepublik auf 25,6 bzw. 23,0 Jahre gesunken. In der DDR wurde deutlich früher geheiratet: 1970 mit 24,0 Jahren bei Männern und 21,9 Jahren bei Frauen. Seither gab es wieder einen Anstieg des Erstheiratsalters: Im Jahr 2000 heirateten Männer im Durchschnitt mit 31,3, Frauen mit 28,5 Jahren. Noch rapider stieg das Erstheiratsalter in den neuen Bundesländern: Es lag 2000 bei 30,7 (Männer) bzw. 28 Jahren (Frauen) (BMFSFJ 2003: 66). Der Anstieg ist u.a. auf die Ausbreitung der nichtehelichen Lebensgemeinschaften v.a. in den jüngeren Jahren zurückzuführen, zum anderen steigt aber auch der Anteil dauerhaft Lediger.

Mit dieser Entwicklung einher geht der Rückgang der allgemeinen Heiratsziffer, also der Eheschließungen je 1000 Einwohner. Diese sank von 1960 bis 2000 von 9,4 auf 5,4 in Westdeutschland und von 9,7 auf 3,9 in Ostdeutschland (vgl. Peuckert 2002: 44). Es zeigt sich, dass der Anteil der Ledigen sowohl bei den Frauen als auch bei den Männern in allen Altersgruppen in den letzten Jahrzehnten zugenommen hat (BMFSFJ 2003: 67).

Unter *heterogamen Ehen* versteht man Ehen, die zwischen Partnern unterschiedlicher sozialer Gruppen, z.B. unterschiedlicher Konfession und Nationalität, geschlossen werden. Der Anteil konfessionell einheitlicher Ehen ist seit einem Jahrhundert rückläufig: 1901 betrug er noch 91,2% (Reichsgebiet), 1987 nur noch 55,2% (was u.a. auf die große konfessionelle Durchmischung in den Nachkriegsjahren zurückzuführen ist. 1999 hatten Frauen evangelischen Glaubens zu 48,4% einen Mann der gleichen Konfession geheiratet; bei den Katholikinnen betrug der Anteil 56,9% (Stat. Jb. 2001: 69).

Zugenommen hat in den letzten Jahrzehnten auch der Anteil der binationalen Ehen, also der Eheschließungen zwischen einem deutschen und einem ausländischen Partner. Im Jahre 2002 hatten 840 Tsd. Deutsche einen ausländischen Ehepartner, das sind 5% aller Ehepaare (StBA 2003). Dabei gibt es deutliche Unterschiede hinsichtlich der Staatsangehörigkeiten der ausländischen Frauen und Männer.

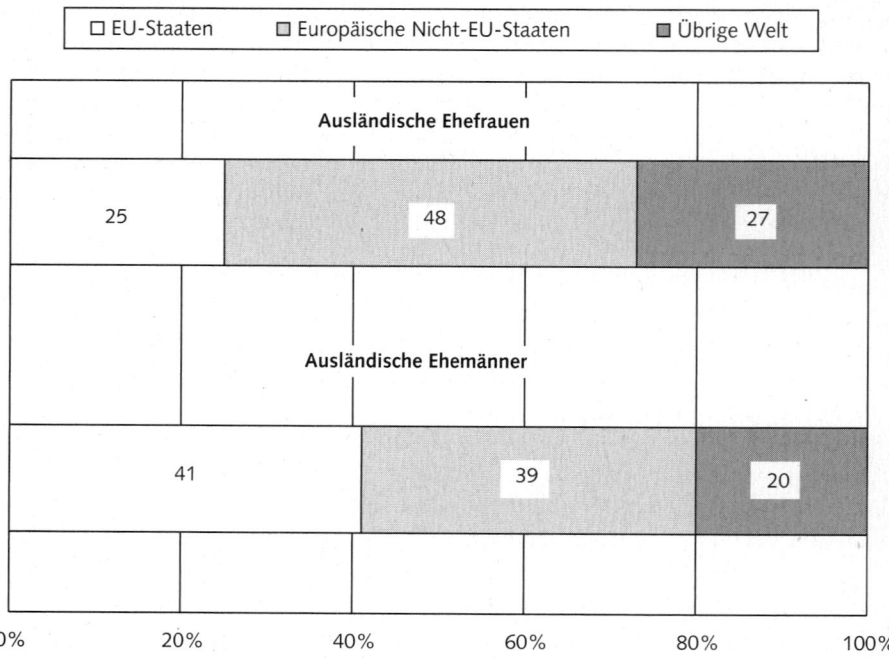

Abb. 2 Deutsch-ausländische Ehepaare nach Staatsangehörigkeiten der ausländischen Ehegatten im April 2002 in %
Quelle: Mikrozensus 2002: Leben und Arbeiten in Deutschland: 19

3. Ehescheidungen. Umfang und Folgen

Die aufgrund der gestiegenen Lebenserwartung viel längere durchschnittliche Ehedauer und ein damit zusammenhängender gewandelter Familienzyklus bedingen eine neue „Rhythmik" der Scheidungen (unter *Familienzyklus* ist der Prozess der sich ändernden Gruppengröße und Interaktionen in der Familie zu verstehen, vor allem auf der Basis der Geburtenfolge der Kinder und ihrem späteren Verlassen der Familie). Durch die höhere Lebenserwartung und die gesunkene Kinderzahl umfasst die Familienphase i.e.S. nur noch ca. ein Viertel der gesamten Lebensspanne einer Frau (zu den familienpolitischen Implikationen des Familienzyklus-Konzepts vgl. Nave-Herz 1994: 113ff.).

Die *Scheidungsquote* (Anteil auf 10 Tsd. Ehen) hat in den letzten Jahrzehnten weiter zugenommen. 1890 betrug die Scheidungsquote 7,4; 1910 15,2; 1950 67,5; 1980 61,3 und im Jahr 2000 bereits 104,0 (die Zahlen sind auf das frühere Bundesgebiet bezogen).

In der DDR lag die Scheidungsquote sehr viel höher: 1950 betrug sie bereits 118,0 und 1970 65,0. Ein „Einbruch" der Scheidungsquoten zeigte sich infolge der Wiedervereinigung: Lag sie 1989 noch bei 123,7, so fiel sie 1991 auf den Tiefststand von 22,6. Diese Entwicklung ist zum einen auf die Umstellung des Scheidungsrechts zurückzuführen, das in der DDR nicht mit vergleichbaren ökonomischen Folgen für die Ehepartner verbunden war (vor allem wegen der besseren ökonomischen und sozialrechtlichen Stellung der Frau), zum anderen aber auch als Reaktion auf die Unsicherheit im Transformationsprozess, der mit dem Verharren in der bestehenden Lebensform begegnet wurde.

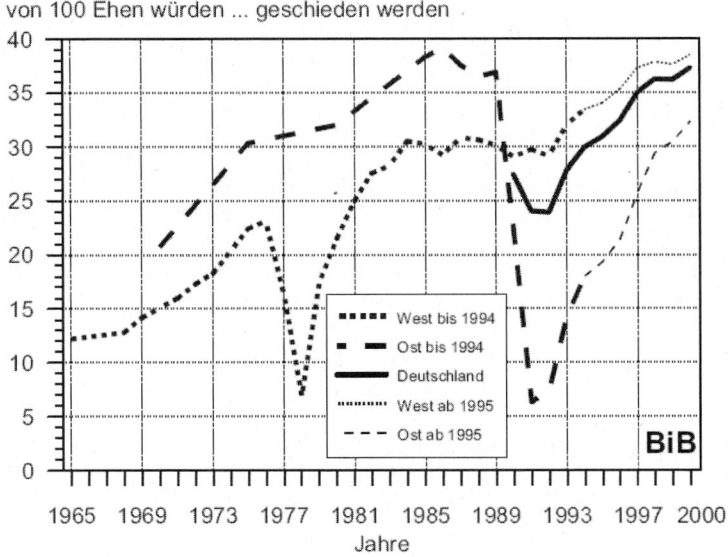

Abb. 3 Zusammengefasste Ehescheidungsziffern in Deutschland (1965–2000)
Quelle: BiB-Mitteilungen 3/2002: 17

Die höchsten Scheidungsquoten finden sich nach vier bis einschließlich sieben Ehejahren. In den letzten Jahren hat aber auch das Scheidungsrisiko von Ehen, die länger als 20 Jahre bestehen, zugenommen (Peuckert 2002: 165). Weitere Faktoren, die das Scheidungsrisiko beeinflussen, sind u.a. das Heiratsalter (jüngere Ehepaare lassen sich häufiger scheiden), der Wohnort (die Scheidungsrate in Großstädten ist größer als auf dem Land), die Konfession (konfessionslose Ehen werden häufiger geschieden), eine Elternschaft (Ehen mit Kindern haben ein geringeres Scheidungsrisiko) oder die Erwerbstätigkeit der Frau (Ehen, in denen beide Partner erwerbstätig sind, sind scheidungsanfälliger).

Die erhöhten Scheidungsquoten sollten nicht voreilig als Infragestellung der Institutionen Ehe und Familie interpretiert werden. Scheidungen sind nur „vermeintlich" ein „modernes Phänomen", wie René König (1974: 114f.) anhand umfangreichen Materials belegen kann; sie seien auch „im alten Israel zu Zeiten Christi wie im kaiserlichen Rom (…) eine Massenerscheinung" gewesen. Bei der Diskussion sollte daher beachtet werden:

- Die Scheidung ist erleichtert worden: rechtlich und im Hinblick auf die Stellung der Geschiedenen in den verschiedenen sozialen Gruppen;
- Ehe und Familie wurden mehr und mehr zu einer Institution, von der sich die Partner – aufgrund vorherrschender Leitbilder – Glück und Geborgenheit, Intimität und Selbstständigkeit versprechen. Hält die Institution nicht, was vorgestellt oder durch Leitbilder suggeriert wurde, wird vielfach Scheidung beantragt;
- die Wiederverheiratungsquoten der Geschiedenen sind – trotz leichter Abnahme in den letzten Jahren – relativ hoch, so dass nicht die Institution an sich in Frage gestellt wird, sondern die Partnerwahl.

Das vielleicht schwierigste Problem der Ehescheidungen sind die Folgen für die Kinder aus geschiedenen und damit strukturell unvollständigen Familien, denn in knapp der Hälfte aller Scheidungen sind minderjährige Kinder betroffen. Die Auswirkungen der Ehescheidung auf die Kinder sind so unterschiedlich wie die Situation vor der Ehescheidung in ihren Wirkungen auf die Sozialisation der Kinder verschieden gewesen ist. Hier wie bei allen sozialen Tatbeständen, die von der Statistik erfasst werden, sind Verallgemeinerungen sehr schwierig. Zu den beeinflussenden Variablen gehören unter anderem: der sozio-ökonomische Status der (Rest-)Familie; die Zeit und Intensität, mit denen sich beide Elternteile den Kindern widmen; die Situation in Verwandtschaft und Nachbarschaft; Vorhandensein und Qualität der „sekundären Sozialisationsinstanzen" (Kinderkrippe, Kindergarten, Schule etc.); die Freundschaftsgruppen; der Verlauf der frühkindlichen Sozialisation etc.

4. Mütter im Erwerbsleben

Frauen- und Mütterarbeit war in allen Epochen der Menschheitsgeschichte selbstverständlich. Erst die industrielle Gesellschaft, die Trennung von Wohnbereich und Arbeitsplatz und die Durchsetzung des bürgerlichen Familienideals führten zu einer Trennung von weiblich-häuslich-familiärer und männlich-beruflich-außerhäuslicher Sphäre.

Während das Gleichberechtigungsgesetz von 1957 der Frau nur dann eine Erwerbstätigkeit zubilligte, wenn diese mit ihren Pflichten in Ehe und Familie vereinbar waren (§1356 BGB), hieß es im 1. Eherechtsreformgesetz von 1976/77: „Beide Ehegatten sind berechtigt, erwerbstätig zu sein. Bei der Wahl und Ausübung einer Erwerbstätigkeit haben sie auf die Belange des anderen Ehegatten und der Familie die gebotene Rücksicht zu nehmen."

Seit Ende der 1950er Jahre waren es nicht zuletzt materielle Grundlagen und Veränderungen der Erwerbs- und Hausarbeit, die einen Wandel herbeiführten: die Verringerung der Arbeitszeit und die Durchsetzung der Fünf-Tage-Woche; die Technisierung der Haushalte mit ihren Änderungen im Zeitbudget auch der Hausfrauen und Mütter. Schließlich waren es seit Mitte der 1960er Jahre die Reduktion der Kinderzahl und die Frauenbewegung, die zu einer neuen Situation führten. Beruf und Hausarbeit wurden also materiell und ideell in ein neues Verhältnis gesetzt.

Geändert haben sich in der Sozialgeschichte der Bundesrepublik vor allem die Gründe für die Aufnahme der Berufstätigkeit von Müttern: Der Wunsch, über eine außerhäusliche Berufstätigkeit außerhäusliche Sozialkontakte zu haben, ist eindeutig größer geworden, auch in den Sozialschichten und bei jenen Tätigkeiten, für die immer eine sehr geringe Akzeptanz unterstellt wurde. Die reine Hausfrauenehe erscheint immer weniger als Ideal. Gewachsen ist auch der Wunsch, die Berufstätigkeit nur in der Kleinstkindphase zu unterbrechen. Doch die sich bietenden Möglichkeiten der Unterstützung durch entsprechende Einrichtungen sind in Deutschland – auch im Vergleich zu anderen europäischen Ländern – bisher nur unzulänglich entwickelt.

In der DDR war Frauen- und v.a. auch Müttererwerbstätigkeit dagegen seit ihrer Gründung ein politisches Ziel. Zum einen wurde Erwerbstätigkeit als grundlegendes Merkmal der Verwirklichung der Gleichberechtigung von Mann und Frau betrachtet, zum anderen wurden die Frauen als Arbeitskräfte benötigt. Die Unterbrechungen nach der Geburt eines Kindes waren relativ kurz; 9 von 10 Müttern waren in den 1980er Jahren erwerbstätig – überwiegend in Vollzeit. Im Zuge der Wiedervereinigung waren sie im besonderen Maße von Arbeitslosigkeit betroffen; gleichwohl ist ihre Erwerbsorientierung weiterhin weitaus höher als bei Müttern in Westdeutschland. Im Jahr 2000 waren 40,4% der ostdeutschen Frauen mit Kindern unter drei Jahren, aber nur 29% der westdeutschen Frauen erwerbstätig (BMFSFJ 2003: 107). So zeigt sich auch hinsichtlich der Einschätzung der Folgen einer Erwerbstätigkeit der Mutter für das Kleinkind, dass in den neuen Bundesländern der Anteil derjenigen, die die Folgen negativ beurteilen, geringer ist: Im Jahr 2000 waren 41% in Ostdeutschland, aber 71% in Westdeutschland dieser Meinung (Datenreport 2002: 539).

Von den Umstellungen auf dem Arbeitsmarkt sind vor allem die allein erziehenden Mütter in den neuen Bundesländern betroffen, wofür u.a. folgende Gründe zu nennen sind: Ein Großteil des zuvor sehr dichten Kinderbetreuungsnetzes ist weggefallen; Umschulungsmöglichkeiten treffen auf zeitliche und räumliche Grenzen; die zuvor gegebenen Netzwerke, die mit dem Arbeitsplatz, dem Wohnbereich und Freizeitaktivitäten verbunden waren, sind z.T. entfallen (durch Wohn- und Arbeitsplatzmobilität usw.).

Wie sehr Anspruch und Wirklichkeit auseinander gehen, zeigen folgende Punkte:

- Nach dem Ehe- und Familienrecht wird die ökonomische und sozialrechtliche Gleichheit und Selbstständigkeit der Ehepartner vorausgesetzt und zum Ideal bzw. zur Basis der Frauenemanzipation gehört die eigenständige Berufstätigkeit. Die Statistik zeigt aber, dass die Erwerbsquote der Frauen immer noch vergleichsweise gering ist; viele allein erziehende und zugleich arbeitende Mütter bewegen sich mit ihrem Einkommen an der Grenze der Sozialhilfe bzw. sie müssen diese zusätzlich in Anspruch nehmen.
- Das im Ehe- und Familienrecht weiterhin vorausgesetzte „Einverständnishandeln" (Max Weber) der Ehepartner im Hinblick auf eine eigenverantwortliche Teilung der Haus- und der Berufsarbeit bedeutet in der weit überwiegenden Mehrzahl der Fälle immer noch eine Doppelbelastung der Frau durch Berufs- und Hausarbeit, v.a. wenn Kinder vorhanden sind. So verrichten Frauen im Durchschnitt doppelt so viel Hausarbeit wie Männer (Peuckert 2002: 244).

5. Allein erziehende Mütter und Väter

Die Familiensoziologie hat den sog. „unvollständigen Familien" stets große Aufmerksamkeit gewidmet, einem zunächst strukturellen Problem, das z.B. von René König in seinen zahlreichen Arbeiten zur Soziologie der Familie immer wieder unter der Fragestellung thematisiert wurde, ob die innere Desorganisation der Familie nicht erheblich zu ihrer sozialen Desintegration und damit einem problematischen Verhältnis von Familie und gesellschaftlichen Institutionen und Organisationen beitrage.

Wie bereits hervorgehoben, hat strukturelle Unvollständigkeit der Familie nicht unbedingt „funktionelle Unvollkommenheit" zur Folge. Darum ist zunächst nach den Ursachen der Unvollständigkeit und sodann nach den verbleibenden Ressourcen für die familialen Funktionen, v.a. die Sozialisationsfunktion, zu fragen. Ein Elternteil kann ausfallen durch Tod, Scheidung oder Getrenntleben der Ehepartner. Wie erläutert, ist in den letzten Jahren hinzugekommen, dass sich die Mutter von vornherein entscheidet, das Kind (oder die Kinder) allein erziehen zu wollen.

Die Anzahl der Alleinerziehenden hat in den letzten Jahrzehnten erheblich zugenommen und ist seit 1975 um ca. 50 % gestiegen. Im Jahr 2000 gab es in der Bundesrepublik 1,77 Mio. Alleinerziehende, davon waren 85,5 % allein erziehende Mütter (BMFSFJ 2003: 40f.). Dabei zeigt sich, dass diese Lebensform in den neuen Bundesländern häufiger anzutreffen ist als in den alten.

Erst in den letzten Jahrzehnten hat sich die Situation der allein erziehenden bzw. ledigen Mütter in rechtlicher und sozialpsychologischer Hinsicht verbessert. 1970 wurde durch das Gesetz zur Neuregelung der nichtehelichen Geburten die rechtliche Diskriminierung beendet und „durch dieses Gesetz ein neuer gesellschaftlicher Status zuerkannt" (Nave-Herz 1994: 96). Mit der Reform des Kindschaftsrechts (1998) wurde ein wichtiger Schritt zur Gleichstellung nichtehelicher und ehelicher Kinder unternommen.

Anders verhält es sich in sozio-ökonomischer Hinsicht: Die Wohnsituation und die ökonomischen Verhältnisse sind in der Mehrzahl der Fälle bei Alleinerziehenden schlechter als in Familien mit zwei Elternteilen. Nach wie vor ist das Armutsrisiko für die allein erziehenden Mütter am höchsten; „sie weisen auch den höchsten Anteil an Sozialhilfeempfängerinnen auf, verfügen über das niedrigste Pro-Kopf-Haushaltseinkommen und sind von gesundheitlichen Beeinträchtigungen am ehesten betroffen" (Nave-Herz 1994: 97; Meyer 2002: 417ff.).

Die lange Zeit vertretene Ansicht, dass Alleinerziehende sozial isoliert seien, wurde in neueren Untersuchungen widerlegt. Alleinerziehende sind in soziale Netzwerke eingebunden; es bestehen vielfältige Kontakte zur Herkunftsfamilie, aber auch zu Freunden (vgl. Peuckert 2002: 182). Hierbei sind auch die neueren Kommunikationsmöglichkeiten wie Handy oder Internet von Bedeutung.

Literatur

Bertram, Hans, 1996, Familienwandel und Generationsbeziehungen, in: *N. Schneider/ H. P. Buba*, Hg., Familie zwischen gesellschaftlicher Prägung und individuellem Design, Leverkusen, S. 61-80; online: http://www2.rz.hu-berlin.de/mikrosoz/inhalte/lit/Bertram/ Famwandel.pdf (5.5.2004)

Bertram, Hans, 1997, Die Familie: Solidarität oder Individualität? In: *L. A. Vaskovics*, Hg., Familienleitbilder und Familienrealitäten, Opladen, S. 370-381; online: http://www2.rz.hu-berlin.de/mikrosoz/inhalte/lit/Bertram/SolIdindv.pdf (5.5.2004)

Bertram, Hans, 2000, Die verborgenen familiären Beziehungen in Deutschland: Die multilokale Mehrgenerationenfamilie, in: *M. Kohli/M. Szydlik*, Hg., Generationen in Familie und Gesellschaft, Opladen, S. 97-121

Buba, Hans P., Laszlo A. Vaskovics, 2001, Benachteiligung gleichgeschlechtlich orientierter Personen und Paare. Studie im Auftrag des Bundesministeriums der Justiz, Köln

Bundesministerium für Familie, Senioren, Frauen und Jugend (BMFSFJ), Hg., 2003, Die Familie im Spiegel der amtlichen Statistik, Berlin

Burkart, Günter, 1994, Die Entscheidung zur Elternschaft. Eine empirische Kritik von Individualisierungs- und Rational-Choice-Theorien, Stuttgart

Claessens, Dieter, 1979, Familie und Wertsystem. Eine Studie zur „zweiten, sozio-kulturellen Geburt" des Menschen und der Belastbarkeit der „Kernfamilie", Berlin (zuerst 1962)

Ebel, Heinrich, Rolf Eickelpasch, Eckehard Kühne, 1984, Familie in der Gesellschaft, Opladen

Eggen, Bernd, 2001a, Gleichgeschlechtliche Lebensgemeinschaften. 1. Teil: Methodische Aspekte und empirische Ergebnisse zur Verbreitung gleichgeschlechtlicher Lebensgemeinschaften ohne und mit Kindern; in: Baden-Württemberg in Wort und Zahl 8/2001, S. 347-350

Eggen, Bernd, 2001b, Gleichgeschlechtliche Lebensgemeinschaften. 2. Teil: Familiale und ökonomische Strukturen gleichgeschlechtlicher Lebensgemeinschaften ohne und mit Kindern; in: Baden-Württemberg in Wort und Zahl 12/2001, S. 579-583

Eggen, Bernd, 2002, Gleichgeschlechtliche Lebensgemeinschaften. 3. Teil: Kinder in gleichgeschlechtlichen Lebensgemeinschaften; in: Baden-Württemberg in Wort und Zahl 2/2002, S. 65-70

Familienberichte der Bundesregierung: Die Situation der älteren Menschen in der Familie – Vierter Familienbericht – Drucksache 10/6145 vom 13.10.1986

Familien und Familienpolitik im geeinten Deutschland – Fünfter Familienbericht; Drucksache 12/7560; BMFuS, Bonn 1994

Glatzer, Wolfgang, 1997, unter Mitarbeit von *Heidemarie Stuhler* et al., Nichteheliche Lebensgemeinschaften. Eheähnlich oder eher alternativ? Hg. Bundesinstitut für Bevölkerungsforschung, Wiesbaden

Glatzer, Wolfgang, 2001, Haushalte und Haushaltsproduktion, in: *B. Schäfers/W. Zapf*, Hg., Handwörterbuch zur Gesellschaft Deutschlands, 2. verb. u. erw. Aufl., Opladen, S. 294–306

Herlyn, Ingrid, Bianca Lehmann, 1998, Großmutterschaft im Mehrgenerationenzusammenhang. Eine empirische Untersuchung aus der Perspektive von Großmüttern, in: Zeitschrift für Familienforschung, H. 1/1998, S. 27–45

Herlyn, Ingrid, Dorothea Krüger, Claudia Heinzelmann, 2002, Späte erste Mutterschaft – erste empirische Befunde, in: *N.F. Schneider/H. Matthias-Bleck*, Hg., Elternschaft heute, Sonderheft 2 der Zeitschrift für Familienforschung, Opladen, S. 121–143

Herrmann, Ulrich, 1989, Vom „ganzen Haus" zur Kernfamilie, in: *ders./H.-G. Wehling*, Hg., Familienpolitik, Stuttgart, S. 11–33

Hoffmann, Rainer, Daniela Klimke, 2003, Die gleichgeschlechtliche Partnerschaft als Bühnenstück in der politischen Arena; in: Soziale Welt 2/2003, S. 210–215

König, René, 1974, Die Familie der Gegenwart. Ein interkultureller Vergleich, München (Becksche Schwarze Reihe Bd. 116)

Kopp, Johannes, Paul B. Hill, 2004, Familiensoziologie, 2. überarb. u. erw. Aufl., Wiesbaden

Linde, Hans, 1984, Theorie der säkularen Nachwuchsbeschränkung. 1800–2000. Frankfurt/ New York

Lüschen, Günther, 1988, Familial-verwandtschaftliche Netzwerke, in: *R. Nave-Herz*, Hg., a.a.O., S. 145–172

Meyer, Thomas, 2002, Private Lebensformen im Wandel, in: *R. Geißler*, Die Sozialstruktur Deutschlands, 3. grundl. überarb. Aufl., Wiesbaden, S. 401–433

Mitterauer, Michael, 1989, Entwicklungstrends der Familie in der europäischen Neuzeit, in: *R. Nave-Herz/M. Markefka*, Hg., a.a.O., S. 179–194

Nave-Herz, Rosemarie, Hg., 1988, Wandel und Kontinuität der Familie in der Bundesrepublik Deutschland, Stuttgart

Nave-Herz, Rosemarie, Manfred Markefka, Hg., 1989, Handbuch der Familien- und Jugendforschung 1, Neuwied-Frankfurt/M.

Nave-Herz, Rosemarie, 1994, Familie heute. Wandel der Familienstrukturen und Folgen für die Erziehung, Darmstadt (2., überarb. u. erg. Aufl. 2002)

Peuckert, Rüdiger, 2002, Familienformen im Wandel, 4., überarb. und erw. Aufl., Opladen (UTB 1607)

Riehl, Wilhelm Heinrich, 1855 (u. ö.), Die Familie, Stuttgart

Rosenbaum, Heidi, 1982, Formen der Familie. Untersuchungen zum Zusammenhang von Familienverhältnissen, Sozialstruktur und sozialem Wandel in der deutschen Gesellschaft des 19. Jahrhunderts, Frankfurt/M. (stw 374; 7. Aufl. 1996)

Schäfers, Bernhard, Hg., 1999, Einführung in die Gruppensoziologie, 3. korrig. Aufl., Wiesbaden (UTB 996); darin *ders.:* Primärgruppen, S. 97-112; Die Kernfamilie als kleine Gruppe, S. 177–193

Schelsky, Helmut, 1953, Wandlungen der deutschen Familie in der Gegenwart. Darstellung und Deutung einer empirisch-soziologischen Tatbestandsaufnahme, Stuttgart (5. Aufl. 1967)

Schneider, Norbert F., 1994, Familie und private Lebensführung in West- und Ostdeutschland. Eine vergleichende Analyse des Familienlebens 1970–1992, Stuttgart

Sidler, Nikolaus, 1971, Zur Universalität des Inzesttabus. Eine kritische Untersuchung der These und der Einwände, Stuttgart

Statistisches Bundesamt, Hg., 2003, Leben und Arbeiten in Deutschland – Ergebnisse des Mikrozensus 2002 (Presseexemplar), Wiesbaden; online: http://www.destatis.de/presse/ deutsch/pk/2003/Mikrozensus_2002.pdf (7.5.2004)

Uhlendorff, Harald, 2003, Großeltern und Enkelkinder. Sozialwissenschaftliche Perspektiven und Forschungsergebnisse hinsichtlich einer selten untersuchten Beziehung, in: Psychologie in Erziehung und Unterricht, H. 2/2003, S. 111–128

Wagner, Michael, Yvonne Schütze, 1998, Verwandtschaft. Sozialwissenschaftliche Beiträge zu einem vernachlässigten Thema, Stuttgart

Kapitel 8
Bildung und Ausbildung.
Bedeutung für Individuum und Sozialstruktur
(unter Mitarbeit von Bianca Lehmann)

I. Definition und Sozialgeschichte des Bildungsbegriffs

1. Bildungssystem

Das Bildungssystem umfasst alle Einrichtungen, in denen Lehr- und Lernprozesse formalisiert ablaufen und auf Dauer gestellt sind. Dazu gehören alle Schulen, Volkshochschulen, Akademien, Hochschulen, aber auch Einrichtungen des Fernstudiums und der Fort- und Weiterbildung. In diesem Sinne definierte bereits der Bildungsgesamtplan der Bund-Länder-Kommission für Bildungsplanung von 1973: „Das Bildungswesen umfasst nach neuem Verständnis nicht nur Schule, Hochschule und berufliche Bildung, sondern auch die Elementarerziehung, eine systematisierte Weiterbildung und die außerschulische Jugendbildung" (vgl. Abb. 4).

Die Ausdifferenzierung des Bildungssystems als relativ autonomes Teilsystem ist eines der Hauptcharakteristika sich industrialisierender und arbeitsteilig organisierender Gesellschaften. In diesen Gesellschaften, wie der Bundesrepublik Deutschland, zählt das Bildungssystem zu den umfangreichsten und „teuersten" Teilsystemen. Die Personalkosten für die im Bildungssystem direkt (z.B. als Lehrer) oder indirekt (z.B. in der Bildungsverwaltung) Beschäftigten und die Investitionen für Gebäude, Sachausstattung und laufende Sachausgaben stellen wesentliche Anteile in den Haushalten der Gebietskörperschaften dar (vgl. Arbeitsgruppe Bildungsbericht 1994, Gukenbiehl 2001, Sommerkorn 1997). Allerdings zeigt sich im internationalen Vergleich, dass Deutschland hinsichtlich des Anteils der öffentlichen Bildungsausgaben am Bruttoinlandsprodukt nur im unteren Durchschnitt bei den Bildungsausgaben sowohl der Länder der EU als auch der OECD rangiert (4,3 % des Bruttoinlandsprodukts); so verwenden z.B. Staaten wie Mexiko oder Polen einen größeren Anteil ihres Bruttoinlandsprodukts für die Bildung (Schmidt 2003: 6).

2. Zur Sozialgeschichte des Bildungsbegriffs

Der Bildungsbegriff erlangte in Deutschland seit der zweiten Hälfte des 18. Jh.s eine in wohl keinem anderen Land und keiner anderen Sprache erreichte Bedeutungsfülle. Nach Lichtenstein (1971) wurde der Bildungsbegriff „zwischen 1770 und 1830 mit der Entstehung des modernen Erziehungswesens in Deutschland zum Leitbegriff eines in der geschichtlichen Situation des Übergangs zu einer offenen Gesellschaft sozial ermöglichten Ideals geistiger Individualität, freier Geselligkeit und ideennormativer Selbstbestimmung einer bürgerlichen Oberschicht, der ‚Gebildeten'".

Der Bildungsbegriff ist mit der Geschichte der sich entwickelnden bürgerlichen Gesellschaft, insbesondere dem „Besitz- und Bildungsbürgertum", auf das Engste verknüpft. Hierzu gehört auch die Durchsetzung von Bildung als Menschenrecht, wie es erstmalig in der Verfassung der französischen Revolutionszeit (1791) formuliert wurde (vgl. von Friedeburg 1989: 53ff.; Herrmann 1991: 107ff.).

Die Kritik am enzyklopädischen Bildungsbegriff des deutschen Idealismus und des Neuhumanismus führte seit Beginn der Industrialisierung zu einer auch klassenspezifischen Auseinandersetzung um den Stellenwert von Bildung für die soziale Position und die Selbstbehauptung von Individuen und sozialen Gruppen. Karl Marx hatte schon 1843 in der Kritik der Hegelschen Rechtsphilosophie „Geld und Bildung (als die) Hauptkriterien" für die Unterschiede in der bürgerlichen Gesellschaft bezeichnet (MEW Bd. 1: 284). Trotz einer bedeutenden Arbeiterbildungsbewegung und des Kampfes um Anerkennung des „Realitätsprinzips in der Bildung" blieb in Gymnasien und Hochschulen wie im kulturellen Leben der neuhumanistische Bildungsbegriff vorherrschend.

Die weitreichenden politischen Veränderungen nach dem Ersten Weltkrieg führten zu Umstrukturierungen im Bildungssystem. Doch erst nach dem Zweiten Weltkrieg, verstärkt seit Mitte der 1960er Jahre, kam es im Zusammenhang der Krise des gesamten Bildungs- und Ausbildungssystems zu einer breiten Kritik des traditionalen Bildungsbegriffs. Die inzwischen etablierten Sozialwissenschaften sowie eine zunehmend empirisch sich verstehende kritische Pädagogik trugen hierzu wesentlich bei. Jenseits klassen- und schichtspezifischer Differenzierungen wurde Bildung als „Bürgerrecht" (Dahrendorf 1965) und damit als Gleichheitsgrundsatz eingefordert. In der jüngsten Diskussion um die Ergebnisse der PISA-Studie (2001) erlangte der Begriff der Bildung wieder verstärkt an Bedeutung.

Barz unterscheidet verschiedene Dimensionen des Bildungsbegriffs in der Gegenwart (2003:9):

• Funktionalistisch: Sozialisation, Integration und Positionierung (s.u.);
• empathisch: Selbstentfaltung, Selbstbildung, Charakterbildung (Herder, Goethe, Humboldt);
• qualifikatorisch: Qualifikation für den Arbeitsmarkt (Humankapital);
• kanonisch: Bildung als Allgemeinbildung;
• phänomenologisch: der „Gebildete" in den Augen der Bevölkerung.

3. Bildung und Kultur als Basis des Föderalismus

Zu den wichtigsten Charakteristika der Bildung und Kultur in Deutschland gehörten und gehören deren föderale Entwicklung und Struktur. Die bis in die Gegenwart relativ differenzierte deutsche „Kulturlandschaft" wäre nicht denkbar ohne den ursprünglich von der jeweiligen Territorialgewalt geförderten Aufbau der Schulen, Akademien und Universitäten, Theater, Bibliotheken, Museen und anderer Einrichtungen.

Nach dem Zweiten Weltkrieg wurde, nicht zuletzt auf Betreiben der Alliierten, an die föderale Tradition und Struktur der deutschen Kultur- und Bildungsgeschichte angeknüpft (vgl. den Quellenband zur Entwicklung der Bildungspolitik in beiden Teilen Deutschlands: Anweiler et al. 1992). Entsprechend der einflussreichen Theorie des amerikanischen Pragmatisten und Pädagogen John Dewey (1859-1952) sollte die „Fundamentaldemokratisierung" (Karl Mannheim, 1893-

1947) der deutschen Gesellschaft in den Schulen, an der Basis, beginnen und mit dem Gemeindeleben in enger Wechselbeziehung stehen (von Friedeburg 1989: 281ff.). Besonderes Gewicht wurde hierbei auch auf die politische Bildung gelegt (Gagel 1994).

Für die Bundesrepublik wird die Kulturhoheit der Länder bzw. der Stadtstaaten vornehmlich aus den Art. 30 und 70 GG abgeleitet. Ansonsten war bzw. ist das Grundgesetz, im Gegensatz zur Weimarer Verfassung von 1919, äußerst sparsam mit kultur- und bildungspolitischen Bestimmungen. Bis zur einschneidenden Grundgesetzänderung der großen Koalition am 12.5.1969 war praktisch nur das Schulwesen erwähnt und in Grundzügen geregelt. Die neu eingeführten Regelungen brachten Einbrüche in die Kulturhoheit der Länder. Der Bund hat nunmehr eine Rahmenkompetenz (Art. 75, Abs. 1 GG) für die allgemeinen Grundsätze des Hochschulwesens, ferner eine Zuständigkeit für die Regelung der Ausbildungsbeihilfen (BAFöG) und im Rahmen der „Gemeinschaftsaufgaben" (Art. 91a und b) Mitwirkungsrechte beim Aus- und Neubau von Hochschulen und Hochschulkliniken.

4. Grundzüge des Bildungssystems in der DDR

Der Bildungsbegriff in der DDR hatte sich von den genannten Traditionen und Prinzipien keineswegs losgelöst. Fischer (1993) weist darauf hin, dass sich bei allen Unterschieden in der Ausprägung des Bildungs- und Schulsystems die in beiden deutschen Staaten vorherrschenden Bildungsideen nicht völlig fremd waren. Nur die Akzentsetzungen dieser humanistisch-idealistischen Bildungstraditionen waren verschieden im Hinblick auf den Stellenwert von Individuum und Gesellschaft und auf das „Realitätsprinzip in der Bildung". Diese gemeinsamen Bildungstraditionen ermöglichten und erleichterten die im §37 des Einigungsvertrages enthaltene Bestimmung, dass die in der DDR erworbenen Bildungsabschlüsse als gleichwertig zu behandeln seien.

In der SBZ wurde bereits 1946 ein „Gesetz zur Demokratisierung der deutschen Schule" verabschiedet, dessen Ziel die Gleichheit der Bildungschancen war und das sehr stark von der bedeutenden Reformpädagogik der Weimarer Zeit geprägt war (Anweiler 1989). Privatschulen wurden ebenso aufgehoben wie der Religionsunterricht als Schulfach. Ziel war die Beseitigung des dreigliedrigen, als klassenspezifisch angesehenen deutschen Schulsystems. 1959 wurde die zehnjährige allgemein bildende Polytechnische Oberschule (POS) als Pflichtschule festgelegt; die Erweiterte Oberschule (EOS) führte mit den Klassen 11 und 12 zum Abitur. Einen zweiten Weg zur Hochschulreife stellte die dreijährige Berufsausbildung mit Abitur dar. Insgesamt wurde 1989 eine Abiturientenquote von ca. 14 % erreicht; diese lag somit niedriger als die der Bundesrepublik mit etwa 24 % pro Altersjahrgang (Geißler 2002: 336).

Mit der Wiedervereinigung erfolgte die Übernahme des föderalen Prinzips im Bildungs- und Ausbildungsbereich. Allerdings orientieren sich fast alle neuen Bundesländer weiterhin an der zehnklassigen Pflichtschule; allein Mecklenburg-

Vorpommern hat das traditionelle dreigliedrige Schulsystem übernommen (Gukenbiehl 2001: 92).

II. Strukturen und Reformen im allgemeinen und beruflichen Bildungswesen

1. Funktionen und Aufgaben der Schule

Funktionen und Aufgaben der Schule in der arbeitsteiligen Industriegesellschaft sind mit der Durchsetzung der allgemeinen Schulpflicht nicht endgültig festgelegt, sondern sie unterliegen einem Wandel nach Inhalt und Schwerpunkten. Émile Durkheim (1858–1917), der als einer der ersten soziologischen Theoretiker den Stellenwert von Erziehung und Schule in den sich entwickelnden, komplexen Industriegesellschaften thematisierte, verlangte von Schule und Erziehung, dass sie „unter den Bürgern eine ausreichende Gemeinsamkeit von Gedanken und Gefühlen sichern, ohne die jegliche Gesellschaft unmöglich ist. Um dieses Ergebnis zu erzielen, ist es auch notwendig, dass Erziehung nicht vollständig der privaten Willkür überlassen bleibt" (1972: 38f.). Neben diesen und bereits genannten Aufgaben der Schule werden folgende Aufgaben als besonders wichtig angesehen:

* *Sozialisation.* Sozialisationsprozesse in der Schule gewannen in dem Maße an Bedeutung, wie die Familien bei zunehmender Arbeitsteilung und Verlagerung der Arbeit aus dem „Ganzen Haus" (vgl. S. 116) an Einwirkungsmöglichkeiten auf die Lebensführung und Daseinsgestaltung verloren haben. Die komplexer werdende Gesellschaft, deren Reproduktions- und Legitimationsbasis sich von patriarchalischen, hierarchisch-traditionalen, familiär und religiös fundierten Sozialbeziehungen auf gesamtgesellschaftlich orientierte und demokratisch verantwortete verlagert hat, musste sich zwangsläufig eine Institution schaffen, in der diese Zusammenhänge in antizipatorischen Lernprozessen verdeutlicht werden können.

* Zuteilung gesellschaftlicher und beruflicher Positionen. Hiermit ist zweierlei gemeint: einmal die Tradierung vorhandener sozialer, insbesondere beruflicher Positionen als Grundlage des Tradierens einer Gesellschaftsordnung und Kultur an die nächste Generation; zum anderen wird in der Schule in einem gewissen Ausmaß vorentschieden, wie die Schüler auf das verfügbare Reservoir an sozialen Positionen verteilt werden.

2. Die berufliche Ausbildung im dualen System

Zielt der traditionale Bildungsbegriff vor allem auf die so genannte Allgemeinbildung und die Entwicklung eines „intelligiblen Charakters" (Immanuel Kant), so der Begriff der Ausbildung auf bestimmte Qualifikationen für Beruf und Praxis.

Seit der Ausdifferenzierung des dreigliedrigen Schulwesens im 19. Jh. führte die Volksschule, aber auch die Realschule, nach dem erreichten Abschluss in der Regel zu einem Lehrverhältnis, während im Anschluss an das Gymnasium in der Regel das Studium an einer Universität oder einer anderen Wissenschaftlichen Hochschule aufgenommen wurde.

Werden also die Ausbildungsgänge für die so genannten „höheren Berufe" über ein Hochschulstudium geregelt und in bestimmten Studiengängen, wie z.B. in den Lehrerberufen oder den Rechtswissenschaften, mit einer staatlichen Abschlussprüfung (Staatsexamen) beendet, gehört die berufliche Ausbildung überwiegend in die Zuständigkeit „gesellschaftlicher" Institutionen, die im staatlichen Auftrag tätig werden. Die jetzige duale (zweigliedrige) Form der Berufsausbildung hat das Erbe der mittelalterlichen Zünfte und Innungen angetreten; sie ruht auf den beiden Säulen des dualen Systems, der betrieblichen und der schulischen Ausbildung.

Die berufliche Ausbildung kann in Deutschland auf eine ebenso lange Tradition zurückblicken wie die allgemeine Schulbildung. Bereits 1869 wurden in der „Gewerbeordnung" des von Preußen angeführten Norddeutschen Bundes erstmals die verschiedenen Ausbildungsvorschriften zusammengefasst (über die gesetzlichen Grundlagen des heutigen beruflichen Bildungswesens im Übergang von der „alten Gesellschaft" zur modernen Industriegesellschaft vgl. Bruchhäuser/ Lipsmeier 1985). Die „duale Berufsausbildung" wurde 1969 durch das Berufsbildungsgesetz (BBiG) im Prinzip bestätigt. Nach diesem Gesetz sind weiterhin die Selbstverwaltungsorganisationen der Wirtschaft, die Handwerkskammern, Industrie- und Handelskammern und einige weitere Kammern der Landwirte, der Rechtsanwälte, der Ärzte usw., für die Überwachung der Ausbildung zuständig (§44 BBiG). Die Ausbildungsordnungen werden vom paritätisch besetzten „Bundesinstitut für Berufsausbildung" in Berlin erarbeitet und vom Bundesminister für Bildung und Wissenschaft im Einvernehmen mit dem zuständigen Fachminister in Kraft gesetzt. Die *Kammern* entstanden nach französischem Vorbild im Zuge der Industrialisierung und der Entwicklung der bürgerlichen Gesellschaft als Körperschaften des Öffentlichen Rechts; sie übernahmen für Teilbereiche, wie hier die Berufsausbildung, quasi hoheitliche Funktionen.

Die Zahl der Ausbildungsberufe hat insgesamt abgenommen: Während 1950 über 1000 Ausbildungsberufe anerkannt waren, waren es im Jahr 2000 nur noch 355 (Datenreport 2002: 66). Damals wie heute verteilte sich die überwiegende Mehrheit der Auszubildenden auf wenige Berufe. So fanden sich im Jahr 2000 73 % aller weiblichen und 55 % aller männlichen Auszubildenden in nur 20 Ausbildungsberufen. Dabei ist bei den Mädchen der Beruf der Bürokauffrau am beliebtesten; Jungen favorisieren den des Kraftfahrzeugmechanikers (Datenreport 2002: 66f.)

Tabelle 12 Auszubildende nach Ausbildungsbereichen in Deutschland 2000

Ausbildungsbereich	Auszubildende	Davon weiblich (in %)
Industrie und Handel	860 800	43,2
Handwerk	596 200	21,9
Landwirtschaft	38 900	28,5
Öffentlicher Dienst	46 300	64,4
Freie Berufe	146 200	95,6
Hauswirtschaft	13 200	94,7
Seeschifffahrt	400	5,0
Insgesamt	1 702 000	40,9

Quelle: BMBF 2002: 118f.; eigene Berechnungen

Angesichts der sich wandelnden Anforderungen gehen die Bemühungen dahin, durch eine noch größere Konzentration der Ausbildungsberufe die Berufsausbildung so breit anzulegen, dass der Einzelne befähigt wird, sowohl in seinem Berufsfeld den Arbeitsplatz zu wechseln (Querschnittsqualifikation) als auch den technologisch bedingten Veränderungen seines Berufes und Arbeitsplatzes gewachsen zu sein (Längsschnittqualifikation).

Die Kritik an der dualen Ausbildung hebt hervor,

- dass die überwiegende Mehrzahl der Klein- und Kleinstbetriebe gar nicht in der Lage sei, qualifiziert auszubilden;
- dass die beiden Säulen des dualen Systems nur unzulänglich miteinander verknüpft sind;
- dass die Betriebe vorwiegend betriebsbezogen und nicht arbeitsmarktbezogen ausbilden;
- dass die Berufsausbildung nur kurzfristigen Marktinteressen, nicht aber langfristigen Qualifikationsinteressen der Auszubildenden entspreche;
- dass die in den Betrieben geleistete berufliche Sozialisation zu sehr am *status quo* orientiert sei und kaum Spielraum für Veränderungen lasse.

3. Neustrukturierung nach 1960

Nach dem Alarmruf Georg Pichts (1964) über die „deutsche Bildungskatastrophe" war es das Ziel der (föderativen) Bildungspolitik, die im internationalen Vergleich ungünstigen Quoten pro Altersjahrgang auf den weiterführenden Schulen und Hochschulen sowie zahlreiche andere Relationen (z.B. die Verhältniszahl von Schüler/Lehrer) zu verbessern. Neben der teilweisen Einführung der Gesamtschule waren es vor allem zwei Neuerungen im Bildungsbereich, die ein großes Interesse der allgemeinen und der fachwissenschaftlichen Öffentlichkeit fanden:

- die Aufgabe von Begriff und Struktur der Volksschule als einheitlicher, allgemein bildender öffentlicher Pflichtschule (seit dem „Hamburger Abkommen" der Länder zur Vereinheitlichung und Weiterentwicklung des Schulwesens, Oktober 1964);

• die „Vereinbarung zur Neugestaltung der gymnasialen Oberstufe" der Kultus-Minister-Konferenz vom Juli 1972. Wenn auch die Durchführung in den einzelnen Bundesländern zu unterschiedlichen „Modellen" führte, so ist dies doch eine der grundlegendsten Änderungen im deutschen Bildungswesen: die teilweise Aufgabe der Jahrgangsklasse; das Abrücken vom traditionalen Fächerkanon des Gymnasiums und damit von einem traditionalen Bildungsbegriff; die Berücksichtigung der spezifischen Interessen der Schüler in einem differenzierten Kern-Kurs-System.

Als umfassendster Reformplan zur Umgestaltung des „künftigen Bildungswesens" wurde der von Bund und Ländern akzeptierte und verabschiedete Bildungsgesamtplan der „Bund-Länder-Kommission für Bildungsplanung" 1973 vorgelegt. Danach gliedert sich das Bildungswesen nicht mehr nach Institutionen, sondern in „Bereiche", wie aus Abb. 4 ersichtlich wird (Quelle: Eurydice 2001/2002).

Von den Reformversuchen im Bildungssystem erregte in der breiten Öffentlichkeit die Konzeption und teilweise Durchsetzung der Gesamtschule das größte Interesse. Der Begriff „Gesamtschule" wird überall dort verwendet, wo bisher getrennte Schulsysteme – Grund- und Hauptschule, Realschule, Gymnasium, incl. der Förder- bzw. Orientierungsstufe – zu einem Schulsystem zusammengefasst werden. Im Prinzip lassen sich zwei Arten der Zusammenfassung unterscheiden:

• die additive oder kooperative Gesamtschule, in der die einzelnen Schularten in einem „Schulzentrum" räumlich zusammengefasst werden;
• die integrierte oder differenzierte Gesamtschule, in der die Schulformen des Sekundarbereichs I aufgehoben sind.

In der Gesamtschule treten ein differenziertes Kern-Kurs-System und das Prinzip der Durchlässigkeit an die Stelle des bisherigen Klassenverbandes und halten den Schulabschluss bis zum Ende des zehnten Schuljahres offen. Im Jahr 2000 besuchten 10 % der 13-Jährigen integrierte Gesamtschulen (Datenreport 2002: 60); dabei zeigte sich hinsichtlich der Verbreitung der Gesamtschulen in den einzelnen Bundesländern ein klares Nord-Südgefälle. Obwohl der Anteil der Gesamtschulen an allen Schulen insgesamt in der Bundesrepublik vergleichsweise gering ist, liegt die besondere Bedeutung der integrativen Gesamtschule nach Gukenbiehl in ihrer Wirkung als Reformschule, „die das schulische Angebot bereichert und als Anreger und Katalysator wirkt für die Weiterentwicklung des deutschen Schulwesens insgesamt" (2001: 97).

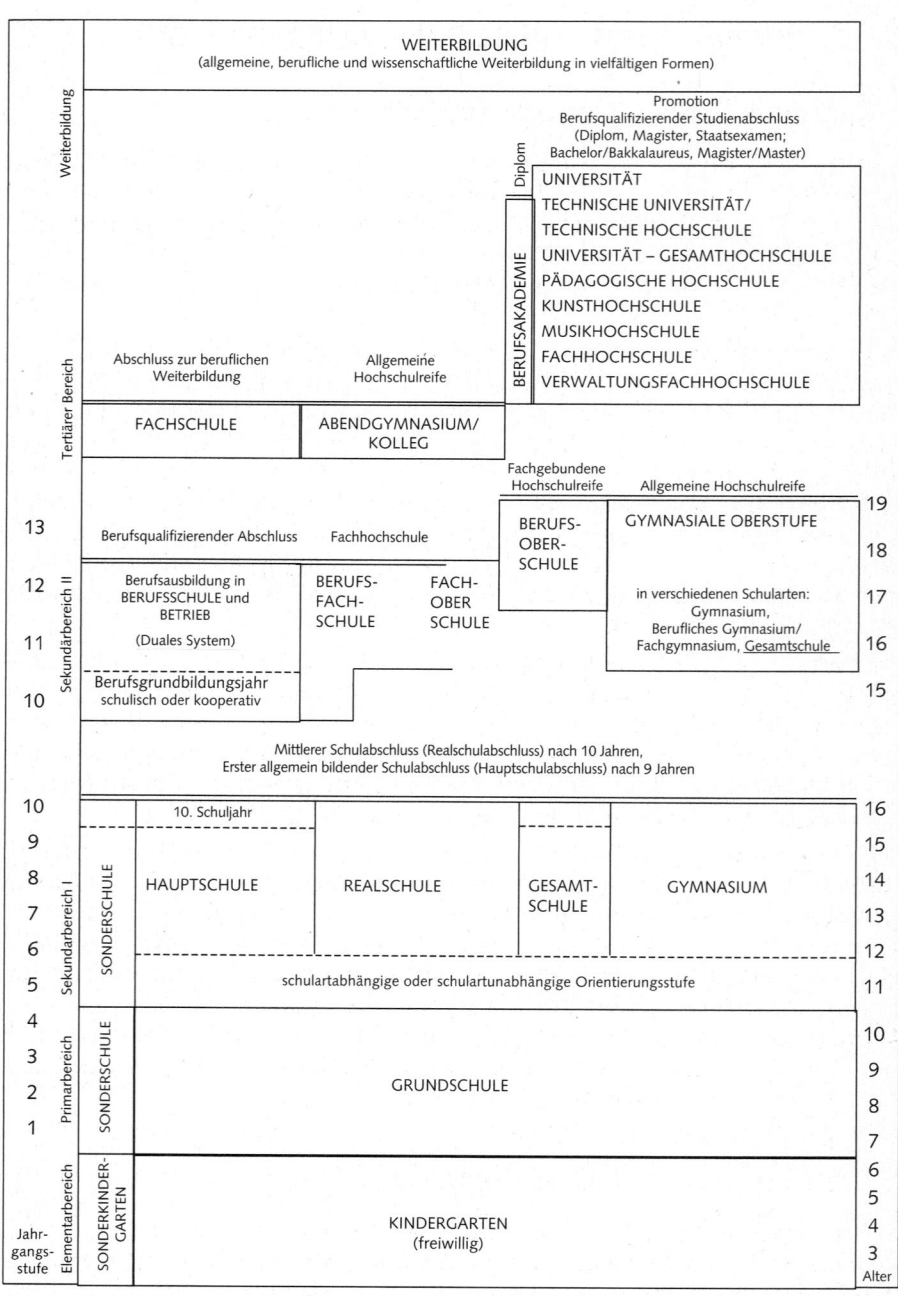

Abb. 4 Grundstruktur des Bildungssystems

III. Bildungssystem und soziale Differenzierung

1. Verbreitung von Chancengleichheit

Angesichts des bedeutenden Stellenwerts der Bildung und Ausbildung in einer industriellen Gesellschaft und „wissenschaftlichen Zivilisation" (Helmut Schelsky) überrascht nicht, dass mit dem Ende der so genannten Restaurationsperiode seit Anfang der 1960er Jahre die Frage nach den Bildungschancen ins Zentrum der Diskussion um Chancengleichheit und soziale Ungleichheit rückte.

Im Zuge der Bildungsexpansion kam es in Westdeutschland innerhalb weniger Jahre zu erheblichen Veränderungen der Quoten an weiterführenden Schulen: Während 1960 11 % der 13-Jährigen in Westdeutschland die Realschule und 15 % das Gymnasium besuchten, stieg ihr Anteil bis zum Jahr 2000 auf 23 % in der Realschule und 30 % im Gymnasium (Datenreport 2002: 60). Die Zahl der Studierenden an den Hochschulen stieg von 226 Tsd. im Jahre 1960 (Westdeutschland) auf 1,9 Mill. im Wintersemester 2002/2003 in der Bundesrepublik (StBA 2002). Es ist jedoch zu berücksichtigen, dass 1960 die damaligen Studierenden an Ingenieurschulen nicht einbezogen sind, nach deren Umstrukturierung zu Fachhochschulen aber mitzählen.

Die in den letzten Jahrzehnten zu verzeichnenden Veränderungen im Bildungswesen zeigen zwar insgesamt eine Verbesserung der Bildungschancen der Kinder aus fast allen Schichten, allerdings ist es nicht zu einem Abbau der Chancenunterschiede zwischen den Schichten gekommen; bezogen auf die höheren Bildungsabschlüsse zeigt sich sogar eine Vergrößerung der „Chancenabstände zwischen privilegierten und benachteiligten Gruppen" (Geißler 2002: 347).

Es besteht also auch weiterhin ein enges Ursachengeflecht zwischen sozialer Herkunft und Wahrnehmung von Bildungs- und Ausbildungschancen. So hat ein Kind aus einem Akademikerhaushalt gegenüber einem Kind aus einem Facharbeiterhaushalt bei gleichen kognitiven Fähigkeiten und erbrachten Fachleistungen in Deutschland eine 2,96 mal so große Chance, ein Gymnasium zu besuchen (Demmer 2002). Dies belegen auch die Ergebnisse der PISA-Studie, die Deutschland neben einem Leistungsproblem auch ein Gerechtigkeitsproblem bescheinigen (OECD 2001; vgl. zur Diskussion in Deutschland z.B. Seiten unter http://www.bildungsserver.de).

2. Sozialstrukturelle Folgen der Bildungsexpansion

Die Bildungsexpansion hat kurz-, mittel- und langfristige Wirkungen und trägt zum Teil direkt, zum Teil indirekt zur Veränderung der Sozialstruktur bei. Einige Punkte seien abschließend genannt:

*   Mit der seit Beginn der 1960er Jahre überproportionalen Bildungsexpansion von Mädchen und jungen Frauen änderte sich das Verhältnis der Geschlech-

ter zueinander, wächst die Selbstbestimmung der Frau, aber auch die Konkurrenz um Studien- und Arbeitsplätze;

- die Bildungsexpansion hatte Auswirkungen auf die Prozesse der Individualisierung, die gestiegene Kritikfähigkeit gegenüber der Politik und der Wahrnehmung beruflicher und sonstiger Optionen;

- die Bildungsexpansion hat im Zusammenhang mit der Individualisierung auch die Pluralisierung der Lebensstile befördert;

- längere Ausbildungszeiten und Individualisierung führen auch zur Pluralisierung der Lebensformen, einem Anstieg der Singlehaushalte oder der Paare ohne Kinder;

- die längeren Ausbildungszeiten bewirken schließlich eine veränderte Altersstruktur der Auszubildenden und Berufsanfänger, was dazu führte, dass sich das dritte Lebensjahrzehnt als Phase der Postadoleszenz teilweise gegenüber anderen Lebensphasen verselbstständigte;

- von entscheidender Bedeutung ist auch der durch die Bildungsexpansion ermöglichte Umbau der Beschäftigungsstruktur, zumal durch den Ausbau des tertiären und quartären Sektors (vgl. Kap. 10), und den damit verbundenen Anforderungen der Höherqualifizierung entsprechend der technologischen Umgestaltung von Produktions- und Arbeitsplatzstrukturen.

Literatur

Anweiler, Oskar, 1989, Bildung und Wissenschaft in der DDR, in: *W. Weidenfeld/H. Zimmermann*, Hg., Deutschland-Handbuch. Eine doppelte Bilanz 1949–1989, Bonn, S. 370–388

Anweiler, Oskar et al., Hg., 1992, Bildungspolitik in Deutschland 1945–1990. Ein historisch-vergleichender Quellenband, Opladen

Apel, Helmut, 1992, Intergenerative Bildungsmobilität in den alten und neuen Bundesländern, in: Jugend '92, Bd. 2, Opladen, S. 533–570

Arbeitsgruppe Bildungsbericht am Max-Planck-Institut für Bildungsforschung, 1994, Das Bildungswesen in der Bundesrepublik Deutschland, Reinbeck bei Hamburg

Barz, Heiner, 2003, Bildung – Bemerkungen zur säkularen Wirklichkeit eines humanistischen Leitbegriffs. Antrittsvorlesung an der Universität Düsseldorf, online: http://www.phil-fak. uni-duesseldorf.de/ew/bf/Antrittsvorlesung.PDF (30.04.2004)

Bildungsgesamtplan, hg. von der Bund-Länder-Kommission für Bildungsplanung, Bd. I, Stuttgart 1973

Bruchhäuser, Hanns-Peter, Antonius Lipsmeier, Hg., 1985, Die schulische Berufsbildung 1869–1918. Bd. 3 der Quellen und Dokumente zur schulischen Berufsbildung in Deutschland, Köln/Wien

Demmer, Marianne, 2002, PISA E. Die deutsche Ergänzungsstudie. Daten, Fakten, Meinungen (Gewerkschaft Erziehung und Wissenschaft); online: http://gew.de/standpunkt/ aschlagzeilen/schule/pisa/pisapower/texte/pisa-e-strategie%20(1).ppt (7.5.2004)

Durkheim, Emile, 1972, Erziehung und Soziologie, hg. und übersetzt von *R. Krisam*, Düsseldorf

Eurydice, Eurybase – The Information Network on Education in Europe. Das Bildungssystem in Deutschland 2001/2002; online: http://www.eurydice.org/Eurybase/Application/ frameset.asp?country=DE&language=VO (30.04.2004)

Fischer, Bernd-Reiner, 1993, Art. „Bildung", in: *W. Weidenfeld/K.-R. Korte*, Hg., Handbuch zur deutschen Einheit, Bonn, S. 55–64

Friedeburg, Ludwig von, 1989, Bildungsreform in Deutschland: Geschichte und gesellschaftlicher Widerspruch, Frankfurt (2. Aufl. 1992)

Gagel, Walter, 1994, Geschichte der politischen Bildung in der Bundesrepublik Deutschland 1945–1989, Opladen

Geißler, Rainer, 1994, Soziale Schichtung und Bildungschancen, in: *ders.*, Hg., Soziale Schichtung und Lebenschancen in der Bundesrepublik Deutschland, Stuttgart, 2., neu bearb. Aufl., S. 111–159

Geißler, Rainer, 2002, Die Sozialstruktur Deutschlands. Die gesellschaftliche Entwicklung vor und nach der Vereinigung, 3., grundl. überarb. Aufl., Wiesbaden

Gukenbiehl, Hermann L., 2001, Bildung und Bildungssystem, in: *B. Schäfers./W. Zapf*, Hg., Handwörterbuch zur Gesellschaft Deutschlands, 2. Aufl. Opladen, S. 89–103

Herrmann, Ulrich, 1991, Historische Bildungsforschung und Sozialgeschichte der Bildung. Programme – Analysen – Ergebnisse, Weinheim

Lichtenstein, Ernst, 1971, Art. „Bildung", in: Historisches Wörterbuch der Philosophie, Bd. 1, Basel/Stuttgart, Sp. 921–937

Max-Planck-Institut für Bildungsforschung, 2001, PISA 2000. Zusammenfassung zentraler Befunde, Berlin

OECD, 2001, Lernen für das Leben. Erste Ergebnisse der internationalen Schulleistungsstudie PISA 2000; online: http://www.pisa.oecd.org/Docs/Download/PISA2001(deutsch).pdf (30.04.2004)

Schmidt, Manfred G., 2003, Ausgaben für Bildung im internationalen Vergleich, in: Aus Politik und Zeitgeschichte: Beilage zur Wochenzeitung Das Parlament, B21-22, S. 6–11

Sommerkorn, Ingrid N., 1997, Soziologie der Bildung und Erziehung, Lektion II in: *B. Schäfers/H. Korte*, Hg., Einführung in Praxisfelder der Soziologie, 2. Aufl. Opladen, S. 29–56

Statistisches Bundesamt, 2002, Studienanfängerquote im Studienjahr 2002 jetzt bei 37,5 %, Pressemitteilung vom 29. November 2002

Tessaring, Manfred, 1993, Das duale System der Berufsausbildung in Deutschland. Attraktivität und Beschäftigungsperspektiven, in: MiTTAG 2/93, S. 131–161

Vierhaus, Rudolf, 1972, Art. „Bildung", in: Geschichtliche Grundbegriffe. Historisches Lexikon zur politisch-sozialen Sprache in Deutschland, Bd. 1, Stuttgart, S. 508–551

Kapitel 9
Struktur und Wandel des politischen Systems

I.   **Eigenständigkeit und Ausdifferenzierung**
   1. Differenzierung des Politikbegriffs
   2. Formen bürgerschaftlicher Mitwirkung
   3. Strukturprinzipien der Demokratie

II. **Parteien und Wahlen**
   1. Verankerung der Parteien im politischen und sozialen System
   2. Stellung der Parteien im Grundgesetz
   3. Die Parteienstruktur der Bundesrepublik
   4. Parteien im Marxismus-Leninismus bzw. in der DDR

III. **Wandlungen des Parteiensystems**
   im Spiegel der Bundestagswahlen seit 1949

IV. **Veränderungen des Parteiensystems durch Soziale Bewegungen**
   1. Aufbrechen des etablierten Parteienspektrums
   2. DIE GRÜNEN als Bewegung und als Partei
   3. Rechtsextremismus

V.   **Pluralismus als „Herrschaft der Verbände"?**
   1. Pluralismus und organisierte Interessen
   2. Gliederung des Verbandswesens.
      Interessenartikulation oder Lobbyismus?
   3. Neo-Korporatismus und Kommunitarismus statt Verbände-Herrschaft?

VI. **Politische Kultur als Basis des politischen Systems**
   1. Definition. Institutionelle Basis
   2. Weitere Grundlagen und Gefährdungen politischer Kultur

Literatur

I. Eigenständigkeit und Ausdifferenzierung

1. Differenzierung des Politikbegriffs

Politik ist die Gesamtheit aller Entscheidungen, die die öffentlichen Angelegenheiten (lat. *res publicae*) zum Gegenstand haben. Der Begriff leitet sich ab von griech. *polis*, dem Stadtstaat des antiken Griechenland. Es ist schwierig, den Bereich des Politischen inhaltlich genau einzugrenzen, denn Politik muss auch als Prozess verstanden werden, der flexibel auf den sozialen und kulturellen Wandel und damit den Wandel der *res publicae* reagiert. Hierzu bedarf es im komplexen politischen System einer Vielzahl von Einrichtungen.

Wegen seiner Komplexität ist das politische System – als ein klar abgrenzbares, relativ autonomes Teilsystem der Gesellschaft – nicht mit nur einem Begriff erfassbar. Darum wurde von Politikwissenschaftlern in Anlehnung an den angelsächsischen Sprachgebrauch folgende Differenzierung vorgenommen (vgl. Rohe 1978):

- *policy*: die inhaltlichen Handlungsprogramme, die von den Akteuren des politischen Systems verfolgt werden;
- *politics*: der Willensbildungs- und Entscheidungsprozess, der immer auch ein Machtkampf um politische Ideen und Programme ist;
- *polity*: der Handlungsrahmen, unter dem politische Prozesse stattfinden, an wichtigster Stelle die Verfassung.

Das politische System hat sich wie andere *Handlungssysteme* – die Justiz, die Kirchen, die Wirtschaft, die Wissenschaft, die Kunst, die Presse etc. – seit Herausbildung der modernen Staats- und Gesellschaftsordnung ausdifferenziert. Nur dadurch erlangte es eine bestimmte Autonomie und lässt es sich von anderen sozialen Systemen abgrenzen (zu den Grundzügen des politischen Systems der Bundesrepublik auch in historischer Perspektive vgl. die Darstellungen bei von Beyme 1993; Sontheimer 1997).

Das politische System kann in folgende Subsysteme eingeteilt werden:

- Parlament (Bund und Länder);
- Regierung, Verwaltung;
- politische Parteien; Interessenverbände (diese rechnen nur hinsichtlich ihrer Einflussnahme auf politische Entscheidungsprozesse zum politischen System).

Als Charakteristika des von anderen Handlungssystemen unterscheidbaren sozialen Systems der Politik führte Niklas Luhmann (1970: 154ff.) an:

- eine anerkannte gesellschaftliche Autonomie dieses Systems;
- seine funktionale Spezifizierung zur Herstellung bindender Entscheidungen;
- eine mit der Ausdifferenzierung wachsende Eigenkomplexität und Selektivität (Selektivität als „Auswahl" und „Trennschärfe" in der Aufnahme und Bearbeitung auftauchender Probleme);
- eine interne funktionale Differenzierung, die die Übernahme und Bearbeitung gesellschaftlicher Probleme erlaubt;

- die Sicherstellung noch unbestimmter Entscheidungen, also „die Legitimität der Legalität" (Luhmann 1970: 159).

Unter *Legitimität* ist die Rechtmäßigkeit der Staatsgewalt, ihre Anerkennung seitens der Staatsbürger zu verstehen; *Legalität* bedeutet „Gesetzmäßigkeit", die Bindung der Staatsbürger wie des Staates an das geltende Recht.

2. Formen bürgerschaftlicher Mitwirkung

Die Formen bürgerschaftlicher Mitwirkungs- und Einwirkungsmöglichkeiten in Politik, Staatswesen und Gesellschaft lassen sich wie folgt unterscheiden:

- Die Begriffe *Demokratie* und *Demokratisierung* beziehen sich auf den staatlich-politischen Raum und die damit verknüpften Entscheidungsprozesse und Entscheidungsstrukturen;
- die Begriffe *Partizipation* und *Mitbestimmung* beziehen sich auf die Gesellschaft und ihre Institutionen, wobei der Begriff *Partizipation* vorwiegend für Prozesse der Beteiligung im infrastrukturellen, kommunalen wie regionalen Planungsbereich verwendet wird und der Begriff *Mitbestimmung* für Strukturen und Prozesse der Teilhabe in den gesellschaftlichen Institutionen, vor allem der Arbeit und des Berufs, vorbehalten sein sollte.

Umfang und Qualität der hinter diesen Begriffen stehenden Prozesse sagen etwas aus über den erreichten Demokratisierungs- und Mitbestimmungsgrad der Staats- und Gesellschaftsordnung. Dabei ist nicht nur auf der logischen Ebene, sondern in der gesellschaftlichen Wirklichkeit denkbar und gegeben, dass einem relativ hohen Grad der Demokratisierung des politisch-staatlichen Lebens ein relativ geringer Grad an Partizipation und Mitbestimmung im gesellschaftlichen Bereich und am Arbeitsplatz gegenübersteht, und umgekehrt.

Zusammenhänge und Wechselwirkungen zwischen diesen Teilprozessen demokratischer Mitbestimmung und Teilhabe sind nicht zu übersehen. In den intensiven Diskussionen der späten 1960er und der 1970er Jahre zur „Demokratisierung" von Staat und Gesellschaft wurde immer wieder betont, die Demokratie im politischen Bereich könne nur wirksam gestützt und ausgebaut werden durch eine „Demokratisierung der Gesellschaft". Dieser richtige Grundgedanke darf dennoch nicht dazu verleiten, die Begriffe Demokratie und Demokratisierung unterschiedslos auf alle Handlungsbereiche anzuwenden.

3. Strukturprinzipien der Demokratie

Der Demokratiebegriff ist eine der Schlüsselvokabeln der europäischen Aufklärung, der nachfolgenden Revolutionen, der politisch-normativen Kultur und der politischen Ethik in allen Ländern der Erde. Die Verfassungen auf der Welt, die nicht beanspruchen, auf *Demokratie* (von griech. *demos*, das Volk, abgeleitet:Volksherrschaft) zu beruhen, wird man an einer Hand aufzählen können; jene Gesellschaften, deren politische Strukturen an einem inhaltlich anspruchsvollen Begriff der Demokratie orientiert sind, wohl ebenso.

Demokratie ist von anderen Formen der politischen Herrschaft wie *Autokratie* (Herrschaft eines Einzelnen), *Aristokratie* (Herrschaft der „Besten", z.B. des Adels), *Oligarchie* (Herrschaft einer kleinen Gruppe) und erst recht von *Tyrannis* und Diktatur verschieden bzw. das genaue Gegenteil von ihnen. Die Differenzierung der Staatsformen geht zurück auf die griechischen Philosophen Platon und Aristoteles. Insbesondere bei Aristoteles sind mit dem Demokratiekonzept eine Reihe von anderen Begriffen bzw. Rechten und Garantien verknüpft: die Forderung nach Freiheit und die Sicherung der Freiheit und Würde der Polisbürger.

Im sechsten Buch seiner „Politik" (Randziffer 1317 b) führte Aristoteles aus: „Die Grundlage der demokratischen Verfassung ist die Freiheit". Die von Aristoteles entwickelten Prinzipien der Demokratie machen seine „Politik" bis heute zu einem Grundlagenbuch aller Demokratietheorien (vgl. hierzu den Überblick bei Schmidt 1995) und Staatsformenlehren. Der Unterschied zu heutigen demokratietheoretischen Überlegungen besteht vor allem darin, dass Aristoteles seine Lehre von Demokratie und Freiheit auf die freien, über Eigentum und sonstige Rechtstitel verfügenden Bürger bezogen hat – nicht auf alle Menschen. Dies einzufordern und mit der Durchsetzung und rechtsstaatlichen Sicherung der allgemeinen Menschrenrechte zu verbinden, war der europäischen *Aufklärung* vorbehalten, u. a. John Locke (1632-1704), Charles de Montesquieu (1689-1755), Jean-Jacques Rousseau (1712-1778), Immanuel Kant (1724-1804).

Eine Schlüsselposition in der modernen Demokratietheorie nimmt immer noch Rousseau ein, weil er auf die Probleme der gleichzeitigen Durchsetzung von Freiheit und Gleichheit für alle deutlich hingewiesen hat. Rousseau und alle folgenden Demokratietheoretiker sahen, dass der schrankenlose Gebrauch der Freiheit zum Verlust der Gleichheit und der Freiheit anderer führen kann. Also benötigt man eine Ordnung, in der – wie es Kant formuliert hat – die Freiheit des Einzelnen mit der Freiheit aller anderen (Bürger) bestehen kann (so in seinem philosophischen Hauptwerk „Die Kritik der reinen Vernunft").

Der Gründer der später so genannten „Frankfurter Schule der Soziologie", Max Horkheimer, fasste diese Dialektik in dem Satz zusammen: „Je mehr Freiheit, desto weniger Gleichheit; je mehr Gleichheit, desto weniger Freiheit."

II. Parteien und Wahlen

1. Verankerung der Parteien im politischen und sozialen System

Die Bedeutung der Parteien für das politische Leben ist seit ihrer Herausbildung in England seit dem 17. und 18. Jh., in Frankreich seit Ende des 18. Jh.s so vielschichtig, dass eine gründliche Analyse zugleich eine Geschichte des betreffenden Landes darstellen würde.

In makrosoziologischer Perspektive – und damit im Hinblick auf Zusammenhänge von Sozialstruktur und Parteientwicklung – gibt es mehrere Ansätze, die auffälligen Gemeinsamkeiten der Parteiensysteme in den westeuropäischen Ländern seit Entwicklung des modernen Staats- und Gesellschaftssystems zu charakterisieren. Nach der überzeugenden *Cleavage-Theorie* von Seymour M. Lipset und Stein Rokkan (1967) bildeten sich die heute noch existenten Parteienstrukturen in westeuropäischen Gesellschaften durch die Dominanz von vier Konfliktlinien (*Cleavages*). Die ersten beiden reichen bis ins 18. und frühe 19. Jh. zurück; sie haben zu tun mit der heute abgeschwächten, aber immer noch virulenten Frage nach dem Stellenwert des Nationalstaats und dem Verhältnis von Zentrum und Region (Peripherie). In Deutschland ist dies – seit dem frühen Mittelalter – mit der föderalen Struktur des Staats- und Gesellschaftsaufbaus eng verknüpft. Die beiden anderen Konfliktlinien entstanden vor allem in der zweiten Hälfte des 19. Jh.s und haben den Gegensatz von Agrar- und Industriegesellschaft bzw. von Lohnarbeit und Kapital zum Gegenstand. Es handelt sich also um zwei kulturelle Konfliktlinien: Zentrum – Peripherie; Staat – Kirche und um zwei ökonomische Konfliktlinien: Stadt – Land; Bourgeois – Lohnarbeiter.

M. Rainer Lepsius (1993) entwickelte einen Ansatz, der die deutsche Parteienentwicklung von der Reichsgründung bis zum Ende der Weimarer Republik untersuchte und legte hierbei ein Konzept „sozial-moralischer Milieus" zugrunde. Diesen Milieus seien spezifischen Parteien zuordbar. Lepsius unterschied vier dominante Milieus und „zugehörige" Parteien: katholisches Sozialmilieu; konservativ-protestantisches Sozialmilieu; protestantisch-bürgerliches Sozialmilieu; sozialdemokratisches Sozialmilieu (vgl. auch von Alemann 1992).

2. Stellung der Parteien im Grundgesetz

Anders als frühere Verfassungen betont das Grundgesetz die besondere Bedeutung der Parteien. Nach Art. 21 GG

- wirken sie bei der politischen Willensbildung des Volkes mit;
- ist ihre Gründung frei;
- muss auch ihre innere Ordnung demokratischen Grundsätzen gehorchen;
- muss ihre Zielsetzung den Prinzipien der freiheitlich-demokratischen Grundordnung entsprechen.

Den bisher angeführten Struktureigenschaften des politischen Systems kann – zugleich als Spezifizierung des vielschichtigen Begriffes der Demokratie – hinzugefügt werden, dass die Bundesrepublik eine auf dem Wirken der Parteien basierende Demokratie ist, in missverständlicher Abkürzung oft *„Parteiendemokratie"* genannt. Der Staats- und Verfassungsrechtler Hans Kelsen (1881–1973) ging bereits in den 1920er Jahren davon aus, dass heute „jede Demokratie zwangsläufig ein Parteienstaat" sei (1929: 18). Im *Parteiengesetz* in der Fassung von 1989 findet sich in §2 für *Parteien* folgende Definition (zit. bei Mintzel/Oberreuter 1992: 569): „Parteien sind Vereinigungen von Bürgern, die dauernd oder für längere Zeit für den Bereich des Bundes oder eines Landes auf die politische Willensbildung Einfluss nehmen und an der Vertretung des Volkes im Deutschen Bundestag oder einem Landtag mitwirken wollen, wenn sie nach dem Gesamtbild der tatsächlichen Verhältnisse, insbesondere nach Umfang und Festigkeit ihrer Organisation, nach der Zahl ihrer Mitglieder und nach ihrem Hervortreten in der Öffentlichkeit eine ausreichende Gewähr für die Ernsthaftigkeit dieser Zielsetzung bieten. Mitglieder einer Partei können nur natürliche Personen sein."

Nicht eine Partei, sondern mehrere sollen sich an der politischen Willensbildung beteiligen und über diesen Prozess um die Ausübung von Herrschaftsfunktionen „konkurrieren". Prinzipiell kann sich auch ein „parteiloser" Kandidat für den Bundestag oder einen Landtag „nominieren" (benennen, aufstellen) lassen. Aufgrund der gegebenen Strukturen, zu denen auch das Wahlrecht gehört, hätte er aber keine Chance, ein *Mandat* („Auftrag" des Volkes bzw. einer Wählergruppe zur Wahrnehmung der Aufgaben eines Parlamentsabgeordneten) zu erringen (über den Vorgang, wie aus Wählerstimmen – entsprechend den Bestimmungen des Wahlgesetzes – Mandate werden, vgl. Deichmann 1995).

Die Einflussnahme der politischen Parteien erstreckt sich nicht nur auf die politische Willensbildung und die Regierungsfunktionen im engeren Sinne, sondern auf alle Bereiche des öffentlichen Lebens:

- auf die Struktur der Öffentlichkeit und der Medien (formell und informell, z.B. durch die Besetzung von Aufsichtsräten in den öffentlich-rechtlichen Rundfunkanstalten mit Parteiangehörigen; informell durch die mehr oder weniger offenkundige „Nähe" der Medien bzw. einzelner Journalisten und Redakteure zu einer Partei);
- auf die Rechtsprechung (durch die Besetzung hoher Richterposten mit Parteiangehörigen);
- auf die Kulturordnung;
- auf das religiöse Leben (insbesondere bei den sich als christlich verstehenden Parteien CDU/CSU).

3. Die Parteienstruktur der Bundesrepublik

Die Parteienstruktur, wie sie sich nach dem Zweiten Weltkrieg und im Hinblick auf die zwei deutschen Staaten herausbildete, wurde im Kap. „Wiedererwachen des politischen und parteipolitischen Lebens" (S. 27f.) dargestellt (über die Entwicklung in der DDR vgl. w. u.). Hier seien einige weitere Charakteristika zusammengefasst (eine ausführliche Darstellung zum Stellenwert der Parteien in der parlamentarischen Demokratie und zu den Parteien der Bundesrepublik findet sich in Mintzel/Oberreuter 1992):

- Erst nach dem Zweiten Weltkrieg wurde im Parteienspektrum der Bundesrepublik die konfessionsbezogene Parteienbindung (Zentrum) und ihre klassenspezifische Zuordnung (SPD und KPD) überwunden. Rechts- und linksextreme Entwicklungen konnten mit Erfolg abgewehrt werden. Dadurch, dass die Parteien ihre engen Bindungen an Konfessionen, Weltanschauungen und Ideologien weitgehend überwunden haben, sind sie prinzipiell für alle wählbar. Diese Entwicklung brachte nicht nur Probleme der differenzierenden Abgrenzung, der Bindung der „Stammwähler", sondern auch die Figur des „Wechselwählers" hervor. Neben den weiterhin dominanten *Cleavages* gibt es neue Cleavages, die zu einer Modifikation und partiellen Erweiterung der Parteienlandschaft geführt haben. Stichwortartig seien genannt: die Vertretung von Rechten bisher diskriminierter Minderheiten oder die Ökologieproblematik. Die Probleme des europäischen Einigungsprozesses haben hingegen parteipolitisch bisher nicht zu dominanten neuen Konfliktlinien bzw. Parteigründungen geführt;

- nach der Wahl des Ersten Deutschen Bundestages (vgl. S. 39) zeichnete sich eine Konsolidierung des Parteiensystems ab, wobei sich das herausbildende Dreierbündnis von SPD, CDU/CSU und Liberalen seit den 1970er Jahren um das Spektrum der GRÜNEN und seit der Wiedervereinigung um die SED-Nachfolgepartei, die PDS (Partei des demokratischen Sozialismus), erweiterte;

- trotz aller Kritiken und Krisen (Probleme der Verparteilichung der öffentlichen Institutionen, der Parteienfinanzierung etc.) zeigen sich die Parteien fest verankert im politischen und demokratischen System der Bundesrepublik. Es ist den Bürgern bewusst, dass Parteien eine Basis der parlamentarischen Demokratie sind. Die oft zitierte „Politikverdrossenheit" der Bürger hat – nimmt man die Wahlbeteiligung und Wahlergebnisse als Indikatoren – bisher keine das Gesamtsystem destabilisierenden Auswirkungen gezeigt.

In direktem Zusammenhang mit der Wirksamkeit der Parteien im politischen und weiteren öffentlichen und sozialen Leben steht die Mitgliederzahl der Parteien, vor allem die Zahl der Mitglieder in wichtigen Funktionen und Einrichtungen des staatlichen und gesellschaftlichen Lebens. Nach Jahren des großen Zulaufs in die Parteien, vor allem nach 1968, ist seit Beginn der 1980er Jahre bei den „etablierten" Parteien ein Rücklauf zu verzeichnen. Noch schwerer wiegt allerdings die „veraltete" Mitgliederstruktur; junge Mitglieder können nur in geringem Umfang geworben werden und das Durchschnittsalter der neu Eintretenden wird in einzelnen Parteien immer höher.

Nur langsam steigt der Frauenanteil in den „etablierten" Parteien. In der CDU waren Ende 2000 25,2 % der Mitglieder Frauen. Kaum höher sind die Frauenanteile bei der SPD (29,4 %). Nach der auf dem Parteitag in Münster 1988 beschlossenen *Quotenregelung* müssen alle Parteiämter und Parlamentsmandate stufenweise bis zu 40 % an Frauen vergeben werden. Unabhängig von den höchst komplizierten parteiinternen Wahlverfahren (und der Außenwirkung auf die Wähler) werden gegen diese Regelung eine Reihe von verfassungsrechtlichen Bedenken (Art. 3, Abs. 1 GG) vorgebracht.

4. Parteien im Marxismus-Leninismus bzw. in der DDR

Im Staats- und Gesellschaftssystem der DDR kam der Partei der *SED* (Sozialistische Einheitspartei Deutschlands), die im April 1946 aus dem Zwangszusammenschluss von KPD und SPD entstanden war, ein herausgehobener Stellenwert zu. Entsprechend den Vorstellungen des Marxismus-Leninismus verkörperte sie, und nur sie, das Prinzip der *Parteilichkeit*. Im (auch in der alten Bundesrepublik) weit verbreiteten „Philosophischen Wörterbuch" (Klaus/Buhr) hieß es: „In der marxistisch-leninistischen Philosophie ist die Parteilichkeit zugleich ein bewusst angewandtes *theoretisch-methodisches Prinzip*, das den objektiven Wahrheitsgehalt, das kämpferische, revolutionäre Wesen und die konsequente offene Parteinahme des Marxismus-Leninismus für die Sache der Arbeiterklasse, den Sozialismus und Kommunismus, für den Fortschritt der Menschheit überhaupt, deutlich macht".

Die DDR ließ auch in ihren verfassungsrechtlichen Grundlagen keinen Zweifel am Führungsanspruch der SED aufkommen. So hieß es in Art. 1 der DDR-Verfassung von 1974: Der Sozialismus in der DDR sei zu verwirklichen „unter Führung der Arbeiterklasse und ihrer marxistisch-leninistischen Partei". Sie war die eigentliche „Kader"-Partei (zu ihrem Stellenwert und zum Begriff „Kader" vgl. Voigt et al. 1987: 242ff.; zu ihrer Geschichte bis zur Gründung der PDS vgl. Ammer 1992: 432ff.). Ihre Parteitagsbeschlüsse hatten für das gesamte Staats- und Gesellschaftswesen sanktionierende Bedeutung.

Neben der SED gab es eine Reihe anderer Parteien, die sog. „Blockparteien" (spöttisch auch „Blockflöten" genannt), die mit der SED bei den Volkskammerwahlen zu einer „Einheitsliste der Nationalen Front der Deutschen Demokratischen Republik" zusammengeschlossen waren. Hierzu zählten (Voigt 1987: 237f.): Die CDU; die LDPD (Liberal-Demokratische Partei Deutschlands); die NDPD (National-Demokratische Partei Deutschlands); die DBD (Demokratische Bauernpartei Deutschlands); der FDGB (Freier Deutscher Gewerkschaftsbund); der DFD (Demokratischer Frauenbund Deutschlands); die FDJ (Freie Deutsche Jugend); der KB (Kulturbund der DDR).

Seit dem Fall der Berliner Mauer am 9.11.1989 begann ein Verfallsprozess des alten Parteiensystems und zugleich eine Orientierung der westdeutschen Parteien auf die dortigen Gruppierungen. Dieser komplexe Prozess der Umstrukturierung kann hier nur in wenigen Grundzügen dargestellt werden (vgl. Ammer 1992; Niedermayer 1993):

• In der SED konnte der Zerfallsprozess durch die Reformgruppe um Gregor Gysi seit Dezember 1989 dadurch gestoppt werden, dass sich die Partei in SED-PDS umbenannte (seit Februar 1990 nur noch PDS, Partei des demokratischen Sozialismus);

• CDU und FDP gingen mit den alten Blockparteien zusammen, sicherten sich so deren organisatorische Basis; alles in allem konnten die damit verbundenen personellen Probleme relativ rasch gelöst werden;

• schwieriger gestaltete sich die Etablierung der SPD. Sie hatte noch 1987 zusammen mit der SED ein gemeinsames „Positionspapier" veröffentlicht (das heute auch als Beleg dafür gilt, wie wenig mit dem Einigungsprozess gerechnet wurde). Ihr schlechtes Abschneiden bei der ersten gesamtdeutschen Wahl im Dezember 1990 (vgl. S. 162) wird vor allem darauf zurückgeführt, dass sie sich nicht mit einer der bestehenden Massenorganisationen oder Blockparteien zusammentat und ihr daher der organisatorische Unterbau für Wahlvorbereitung und Wahldurchführung weitgehend fehlte. Am Tag der 40-Jahr-Feier des alten DDR-Regimes hatten sich die Sozialdemokraten am 7. Oktober 1989 unter dem Namen „Sozialdemokratische Partei in der DDR" (SDP) konstituiert, führten aber seit der Landesdelegiertenkonferenz am 13. Januar 1990 wieder den traditionellen Namen SPD;

- die „Schwesterpartei" der CDU, die bayrische CSU (Christlich-Soziale Union Bayerns), hatte nach der Wende, aber noch vor der Wiedervereinigung versucht, ein eigenes Parteibündnis zu erreichen und damit ihre Eigenständigkeit zu unterstreichen. „Die tatkräftige Unterstützung der Deutschen Sozialen Union (DSU) hatte von Anfang an gesonderte bündnispolitische Interessen der CSU aus spezifisch staatsbayrisch-föderalistischer Sicht signalisiert" (Mintzel 1992: 259). Aber wie auch bei anderen Versuchen, die Grenzen Bayerns parteipolitisch zu überspringen, zeigte sich auch hier sehr bald, dass eine bundesweite Aktivität sich nicht auszahlen würde. „Die CSU wurde gerade durch die Vereinigung und die gesamtdeutsche Entwicklung mehr als je zuvor auf ihre bayrische Basis zurückverwiesen" (Mintzel 1992: 261).

Die Wahlen zur letzten Volkskammer der DDR am 18. März 1990 waren faktisch die ersten freien Wahlen in der DDR. Von ihrem Ergebnis hing die Dynamik des Vereinigungsprozesses ab. Bis zur Wahl war keineswegs klar – sondern eher unwahrscheinlich –, dass die Selbstaufgabe der DDR so schnell erfolgen und ein halbes Jahr später die Einigung vollzogen sein würde. Die Wahlbeteiligung lag bei 93,4 %. Die Wahlen endeten mit einem in dieser Höhe nicht erwarteten Überraschungssieg der Parteien, die sich in der „Allianz für Deutschland" zusammengeschlossen hatten: CDU, CSU, Demokratischer Aufbau. Die CDU und die mit der CSU verbündete DSU kamen zusammen auf 46,9 % der gültigen Stimmen. Die SPD erreichte 22 %; die SED-Nachfolgepartei PDS kam auf 16,3 %. Im 56. Bericht der Mannheimer „Forschungsgruppe Wahlen" hieß es zum Wahlergebnis: Die Gründe für das in dieser Höhe nicht erwartete positive Ergebnis für CDU/CSU liegen „ganz offensichtlich in der großen Attraktivität, welche die Bundesrepublik als ökonomisches und politisches System auf die Mehrheit der DDR-Bürger ausübt". Bald danach wurden unter der CDU-geführten Regierung von Lothar de Maizière die Weichen für die „Währungs- und Wirtschaftsunion" (ab 1.7.1990) und schließlich für die Vereinigung der beiden deutschen Staaten am 3.10.1990 gestellt.

III. Wandlungen des Parteiensystems im Spiegel der Bundestagswahlen seit 1949

Im Folgenden geht es weniger um eine Analyse des Wahlverhaltens und der nach verschiedenen sozialen Kriterien wie Alter, Geschlecht, Größe des Wohnortes, Beruf, Bildungsniveau, Religion differenzierten *Wählerfluktuation* (Wechsel der Partei durch einzelne Wähler bzw. Wählergruppen), als vielmehr um einige Zusammenhänge zwischen Parteien- und Gesellschaftssystem, wie sie sich aus den bisherigen fünfzehn Bundestagswahlen ergeben.

Der offenkundige Trend seit der ersten Bundestagswahl von 1949 zur Entwicklung eines „Zweiparteiensystems mit einer dritten Kraft" wurde erst bei der Wahl 1983 gebrochen. Als Gründe für diesen Trend können unter anderem genannt werden:

* die durch das Bundesverfassungsgericht nach Art. 21, Abs. 2 GG verfügte Auflösung von Parteien, die – nach dieser Rechtsprechung – nicht auf dem Boden des Grundgesetzes stehen. So wurde am 17.8.1956 die KPD verboten, nach einem seit November 1951 laufenden Verbotsantrag der Bundesregierung; 1952 war bereits die rechtsextreme „Sozialistische Reichspartei" (SRP) verboten worden;
* die 1953/1956 durch Änderung der *Wahlordnung* herbeigeführte Ausschaltung sehr kleiner Parteien durch die sog. *Fünf-Prozent-Klausel*;
* die seit Anfang der 1950er Jahre sich konsolidierende neue Staats- und Gesellschaftsordnung und die Integration verschiedener Bevölkerungsgruppen in diese Ordnung. So verschwand die „Bayernpartei" aus dem Bundestag, die monarchistische Tendenzen zeigte; ebenso verschwand die konservative, in Norddeutschland verbreitete „Deutsche Partei"/DP, weil die CDU deren Wählergruppen zu integrieren verstand. Der „Block der Heimatvertriebenen und Entrechteten"/BHE schied 1957 aus dem Bundestag aus;
* der Rückgang der parteipolitisch unabhängigen Kandidaten aufgrund der „Verparteilichung" des politischen Lebens und der Auswirkungen der Wahlordnung.

Während 1949 noch 11 Parteien in den Bundestag kamen, waren es nach der Wahl von 1953 nur noch sechs. Die CDU/CSU erreichte mit 244 von 487 Mandaten (bei 45,2 % Stimmenanteil) die absolute Mehrheit.

Bei der dritten Bundestagswahl 1957 konnte die CDU/CSU ihren Vorsprung noch weiter ausbauen; auf sie entfielen nunmehr 270 von 497 Mandaten (bei 50,2 % Stimmenanteil). Wie vielfach im sozialen Bereich war dieser Tatbestand nicht prognostizierbar, sondern kann nur im Nachhinein „rationalisiert" werden. 1957 war – anders als 1953 – die Bundesrepublik fest in das westliche Bündnissystem integriert; die Wirtschaftskapazität war gestiegen, mit ihr der Lebensstandard immer breiterer Bevölkerungsschichten. Ähnlich wie 1953 (Aufstand in der DDR am 17. Juni) traten wieder psychologische Faktoren hinzu, zumal die von der UdSSR herbeigeführte Niederschlagung des Ungarn-Aufstandes im Oktober

Tabelle 13 Bundestagswahlen 1949-2002 (in % der gültigen Zweitstimmen)

Jahr	Wahl-beteiligung	CDU/CSU	SPD	FDP	Die Grünen[2]	Sonstige[3]
1949[1]	78,5	31,0	29,2	11,9	–	27,9
1953	86,0	45,2	28,8	11,9	–	16,5
1957	87,8	50,2	31,8	7,7	–	10,3
1961	87,7	45,4	36,2	12,8	–	5,6
1965	86,8	47,6	39,3	9,5	–	3,6
1969	86,7	46,1	42,7	5,8	–	5,4
1972	91,1	44,9	45,8	8,4	–	0,9
1976	90,7	48,6	42,6	7,9	–	0,9
1980	88,6	44,5	42,9	10,6	1,5	0,4
1983	89,1	48,8	38,2	7,0	5,6	0,4
1987	84,3	44,3	37,0	9,1	8,3	1,4
1990	77,8	43,8	33,5	11,0	1,2	7,7
1994	79,1	41,5	36,4	6,9	7,3	7,2
1998	82,2	35,1	40,9	6,2	6,7	11,1
2002	79,1	38,5	38,5	7,4	8,6	6,8

Quelle: Statistisches Bundesamt Deutschland, Bundeswahlleiter,
http://www.bundeswahlleiter.de/wahlen/ergebl.htm
[1] siehe auch Tabelle 2, S. 39; [2] ab 1990: Bündnis'90/Grüne (vgl. Kommentar S. 162); [3] ab 1990: Hierunter fällt auch der Anteil für die PDS seit 1990; vgl. hierzu S. 162f.

1956. Die zuvor heftig umstrittene, von der SPD abgelehnte *Wiederaufrüstung* kam so der CDU/CSU zugute. Das Verbot der KPD im Sommer 1956 schien definitiv gerechtfertigt. Der seit 1951 laufende Verbotsantrag hatte aber bereits zuvor größere Wählermassen verschreckt (zum KPD-Verbot vgl. Bd. 5/1956 der BVerGE).

Die SPD musste auf die im Wahlergebnis von 1957 zum Ausdruck kommende neue Situation reagieren. Ihr an Sozialisierung und Planwirtschaft orientiertes Wirtschaftsprogramm wurde modifiziert. Im *Godesberger Programm* von 1959, das das *Heidelberger Programm* von 1925 ablöste, wurden die Konsequenzen aus der bisherigen Politik-, Wirtschafts- und Sozialgeschichte gezogen. Die sich wandelnde SPD wurde so zu einem Indikator des politischen, parteipolitischen und gesellschaftlichen Wandels überhaupt. Mit der Entwicklung der SPD zur „Volkspartei", deren Mitglieder und Wahlergebnisse mehr und mehr die schichtenspezifische Sozialstruktur der Bundesrepublik widerspiegelte, ist eine tiefgreifende, folgenreiche Wandlung des westdeutschen politischen Systems und seiner Parteien verknüpft.

Ende der 1950er Jahre begann die Umstrukturierung des Parteiensystems. Der Antagonismus, die Unverträglichkeit in Grundsatzfragen der beiden großen Parteien, trat zurück. Die SPD versuchte, nicht zuletzt aufgrund einer starken Polemik seitens der CDU, zumal von Bundeskanzler Konrad Adenauer, sich stärker vom Kommunismus abzugrenzen (seit dem Verbot der KPD musste sich die SPD, auch aufgrund einer „Wahlempfehlung" der DDR, dagegen wehren, nun die Sache der Kommunisten mit zu vertreten). Seit 1960 versuchte die SPD in der Außenpolitik eine gemeinsame Basis mit der CDU zu finden. Das hieß zum einen: Rückkehr zur Ostpolitik Kurt Schumachers, die von einer anti-sowjetischen (bzw. anti-bolschewistischen) Haltung geprägt war; zum anderen: Bekenntnis zur eindeutigen West-(USA-)Orientierung. Innen- und parteipolitisch kam es zu einer Abgrenzung von den „Linksabweichlern". Dies führte zu dem Aufsehen erregenden Prozess gegen den sozialistischen Wirtschaftspolitiker Victor Agartz, der den „traditionalen", marxistischen Flügel der ursprünglichen SPD vertrat; und es führte 1960 zum Bruch mit dem „Sozialistischen Deutschen Studentenbund"/SDS, der dann in den *Studentenunruhen* der 1960er Jahre eine dominante Rolle spielte.

Die vierte Bundestagswahl vom 17.9.1961 stand somit unter völlig neuen Vorzeichen. Die CDU/CSU verlor die absolute Mehrheit; die SPD gewann hinzu. Auch diesmal hatte es allerdings durch den Bau der Mauer in Berlin seit dem 13.8.1961 wiederum einen anti-kommunistisch wirkenden Effekt gegeben. Die Regierungsbildung wurde die bis dahin schwierigste, ausgelöst durch die seit 1959 (der Wahl eines Nachfolgers für Theodor Heuss, 1884–1963, als Bundespräsident) schwelende Kanzlerkrise um den nunmehr 85-jährigen Adenauer und das Verhalten der FDP als Koalitionspartner (die sich gegenüber dem Wähler verpflichtet hatte, keine Koalition mit Adenauer als Kanzler mehr einzugehen).

Die Bundestagswahl vom September 1965 bestätigte zwar den Aufwärtstrend der SPD, brachte aber auch für die CDU/CSU ein Plus von 2,3% der Stimmen. Dieser Erfolg war eindeutig auf Ludwig Erhard zurückzuführen, den „Vater des Wirtschaftswunders" und seit der Regierungsumbildung Oktober 1963 Bundeskanzler. Doch die SPD verlor in dieser Wahl das Etikett, „bloß" Arbeiterpartei zu sein; sie gewann nun Stimmen in für sie bisher weitgehend unerschlossenen Wählerschichten: Frauen, Katholiken, Akademiker, Landbewohner.

Eine neue, weit rechts orientierte Partei, die 1966–68 spektakuläre Erfolge bei Landtagswahlen erringen konnte, zog innen-, außen- und parteipolitisch die Aufmerksamkeit auf sich: die „Nationaldemokratische Partei"/NPD. Bei den Landtagswahlen 1966 in Hessen erreichte sie 7,9%, in Bayern 7,4%, 1967 in Rheinland-Pfalz 6,9%, in Niedersachsen 7,0%, in Bremen 8,8% Stimmenanteil.

Das bedeutendste innen- und parteipolitische Ergebnis der 5. Legislaturperiode (1965–1969) war die Bildung der *Großen Koalition*, d.h. das Regierungsbündnis der beiden großen Parteien CDU/CSU und SPD vom 1.12.1966 bis zur Bundestagswahl 1969. Folgende Gründe führten zur Bildung der Großen Koalition:

- die behauptete „Führungsschwäche" des Kanzlers Ludwig Erhard;
- die seit 1961 schwierige Zusammenarbeit der CDU/CSU mit dem Koalitionspartner FDP (und das Interesse der beiden großen Parteien, durch eine weitere Wahlrechtsreform die FDP ggf. auszuschalten);
- der Wille der SPD, namentlich ihres „Parteistrategen" Herbert Wehner (1906–1990), sich an der Regierungsverantwortung zu beteiligen und sich so nach 17-jähriger Opposition für die Übernahme der Regierung zu qualifizieren;

- die nur gemeinsam zu bewältigenden Aufgaben umfangreicher Grundge-setzänderungen im Zusammenhang des *„Stabilitätsgesetzes"* von 1967 und der *„Notstandsgesetzgebung"* von 1968.

Trotz zahlreicher Einwände und einer relativ großen innerparteilichen Opposi-tion waren die Erfolge der Großen Koalition, zumal bei der Überwindung der Rezession der Jahre 1966/67, nicht zu bestreiten. Die Jahre 1967–1969 brachten jedoch innenpolitisch durch die seit Juni 1967 verstärkten *Studentenunruhen* eine der größten Belastungsproben für die Bundesrepublik seit ihrem Bestehen. Die Große Koalition und das Fehlen einer wirksamen Opposition riefen die *Außerparlamentarische Opposition* (APO) auf den Plan.

Stellte in der Großen Koalition von 1966–1969 die CDU/CSU aufgrund ihres größeren Stimmenanteils bei der Wahl von 1965 noch die Mehrzahl der Minister und mit Kurt Georg Kiesinger den Bundeskanzler, so brachte das Ergebnis der Wahl zum 6. Deutschen Bundestag am 28.9.1969 die Ablösung der CDU/CSU von der Regierung. SPD und FDP einigten sich noch in der Wahlnacht auf eine Koalitionsbildung. Das war der Beginn der *„sozial-liberalen Koalition"*. Dieses als politische Sensation empfundene Ergebnis hatte unter anderem folgende Ursachen und Folgen:

- Die SPD setzte ihren seit 1957 relativ kontinuierlichen Stimmenanstieg fort; ihr gelangen diesmal größere Einbrüche in bislang CDU/CSU-orientierte Wählergruppen der Mittelschicht;
- die Kerngruppen der parteitreuen Wähler verringerten sich, dadurch erhöhte sich die Wählerfluktuation;
- eine gewandelte, sich auch linksliberalen Traditionen des Jahres 1848 erin-nernde FDP (vgl. Flach/Maihofer/Scheel 1972) ermöglichte die „sozial-libe-rale Koalition" unter Bundeskanzler Willy Brandt (1913–1992), von 1957–1966 populärer Regierender Bürgermeister der „Frontstadt" (West-)Berlin;
- die Übernahme der Regierungsverantwortung durch die SPD weckte große Hoffnungen auf Überwindung konservativer Gesellschaftsstrukturen (Willy Brandt: „Regierung der Reformen").

Am 27.4.1972 wurde auf Antrag der CDU/CSU-Fraktion erstmalig in der Ge-schichte der Bundesrepublik versucht, durch ein *konstruktives Misstrauensvo-tum* nach Art. 67 GG einen amtierenden Bundeskanzler (Brandt) abzuwählen und Rainer Barzel in das Amt zu wählen. Auf Grund nie völlig geklärter Beste-chungsaffären scheiterte dieses Vorhaben.

Die vorgezogene 7. Bundestagswahl am 19.11.1972 brachte der SPD den größ-ten Wahlerfolg ihrer Geschichte; sie erhielt 45,9 % der Stimmen. Zusammen mit der ebenfalls erstarkten FDP (8,4 %) verfügte sie nun über eine solide Mandats-mehrheit (271 von 496 Sitzen).

Bei der Bundestagswahl 1976 hatten SPD und FDP Stimmen- und Mandatsverlu-ste hinnehmen müssen, doch der Stimmenzuwachs bei CSU und CDU brachte keine absolute Mehrheit und wegen der Festlegung der FDP auf eine Koalition mit der SPD auch keine Chance zur Regierungsbildung.

Die Wahl zum 9. Deutschen Bundestag am 5.10.1980 stand im Zeichen der Konfrontation zwischen dem Kanzlerkandidaten der CDU/CSU, der mit dem bayerischen Ministerpräsidenten Franz-Josef Strauß (1915–1988) erstmals von der CSU gestellt wurde, und Bundeskanzler Helmut Schmidt (geb. 1918). Die trotz der sozial-liberalen Koalition (seit 1969) längst eingetretene „Trendwende" sollte nun, so hofften die einen und fürchteten die anderen, durch die Kanzlerschaft von Strauß „besiegelt" werden. Aber Strauß hatte seine Kandidatur zu machtpolitisch durchgesetzt, um die ungeteilte Zustimmung der CDU-Wähler erlangen zu können.

Seit Mitte 1982 war die Koalition aus SPD und FDP unter Bundeskanzler Helmut Schmidt immer größeren Belastungen ausgesetzt, vor allem durch Aussagen des Wirtschaftsministers Otto Graf Lambsdorff, FDP, zur Wirtschaftspolitik, aber auch des Außenministers und (bis Februar 1985) Parteivorsitzenden der FDP, Hans-Dietrich Genscher. Am 17.9.1982 kündigte Bundeskanzler Helmut Schmidt die Koalition auf und gab der FDP die Schuld; die vier FDP-Minister traten aus der Bundesregierung aus.

CDU/CSU und FDP nahmen Koalitionsverhandlungen auf und einigten sich auf ein Verfahren, das 1972 nicht zum Erfolg geführt hatte: die Anwendung des konstruktiven Misstrauensvotums. Am 1.10.1982 wurde der Bundeskanzler der bisherigen sozial-liberalen Koalition, Helmut Schmidt, gestürzt und mit 256 Abgeordnetenstimmen der CDU/CSU und der FDP gegen 235 Stimmen und bei vier Enthaltungen der neue Bundeskanzler, Helmut Kohl (geb. 1930), gewählt. Damit ging eine 16-jährige Regierungsverantwortung bzw. Mitverantwortung durch die SPD und eine Epoche weitreichender sozialer Reformen zu Ende.

Die am 6. März 1983 stattfindende Wahl zum 10. Deutschen Bundestag brachte der amtierenden Koalition aus CDU/CSU und FDP eine eindeutige Mehrheit. Aber die eigentliche Sensation dieser Wahl war der Einzug der Abgeordneten der GRÜNEN in das Bonner Parlament (DIE GRÜNEN waren zuvor bereits in mehreren Landtagen vertreten); sie erhielten 2,16 Mio. der gültigen Zweitstimmen und konnten mit 27 Abgeordneten in den Bundestag einziehen (5,6 %; vgl. PT. IV 2).

Die Wahl zum 11. Deutschen Bundestag fand am 25.1.1987 statt. Dass unter den gegebenen Bedingungen und des noch nicht wieder sichtbaren Führungsanspruchs der SPD das Bündnis aus CDU/CSU und FDP als Koalition bestätigt würde, stand eigentlich schon vor der Wahl fest. Das Ergebnis zeigte gleichwohl Überraschungen: Die CDU hatte mit 34,5 % der Stimmen das schlechteste Ergebnis seit 1949; die SPD hatte seit 1961 kein schlechteres Ergebnis vorzuweisen. Die Wahlbeteiligung war mit 84,3 % die niedrigste seit 1949 (78,5 %), was sich positiv für die kleinen Parteien – FDP und GRÜNE – auswirkte.

Am 2.12.1990 fanden die Wahlen zum 12. Deutschen Bundestag statt. Wegen der am 3.10.1990 erfolgten deutschen Einigung war die erste gesamtdeutsche Wahl seit Kriegsende um ein Jahr vorgezogen worden. Die Wahlbeteiligung war mit 77,8 % die niedrigste bei einer Bundestagswahl überhaupt. Im Hinblick auf die 93,4 % bei den Wahlen zur Volkskammer am 18. März des gleichen Jahres war auch die Wahlbeteiligung in den neuen Bundesländern mit durchschnittlich 75 %

unerwartet niedrig. Dominiert wurde die Wahl von der Thematik des Einigungsprozesses. Der Kanzlerkandidat der SPD, der saarländische Ministerpräsident Oskar Lafontaine, vermochte mit seinen eher pessimistischen Aussagen zu den Kosten und Folgen des Einigungsprozesses weder die Wähler in den alten noch in den neuen Bundesländern zu überzeugen.

Nach dem auf S. 156 dargestellten Ergebnis der letzten Wahlen zur Volkskammer (18.3.1990) war ein deutlicher Sieg der christlich-liberalen Koalition erwartet worden. Mit 54,8 % war er gleichwohl höher als prognostiziert. Die SPD erzielte mit 33,5 % der Stimmen das schlechteste Wahlergebnis seit 1957.

Im Hinblick auf die Fünf-Prozent-Hürde war es nach einem Urteil des Bundesverwaltungsgerichts zum Wahlgesetz zu einer Trennung der Wahlgebiete in alte und neue Bundesländer gekommen. So scheiterten die GRÜNEN, weil sie in den alten Bundesländern nur 4,7 % der Stimmen bekamen, während die Listenverbindung Bündnis '90/Grüne, die in den neuen Bundesländern 5,9 % erreichte, in den Bundestag einzog (obwohl sie in Gesamtdeutschland nur 1,2 % der Stimmen erhielt). Der „eigentliche Gewinner des BVG-Urteils zum Wahlgesetz" (Gagel 1990) war jedoch die SED-Nachfolgepartei, die PDS. Sie erhielt in den östlichen Bundesländern 9,9 % der Stimmen und zog damit in den Bundestag ein (gesamtdeutsch lag der Anteil bei 2,4 %).

Von einer Nachfolgepartei der SED ist insofern zu sprechen, als sie deren Organisation, deren Mitglieder und deren Vermögen übernahm. Auch ideologisch konnte zunächst von einer Nachfolgepartei gesprochen werden. Im 1993 verabschiedeten Grundsatzprogramm stand der Satz: „Dem welthistorischen Ereignis der sozialistischen Oktoberrevolution von 1917 verdankt die Menschheit grundlegende günstige Entwicklungen im 20. Jahrhundert"; „der kapitalistischen Gesellschaft [sei] Widerstand entgegenzusetzen" und „die bestehenden Verhältnisse [seien] fundamental abzulehnen".

Am 16. Oktober 1994 wurde der 13. Deutsche Bundestag gewählt. Die Wahlbeteiligung lag bei 79,1 % (in der früheren Bundesrepublik 80,7 %, in den neuen Bundesländern 73,7 %). Auch die zweite gesamtdeutsche Bundestagswahl konnte die Koalition aus CDU/CSU und FDP, wenn auch knapp gegenüber 1990, für sich behaupten: sie errang 48,4 % der Zweitstimmen (CDU 34,2 %; CSU 7,3 %; FDP 6,9 %).

Der Wahlausgang wurde vor allem deshalb mit großer Spannung erwartet, weil es zwei Unbekannte gab: ob die FDP wieder in den Bundestag einziehen würde und ob die PDS zumindest drei Direktmandate – neben dem Fünf-Prozent-Zweitstimmenanteil eine zweite Möglichkeit für den Sprung in den Bundestag – erzielen würde. Die FDP war bei allen Landtagswahlen im Jahr 1994 (dem „Superwahljahr") an der Fünf-Prozent-Hürde gescheitert und verfehlte auch bei den drei Landtagswahlen, die ebenfalls am 16. Oktober stattfanden, das Ziel. Die Zahl der FDP-Mandate sank von 79 in der 12. Legislaturperiode auf nunmehr 47.

Die größte Überraschung gelang der PDS. Sie zog mit vier Direktmandaten in den Bundestag; alle wurden im Norden Ostberlins gewonnen. Der Zweitstimmenanteil betrug 4,4 %, in Westdeutschland 0,9 %, in Ostdeutschland 18,3 %. Ein Direktmandat errang der parteilose Schriftsteller Stefan Heym, der als Alterspräsident des Deutschen Bundestages die konstituierende Sitzung am 10. November eröffnete.

Heyms Biographie spiegelt die Tragik der deutschen Geschichte im 20. Jahrhundert. Im Jahr 1913 in Chemnitz geboren, emigrierte der Sozialist jüdischer Abstammung über Prag in die USA; als Soldat, dann Offizier und Kulturoffizier, gehörte er den amerikanischen Invasions- und Besatzungstruppen an. Sein Roman über den Zweiten Weltkrieg, 1948 unter dem Titel *The Crusaders* erschienen (dt. „Der bittere Lorbeer") hatte ihn berühmt gemacht. Von München, wo er 1945 Mitbegründer der Neuen Zeitung war, ging er 1952 in die DDR, in der Hoffnung, dass sich dort das bessere Deutschland und sein sozialistischer Jugendtraum verwirklichen ließen. Seine Widersetzlichkeit auch gegen das DDR-Regime brachte ihm Bewunderung und den Wahlerfolg – gegen Hartmut Thierse von der SPD – vom 16. Oktober 1994. Heym verkörperte Traditionen des anti-faschistischen „Kreuzzugs", der zur Geschichte der DDR gehört und den Wahlerfolg der PDS erklären hilft. Heym verstarb 2001.

Die Regierungskoalition konnte nur deshalb relativ gesichert regieren (mit 341 von 672 Sitzen im Bundestag), weil sie durch 12 von 16 Überhangmandaten begünstigt wurde. *Überhangmandate* zeigen ein – wohl nicht lösbares – Dilemma des bundesdeutschen Wahlsystems. Die Stimmen im Bundestag werden auf der Basis der gültigen Zweitstimmen errechnet; über die Erststimme werden die Direktkandidaten in den Bundestag gewählt; ihre Mandate zählen aber zum Kontingent der Zweitstimmen. Ein *Überhangmandat* ergibt sich dann, wenn eine Partei mehr Direktmandate erhält, als ihr auf Grund des Zweitstimmenanteils – bezogen auf die Landeslisten – zusteht. Der unmittelbare Wählerwille wird also durch das Wahlgesetz besonders honoriert.

Einige Besonderheiten des 13. Deutschen Bundestages seien hervorgehoben: Er zählte – auch auf Grund der Überhangmandate – 672 Abgeordnete und war damit der zahlenmäßig größte Bundestag. Von diesen 672 Abgeordneten waren 177 weiblich, womit sich der Frauenanteil von 20,7 auf 26,3 % erhöhte. Die Frauenanteile in den Fraktionen reichten von 59,2 % bei Bündnis 90/DIE GRÜNEN über 40 % (PDS) bis zum Schlusslicht CDU/CSU mit 14,3 %.

Am 27. September 1998 wurde der 14. Deutsche Bundestag gewählt; die Ergebnisse (vgl. Tab. 13) führten nach 16 Jahren zur Ablösung der Koalition von CDU/CSU und FDP unter Bundeskanzler Helmut Kohl. Es war das erste Mal in der Geschichte der Bundesrepublik, dass ein Regierungswechsel durch Wahlen entschieden wurde. Gerhard Schröder (geb. 1944), zuvor Ministerpräsident von Niedersachsen, wurde mit den Stimmen der rot-grünen Koalition zum Bundeskanzler gewählt. Von 1999 bis März 2004 war er auch Vorsitzender der SPD-Bundespartei.

Nach Willy Brandt und Helmut Schmidt ist Gerhard Schröder der dritte Bundeskanzler, der von der SPD gestellt wird. Die Christdemokraten erreichten mit 35,1 % ihr schlechtestes Ergebnis seit 1949. Die Zahl der Wechselwähler war größer als je zuvor – ein Indikator dafür, dass die traditionellen Bindungen an eine Partei weiter nachgelassen hatten. Die Wahlergebnisse zeigten – unabhängig vom Erfolg der PDS, die in den neuen Bundesländern 19,5 % der Stimmen errang (in den alten Bundesländern 1,1 %) –, dass es zwischen Ost- und Westdeutschland große Unterschiede gab. Die CDU/CSU erreichte in den alten Bundesländern 37,2 % und in den neuen Bundesländern 27,6 % der Stimmen (SPD: 42,2 % bzw. 35,6 %). Mit insgesamt 17 Überhangmandaten, von denen die CDU/CSU nicht eines erringen konnte, erhöhte sich die „offizielle" Zahl der Abgeordneten von 652 auf 669.

Den Wahlen zum 15. Deutschen Bundestag am 22. September 2002 ging eine Wahlkreisreform voraus, auch um die durch die Wiedervereinigung angestiegene Zahl der Mandate zu verringern; sie wurde von 652 auf 598 gesenkt. Mit fünf Überhangmandaten, von denen vier auf die SPD entfielen, zogen insgesamt 603 Abgeordnete in den neuen Bundestag ein. Die Ergebnisse (vgl. Tab. 13) brachten nur durch den Stimmenzuwachs von fast 2 % bei Bündnis 90/GRÜNE eine Bestätigung der Koalition unter Bundeskanzler Gerhard Schröder.

Mit Ministerpräsident Edmund Stoiber hatte die CDU/CSU nach Franz-Josef Strauß zum zweiten Mal einen Kanzlerkandidaten der bayerischen CSU aufgestellt. Die Wahlbeteiligung lag in Ostdeutschland nur bei 72,9 %. Überraschend war, dass die SPD in beiden Landesteilen ein etwa gleiches Ergebnis erreichte (39,7 % in Ost- und 38,3 % in Westdeutschland), während die Differenzen bei der CDU/CSU sich eher noch vergrößerten: 28,3 % bzw. 40,8 %. Für die PDS galt nun auch eine gesamtdeutsche 5 %-Hürde, die nicht übersprungen werden konnte; sie büßte rund ein Fünftel ihrer Anteile von 1998 ein, kam aber mit zwei Ost-Berliner Direktmandaten in den Bundestag (Gesine Lötzsch; Petra Pau).

IV. Veränderungen des Parteiensystems durch Soziale Bewegungen

1. Aufbrechen des etablierten Parteienspektrums

Einige Charakteristika der Veränderungen des Parteiensystems und Wählerverhaltens wurden in den voranstehenden Abschnitten bereits genannt; andere können wie folgt zusammengefasst werden:

- Seit 1949 haben die Übereinstimmungen zwischen den beiden größten Parteien – CDU/CSU und SPD – zugenommen und sind die verbliebenen Differenzen für die Wähler nicht mehr als Grundsatzkonflikte – z.B. der sozialen Gerechtigkeit; der Wirtschaftsordnung; der außenpolitischen Orientierung – auszumachen;
- von 1961 bis 1983, als die GRÜNEN erstmalig in den Bundestag einzogen, gab es ein stabiles Dreiparteiensystem. Die FDP war unbestrittener Mehrheitsbeschaffer für eine der großen Parteien bei der Regierungsbildung. Zudem war

sie zweimal – und nicht etwa der Wählerwille – während einer laufenden Legislaturperiode verantwortlich für einen Koalitionswechsel: 1966 beim Übergang zur Großen Koalition und 1982 beim Ende der sozial-liberalen Koalition. Etwa Mitte der 1970er Jahre erreichte das bundesrepublikanische Parteiensystem seinen höchsten Konzentrationsgrad; seither hat die Integrationskraft der großen Parteien abgenommen und die Rolle der FDP als alleiniger Mehrheitsbeschaffer scheint endgültig vorbei zu sein;

* in dem Maße, wie die Klassen- und Schichtungsstrukturen sich änderten und traditionale Solidaritäten und Arbeitermilieus an Integrationskraft einbüßten oder sogar verschwanden, sind die „etablierten" Parteien für alle Bevölkerungsschichten – z.B. auch hinsichtlich der Altersstruktur und des Geschlechts – wählbar geworden. Der *Wechselwähler* nahm an Bedeutung zu – und macht Voraussagen von Wahlergebnissen fast unmöglich;

* das rechtsradikale Wählerpotenzial verlor in den 1950er Jahren – durch Verbote und die Einführung der 5 %-Klausel – die eigenständige parteipolitische Repräsentation. Bis Mitte der 1960er Jahre, als die NPD aufkam, konnte ihr Potenzial in den großen Parteien eingebunden werden. Neuerliche Erfolge – nun als „Republikaner" etc. – haben z.T. wechselnde Ursachen zur Voraussetzung;

* das linke und linksradikale Parteienspektrum erregte zwar – z.B. im Zusammenhang mit dem Radikalenerlass (1972) – öffentliche Aufmerksamkeit, konnte aber in keiner Form „taktischer Bündnisse" auch nur entfernt die 5 %-Hürde erreichen. Der bis in die 1920er Jahre zurückreichende antikommunistische Konsens bezog nicht nur durch den 17. Juni 1953 und den 13. August 1961, sondern durch tägliche Nachrichten aus der DDR und anderen kommunistisch verfassten Staaten (z.B. China oder Rumänien) seine „Legitimation".

2. DIE GRÜNEN als Bewegung und als Partei

Neben die etablierten Parteien traten seit Ende der 1960er Jahre neue *soziale Bewegungen*, Alternativbewegungen, an wichtigster Stelle die ökologisch orientierte Bewegung der GRÜNEN bzw. der GRÜNEN Alternativen Listen (GAL).

Soziale Bewegungen begleiten die Entwicklung der *bürgerlichen Gesellschaft* seit ihrer Durchsetzung in den neuzeitlichen Revolutionen (zu den Ursprüngen, Definitionen und Theorien sozialer Bewegung vgl. Nullmeier/Raschke 1989). Hier sollen nur jene Besonderheiten der neuen, bis Mitte der 1980er Jahre gesellschaftspolitisch relevanten sozialen Bewegungen hervorgehoben werden, die eine enge Beziehung zum politischen System und dem Parteiensystem haben. Das Schwergewicht lag bei den GRÜNEN, weil nur sie eindeutig das Spektrum von Bewegung und Partei umfassen:

* Die Entwicklung der GRÜNEN hat seit dem formellen Zusammenschluss der GRÜNEN und der Alternativen Listen 1980 in Karlsruhe gezeigt, dass die Reibungsverluste zwischen „bewegter" Basis und „etablierter" Partei hoch sind;

hier prallen so unterschiedliche Interessen, Organisations- und Verhaltensmuster aufeinander, dass die auch in Personen repräsentierte Überlappung beider Bereiche konfliktreich sein muss;

- eine soziale Bewegung kann sich spezifischen Themen widmen (Frauenfrage; Umwelt; Abrüstung usw.); Parteien müssen zwangsläufig eine Allzuständigkeit entwickeln, um im Parlamentsalltag präsent zu sein;
- der Zusammenhalt der GRÜNEN wird v.a. durch die 5 %-Hürde bewirkt; die angestrebte Herabsetzung dieser Hürde würde die Partei sofort in ihre Flügel auseinander brechen lassen, in den der „Realos" (Realpolitiker) hier und den der „Fundis" (Fundamentalisten) dort;
- konnten die GRÜNEN bei ihren ersten Wahlerfolgen in Landtagswahlen seit 1978 (Hamburg, Berlin, Niedersachsen) vor allem Jugendliche an sich binden, so haben sich seit ihrer Etablierung als Partei, dem „Fundamentalismusstreit" usw. auch hier Unsicherheiten im Hinblick auf langfristige Orientierungen und Bindungsmöglichkeiten von Wählerpotenzialen ergeben.

Die GRÜNEN hatten erst am 13.1.1980 in Karlsruhe eine Bundespartei gegründet, der im März 1979 der Zusammenschluss einer Reihe von Initiativgruppen, Aktionsgemeinschaften, Alternativen Listen usw. vorausgegangen war. Im März 1980 statuierten die GRÜNEN in Saarbrücken ein Bundesprogramm. Entgegen den in den Programmen der übrigen Parteien ausformulierten Grundwerten hieß es in der Präambel zum ersten Programm der GRÜNEN: Die Partei orientiere sich an „vier Grundsätzen: Sie ist ökologisch, sozial, basisdemokratisch und gewaltfrei".

Die Entwicklung der GRÜNEN Parteien ist seit den 1980er Jahren ein gesamteuropäisches Phänomen; erstmals 1979 kandidierten sie auch in fünf Ländern (Belgien, Bundesrepublik, Frankreich, Großbritannien, Luxemburg) für das Europaparlament. Ihre Entstehung und Erfolgsbedingungen bleiben jedoch länderspezifisch verschieden; gleichwohl lassen sich bestimmte Gemeinsamkeiten typologisch erfassen (vgl. hierzu die empirische Untersuchung von Müller-Rommel 1993). Als Fazit wurde festgehalten:

- Soziale Bewegungen haben zur Erweiterung des Themen- und Öffentlichkeitsspektrums für soziale Probleme – auch bei den etablierten Parteien selbst – beigetragen;
- eine grundsätzliche Infragestellung des Mehrheitsprinzips als Form des „demokratischen Dezisionismus" konnte nicht erreicht werden;
- die Veränderungen in den Institutionen, Parteien und Verbänden sind erheblich: Die Einrichtungen von Gleichstellungsstellen und Frauenbeauftragten sind hier ebenso zu nennen wie die Quotenregelung, frauenspezifische Veränderungen der Sozial- und Arbeitsmarktpolitik und Veränderungen im familiären und im Arbeitsbereich.

3. Rechtsextremismus

Alle Versuche des „rechten Lagers" seit den 1960er Jahren, die Breitenwirkung einer der genannten sozialen Bewegungen zu erreichen und auf dieser Basis den Status einer Partei zu erreichen, scheiterten. Einige dieser Bestrebungen wurden von vornherein als eine Gefahr für die „freiheitlich-demokratische Grundordnung" (vgl. Art. 18 und 21 GG) angesehen, als *Rechtsextremismus* definiert und der Observierung durch den Verfassungsschutz (auf Bundes- und/oder Länderebene) unterstellt.

Wolfgang Benz (1989) nannte als Kriterien des *Rechtsextremismus*: Nationalismus in aggressiver Form; Antisemitismus und Rassismus; Intoleranz; Militarismus und das Streben nach Führertum und Unterordnung; Verherrlichung des NS-Staates; Aufstellen von Konspirationstheorien (über bösartige Minderheiten; Korruption usw.); Bereitschaft zu gewaltorientierter Propaganda und aggressiver Durchsetzung der eigenen Ziele.

Ein besonderes Problem, zumal nach dem deutschen Einigungsprozess, stellen die rechtsextremen Orientierungen unter Jugendlichen dar. Wilhelm Heitmeyer (1992) hatte in einer empirischen Untersuchung bereits vor der „Wende" 1989/90 auf die Entwicklung rechtsextremer Einstellungen bei Jugendlichen auch in der DDR hingewiesen. Die wichtigsten Ergebnisse fasste er wie folgt zusammen:

- Rechtsextremismus basiert auf einer bejahten Ideologie der Ungleichheit, der Abwertung des Fremden und Schwächeren und der Selbstüberhebung des eigenen Volkes; diese Ideologie führe zur
- Ausgrenzung und Ungleichbehandlung von Fremden und „Anderen".

„Diskurse", rationale Argumentation und politische Partizipation gehören zu den abgelehnten und bekämpften Mitteln der Auseinandersetzung. Die politische Bildung steht also vor einer schweren Aufgabe.

V. Pluralismus als „Herrschaft der Verbände"?

1. Pluralismus und organisierte Interessen

Der Begriff *Pluralismus* („Mehrheit", im Sinne von Vielgestaltigkeit, Differenziertheit) wurde von dem englischen Politologen Harold J. Laski (1893–1950) in die gesellschaftspolitische Diskussion eingeführt. Er lässt sich vermutlich auf die Schrift des amerikanischen Philosophen William James (1842–1910), „A Pluralistic Universe" (London 1912) mit seinen Zentralbegriffen Monismus – Pluralismus zurückführen. Auch Laski ging es darum, gegen den Monismus und Autoritarismus des Staates die Vielgestaltigkeit der Gesellschaft in ihren sozialen Gruppierungen (Verbänden) ins Spiel zu bringen. Verbände sind – und darin unterscheidet sich die *pluralistische Gesellschaftsordnung* von einer Ständeordnung – freiwillige gesellschaftliche Assoziationen. Ein einzelnes Individuum kann verschiedenen Verbänden angehören.

In der Bundesrepublik ist durch Arbeiten Ernst Fraenkels (1964), Kurt Sontheimers und anderer der extreme Standpunkt Laskis, auch der Staat sei nur ein Verband unter anderen, aufgegeben worden. Festzuhalten bleibt, dass die Pluralismustheorie und seit den 1970er Jahren die Theorie des *Neo-Korporatismus* (vgl. w.u.) die Bedeutung der Verbände als intermediärer zwischengliedlicher Institutionen, als Transformatoren gesellschaftlicher *Interessen* in die politisch-staatliche Sphäre, nachdrücklich thematisiert hat. Daher ist auch die Bezeichnung *Interessengruppen* oder Interessenverbände üblich (zur breiten Diskussion um objektive und subjektive, organisierte und nicht-organisierte Interessen, ihre Repräsentanz und Durchsetzungsfähigkeit vgl. von Beyme 1993).

Eine exakt gewichtete Analyse des Einflusses und der Bedeutung der Verbände für das politische System bzw. die Gesellschaft ist schwierig, weil die Verbände nach Größe und Aufgabenbereich sehr verschieden sind; zu ihnen gehören die Religionsgemeinschaften ebenso wie die Gewerkschaften, Automobil-Clubs ebenso wie der Deutsche Leichtathletikverband. Bereits 1955 stellte der Politikwissenschaftler Theodor Eschenburg in einer viel zitierten Schrift die Frage nach der „Herrschaft der Verbände?".

2. Gliederung des Verbandswesens. Interessenartikulation oder Lobbyismus?

„Das deutsche Verbändewesen zeichnet sich durch Dichte und Differenziertheit aus". Im Jahr 2002 waren beim Deutschen Bundestag 1781 (Spitzen-)Verbände akkreditiert – was einer Steigerung von 178% seit 1974 entspricht (Wiesenthal 2001: 345).

Wiesenthal gibt für die wichtigsten Verbändegruppen folgende Einteilung:

* Verbände der Wirtschaft (mit 17 Dachverbänden);
* Berufsverbände, die die beruflichen Interessen von Ärzten, Ingenieuren, Lehrern, Architekten, Anwälten usw. repräsentieren;
* Schutzverbände als „Defensivbündnisse von Konsumenten oder Personen mit besonderen Schutz- und Förderbedürfnissen";
* Wohlfahrtsverbände (z.B. Arbeiterwohlfahrt; Deutscher Caritasverband; Diakonisches Werk; Deutsches Rotes Kreuz).

Verbände gehören zwar nicht zum politischen System i.e.S., aber neben ihren Primäraufgaben der Organisation und Durchsetzung von privaten Interessen wird ihr „Vorsortieren" von gesellschaftlichen Interessen in einer komplexen, pluralistischen Gesellschaft mehr oder weniger vorausgesetzt. Die verfassungsrechtliche Basis der Verbände – im 19. Jh. zumeist noch *Assoziationen* genannt – liegt v.a. in Art. 9 GG, der das Recht aller Deutschen hervorhebt, „Vereine und Gesellschaften zu bilden".

Obwohl das Grundgesetz den Verbänden explizit keine Rolle bei der politischen Willensbildung und Gesetzgebung zuweist, ist ihr Einfluss unbestritten. Kritisch und abwertend ist vielfach vom *Lobbyismus* der *pressure groups* die Rede: Mächtige Verbände würden in der Lobby, dem Vorraum des Parlaments, Druck (*pressure*) ausüben. Empirische Untersuchungen zeigen, dass der wichtigste Adressat von Einflüssen nicht die Abgeordneten sind – die nach Art. 38 GG ausdrücklich an „Weisungen und Aufträge nicht gebunden" sind –, sondern die Ministerialbürokratie und Verwaltung (von Beyme 1993: 195f.).

Um dies überhaupt leisten zu können, brauchen Verbände eine formale Organisation, um so gegenüber ihrer „Umwelt" eine angemessene „Eigenkomplexität" (Luhmann) zu entwickeln: bürokratische Strukturen, spezialisierte Funktionen und Funktionsträger, breite, differenzierte Informationen für die Mitglieder. Die Anzahl derart ausgestatteter Verbände dürfte für die ganze Bundesrepublik ca. 500 betragen. Nur diese großen Interessenverbände, von denen die meisten Interessen aus dem Wirtschafts- und Arbeitsbereich vertreten, verfügen über Einfluss auf das politische System. Fast alle diese Interessensorganisationen sind nunmehr auch in Brüssel, dem Sitz der EU, vertreten.

Die Legitimation dieses Einflusses ist umstritten. Fordert die eine Seite, Verbände aufgrund ihres Einflusses an der politischen Verantwortung zu beteiligen, so möchte die andere, wohl am breitesten vertretene Seite das „offizielle" politische System nicht noch weiter aufblähen und akzeptiert die wichtige Funktion des Vorsortierens und Bündelns von Interessen im gesellschaftlichen Bereich. Man wird diesen Standpunkt im Rahmen einer *pluralistischen Demokratie* solange akzeptieren können, wie es sich um einen auch gegenüber der Öffentlichkeit vertretenen Einfluss handelt und die Verbände nicht ihr Gruppeninteresse mit dem Allgemeinwohl verwechseln und die Politik gruppenspezifisch zu moralisieren versuchen.

3. Neo-Korporatismus und Kommunitarismus statt Verbände-Herrschaft?

Während die ältere Korporationstheorie noch einen mehr oder weniger ständestaatlichen Aufbau von Verbänden (Korporationen) als Gliederungsprinzip von Staat und Gesellschaft vorsah, geht die aus den USA übernommene Theorie des *Neo-Korporatismus* programmatisch von einer stärkeren Einbindung der organisierten Interessen in die Formulierung und Umsetzung politischer Entscheidungen aus. Empirisch liegt dem Neo-Korporatismus die Annahme zugrunde, dass die wechselseitigen Abhängigkeiten von Staat und Interessengruppen zu einer Zurückdrängung sowohl der Parteienstaatlichkeit wie des Parlamentarismus geführt haben. Als Beispiel und Beginn dieses Neo-Korporatismus wird für die Bundesrepublik die *Konzertierte Aktion* genannt, die von dem damaligen Wirtschaftsminister Karl Schiller initiierte Kooperation von Staat, Kapital und Arbeit (1967ff.), letztere repräsentiert durch Unternehmerverbände und Gewerkschaften. Aber „die Steuerungskapazität der Konzertierten Aktion wurde (...) als verhältnismäßig gering erkannt"; die konfliktschlichtende und integrative Funktion sei übertrieben worden (von Beyme 1993: 209).

Ergänzt durch eine Reflexion der liberalen politischen Theorie wurde der Neo-Korporatismus durch den *Kommunitarismus*. Der Begriff leitet sich ab von amerik. *community*, der Gemeinschaft. Da der Gemeinschaftsbegriff im Deutschen sowohl durch den Gemeinschaftskult der Nationalsozialisten wie die Strapazierung der „sozialistischen Gemeinschaft" arg belastet ist, wird zumeist der amerikanische Begriff verwandt, auch um auf den Kontext seiner Diskussion zu verweisen: die kritische Beleuchtung der Grundlagen einer liberalen Demokratie. Im Anschluss an die Theorien von Michael Walzer, Martha Nussbaum et al. kam Walter Reese-Schäfer (1993) zu folgender Zusammenfassung:

- Die Theorie des kommunitären Gemeinsinns geht von alltagsweltlichen Erfahrungen und Interpretationen aus, die vor allem aus Problemfällen des zwischenstaatlichen (intermediären) Raumes gewonnen werden, für den das normative Regelsystem wenig Verbindliches zur Verfügung stellt;
- ein zweiter Punkt betrifft die Kritik des atomisierten und autonomisierten Individuums. Hier ist natürlich der Kern sowohl der liberalen Theorie und des Konkurrenz-Individualismus, der Freiheit des Einzelnen und des verbürgten Wohls der Allgemeinheit. Gerade der moderne Wohlfahrtsstaat habe zu Entwicklungen geführt, die ein aggressives Anspruchsdenken gefördert und den Gemeinsinn habe verkümmern lassen;
- in historischer Perspektive sei der kommunitäre Diskurs so etwas wie die „Selbstreflexion" eines Teils der Emanzipationsbewegungen „auf die gesellschaftlichen Spätfolgen ihrer Ideen" (Reese-Schäfer).

VI. Politische Kultur als Basis des politischen Systems

1. Definition. Institutionelle Basis

Der Begriff „*politische Kultur*" hat sich erst seit den 1970er Jahren in der Bundesrepublik Deutschland durchgesetzt, praktisch über die Rezeption der angloamerikanischen politikwissenschaftlichen Forschung, vor allem seit den in der westlichen Welt breit rezipierten Untersuchungen von Gabriel A. Almond und Sidney Verba über „The Civic Culture" (1963) sowie von Pye und Verba über „Political Culture" (1965). Der Begriff an sich war nicht neu; bereits Max Weber (1864–1920) gebrauchte ihn, wenn auch mehr beiläufig.

Dass Politik und Kultur als Einheit gedacht werden, ist für die deutsche Politik-, Geistes- und Kulturgeschichte neu und löste eine „Tradition" ab, in der die krasse Entgegensetzung beider Sphären als selbstverständlich galt. Die Akzeptanz des Begriffs politische Kultur ist zugleich ein Indiz für die inhaltliche Ausweitung des Kulturbegriffs und den allgemeinen Aufschwung der Kulturwissenschaften in Deutschland (vgl. als frühen zusammenfassenden Überblick Reichel 1981).

Der Begriff politische Kultur zielt also auf die notwendige Verbindung von Mikro- und Makro-Ebene, von der individuellen und gruppenspezifischen Einstellung zu Tatbeständen des politischen und staatlichen Lebens und ihrer institutionellen Verankerung in rechtsstaatlichen und demokratischen Ordnungen. Bezogen auf die politische Struktur und den Entwicklungsstand der politischen Kultur in der Bundesrepublik Deutschland sind folgende Strukturelemente hervorzuheben:

- Das Selbstverständnis und Engagement der politischen Parteien und Institutionen zur Verwirklichung der „Leitideen" der demokratischen Ordnung und der Wertvorstellungen der politischen Kultur;

- die Vermittlung der Grundlagen des politischen Systems in den Schulen und Hochschulen, den Ausbildungsstätten und Bildungseinrichtungen („politische Bildung" als Teil der Sozialisation);

- die vielfach zu differenzierende Struktur der Öffentlichkeit und damit Formen und Möglichkeiten, auf Entscheidungen von öffentlichem Interesse Einfluss zu nehmen;

- das politische Handeln selbst; hierzu rechnen zunächst einmal die politischen Entscheidungen der Bürgerinnen und Bürger in Wahlen und ihre Aktivitäten in Parteien und Bürgerinitiativen;

- das politische Bewusstsein und Engagement der Bürger; sie entscheiden letztlich über Entwicklungsstand und Stabilität der politischen Kultur.

Fragen und Ergebnisse der empirischen Wahlforschung können als ein zentraler Bereich der politischen Kulturforschung angesehen werden; in einer parlamentarischen Demokratie ist das Wahlverhalten ein Schlüssel der politischen Kultur (zur empirischen Wahlforschung vgl. die Studien der „Forschungsgruppe Wahlen" in Mannheim; im Internet abrufbar unter http://www.forschungsgruppe.de).

2. Weitere Grundlagen und Gefährdungen politischer Kultur

Zur politischen Kultur gehören auch weit gesteckte Toleranzgrenzen gegenüber anderen Ethnien, Religionen und Kulturen, sofern von deren Angehörigen die Grundlagen der freiheitlich-demokratischen Grundordnung anerkannt werden. Aber es gehört hierzu auch Toleranz gegenüber Aktivitäten, die als *ziviler Ungehorsam* bezeichnet werden und z.B. auf unzulässige Grenzziehungen einzelner Gesetze oder politischer Aktivitäten des Staates hinweisen.

Der amerikanische Sozialphilosoph John Rawls hat in seiner „Theorie der Gerechtigkeit" (1975) *zivilen Ungehorsam* wie folgt definiert: Ziviler Ungehorsam „äußert sich in einer öffentlichen, gewaltlosen, gewissensbestimmten, aber gesetzwidrigen Handlung, die gewöhnlich eine Änderung der Gesetze oder der Regierungspolitik herbeiführen soll".

Erst in der jüngeren Geschichte der Bundesrepublik kam es zu einer breiteren Fundierung und Akzeptanz zivilen Ungehorsams als Mittel der Aufrechterhaltung einer inhaltlich anspruchsvoll verstandenen politischen Kultur. Hierzu haben die

Bürgerbewegungen und Ostermarschierer der späten 1950er Jahre – zunächst gegen die Wiederbewaffnung (1955), dann gegen Atomkraft – und die Außerparlamentarische Opposition, zumal seit der Großen Koalition 1966–1969, und schließlich die Studentenbewegung 1967f. erheblich beigetragen.

Ein Fundament dieser Veränderungen ist im *Wertwandel* seit den 1960er Jahren zu sehen, den Ronald Inglehart seit 1971 als „Stille Revolution" (Silent Revolution) bezeichnete und als typisch für alle westlichen Industrienationen angesehen hatte.

Die *Studentenbewegung* verstärkte in dieser Sicht eine seit den 1960er Jahren aktive *Bürgerinitiativbewegung*, die sich vor allem auf Planungsprozesse im Bereich von Bauen und Wohnen, Infrastruktur und Stadtplanung bezog. Das protestbereite Verhalten wurde weiterhin eingeübt in den Anti-Vietnamkrieg-Demonstrationen und bei zahlreichen anderen politischen Anlässen. Die Jugenduntersuchungen seit Ende der 1960er Jahre zeigten sehr deutlich einen Anstieg zum protestbereiten Verhalten, auch in der Perspektive, dass dies ein unverzichtbares Element der politischen Kultur sei. Zugleich stieg das Niveau einer „partizipativen Kultur" im definierten Sinn. Auch dies sind Elemente des Wertwandels (vgl. Klages/Kmieciak 1981).

Neben den als positiv hervorgehobenen Fundierungen der politischen Kultur in der Bundesrepublik sind Entwicklungen zu nennen, die als Rückschritt oder Gefährdung anzusehen sind. Hierzu rechnen:

- eine z.T. gebetsmühlenhafte politische Rhetorik; Intimisierungen von Politik in Talkshows und anderen Formen des „Outing";
- die Verkehrung des genuin Politischen und seiner Arenen in medienwirksame Schauplätze, in Aneigungsfelder privatisierter Teilhabe;
- die damit verbundene Distanzlosigkeit, die letztlich die Zerstörung einer öffentlich-repräsentativen Sphäre bewirkt. Der amerikanische Soziologe Richard Sennett sprach in diesem Zusammenhang von der „Tyrannei der Intimität" (2000).

Literatur

von Alemann, Ulrich, 1992, Parteien und Gesellschaft in der Bundesrepublik, in: *A. Mintzel/ H. Oberreuter,* Hg., a.a.O., S. 89–132

Ammer, Thomas, 1992, Die Parteien in der DDR und in den neuen Bundesländern, in: *A. Mintzel/H. Oberreuter,* Hg., a.a.O., S. 421–484

von Bandemer, Stephan, Göttrik Wewer, Hg., 1998, Regierungssystem und Regierungslehre, Opladen

Benz, Wolfgang, 1989, Die Opfer und die Täter, in: *ders.,* Hg., Rechtsextremismus in der Bundesrepublik, Frankfurt/M., S. 9–37

von Beyme, Klaus, 1993, Das politische System der Bundesrepublik Deutschland nach der Vereinigung, 9. neu bearb. u. aktual. Aufl., München

Deichmann, Carl, 1995, Politische Ordnung und Regierungssystem der Bundesrepublik Deutschland, Stuttgart et al.

Dudek, Peter, Hans-Gerd Jaschke, 1984, Entstehung und Entwicklung des Rechtsextremismus in der Bundesrepublik, 2 Bde., Opladen

Fenske, Hans, 1984, Strukturprobleme der deutschen Parteiengeschichte. Wahlrecht und Parteiensystem vom Vormärz bis heute, Bodenheim

Flach, Karl-Hermann, Werner Maihofer, Walter Scheel, 1972, Die Freiburger Thesen der Liberalen, Reinbek bei Hamburg

Fraenkel, Ernst, 1964, Der Pluralismus als Strukturelement der freiheitlich-rechtsstaatlichen Demokratie, München/Berlin

Gagel, Walter, 1990, Die ersten Wahlen nach der Einheit, in: GEGENWARTSKUNDE, Jg. 39, H. 4, S. 471ff.

Heitmeyer, Wilhelm, [4]1992, Rechtsextremistische Orientierungen bei Jugendlichen, Weinheim/München (zuerst 1987)

Inglehart, Ronald, 1971, The Silent Revolution in Europe: Intergenerational Change in Post-Industrial Societies, in: Politial Science Review, 65

Kelsen, Hans, 1929, Vom Wesen und Wert der Demokratie, 2. Aufl., Tübingen

Klages, Helmut, Peter Kmieciak, Hg., 1984, Wertwandel und gesellschaftlicher Wandel, 3. Aufl., Frankfurt/New York

Lepsius, M. Rainer, 1993, Demokratie in Deutschland, Göttingen

Lipset, Seymor M., Stein Rokkan, 1967, Cleavage Structures. Party Systems and Voter Alignments, in: *dies.*, Party Systems and Voter Alignments, New York, S. 1–64

Luhmann, Niklas, 1970: Soziologie des politischen Systems, in: *ders.*, Soziologische Aufklärung. Aufsätze zur Theorie sozialer Systeme, Köln/Opladen, S. 154–177

Mintzel, Alf, 1992, Die Christlich-Soziale Union in Bayern, in: *A. Mintzel/H. Oberreuter*, Hg., a.a.O., S. 217–265

Mintzel, Alf, Heinrich Oberreuter, Hg., 1992, Parteien in der Bundesrepublik Deutschland, Bd. 282 Schriftenreihe Bundeszentrale für politische Bildung, Bonn

Müller-Rommel, Ferdinand, 1993, Grüne Parteien in Westeuropa. Entwicklungsphasen und Erfolgsbedingungen, Opladen

Nullmeier, Frank, Joachim Raschke, 1989, Soziale Bewegungen, in: *S. von Bandemer/ G. Wewer*, Hg., a.a.O., 249–273

Pye, Lucien W., Sidney Verba, Ed., 1965, Political Culture and Political Development, Princeton, New Jersey

Rawls, John, 1975, Eine Theorie der Gerechtigkeit, Frankfurt/M. (Orig. amerik. 1971)

Reese-Schäfer, Walter, 1993, Kommunitärer Gemeinsinn und liberale Demokratie, in: GEGENWARTSKUNDE, 42. Jg., H. 3, S. 305–319

Reichel, Peter, 1981, Politische Kultur der Bundesrepublik, Opladen

Ritter, Gerhard A., Merith Niehuss, 1991, Wahlen in Deutschland 1946–1991. Ein Handbuch, München

Rohe, Karl, 1978, Politik. Begriffe und Wirklichkeiten. Eine Einführung in das politische Denken, Stuttgart et al.

Schmidt, Manfred G., 1995, Demokratietheorien. Eine Einführung, Opladen

Sennett, Richard, 2000, Verfall und Ende des öffentlichen Lebens. Die Tyrannei der Intimität, 11. Aufl., Frankfurt/M. (Orig. amerik. 1976)

Sontheimer, Kurt, 1997, Grundzüge des politischen Systems der Bundesrepublik Deutschland. 17. Aufl., München (1971)

Voigt, Dieter, Werner Voss, Sabine Meck, 1987, Sozialstruktur der DDR, Darmstadt

Wiesenthal, Helmut, 2001, Interessenorganisation, in: *B. Schäfers/W. Zapf*, Hg., Handwörterbuch zur Gesellschaft Deutschlands, 2. verb. u. erw. Aufl., S. 335–349

Kapitel 10
Grundlagen und Wandel des ökonomischen Systems

I.   **Umfang und Eigenständigkeit**

II. **Grundelemente der Wirtschaftsstruktur**
     1. Arbeit und Arbeitsteilung
     2. Eigentumsordnung, Wettbewerb und Marktordnung
        2.1 Bedeutung des Eigentums
        2.2 Die Eigentumsordnung in der DDR. Grundzüge der Planwirtschaft
        2.3 Grundsätze der marktwirtschaftlichen Ordnung
     3. Das Leistungsprinzip
     4. Individualisierung als Basis neuer Wirtschafts- und Arbeitsstrukturen

III. **Wandel der Produktionssektoren, der Betriebsgrößen und der
     Erwerbsquoten**
     1. Die Theorie der Produktionssektoren
     2. Produktionssektoren, Volkseinkommen und Erwerbsquote
     3. Besonderheiten der Frauenerwerbsquote
     4. Änderung der Betriebsgrößen in Landwirtschaft, Industrie und Dienst-
        leistung

IV. **Entwicklung der Arbeitsproduktivität unter neuen technologischen
     Bedingungen**
     1. Neue Technologien als Basis der Informationsgesellschaft
     2. Große Technische Systeme
     3. Auswirkungen neuer Technologien auf Arbeitsplätze und Qualifikation
     4. Neue Formen der Arbeitsorganisation: autonome und teilautonome
        Arbeitsgruppen

V.   **Wandel der Berufe und der Berufsgruppen**
     1. Definition und Strukturbedeutung des Berufs
     2. Struktur und Entwicklung der Berufsgruppen
        2.1 Arbeiter
        2.2 Angestellte, Beamte und Öffentlicher Dienst
        2.3 Selbstständige und mithelfende Familienangehörige

VI. **Gewerkschaften und Mitbestimmung**
     1. Von der Richtungsgewerkschaft zur Einheitsgewerkschaft
        1.1 Die Entwicklung in der früheren Bundesrepublik
        1.2 Die Entwicklung in der SBZ/DDR

I. Umfang und Eigenständigkeit

Die jeweils vorherrschenden Formen der Arbeit und des Wirtschaftens und damit der physischen Existenzerhaltung und materiellen Daseinssicherung können als „gesellschaftliches Totalphänomen" bezeichnet werden. Was Marcel Mauss (1872–1950) in seiner Analyse über „Form und Funktion des Austauschs in archaischen Gesellschaften" (zuerst 1925) als *phénomène social total* (gesellschaftliches Totalphänomen) herausgearbeitet hatte, gilt auch für Arbeit, Tausch und Wirtschaften in komplexeren Gesellschaften.

Talcott Parsons und Neil J. Smelser zeigten in ihrer strukturell-funktionalen Untersuchung „Economy and Society" (zuerst 1956), dass das ökonomische System eines von vier primären *funktionalen Teilsystemen* der Gesellschaft ist und seine Hauptaufgabe in der Hervorbringung und Verteilung allgemein zugänglicher, austauschbarer Mittel (Güter) besteht.

Obwohl seit der Ausdifferenzierung der einzelnen Handlungssysteme und ihres (relativen) Gewinns an Autonomie auch das ökonomische System sich aus dem umfassenden Lebens-, Sozial- und Sinngebungszusammenhang der vorindustriellen Gesellschaft immer mehr herauslöste und verselbstständigte, ist offenkundig, dass es mit allen anderen Daseinsbereichen (und Sozialsystemen) mehr oder weniger eng verknüpft ist: mit dem Bildungssystem; der Siedlungsstruktur; den Freizeitgewohnheiten; der sozialen Sicherheit, insbesondere der Alterssicherung; den Familienstrukturen; der Rechtsordnung (z.B. als Eigentumsordnung); den internationalen Beziehungen; dem kulturellen Leben.

Trotz der weitreichenden *Interpenetration*, der wechselseitigen Durchdringung ökonomischer Strukturen mit anderen gesellschaftlichen Systemen, kann das ökonomische System als selbstständiges Handlungssystem mit eigener Strukturbildung analysiert werden. Es erhielt durch seine Ausdifferenzierung erst seine Dynamik und Bedeutung. Hierin ist keine Besonderheit zu sehen: Auch Wissenschaft, Politik und andere Bereiche wurden erst „effizient" durch Ausdifferenzierung und eigene Strukturbildung. Die Eigenständigkeit und Dynamik des wirtschaftlichen Systems wurde erhöht, nachdem es seit Beginn der Industriellen Revolution eine enge Verbindung zu den Naturwissenschaften und zur Technik eingegangen war. Die Entwicklung zur modernen Industriegesellschaft hat in diesem Dreierverhältnis ihre Wurzeln.

II. Grundelemente der Wirtschaftsstruktur

Vorbemerkung: Ergänzend sind zu diesem und den folgenden Kapiteln heranzuziehen das Kap. über „Soziale Marktwirtschaft" (S. 33f.) und die Ausführungen über „Grundgesetz und Wirtschaftsordnung" (S. 79ff.).

Wie in anderen Daseinsbereichen, die sich als relativ eigenständige soziale Systeme herausgebildet haben, können auch für das ökonomische System einige

Grundelemente und Grundstrukturen genannt werden, die den systemspezifischen Handlungsprozessen ihre besondere Ausprägung geben. Von diesen Grundelementen seien die folgenden hervorgehoben: Arbeit und Arbeitsteilung; Eigentum, Wettbewerb und Marktordnung; das Leistungsprinzip als Grundelement der „Leistungsgesellschaft". Die Differenzierung des ökonomischen Systems der Bundesrepublik in ein

* *marktwirtschaftliches System*, das einzelwirtschaftliche Produktions- und Verbrauchspläne über den Preis koordiniert, und in ein
* *öffentliches Wirtschaftssystem*, das „öffentliche Güter" produziert, für die es praktisch keine Marktpreise und keine Konkurrenz gibt,

wird hier nur indirekt behandelt. Zudem hat durch die in der deutschen Wirtschafts- und Sozialgeschichte beispiellose Privatisierungswelle v.a. kommunaler Unternehmen in den letzten Jahren der öffentliche Wirtschaftssektor an Bedeutung stark eingebüßt. Zu berücksichtigen ist aber für die folgenden Ausführungen, dass mit der Ausweitung der öffentlichen Wirtschaft auch die so genannte *Staatswirtschaftsquote* – und damit der Umfang der vom Staat direkt oder indirekt beeinflussten Produktion – permanent zugenommen hat.

1. Arbeit und Arbeitsteilung

Arbeit nennen wir eine zielgerichtete menschliche Tätigkeit zum Zwecke der Existenzsicherung; sie ist tätige Auseinandersetzung mit der Natur und der vom Menschen geschaffenen Welt, um Mittel zur Befriedigung seiner Bedürfnisse bereit zu stellen. Arbeit ist damit ein Grundphänomen menschlicher Existenz. Von ihren Notwendigkeiten und jeweiligen Anforderungen nimmt die Differenzierung der Formen des menschlichen Zusammenlebens ihren Ausgang (zur Begriffs- und Sozialgeschichte der Berufe vgl. S. 194ff.).

Arbeit bedeutet vom lat. Wortstamm her „gepflügter Acker" *(arvum)* und deutet auf Mühsal und Notwendigkeit und damit auf die *conditio humana*, die Bedingungen des Menschseins. Nach ihrem lat. Wortursprung verständlich, war Arbeit im Altertum nicht sehr geschätzt. Man stellte ihr („Sklavenarbeit") die freien Künste und Tätigkeiten des freien Mannes gegenüber, zu denen Wissenschaft, Kunst und Staatsdienst zählten. Erst seit der Durchsetzung des Christentums, der Arbeit der Mönche für Kloster und Welt und der Reformation begann eine Aufwertung der Arbeit. Das sich herausbildende protestantisch-calvinistische „Arbeits-Ethos" war eine der „geistigen" Grundlagen der Industriellen Revolution. Die „puritanische Lebensauffassung", die „innerweltliche Askese", so Max Weber, „stand an der Wiege des modernen Wirtschaftsmenschen" (2002: 217f.) und der „Arbeitsgesellschaft".

Arbeit dient der Befriedigung von *Bedürfnissen*, die entsprechend ihrer Entfaltung („Kultivierung") im historisch-gesellschaftlichen Prozess stets neue Waren/Güter/Dienstleistungen und damit eine Differenzierung der Arbeitsprozesse selbst erfordern. Bei Karl Marx wurde der Begriff der Arbeit zu einem Schlüsselbegriff seiner Kritik der politischen Ökonomie. Menschliche Arbeit, nicht Kapital oder Boden, sei der eigentliche Wertschöpfer und damit Wertmaßstab des Produktionsergebnisses.

Die sich herausbildende Trennung von geistiger und körperlicher Arbeit, von – wie es später in den USA hieß – „white and blue collar worker", war zugleich das entscheidende Kriterium der Differenzierung sozialer Schichten (Klassen) in Gesellschaften, in denen prinzipiell alle arbeiten müssen, um ihren Lebensunterhalt zu sichern. Die Form, Qualifikation und Gratifikation (Entlohnung) der Arbeit bzw. des Berufes und die Tatsache des Besitzes oder Nichtbesitzes von Produktionseigentum wurden zu den entscheidenden Kriterien der sozialen Differenzierung und Schichtbildung. Diese hatte ihre Basis in einer immer umfassenderen *Arbeitsteilung*. Zumindest drei Formen sind zu unterscheiden:

- *innerbetriebliche Arbeitsteilung*, die sich aus der Aufsplitterung eines ganzheitlichen Arbeitsprozesses in Teilprozesse ergibt (basierend auf fortschreitender technologischer Differenzierung);
- *zwischenbetriebliche Arbeitsteilung*;
- *regionale* bzw. *territoriale* (nationale und internationale) *Arbeitsteilung*.

Die Arbeitsteilung ist ein fundamentales gesellschaftliches Strukturprinzip; ihre Differenzierung in den einzelnen Gesellschaften ist auch ein Indikator für die soziale Differenzierung überhaupt. Gehen wir bei der theoretischen Begründung und Durchdringung der Arbeitsteilung auf ihren ersten wichtigen Vertreter in der Antike, Aristoteles, hier nicht ein, sondern beginnen mit dem Zeitalter der Industriellen Revolution, so lassen sich u.a. folgende Ansätze unterscheiden:

- Adam Smith (1723–1790) und David Ricardo (1772–1823) sahen die produktions- und austauschbedingten Vorteile einer Arbeitsteilung im einzelnen Betrieb (Stecknadelbeispiel bei Smith) wie zwischen den Volkswirtschaften;
- Adam Ferguson (1723–1816) betonte als einer der ersten und differenzierter als Aristoteles, dass Arbeitsteilung durch die Verschiedenheit der arbeitsteilig verbundenen Menschen zu neuen Formen der gesellschaftlichen Verbundenheit führt;
- Karl Marx unterschied die manufakturmäßige Arbeitsteilung (technologisch) von ihren sozialen Konsequenzen, der Entstehung des so genannten *Teilarbeiters* und der damit verbundenen *Entfremdung* des Menschen von den Produkten seiner Arbeit (vgl. das 12. Kap. im 1. Bd. des „Kapital": „Teilung der Arbeit und Manufaktur");
- Émile Durkheim legte mit seinem Werk „De la Division du Travail social" 1893 eine erste umfassende soziologische Theorie der Arbeitsteilung vor, nachdem Gustav von Schmoller (1838–1917) bereits einige Jahre zuvor das „Wesen" der Stände- und Klassenbildung aus der Arbeitsteilung erklärt hatte. Bei Durkheim ist es die Arbeitsteilung, die die *organische Solidarität* in komplexen Gesellschaften überhaupt erst bewirkt und ermöglicht (im Gegensatz zur *mechanischen Solidarität* in weniger komplexen Gesellschaften).

Eine besondere Entwicklung nahm die innerbetriebliche Arbeitsteilung seit den einflussreichen Arbeiten des amerikanischen Ingenieurs Frederick W. Taylor (1856–1915). Taylor war ein Vertreter der *wissenschaftlichen Betriebsführung* (*scientific management*): Durch immer genauere Arbeitszeitstudien sollte zweierlei gewährleistet werden: der effizienteste Einsatz der individuellen Arbeitskraft und der Arbeitszeit und ein höchstmöglicher Ertrag für das Unternehmen und den Arbeiter. Taylor ging davon aus, dass das System der wissenschaftlichen Betriebsführung und Arbeitsrationalisierung nur mit einem entsprechenden Lohn- und Akkordsystem durchsetzbar sei.

In Deutschland wurde der *Taylorismus* nach dem Ersten Weltkrieg als REFA-System institutionalisiert, ein 1924 gegründeter „Reichsausschuss für Arbeitszeitermittlung", seit 1948 „Verband für Arbeitsstudien" (vgl. den Überblick zum Taylorismus und zu anderen Fertigungskonzepten industrieller Produktion bei Eichener/Heinze 1997).

Gegen den Taylorismus entwickelte sich seit den 1930er Jahren die *Human-Relations-Bewegung* im Betrieb. Die Human-Relations-Bewegung ist eine eher zufällige Entdeckung im Rahmen von ursprünglich tayloristisch angelegten Forschungen in den Hawthorne-Werken der *Western Electric Company* in Chicago, die dort 1927 unter Leitung des Psychologen und Ökonomen Elton Mayo (1880–1949) begonnen wurden. Bei den Untersuchungen zur Steigerung des *output* wurde schließlich auch mit dem *human factor*, und zwar im Hinblick auf die Zusammensetzung der Arbeitsgruppe, experimentiert. Dies führte zur Entdeckung der Bedeutung *informeller Gruppen* im Arbeitsprozess (vgl. über diese Experimente die Zusammenfassung bei Gukenbiehl 1999; Kern 1999).

2. Eigentumsordnung, Wettbewerb und Marktordnung

2.1 Bedeutung des Eigentums

Wie für die Entstehung der *bürgerlichen Gesellschaft* überhaupt, so ist auch für die gegenwärtige Gesellschaft das Eigentum und die private Verfügung über Eigentum ein Grundelement der Gesellschaftsstruktur und – sofern es sich um Produktionseigentum handelt – der Wirtschaftsordnung. Thomas Hobbes (1588–1679), einer der frühesten und bis heute wichtigsten Theoretiker der bürgerlichen Gesellschaft, maß dem Eigentum für die Entfaltung und Autonomie des Bürgers ebenso große Bedeutung bei wie später John Locke (1632–1704), Immanuel Kant (1724–1804) und Georg Friedrich W. Hegel (1770–1831).

In einer auf Tausch basierenden Gesellschaft ist das Eigentum und eine darauf gegründete Warenproduktion die wesentliche Grundlage, mit anderen Menschen in Beziehung und Austausch zu treten. Das gilt auch für alle Formen des Grundeigentums, da sich hier Größe und Verfügungsbefugnisse auf die Gesellschaftsstruktur unmittelbar auswirken bzw. diese konstituieren.

In der *bürgerlichen Gesellschaft*, in der autonome Individuen vermittels des Eigentums sich einen Raum individueller Freiheit als Wirtschaftssubjekte und als Subjekte überhaupt verschaffen, geschieht der Austausch durch Vertrag, d.h. durch übereinstimmende Willenserklärung zweier autonomer Rechtspersönlichkeiten, nicht mehr auf der Basis ständisch-feudaler Prinzipien und Abhängigkeiten. Eigentum und Vertrag sind daher als entscheidende Grundlagen der bürgerlichen Gesellschaft anzusehen. Die bürgerliche Gesellschaft wird daher auch zu Recht als *Eigentums-* und/oder *Vertragsgesellschaft* bezeichnet.

Wie ausgeführt (S. 28), sollte nach dem Zweiten Weltkrieg, auch nach dem anfänglichen Willen der CDU, das gesellschaftlich wichtige Produktionseigentum der so genannten „Schlüsselindustrien" in eine neue Ordnung überführt werden *(„Sozialisierung", „Vergesellschaftung")*. Die bereits erwähnten Artikel 14 und 15 GG wirken daher heute, zumindest Art. 15, wie „Erinnerungsposten" an die eigentumspolitischen Auseinandersetzungen der Jahre 1945-1948/49 in den drei Westzonen.

Die Entwicklung verlief danach in dem Sinne „restaurativ", dass die Grundlagen der alten Eigentumsordnung im Zusammenhang der bürgerlichen Grund- und Freiheitsrechte beibehalten wurden – kaum abgemildert durch die Konzeption der Sozialen Marktwirtschaft (deren Grundlagen bereits dargestellt wurden) und die Verpflichtung auf das Sozialstaatsprinzip.

2.2 Die Eigentumsordnung in der DDR. Grundzüge der Planwirtschaft

Im vollständigen Umbau der bürgerlich-kapitalistischen Eigentumsordnung wurde – entsprechend den Lehren des *Sozialismus* und Kommunismus – der Schlüssel zum Aufbau einer Gesellschaft von Freien und Gleichen gesehen.

Nach der Verfassung der DDR (Art. 2) gab es folgende Eigentumsarten: sozialistisches Eigentum; persönliches und privates Eigentum. Vorrang hatte nach Art. 2, Abs. 2 das sozialistische Eigentum. Dieses war wiederum in die folgenden drei Formen unterteilt: *Volkseigentum* (z.B. Banken/Versicherungen; Industriebetriebe; Bergwerke und Kraftwerke); *genossenschaftliches Eigentum* (z.B. Landwirtschaftliche Produktionsgenossenschaften/LPGs); *Eigentum gesellschaftlicher Organisation* (z.B. Eigentum der SED und der anderen Parteien).

Das *persönliche Eigentum* war zweckgebunden und setzte die persönliche Nutzung voraus (z.B. Ein- bis Zweifamilienhäuser). Zum privaten Eigentum gehör(t)en z.B. die gewerblich genutzten Grundstücke der privaten Einzelhändler. Gab es 1955 noch einen Anteil von 20 % Selbstständigen an der Gesamtzahl der Erwerbstätigen, so war dieser Wert 1988 auf 2 % gesunken. Diese insgesamt 181,6 Tsd. Selbstständige verteilten sich wie folgt: Handwerk 81,7 Tsd.; Handel 39,2 Tsd.; Dienstleistungen 27 Tsd.; Land- und Forstwirtschaft 5,9 Tsd.; Sonstige 27,8 Tsd. (vgl. Dossier in DIE ZEIT Nr. 12/1990).

Den radikalen Umbau der Sozialstruktur der DDR verdeutlichen auch die folgenden Angaben: Von 1952 bis 1985 sank der Anteil des Privateigentums an Betrieben und Ländereien auf 4,6 %. Im Agrarbereich wurde – bis auf 6 % – fast die gesamte Fläche in die LPGs eingebracht. Die im Marxismus grundgelegte „Vergesellschaftung der Produktionsmittel" wurde in der DDR so weit getrieben, dass das Eigentum als Garant individueller, bürgerlicher Freiheiten aufgehoben war.

Der parteilich indoktrinierten und gesteuerten *Zentralverwaltungswirtschaft* sowjetischen Typs, die in mehreren Etappen in der DDR eingeführt wurde

(1945–1949; 1952; 1963; 1971; 1974), war das gesamte gesellschaftliche Leben untergeordnet. In Art. 9 der Verfassung von 1974 hieß es: „Die Volkswirtschaft der Deutschen Demokratischen Republik ist sozialistische Planwirtschaft (…) Die Festlegung des Währungs- und Finanzsystems ist Sache des sozialistischen Staates".

Wie in anderen Bereichen auch (Kultur, insbes. Radio und Fernsehen, Gewerkschaften, Freizeit, Justiz, Verwaltung) war die Suprematie der SED in der Planung und Lenkung auf allen Ebenen durchgesetzt: in der sozialistischen Eigentumsordnung wie im Währungs- und Finanzsystem, in der Preisgestaltung wie in der Außen- und Valutawirtschaft, in der Wohnungs-, der Energie- und der Rohstoffversorgung, in der Verkehrs- und Städtebaupolitik.

Der Dienstleistungssektor war völlig vernachlässigt. Die Erklärung liegt darin, dass er als nicht-produktiv galt und in der Bilanzierung des gesellschaftlichen Gesamtprodukts nicht auftauchte (Thalheim 1983). Löhne und Gehälter wurden ebenso staatlich festgesetzt wie der Staat die Preise für Wohnung, Grundnahrungsmittel etc. niedrig hielt, jenseits einer vernünftigen Kostenkalkulation und damit einer Investitions- bzw. Renovierungsmöglichkeit. Eine besondere Stellung im Wirtschaftsgeschehen, mit erheblichen Auswirkungen auf den Gesellschafts- und Verwaltungsaufbau der DDR, hatten die so genannten *Kombinate*. Ein Kombinat war nach §1 Abs. 1 der „Verordnung über die volkseigenen Kombinate, Kombinationsbetriebe und volkseigenen Betriebe" vom 8.11.1979 die grundlegende Wirtschaftseinheit der materiellen Produktion auf der Grundlage des einheitlichen staatlichen Volkseigentums (vgl. „Materialien …" 1987: 176). 1986 gab es 224 Industriekombinate; in ihnen waren seit Anfang der 80er Jahre, bis auf ganz wenige Ausnahmen, alle *Volkseigenen Betriebe* (VEB) zusammengeschlossen. Die Kombinate bestimmten aber auch einen Teil der Forschungspolitik, der Freizeit- und Feriengestaltung, der sozialen Sicherheit und anderes mehr. Also Allzuständigkeit für Aufgaben, die in allen westlichen Industrienationen auf eine Vielzahl von Bereichen, Politiken, Institutionen und Handlungsebenen verteilt sind.

Eine Ausdifferenzierung des Wirtschaftssystems, wie sie für die Entwicklung moderner Gesellschaften typisch ist, eine hochgradige Spezialisierung auf den primären Zweck hatte also nicht stattgefunden; wo es sie gab, wurde sie rückgängig gemacht. Gerade im Wirtschaftssystem zeigte sich der Sozialromantizismus des Sozialismus überdeutlich, indem funktionsspezifische Differenzierungen nach den Mustern partikularer Gesellschaften, Gemeinschaft und Brüderlichkeit, ausgerichtet wurden.

2.3 Grundsätze der marktwirtschaftlichen Ordnung

Die in Pt. 2.1 skizzierte Eigentumsordnung ist Grundlage der *Marktwirtschaft*. Sie fußt auf der aus Art. 2, Abs. 1 GG abgeleiteten wirtschaftlichen Betätigungsfreiheit und der in Art. 12 GG garantierten Arbeits-, Berufs- und Gewerbefreiheit.

Unter einer *marktwirtschaftlichen Ordnung* verstehen wir jene Form der Ordnung des Wirtschaftslebens, in der die Entscheidungen über Gütererzeugung und Güterverbrauch und damit Angebot und Nachfrage den Individuen und dem „freien Spiel der Kräfte" überlassen bleiben. Das Gegenteil wäre die von dem Ökonomen Walter Eucken (1891–1950) so genannte *Zentralverwaltungswirtschaft* mit ihrem skizzierten System der Planwirtschaft. Nach marktwirtschaftlicher Auffassung hat der Preis am Markt die entscheidende Regulierungsfunktion; er ist letztlich ein Ausdruck für die Dringlichkeit der Bedürfnisse und die Möglichkeit, diese zu befriedigen.

S. 33f. wurde ausgeführt, dass die liberale marktwirtschaftliche Ordnung des 19. Jh.s nicht einfach restauriert werden sollte, sondern nur akzeptabel erschien in Form der *Sozialen Marktwirtschaft*, einer Konzeption, die im Wesentlichen in den Jahren 1940–1948 ausgearbeitet wurde. Doch verlief, unabhängig von den Erfolgen der Sozialen Marktwirtschaft und einem breiten Ausbau der Sozialleistungen, die Entwicklung nicht nur in die gewünschte Richtung. Als Kritikpunkte werden hervorgehoben:

- Trotz des Gesetzes gegen Wettbewerbsbeschränkung, dem *Anti-Kartell-Gesetz* von 1957 (Neufassung vom 6.8.1998), wurde die *Unternehmenskonzentration* – aufgrund des technologischen Wandels, der nationalen und internationalen Kapitalverflechtungen – fortgesetzt und erreichte ein früher unvorstellbares Ausmaß;
- in einer marktwirtschaftlichen Ordnung haben die kurzfristigen Konsumbedürfnisse gegenüber den langfristigen Investitionen im *Infrastrukturbereich* (Schulen, Bildungsaufgaben, Gesundheitswesen etc.) stets Vorrang; eine rein marktwirtschaftliche Ordnung sei zudem gar nicht in der Lage, langfristige Infrastruktureinrichtungen zu erstellen; die Privatwirtschaft sei durch ein staatliches Subventionssystem z.T. geschützt, ob im Bereich der Produktion (wie in der Landwirtschaft), des Absatzes (z.B. im Außenhandel) oder auch der Forschung (wie selbst in der Chemischen Industrie);
- auf dieser Basis sei es möglich, dass die staatlich geschützte Privatwirtschaft in Zeiten der Prosperität und des Aufschwungs (frz. *Hausse*) die Gewinne „privatisiere" und in Zeiten der Konjunkturabschwächung (frz. *Baisse*) die Verluste "sozialisiere", d.h. auf die Allgemeinheit abwälze.

Diesen Entwicklungstendenzen der Marktwirtschaft bzw. der Sozialen Marktwirtschaft versuchte der Gesetzgeber entgegenzuwirken. Zwei Gesetze sollten die Grundlagen der Marktwirtschaft erhalten und im Rahmen der staatlichen Steuerungspolitik Stabilität und Wachstum der Wirtschaft sichern:

- das bereits erwähnte Gesetz gegen Wettbewerbsbeschränkung, das die Aufgabe hat, eine wirksame „Konkurrenz" zu gewährleisten wie eine „ruinöse" schrankenlose und unlautere Konkurrenz zu vermeiden (z.B. durch das Verbot der Kartellbildung, der Preisabsprachen etc.);
- das Stabilitätsgesetz (Gesetz zur Förderung der Stabilität und des Wachstums der Wirtschaft) vom Juni 1967, seinerzeit die „Antwort" der Großen Koalition auf die Rezession der Jahre 1966/67.

3. Das Leistungsprinzip

Wie immer, wenn es sich um Elementarkategorien handelt – „Freiheit"; „Demokratie"; „Arbeit" etc. –, sind Definitionen schwierig. *Leistung* ist als spezifisches Element menschlicher Aktivität von umfassender strukturbildender Wirkung; sie ist Grundlage und Ergebnis menschlicher Arbeit zugleich, wie sie – und das zeigt die Ambivalenz dieser Kategorie überdeutlich – Ursache von „Stress" und Lebensfreude sein kann. Überzogene Leistungsanforderungen können demotivierend sein, aber die *Eigenleistung* (Lenk 1983) kann Selbstbewusstsein und Selbstvertrauen stärken.

Die strukturbildende Wirkung der Leistung in sozialen Prozessen und Systemen beruht auf einer zumeist hierarchischen Klassifikation und Bewertung. Gleichwohl bleibt schwierig, Leistungen zu messen (man denke an den künstlerischen Bereich).

Die Bedeutung des Leistungsprinzips und damit des „egalisierenden", „demokratischen" Prüfungssystems wird deutlich, wenn man nach Alternativen zur Verteilung von Kompetenz („Macht"), Verantwortung und Prestige in sozialen Systemen fragt. In der strukturell-funktionalen Rollentheorie sind Geschlecht, Geburt und Alter *zugeschriebene Rollen*; sie können „natürliche" Selektions- und Statuszuschreibungskriterien genannt werden. Leistung führt zu *erworbenen Rollen*; für sie müssen Regeln der Auswahl festgesetzt werden. Ihrem Selbstverständnis nach verleiht die gegenwärtige Gesellschaft als „Leistungsgesellschaft" soziale Positionen und Prestige nicht nach Herkunft, Geschlecht oder Alter, sondern aufgrund individueller Fähigkeiten und der Bereitschaft zur Übernahme von Aufgaben und Verantwortung. Das Leistungsprinzip ist, zumal am Beginn seiner Durchsetzung, mit dem *Konkurrenzprinzip* und dem *Gleichheitsprinzip* untrennbar verknüpft: Gleiche und Freie sollen am Markt um die besten Chancen in Wettbewerb treten, beim Sport – dessen Regeln in der englischen Gesellschaft sehr früh eine wichtige Rolle spielten – wie bei der Konkurrenz um Meinungen und Stimmen im Wahlkampf.

Die neuere Diskussion um die Grundlagen der Leistungsmotivation ist an den Untersuchungen von Ronald Inglehart (1979) zum *Wertwandel* orientiert. Inglehart wollte nachweisen, dass es in den westlichen Industrienationen seit den 1960er Jahren einen fundamentalen Wertwandel gegeben habe: weg von den sog. „materiellen" Werten wie stabile Wirtschaft und stabiles Wachstum, soziale Sicherheit, familiäre Geborgenheit, Aufrechterhaltung der Ordnung und hin zu den sog. „postmateriellen" Werten wie eine friedliche Welt, höhere Partizipation am Arbeitsplatz und in der Politik, Gleichheit und Brüderlichkeit, eine weniger „kalte" Gesellschaft. Diese Einstellungen hätten sich vor allem in der jüngeren Generation der 1960er Jahre auf der Basis überwundener Nachkriegsprobleme, einzigartiger Wohlstandsmehrung und sozialer Sicherheit entwickelt (zum Wertwandel in der Bundesrepublik und der DDR/neue Bundesländer vgl. Meulemann 1996 und Klages 2001).

Von einem Nachlassen der Leistungsmotivation kann unter den abermals geänderten gesellschaftlichen Voraussetzungen – Massenarbeitslosigkeit; Sorge um den Arbeitsplatz – wohl keine Rede sein. Was sich vor allem geändert hat, ist die Dominanz der auf die Arbeitswelt bezogenen Wertmuster. Leistungsorientierte Werthaltungen in der Arbeitszeit und „postmaterielle Wertorientierungen" in der Freizeit scheinen sich nicht unbedingt auszuschließen. Strittig ist jedoch, ob Arbeits- und Lebenswelt hinsichtlich grundlegender bzw. verbindender Wertmuster immer mehr auseinander treten; der in der Bevölkerung breit akzeptierte Hochleistungssport mit seinen „leitbildhaften" Formen des „hire and fire" (z.B. im Fußball) und den „Mustern" seiner Kommerzialisierung und medienwirksamen Vermarktung spricht dagegen.

4. Individualisierung als Basis neuer Wirtschafts- und Arbeitsstrukturen

Die Basis einer marktwirtschaftlichen Ordnung ist in der Freiheit des handelnden (Wirtschafts-)Subjekts zu sehen. Dies ist die Grundlage aller Individualisierungsprozesse. Die Dynamik der Kommerzialisierung immer weiterer Sozialbereiche, ihrer programmatischen Effizienzsteigerung durch immer neue Freisetzungen (incl. aus sozial gesicherten Arbeitsverhältnissen) macht *Individualisierung* mehr zu einer Systemvoraussetzung als zu einem Ziel der Persönlichkeitsentwicklung.

Längst ist die Situation eingetreten, dass die im Verlauf des Industrialisierungs- und Kapitalisierungsprozesses entwickelten Institutionen (und Solidaritäten) zum Schutz desjenigen Lohnabhängigen, der nicht über Eigentum bzw. Kapital, sondern nur über seine Arbeitskraft verfügt, als Hemmschuh auf dem angestrebten Weg einer völligen Freisetzung des Individuums angesehen werden. Dem korrespondiert die Umgestaltung der Arbeitsverhältnisse derart, dass sich immer mehr Arbeitnehmer zu „Unternehmern" wandeln müssen (vgl. Zielcke 1996). Am (vorläufigen) Ende dieser Entwicklung steht der „flexible Mensch" (Sennett 1998), disponibel, verfügbar, eigenverantwortlich, ohne Schutz von Solidargemeinschaften. Als Beispiele auf diesem Weg hierfür lassen sich nennen:

- die Auslagerung oder Delegation von einzelnen Arbeitsschritten oder Produktionseinheiten auf Subunternehmer, in vielen Fällen frühere Angestellte oder auch Arbeiter (*Outsorcing*);
- es gibt inzwischen Weltfirmen, die über das Prinzip des *Franchising* die Risiken auf eine große Zahl von „Inhabern" oder Pächtern kleiner Verkaufsstellen übertragen, die von der Zentrale die Namenslizenz, Know-How und das jeweilige Produkt beziehen;
- vergleichbar der „Bauernbefreiung" zu Beginn des 19. Jh.s werden bisherige Arbeitnehmer – z.B. LKW-Fahrer – genötigt, den LKW zu kaufen (mit Kredit der bisherigen Firma) und auf „eigene Rechnung" in einer *Ich-AG* weiter zu arbeiten (bei den sich frei kaufenden Bauern zu Beginn des 19. Jh.s hatte dies oft zur Folge, dass sie schließlich weder Land noch Arbeit hatten und verschuldet in die sich industrialisierenden Zentren abwanderten).

Diese und andere Methoden haben mit dem damit verbundenen Personalabbau (*downsizing*) für die Unternehmer den Vorteil, dass alle Risiken des Arbeitsplatzes und der sozialen Sicherheit nicht mehr bei ihnen liegen.

III. Wandel der Produktionssektoren, der Betriebsgrößen und der Erwerbsquoten

1. Die Theorie der Produktionssektoren

Der französische Ökonom Jean Fourastié hatte in einer der bekanntesten Theorien des ökonomischen und damit des gesamtgesellschaftlichen Strukturwandels (1949/1969) das Wirtschaftssystem in die folgenden Produktionssektoren unterteilt:

- *primärer Sektor* (vor allem Landwirtschaft, Urgewinnung);
- *sekundärer Sektor* (vor allem verarbeitendes Gewerbe wie Industrie und Handwerk);
- *tertiärer Sektor* (vor allem Handel, Verwaltung, freie Berufe, Dienstleistungsberufe).

Diese Einteilung in drei Produktionssektoren geht zwar auf die Ökonomen Allan B.G. Fisher und Colin Clark (1940) zurück, hat aber bei Fourastié eine bedeutende Erweiterung erfahren: Es geht nicht, wie vielfach fälschlich unterstellt, um eine Klassifikation der Wirtschaftsbereiche, sondern um eine Theorie, die die Auswirkungen des technischen Fortschritts bzw. der Arbeitsproduktivität in den einzelnen Wirtschaftsbereichen analysiert (wobei *Arbeitsproduktivität* definiert ist als Arbeitsergiebigkeit, als Verhältniszahl des Produktionswertes und damit der Wertschöpfung im Hinblick auf die eingesetzte Arbeitsmenge). Auf dieser Grundlage kam Fourastié zu folgender Differenzierung (1969: 27, 74):

- *Primär* ist ein Produktionssektor, in dem der technische Fortschritt und damit die Steigerung der Arbeitsproduktivität mittelmäßig stark ist;
- *sekundär* ist ein Produktionssektor mit großem technischen Fortschritt;
- *tertiär* ist ein Produktionssektor mit geringem oder gar keinem technischen Fortschritt.

Neben anderen Forschern erkannte Fourastié den technischen Fortschritt als „Grund- und Hauptfaktor der wirtschaftlichen Entwicklung" (1969: 44). Dies hat zwei Konsequenzen:

- die „wirtschaftliche und gesellschaftliche Entwicklung der Gegenwart (…) ist von der Steigerung der Arbeitsproduktivität (als Maß für den technischen Fortschritt; B.S.) beherrscht"; und:
- die unterschiedlichen Raten und Steigerungsraten der Arbeitsproduktivität in den einzelnen Produktionsbereichen schaffen, so könnte man folgern, Spannungszustände, Ungleichgewichte in und zwischen den Produktionsbereichen.

Damit ist eine wichtige Erkenntnisquelle erschlossen, weil sich gesellschaftliche Strukturänderungen auf die *Entwicklung der Arbeitsproduktivität* in den einzelnen Wirtschaftssektoren zurückführen lassen. Aber auch Fourastiés Theorie und Prognose sind zeitbedingt, wie an der Automatisierung und datengestützten Informatisierung im Bereich der Büroarbeit und damit großer Teile des Dienstleistungssektors sichtbar wird. Die Bezeichnung „tertiärer Sektor" für diesen Bereich ist nicht länger zulässig, weil es sich nicht mehr um nur drittklassige Möglichkeiten der Steigerung der Arbeitsproduktivität in diesem Sektor handelt. Inzwischen hat die Entwicklung der neuen Informations- und Kommunikationstechnologien dazu geführt, dass als vierter Sektor ein *Informationssektor* auszugliedern ist (vgl. hierzu S. 213).

2. Produktionssektoren, Volkseinkommen und Erwerbsquote

Wie ausgeführt wurde, sind die Anteile der Erwerbstätigen in den drei Produktionssektoren ein wichtiger Indikator für Struktur und Wandel des ökonomischen und gesamtgesellschaftlichen Systems. In der früheren Bundesrepublik haben sich seit 1950 folgende Änderungen ergeben:

Tabelle 14 Anteile der Produktionssektoren an der Gesamtzahl der Erwerbstätigen seit 1950 in Prozent

	1950	1960	1970	1980	1990	2003*
primärer Sektor: Land- und Forstwirtschaft; Tierhaltung; Fischerei	23,2	13,7	8,5	5,5	3,6	2,4
sekundärer Sektor: produzierendes Gewerbe	42,3	48,0	48,9	44,1	40,6	27,2[1]
tertiärer Sektor: Handel und Verkehr; Dienstleistungen	32,3	38,3	42,6	50,4	55,8	70,4
nicht klassifizierbar	2,2	–	–	–	–	–
insgesamt in %	100,0	100,0	100,0	100,0	100,0	100,0
insgesamt in 1 000	22 074	26 063	26 560	26 278	29 334	36 536

Quelle: Statistisches Jahrbuch 1954, S. 112; 1989, S. 92; 2003, S. 106;
* incl. neue Bundesländer; [1] mit Baugewerbe

Zum Vergleich: In der DDR betrugen 1990, dem Jahr des Einigungsprozesses, die Anteile im primären Sektor 8,2%, im sekundären Sektor 44,8% und im tertiären Sektor 47,0% (bei insgesamt 7,6 Mio. Erwerbstätigen). Zu berücksichtigen ist aber vor allem die völlig andere Struktur des tertiären Sektors.

Auffälligste Merkmale der Entwicklung der Erwerbs- und der Produktionsstruktur der früheren Bundesrepublik (wie vergleichbarer Industrienationen) sind:

- Der absolute und relative Rückgang der Beschäftigten in Land- und Forstwirtschaft;
- der absolute und relative Anstieg der Beschäftigten im Dienstleistungssektor;
- der Rückgang der Selbstständigen und mithelfenden Familienangehörigen und der Anstieg der unselbstständig Beschäftigten („Lohnabhängigen") auf fast neun Zehntel aller Erwerbstätigen.

Wichtige Maße der öffentlichen Wohlfahrt sind das Brutto- und das Nettosozialprodukt. Unter *Bruttosozialprodukt* (BSP) = Bruttoinlandsprodukt wird die Gesamtleistung einer Volkswirtschaft in einem Zeitabschnitt, zumeist ein Jahr, verstanden; es entspricht dem Wert der in dieser Zeit produzierten Waren und marktgängigen bzw. kostenrelevanten Dienstleistungen. Abzüglich der Abschreibungen auf das Anlagevermögen ist das BSP mit dem *Nettosozialprodukt = Volkseinkommen* identisch; das VE ist also die Summe aller Erwerbs- und Vermögenseinkommen.

Die Anteile der Produktionssektoren an der Erstellung des Bruttosozialprodukts änderten sich wie folgt:

Tabelle 15 Beiträge der Wirtschaftsbereiche zum Bruttoinlandsprodukt in Prozent; 1950–1980 nur Westdeutschland

Sektoren	1950	1960	1970	1980	1996	2003
Primärer Sektor						
Land- und Forstwirtschaft	9,1	5,5	3,9	2,2	1,1	1,1
Sekundärer Sektor	44,5	53,5	57,6	44,8	33,5	
Energiewirtschaft und Bergbau	6,0	4,8	4,2	3,5	–	⎫ 24,5
Verarbeitendes Gewerbe	31,4	41,2	46,0	34,3	–	⎭
Baugewerbe	7,1	7,5	7,4	7,0	–	4,1
Tertiärer Sektor	46,6	40,9	38,7	53,0	65,4	70,2
Handel und Verkehr	20,7	19,8	18,8	15,8	14,4	18,0
Dienstleistungen	12,3	11,9	11,7	23,2	36,8	30,5
Staat	10,5	7,4	7,0	12,0	⎫ 14,2	⎫ 21,7
Private Haushalte	3,1	1,8	1,2	2,0	⎭	⎭

Quelle: Wirtschaft und Statistik, H. 1/1978; Statistisches Jahrbuch 1984, S. 540f; 1989, S. 545f; Datenreport 2002, S. 245; Statistisches Bundesamt 2004, http://www.destatis.de/basis/d/vgr/vgrtab3.htm

Für Ostdeutschland sind die Prozentwerte für die drei Produktionssektoren 1996: 1,2; 34,6; 64,2. Folgender Trend sei hervorgehoben: der extreme Rückgang des Anteils im primären Sektor und die starke Zunahme des tertiären Sektors an der Bruttowertschöpfung.

Die Anteile der einzelnen Regionen und Bundesländer an der Bruttowertschöpfung variieren sehr stark, und damit auch das durchschnittliche Pro-Kopf-Einkommen in den Ländern. Die im Grundgesetz verankerten Bestimmungen zum

Länderfinanzausgleich (vgl. Art. 107) sollen eine bestimmte „Gleichwertigkeit der Lebensbedingungen" sicherstellen. Davon kann noch keine Rede sein. 2001 betrug das Haushaltsbruttoeinkommen eines Angestellten monatlich im Durchschnitt € 4 783, in den neuen Bundesländern und Ost-Berlin waren es € 3 758.

Bei Angaben zu Erwerbstätigen ist zu berücksichtigen, dass ein Teil von ihnen nicht vollzeitbeschäftigt ist (mit wöchentlich mehr als 36 Stunden). Bei den Männern waren 2002 weniger als 36 Stunden/wöchentlich beschäftigt: 13,5 % (2,7 Mio. von 20,3 Mio. erwerbstätigen Männern), bei den Frauen waren es 46,3 % (7,5 von 16,1 Mio. erwerbstätigen Frauen).

Tabelle 16 Erwerbstätige nach Wirtschaftsbereichen. Deutschland 2002

Wirtschaftsbereich	insgesamt in 1 000	Männer in %	Frauen in %
Land- und Forstwirtschaft, Fischerei	928	65,6	34,4
Produzierendes Gewerbe	10 418	71,3	25,6
Handel, Verkehr, Nachrichten-übermittlung, Dienstleistung	26 900	44,6	55,4
insgesamt	38 246	53,2	46,8

Quelle: Statistisches Bundesamt 2004, http://www.destatis.de/basis/d/vgr/vgrtab10.htm

Die Gesamtzahl der *Erwerbspersonen* (Erwerbstätige und Erwerbslose) in Relation zur Gesamtbevölkerung nennen wir *Erwerbsquote*.

Wie bereits hervorgehoben, war die Erwerbsquote in der DDR, vor allem bei den Frauen, sehr viel höher als im früheren Bundesgebiet.

Tabelle 17 Entwicklung der Erwerbsquote seit 1950 (bis 1980 nur alte Bundesländer)

Jahr	Erwerbsquote in %	Erwerbspersonen in Mio.	Bevölkerung in Mio.
1950	46,2	23,5	50,8
1960	47,7	26,7	55,9
1970	43,9	26,6	60,6
1980	44,2	27,2	61,6
1991*	46,9	37,4	79,8
2002*	49,2	40,6	82,5

Quelle: Statistisches Bundesamt. Bevölkerung und Wirtschaft 1872-1972, S. 140; für 1980f: Statistisches Bundesamt BRD; für 2002: Statistisches Jahrbuch 2003, S. 106
* Deutschland

3. Besonderheiten der Frauenerwerbsquote

Die Erwerbsquoten bei Männern und Frauen sind sehr unterschiedlich. Die hohen Erwerbsquoten der Frauen in der DDR waren bald nach der Wiedervereinigung stark rückläufig. Nach wie vor gibt es, benachteiligend für Frauen, einen „geschlechtsspezifischen Arbeitsmarkt" (Beck-Gernsheim 1976). Seine wichtigsten Merkmale sind in folgenden Punkten zu sehen:

- Die vielfach immer noch begrenzten Zugänge zum Arbeitsmarkt;
- die grundgesetzwidrige, gegenüber Männern ungleiche Bezahlung für gleiche Tätigkeit;
- die schwierige Vereinbarkeit von Familien- und Berufspflichten (durch fehlende Kinderbetreuungseinrichtungen usw.);
- die problematische Rückkehr in den Beruf nach einer Familienphase.

Betrachtet man die *Frauenerwerbstätigkeit* nach Wirtschaftsbereichen, Berufsgruppen und Verdienst, so sind folgende Merkmale hervorzuheben:

- Einzelne Berufsgruppen sind weit überproportional mit Frauen besetzt: Hauspersonal; Textilverarbeiterinnen; Verkäuferinnen im Einzelhandel; Bürofachkräfte; ärztliche Pflege- und Hilfsberufe; Sozialpflegeberufe; Reinigungsberufe (vgl. Stat. Jb. 2003: 110);
- während 2002 fast ein Fünftel der männlichen Erwerbstätigen im früheren Bundesgebiet ein Nettoeinkommen von mehr als 2,6 Tsd. € monatlich hatten, waren es bei den Frauen nur 4 % (Stat. Jb. 2003: 108). In den neuen Ländern (inkl. Ostberlin) besaßen 5,4 % der Männer und 2,1 % der Frauen ein entsprechendes monatliches Nettoeinkommen;
- Frauen haben bei hoch qualifizierten Führungs- und Berufspositionen (Abteilungsleiter; Amtsleiter; Direktoren/Prokuristen; Professoren etc.) zumeist deutlich weniger als ein Zehntel Anteil an den entsprechenden Stellen. Nur bei den Lehrerinnen sind die Frauen in der Überzahl (59 %, jedoch bei den Schulleiterinnen nur 20 %; zu diesen und weiteren Zahlen – auch im Vergleich zur DDR/neue Bundesländer – vgl. Geißler 2002: 376ff.).

Zeitreihen zeigen jedoch, dass Frauen auch bei hochqualifizierten Berufspositionen kontinuierlich aufholen – das ist auch in den neuen Bundesländern erforderlich, weil Frauen in der DDR, z.B. bei Professorenstellen, keine besseren Chancen hatten als in Westdeutschland (Geißler 2002: 378).

4. Änderung der Betriebsgrößen in Landwirtschaft, Industrie und Dienstleistung

Seit 1950 haben sich die Anteile der Produktionssektoren bei der Erstellung des Bruttosozialprodukts, stark verändert, ebenso die Betriebsgrößen der Produktionsstätten, am auffälligsten in der *Landwirtschaft*.

Tabelle 18 Rückgang der landwirtschaftlichen Betriebe und Wandel der Betriebsgrößenstruktur im früheren Bundesgebiet

Landwirtschaftlich genutzte Flächen	1949	1960	1971	1979	2001*
			Zahl der Betriebe		
1–2 ha	305 723	230 368	138 255	103 812	37 138
2–5 ha	553 061	387 069	225 420	157 619	75 677
5–10 ha	403 699	343 017	213 417	153 189	68 048
10–15 ha	171 819	188 172	146 951	105 474	44 213
15–20 ha	84 436	98 298	105 822	81 171	39 819
20–30 ha	72 170	79 162	108 214	103 951	44 379
30–50 ha	40 251	42 853	58 478	74 517	58 284
50–100 ha	12 621	13 672	17 899	25 969	55 054
100 und mehr ha	2 971	2 639	3 241	4 278	26 324
Betriebe insgesamt	1 646 751	1 385 250	1 017 697	810 034	448 936

Quelle: Statistisches Jahrbuch 1989, S. 132; 2003, S. 147
* Deutschland

In den neuen Bundesländern und Ost-Berlin wurden 2001 30 695 landwirtschaftliche Betriebe gezählt. Betrug der Anteil der Betriebe mit mehr als 100 ha zu diesem Zeitpunkt im früheren Bundesgebiet 4,1 %, so in den neuen Bundesländern und Berlin-Ost 28,6 %.

Von 1949–2001 ging die landwirtschaftlich genutzte Fläche des früheren Bundesgebietes von 132 796 km² auf 17 095 km² zurück – vor allem durch den Rückgang der kleinen und mittleren Betriebe. Die Betriebsfläche der Betriebe mit 100 und mehr ha wurde hingegen von 5441 km² auf 7589 km² erweitert.

Trotz drastischen Rückgangs der in der Landwirtschaft Beschäftigten (vgl. Tab. 15) und Verminderung der landwirtschaftlichen Nutzfläche ist die Agrarproduktion ständig angestiegen. Der Selbstversorgungsgrad mit Grundnahrungsmitteln ist in der Bundesrepublik erstaunlich hoch (vgl. hierzu die Angaben im Stat. Jb. 2003: 575).

Wie sich die Betriebsgrößen in der Industrie verändert haben, zeigt die nachfolgende Tabelle.

Für den Dienstleistungssektor lassen sich kaum sinnvoll Betriebsgrößen angeben, zum einen sind die Dienstleistungsbereiche Teil von landwirtschaftlichen oder industriellen Produktionsstätten; zum anderen gibt es hier zwei gegenläufige Trends: Verkleinerung von Betriebsgrößen (z.B. in den sog. *„Ich-AGs"*), aber auch Vergrößerungen, z.B. in den Rechtsanwaltskanzleien, die nunmehr auch in Deutschland bisher unbekannte Größenordnungen erreichen. Hinzu kommt, dass in der modernen Kommunikations- und Informationsgesellschaft über zwei Drittel aller Arbeitsplätze im Dienstleistungsbereich zu finden sind.

Tabelle 19 Industrie nach Betriebsgrößenklassen (früheres Bundesgebiet)

| Jahr | Anzahl der Betriebe mit … Beschäftigen | | | | | | |
	1–19	20–99	100–199	200–499	500–999	1 000 u. mehr	insges.
1960	52 485	26 628	6 166	4 521	1 508	1 172	92 480
1970	52 209	28 346	6 815	4 964	1 695	1 248	95 313
1980	6 143	29 170	6 307	4 529	1 468	1 102	48 719
1992	5 849	28 100	6 305	4 564	1 497	998	47 313
2001*	6 161	29 966	6 594	4 379	1 327	710	49 137
	Anteil an den Beschäftigten in %						
1960	4,0	15,0	10,7	17,3	12,9	40,1	100
1970	3,9	14,6	10,8	17,3	13,2	40,2	100
1980	0,9	17,3	11,4	18,1	13,2	39,2	100
1992	0,8	17,7	12,0	19,0	14,0	36,4	100
1994	0,9	19,2	13,0	19,7	14,0	33,3	100
2001*	0,9	21,4	14,3	20,7	13,9	28,8	100

Quellen: Zahlen, hrg. vom Institut der deutschen Wirtschaft 1994, 1997 und 2003
* Deutschland

IV. Entwicklung der Arbeitsproduktivität unter neuen technologischen Bedingungen

1. Neue Technologien als Basis der Informationsgesellschaft

Durch die sog. *Neuen Technologien* wurde eine weitere Stufe der industriellen Entwicklung bzw. der industriellen Revolution erreicht. Unter *Neuen Technologien* wird allgemein verstanden:

- Die elektronische Datenverarbeitung (EDV) und ihr Einsatz in allen Informations-, Kommunikations- und Produktionsbereichen;
- die Entwicklung neuer Kommunikationsmedien der Text-, Daten- und Bildverarbeitung;
- die Entwicklung numerisch gesteuerter Planungs- und Produktionsprozesse.

Die Einführung neuer Technologien in Produktion und Verwaltung, im Medien-, Unterrichts- und Kommunikationsbereich hat nicht nur zahlreiche Rationalisierungseffekte (wobei der Begriff Rationalisierung in diesem Zusammenhang zumeist einseitig mit Personaleinsparung verknüpft wird), sondern sie hat auch innovativen Charakter für die Entwicklung neuer Produkte und Produktionsabläufe wie für neue Formen der Arbeitskooperation.

Die Neuen Technologien sind die instrumentelle Basis der sich seit ca. 1970 herausbildenden *Informationsgesellschaft*, auch Informations- und Wissensgesellschaft genannt (vgl. auch S. 9f.; zur Definition vgl. Spinner 2001).

Gegenüber Einteilungen der Arbeitsstrukturen nach dem bloßen Einsatz von Neuen Technologien (z.B. des PC), die dann ein Drittel oder mehr aller Beschäftigten als zugehörig zu Informationsberufen deklarieren, hält Spinner an „harten" Kriterien der Zuordnung fest. Für die Abgrenzung der Informationsberufe sei folgendes Doppelkriterium erforderlich:

- Das „Funktionskriterium" verlange, dass es sich um eine Wissenstätigkeit aus dem Bereich der Wissensarbeitsteilung handele;
- das „Gerätekriterium" verlange, dass funktionsnotwendig Informations- und Kommunikationstechnologien (IuK-Technologien) zum Einsatz kommen.

Verlangt wird also ein „qualifizierter Umgang mit kodifizierter Information und Kommunikation" (Spinner 2001), der über den routinemäßigen Einsatz der IuK-Technologien hinausgehe. Die damit verknüpften neuen Arbeitsformen und Grundlagen der Arbeitsproduktivität haben dazu geführt, den geschilderten drei traditionalen Produktionssektoren einen vierten anzugliedern, den *Informationssektor*. Spinner geht davon aus, Tätigkeiten dann aus den drei grundlegenden Produktionssektoren auszugliedern und dem Informationssektor zuzuschlagen, wenn 75 % der Arbeitsschwerpunkte auf die Speicherung, die Aufbereitung, die Wiedergewinnung, die Verknüpfung und Auswertung von Information entfallen (1998: 179; zu den Schwierigkeiten und Problemen entsprechender Abgrenzungen bei den einzelnen Berufen/Tätigkeiten vgl. ebda.).

2. Große Technische Systeme

Ohne Zweifel hat die schnelle Ausbreitung der IuK-Technologien dazu beigetragen, Arbeitsvorgänge sowohl innerbetrieblich wie auch räumlich (also über große Distanzen) stärker miteinander zu vernetzen. Eine besondere Form dieser Vernetzung nennen wir *Große Technische Systeme*, auch Großtechnologien genannt. Der Begriff „Große Technische Systeme" wurde 1983 durch den Technikhistoriker Thomas P. Hughes eingeführt (vgl. Mayntz 1988). Hughes hat nicht nur die weit- und engmaschige Vernetzung und das Zusammenspiel verschiedener Techniken der Großen Technischen Systeme – Telefonnetz, Eisenbahn, Elektrizitätsversorgung – ins Auge gefasst, sondern nachdrücklich auf die sozialen Systemkomponenten dieser Systeme verwiesen: soziale Akteure, Organisationsstrukturen, verfügbares Wissen und Anwendung bestimmter technischer und sonstiger Normen.

An einzelnen Großen Technischen Systemen lässt sich leicht nachweisen, wie sie mit der Herausbildung nationaler und internationaler ökonomischer Interdependenzen mitgewachsen sind: die großen Energieträger Elektrizität, Gas, Erdöl und schließlich die Kernenergie; aber auch die Infrastruktursysteme des Schienen-, Straßen- und Luftverkehrs. Ohne den Einsatz neuer Technologien sind Große Technische Systeme weder steuer- noch kontrollierbar.

Große Technische Systeme verdeutlichen das Dilemma der gegenwärtigen industriellen wie der sich industrialisierenden Länder: unter Gesichtspunkten der Effizienz, der Vernetzung und der weltgesellschaftlichen Kommunikation scheinen sie unvermeidlich; gleichzeitig erhöhen sie die Probleme der Kontrolle, der Stör- und der Sabotagemöglichkeiten in der „Risikogesellschaft" (U. Beck). Große Technische Systeme zeigen noch ein anderes Dilemma: das der Machtkonzentration der multinationalen Konzerne und das schwierige Problem der öffentlichen Kontrolle von z.T. sehr risikobehafteten Arbeitsplätzen.

3. Auswirkungen neuer Technologien auf Arbeitsplätze und Qualifikation

Die Behauptung, dass die Einführung neuer Technologien Arbeitsplätze zerstöre („wegrationalisiere"), begleitet die Entwicklung des Maschinen- und Industriezeitalters von Anfang an; sie ist sowohl Thema der ökonomischen Forschung als auch der Arbeitskämpfe (vgl. Emil Lederer, 1882–1939, Technischer Fortschritt und Arbeitslosigkeit, 1938; Neudruck 1981). Auf einzelne Arbeitsplätze bzw. Produktionsbereiche bezogen, ist die Behauptung zutreffend; auf größere Zusammenhänge bezogen ist der Nachweis schwer zu führen, denn dann müssen auch die neuen Prozesse der Qualifizierung, der Forschung, der im Zusammenhang der Einführung und Durchsetzung neuer Technologien entstehenden Arbeitsplätze usw. berücksichtigt werden.

Ebenso einseitig sind die Behauptungen einer Dequalifizierung von Arbeitskräften durch die neuen Technologien. Es gibt auch, ebenso durch Forschungen untermauert, die Höherqualifikationsthese. Hierfür sprechen u.a. folgende Gründe:

- Im Bürobereich stellt der Umgang mit den neuen Technologien der Text-, der Daten- und der Bildverarbeitung, der entsprechenden Speicherung und Telekommunikation (Datenübermittlung, elektronische Post, Telekopieren, Videotext usw.) völlig neue Qualifikationsanforderungen;
- im Produktionsbereich haben die numerisch gesteuerten Prozesse der Produktionsplanung und -fertigung zu völlig neuen Ausbildungsgängen geführt; ein neues Verhältnis Mensch – Maschine bzw. Mensch – Technik ist eine wichtige Komponente der Einführung neuer Technologien im Produktionsbereich.

Die Probleme der Dequalifizierung sind vor allem für ältere Arbeitnehmer nicht von der Hand zu weisen, zumal die Kategorie „ältere Arbeitnehmer" angesichts des rapiden technologischen Wandels sich auf immer jüngere Jahrgänge erstreckt.

4. Neue Formen der Arbeitsorganisation: autonome und teilautonome Arbeitsgruppen

Seit Beginn der 1980er Jahre gibt es eine intensive, weltweite Diskussion darüber, ob der *Taylorismus* und *Fordismus* (Prinzip der Fließbandfertigung) *passé* sind und wie eine posttayloristische bzw. postfordistische Arbeitsorganisation auszusehen habe. Hierbei kam, vor allem durch den Stellenwert Japans in der Weltökonomie, der *autonomen Arbeitsgruppe* ein großer Stellenwert zu.

Ein anderer Bezugspunkt der neueren Diskussion ist mit dem Stichwort *Lean Production* umschrieben. Was bedeutet dies für gruppenspezifische Arbeitsformen? Der Begriff *Lean Production* wurde durch die weltweit bekannte MIT-Studie von Womack et al. (1992) eingeführt; er ist die engl. Bezeichnung für das von Taiichi Ohno (1993) entwickelte *Toyota-Produktionssystem*. Dies basiert auf dem von ihm so genannten Prinzip der *Just-in-Time-Produktion*. Als Charakteristika der „Schlanken Produktion" werden genannt: Perfektion; sinkende Preise; Minimierung von Fehlern; wenig bzw. keine Nacharbeit; keine Lagerstätten; beliebige Produktvielfalt.

Bei der Arbeitsweise impliziere dies: höhere Anforderungen an jeden Arbeitnehmer, Abbau von Hierarchien, Erhöhung individueller Verantwortung und Team- bzw. Überqualifikation (in dem Sinne, dass in der Gruppe jeder jeden ersetzen kann). Als weitere Charakteristika werden genannt (Antoni 1993: 46): die Delegation von Verantwortung und Kompetenz vor Ort, Teamarbeit in und zwischen allen Unternehmensbereichen und mit Zulieferunternehmen.

Nicht eindeutig abgrenzbar zur *autonomen Arbeitsgruppe* ist die *teilautonome Arbeitsgruppe* mit den Merkmalen (Antoni 1993: 48): Boxenfertigung/Fertigungsinseln/Lerninseln, individuelle und gruppenspezifische Freiheitsgrade im Hinblick auf Arbeitsplatzgestaltung und Zeiteinteilung. Statt des Meisters gibt es einen Gruppensprecher und neue Formen der Partizipation (zur Entwicklung der Arbeitsgruppen im Industriebetrieb vgl. Kern 1999).

Die Auswirkungen dieser Form der Produktion und Arbeitsorganisation sind nicht nur betriebsintern, sondern berühren das Ausbildungssystem ebenso wie die Verkehrsplanung, die Re-Organisation der Zulieferindustrie wie des gesamten Informationssystems, incl. des Qualitäts- und Wissensmanagements.

V. Wandel der Berufe und der Berufsgruppen

Struktur und Wandel der Berufe in einer Gesellschaft gehören zu den wichtigsten Strukturmerkmalen des ökonomischen Systems und der Gesellschaftsstruktur überhaupt. Qualifikation und Häufigkeit der einzelnen Berufe sind zugleich ein Indikator für den Entwicklungsstand einer Gesellschaft im Übergang von der Agrargesellschaft zur Industriegesellschaft und weiter zur post-industriellen Informations- und Kommunikationsgesellschaft.

1. Definition und Strukturbedeutung des Berufs

Unter *Beruf* verstehen wir:

- Die Kombination von spezialisierten Kenntnissen und Fähigkeiten zur Erbringung bestimmter Leistungen;
- die „Grundlage für eine kontinuierliche Versorgungs- und Erwerbschance"

(Max Weber), oder wie es in der Definition für den Weltzensus 1961 hieß: „die auf Erwerb gerichtete, besondere Kenntnisse und Fertigkeiten sowie Erfahrung erfordernde Arbeitsverrichtung, durch die der einzelne an der Leistung der Gesamtheit im Rahmen der Volkswirtschaft mitschafft und die in der Regel auch die Lebensgrundlage für ihn und seine nichtberufstätigen Angehörigen bildet";

• die für den sozialen Status eines Individuums wichtigste soziale Position.

Berufsgliederung und Arbeitsteilung stehen in einer ebenso engen Verbindung wie Berufsgliederung und soziale Schichtung. Die „Verberuflichung" und die damit verbundene arbeitsteilige Differenzierung der Gesellschaft sind zugleich wichtige Teilprozesse und Indikatoren des gesellschaftlichen Strukturwandels. Die Verberuflichung der menschlichen Arbeit stößt jedoch zunehmend an Grenzen, weil die Festlegung auf einen Beruf für die ganze Lebensarbeitszeit weder dem individuellen Wunsch nach Veränderungen, noch den Erfordernissen des raschen ökonomischen Wandels entspricht.

2. Struktur und Entwicklung der Berufsgruppen

Ein statistischer Überblick lässt sich nur durch drastische Vereinfachung gewinnen. So wird in der Statistik neben der Erfassung von Branchen (den Wirtschaftszweigen) seit einigen Jahrzehnten in folgende Hauptgruppen untergliedert: Arbeiter; Angestellte und Beamte; Selbstständige; mithelfende Familienangehörige.

Im Hinblick auf diese Berufsgruppen ist folgende Entwicklung zu verzeichnen:

Tabelle 20 Erwerbstätige nach Stellung im Beruf (Anteile in Prozent)

Jahr	Arbeiter	Beamte und Angestellte	Selbstständige	mithelfende Familienangehörige	Erwerbstätige insgesamt
1950	51,0	20,6	14,5	13,8	100,0
1960	49,7	28,1	12,4	9,8	100,0
1970	46,6	36,2	10,4	6,7	100,0
1980	42,3	45,7	8,6	3,4	100,0
1991*	38,9	51,6	8,1	1,4	100,0
2002*	31,7	57,2	10,0	1,1	100,0

Quelle: Statistisches Bundesamt. Bevölkerung und Wirtschaft 1872-1972, S. 142; für 1980f.: Statistisches Jahrbuch BRD; für 2002: Statistisches Jahrbuch 2003, S. 106
* Deutschland

Die größten Unterschiede zwischen alten und neuen Bundesländern gab und gibt es im Hinblick auf die Kategorie der Selbstständigen und der Beamten. Wie hervorgehoben (S. 180), gab es Selbstständige in der DDR nur im eng begrenzten Umfang (z.B. im Handwerk); Beamte waren mit der Bestimmung, wie sie sich im Grundgesetz (Art. 33 V) findet, aus ideologischen Gründen abgeschafft.

2.1 Arbeiter

Der *Arbeiter* ist ein Berufstätiger, der seine Kenntnisse und Fertigkeiten gegen Entgelt (Lohn) einem „Arbeitgeber" (Staat; private Firmen etc.) zur Verfügung stellt. Gegenüber anderen Berufsgruppen in ebenfalls abhängiger Beschäftigung – den Angestellten und Beamten – ist die überwiegend körperliche Arbeit ein Merkmal dieser Berufsgruppe. Ausschlaggebend sind, ebenso wie bei anderen Berufsgruppen, arbeits- und sozialrechtliche Bestimmungen und Zuordnungen. Arbeiter ist also ebenso der *gelernte* Facharbeiter am Hochofen, der *angelernte* Arbeiter am Fließband einer Automobilfabrik wie der *ungelernte* Waldarbeiter.

Tabelle 21 Entwicklung der Arbeiterschaft

Jahr	Arbeiter in Tsd.	Anteil in % Arbeiterinnen	Anteil der Arbeiter an den Erwerbspers.[1]	Anteil der Arbeiter an den Lohnabhäng.
1882	10 576	33,1	55,8	90,2
1925	15 759	30,5	49,2	74,0
1950	11 967	28,4	50,9	71,1
1960	13 201	29,7	50,1	65,1
1970	12 474	27,9	47.4	57,4
1980	11 372	27,9	42,3	48,1
1991*	14 568	29,8	38,9	43,0
2002*	11 576	22,3	31,7	35,6

Quelle: nach „Klassen- und Sozialstruktur der BRD, 1950-1970", Teil II, S. 153 (dort ausführliche Quellenhinweise); für 1970ff.: Statistisches Jahrbuch (2003: 106)
[1] ab 1970 Erwerbstätige
* Deutschland

Finden wir also den Arbeiter in allen Bereichen der Wirtschaft, auch im Bereich des „Öffentlichen Dienstes", so ist doch seit der Industriellen Revolution und der Entstehung der Fabrikarbeit der Begriff mit dem Industriearbeiter aufs Engste verknüpft. In den nach 1860 sich herausbildenden Arbeiterparteien und Gewerkschaften gab sich die Arbeiterschaft Organisationen, die seither auf den Geschichtsverlauf und die Entwicklung der Gesellschaftsstrukturen in allen industriellen und sich industrialisierenden Gesellschaften großen Einfluss ausübten.

Zur Erklärung von Tab. 21 sind folgende Aussagen anzufügen:

- Der Anteil der Arbeiter an der Gesamtzahl der Beschäftigten ist seit über 100 Jahren rückläufig; wegen des höheren Anteils der Arbeiter in der DDR wurde der Rückgang nach der deutschen Wiedervereinigung (1990) vorübergehend abgeschwächt;
- ein überaus starker Rückgang der Arbeiterbeschäftigung fand statt in den Wirtschaftsbereichen Land- und Forstwirtschaft und Bergbau. Während sich im ersten Sektor die Zahl der Arbeiter von 1950–1970 auf ein Viertel der

1,1 Mio. Arbeiter des Jahres 1950 verringerte, gab es im Bergbau allein in den Jahren 1961–1970 eine Halbierung der Arbeiterschaft (von 491 Tsd. auf 234 Tsd.);

*   die seit 1974 einsetzende Entwicklung ist von hoher *struktureller Arbeitslosigkeit* gekennzeichnet, die sich zunächst am stärksten in der Arbeiterschaft auswirkte. „Strukturelle Arbeitslosigkeit" ist v.a. verursacht durch Änderung der technologischen Grundlage der Produktion und Änderungen der nationalen wie internationalen Nachfrage. Aber auch Änderungen in der Bedürfnis- und Nachfragestruktur und mangelnde Flexibilität in der Güterproduktion müssen als Ursache gesehen werden.

Mit den Veränderungen in der Zusammensetzung der Arbeiterschaft waren und sind verbunden ein Wandel der *Qualifikationsstruktur;* diese wiederum hängt mit der Reaktion des Bildungs- und Ausbildungssektors auf den *technologischen Wandel* zusammen. Für die Bundesrepublik wie vergleichbare Industrienationen können folgende Entwicklungstrends genannt werden:

*   Für einen großen Teil der Arbeiterpositionen ist mit dem technologischen Wandel von der „typischen" Fabrikarbeit zu Fließband und Automation eine Umstellung von harter körperlicher Arbeit zu hochmechanisierten „Teilarbeiten" oder „bloßen" Kontrollfunktionen (wie in der Automation) verbunden;
*   die technologische Entwicklung erforderte zwar eine Reihe von Höherqualifikationen, ließ aber auch neue Arbeiterpositionen entstehen, die zunehmend durch „Angelernte" ausgefüllt werden;
*   diese Entwicklungen führten dazu, dass seit ca. 1950 der Anteil der *Facharbeiter* an der Industriearbeiterschaft zurückging, ebenso der Anteil der *Ungelernten*, hingegen die Position der *Angelernten* stark zunahm (durch Zunahme der Fließbandproduktion, die auch für den überwiegenden Teil der industriellen Frauenarbeit typisch ist). Die Angelerntenpositionen wurden mehr und mehr durch ausländische Arbeitnehmer („*Gastarbeiter*") besetzt;
*   verbunden mit diesen Entwicklungen stieg gleichzeitig der Anteil der Angestellten im industriellen Fertigungsbereich.

2.2 Angestellte, Beamte und Öffentlicher Dienst

Die Angestellten als selbstständige Berufsgruppe entwickelten sich durch Spezialisierung von Verkaufs- und Verwaltungsfunktionen in Industrie-, Handels- und Verkehrsbetrieben wie durch zunehmende Bürokratisierung des staatlichen und öffentlichen Lebens (vgl. zur begriffs- und sozialgeschichtlichen Entwicklung Kocka 1972; 1981). Übernahmen sie im erstgenannten Bereich Funktionen der Selbstständigen und der Betriebseigner, so ergänzten sie im Bereich des Öffentlichen Dienstes die Beamtentätigkeiten. Ihr Anteil an der Gesamtzahl der Beschäftigten hat sich von 1950 mit ca. 16 % auf 44 % im Jahr 2002 erhöht.

Diese erstaunliche Expansion einer einzelnen Berufsgruppe ist ein wichtiges Strukturmerkmal des sozialen Wandels im genannten Zeitraum. Vereinfachend könnte man die Bedeutung der Angestelltenschaft auf die Formel bringen: Wenn der Industriearbeiter (der *Proletarier*) der „typisch" lohnabhängig Beschäftigte für die erste Phase der Industriellen Revolution war, dann ist die Heraufkunft der Angestellten ein wesentliches Merkmal der seitherigen Entwicklung.

Die Gruppe der Angestellten teilt mit der Gruppe der Selbstständigen eine äußerst heterogene Zusammensetzung und die volle Breite der Lohnskala: Ein hochbezahlter Generaldirektor oder Vorstandsvorsitzender findet sich hier ebenso wie eine Sekretärin oder ein im Krankenhaus angestellter Arzt.

Ein hoher Frauenanteil ist typisch für den Angestelltenbereich (umgekehrt verhält es sich bei den Arbeitern; vgl. Tab. 16). Hier finden sich viele Niedriglohngruppen, z.B. der weiblichen Angestellten im Bereich des Handels, der Sekretärinnen im öffentlichen und privaten Sektor, der Arzthelferinnen usw.

Für fast alle Angestellten-Positionen gilt seit Anfang der 1980er Jahre, dass die skizzierten Neuen Technologien verstärkt Eingang gefunden haben in ihre Tätigkeit. Erhebliche Veränderungen in den Qualifikationsanforderungen, in der Arbeitsorganisation und den Arbeitsbeziehungen waren und sind die Folge. Zur Entwicklung, Struktur und Theorie der Angestelltenschaft können hier nur einige Punkte genannt werden:

- Die Heraufkunft einer lohnabhängigen Schicht, die eindeutig nicht den Arbeitern, Selbstständigen oder Beamten zuzurechnen war, zeichnete sich seit dem letzten Drittel des 19. Jh.s ab; seit 1882 tauchte in der deutschen amtlichen Statistik der Begriff „Angestellte" auf;
- für die Zuordnung zur Angestelltenschaft sind zumindest folgende Kriterien maßgebend: arbeitsrechtliche (seit 1891) und sozialrechtliche Bestimmungen (seit 1911); innerbetriebliche Regelungen, damit verknüpfte Rechtsauslegungen und die Zuschreibung von Angestelltenpositionen in der Bevölkerung (mit Prestigegewinn gegenüber der Position des Arbeiters).

Eine Sonderstellung im Dienstleistungsbereich bzw. tertiären Sektor haben die Angehörigen des *Öffentlichen Dienstes*. Als typisch gilt hier die für die deutsche Gesellschaft und Geschichte seit dem Absolutismus so wichtige Position des *Beamten*. Auf seine im Grundgesetz verankerte Sonderstellung wurde bereits hingewiesen. Der Beamte tritt zum Staat bzw. einer sonstigen Gebietskörperschaft nicht nur in ein Dienst-, sondern auch in ein besonderes Treueverhältnis. Er übernimmt, zumindest nach der ursprünglichen Vorstellung, hoheitliche Funktionen und hat im Gegenzug Anspruch auf eine lebenslange Versorgung.

Beim Öffentlichen Dienst wird unterschieden in „Unmittelbarer Öffentlicher Dienst" (Gebietskörperschaften, also Bund, Länder und Gemeinden) und „Mittelbarer Öffentlicher Dienst"; hierzu rechnen die Sozialversicherungsträger (Kranken- und Rentenversicherung z.B.) und die Beschäftigten der Bundesagentur für Arbeit mit ihrem Hauptsitz in Nürnberg, den Landesarbeitsämtern, den Arbeitsämtern auf kommunaler und auf Kreisebene. Bis zur Privatisierung von Bahn und Post gehörten auch deren Beschäftigte zum Öffentlichen Dienst.

2.3 Selbstständige und mithelfende Familienangehörige

Als *Selbstständige* bezeichnet man folgende Berufsgruppen:

- die Eigentümer und Pächter von landwirtschaftlichen und gewerblichen Betrieben, die die Leitungsfunktion selbst ausüben;
- die freiberuflich Tätigen wie Ärzte, Rechtsanwälte oder Schriftsteller.

Die *mithelfenden Familienangehörigen* sind in der amtlichen Statistik als jene Berufsgruppe definiert, „die ohne Lohn oder Gehalt in einem Betrieb mitarbeiten, der von einem Familienmitglied als Selbstständigem geleitet" wird (in der Mehrzahl der Fälle handelt es sich also um die Ehefrau des Selbstständigen).

Als besondere Merkmale der Selbstständigentätigkeit gelten:

- Nicht lohnabhängig zu sein und frei über den Einsatz der Produktionsfaktoren disponieren zu können;
- frei über Arbeitszeit, Urlaub und Beginn des „Renten"-Alters entscheiden zu können;
- von den (staatlichen) Systemen der Sozial- und Krankenversicherung (relativ) unabhängig zu sein.

Tabelle 22 Anteil der Selbstständigen und mithelfenden Familienangehörigen an der Gesamtzahl der Erwerbstätigen in Prozent

Jahr	Selbstständige	mithelfende Familienangehörige	Selbstst. u. mithelf. Familienangehörige
Reichsgebiet			
1882	28,0	10,2	38,2
1907	19,6	15,3	34,9
1939	13,4	15,8	29,2
früheres Bundesgebiet			
1950	14,5	13,8	28,3
1960	12,4	9,8	22,2
1970	10,4	6,7	17,1
1991*	8,1	1,4	9,5
2002*	10,0	1,1	11,1

Quelle: Statistisches Bundesamt. Bevölkerung und Wirtschaft 1872-1972, S. 142; für 1991 und 2002: Statistisches Jahrbuch 1993, S. 116; 2003: S. 106
* Deutschland

Machen diese Faktoren den Anreiz der Selbstständigenexistenz aus, so sind aber auch als typisch zu nennen: Abhängigkeit von Konjunkturlagen und geeigneten Beschäftigten; Gefahr der Überschuldung durch Kreditaufnahme usw.

Die Selbstständigen sind zwar nach ihrer Stellung im Beruf als einheitliche Gruppe auszumachen, nach ihrem Einkommen, nach ihrer sozialen Stellung und ihren Tätigkeitsfeldern zeigen sie jedoch die größten Unterschiede: Wir finden hier ebenso den Großgrundbesitzer wie den Kleinbauern; den Eigentümer großer Industrieunternehmen wie den Pächter einer Tankstelle; den selbstständigen Handwerksmeister wie den freiberuflich tätigen Arzt oder Architekten.

Anders ausgedrückt: In der Gruppe der Selbstständigen und der mit ihr eng verflochtenen Gruppe der mithelfenden Familienangehörigen finden sich Angehörige der *Großbourgeoisie* und damit des „Kapitals", des alten Mittelstands wie Existenzen, die von der Entwicklung an den Rand gedrängt wurden und gerade noch das Existenzminimum erwirtschaften können (man denke an kleine Lebensmittelläden; an bäuerliche Kleinbetriebe).

Im Berufsgruppenbereich der Selbstständigen finden wir also die typischen *Übergangsklassen* (Marx), die den Wandel von der selbstständigen, zumeist auf Eigentum gegründeten Existenzweise zur lohnabhängigen, unselbstständigen Existenzweise jetzt oder in der nächsten Generation durchmachen. Nur ein kleiner Prozentsatz der Selbstständigen verfügt über Produktionseigentum in einem sozial-strukturell (kommunal, regional, gesamtgesellschaftlich) bedeutsamen Umfang. Seit Ende der 1990er Jahre scheint sich dieser Prozess umzukehren: Mit der sog. „Ich-AG" werden Personen in die Selbstständigkeit gedrängt, die eine gesicherte Arbeitnehmerposition vorziehen würden.

Im Gegensatz zum 19. und beginnenden 20. Jh. überschreitet die Arbeitszeit der Selbstständigen in der Mehrzahl der Fälle die der lohnabhängig Beschäftigten. Auch Unabhängigkeit von den (staatlichen) Systemen der Sozial- und Krankenversicherung und damit die Möglichkeit, nach eigenem Vermögen und ausschließlich individueller Disposition Vorsorge für Alter und Krankheit zu treffen, trifft ebenfalls nur noch für eine kleine Gruppe der Selbstständigen zu.

Gründe für den Rückgang der Selbstständigen wie der mithelfenden Familienangehörigen lagen vor allem in der Aufgabe kleiner Betriebe im Bereich der landwirtschaftlichen und gewerblichen Produktion, aber auch des Handels („Tante-Emma-Läden") und bei den Pächtern (z.B. kleiner Tankstellen). Hierfür sei als Beispiel die Konzentration im Lebensmitteleinzelhandel herausgegriffen: In Westdeutschland ging die Zahl der Läden von 1960–1999 von 175 Tsd. auf 76 Tsd. zurück.

Relativ betrachtet findet sich der größte Anteil der Selbstständigen immer noch im Bereich der Land- und Forstwirtschaft. Unter den 3,65 Mio. Selbstständigen des Jahres 2002 sind knapp 9 % in Land- und Forstwirtschaft tätig.

Seit einigen Jahren zeichnen sich für die Entwicklung der Selbstständigentätigkeit neue Möglichkeiten ab, die vor allem im Bereich der durch die mikroelektronische Revolution hervorgerufenen Umstrukturierungsprozesse liegen (z.B. Entwicklung von spezifischer Software, Beratungsfirmen usw.).

VI. Gewerkschaften und Mitbestimmung

1. Von der Richtungsgewerkschaft zur Einheitsgewerkschaft

Die unter der nationalsozialistischen Herrschaft (1933–1945) zerschlagene bzw. im Hinblick auf die nationalsozialistische Ideologie „gleichgeschaltete" Arbeiterbewegung („Deutsche Arbeitsfront") konnte mit ihren Parteiorganisationen (insbesondere SPD und KPD) und Gewerkschaften unmittelbar nach Kriegsende wieder aktiv werden, weil sie in der „inneren" oder „äußeren" Emigration nicht aufgehört hatte zu existieren.

In der gewerkschaftlichen Organisation ergab sich eine wesentliche Änderung: Die *Freien Gewerkschaften*, die in Deutschland von 1865 bis 1933 bestanden hatten und in dieser Zeit die mächtigste gewerkschaftliche Organisation waren, kamen mit den *Christlichen Gewerkschaften* und den *Hirsch-Dunckerschen Gewerkschaften* überein, eine einheitliche Gewerkschaft zu gründen: einheitlich nach Industriezweigen; unabhängig von Konfessionen und Parteien. (Die *Hirsch-Dunckerschen Gewerkschaften* zählten zu den ältesten deutschen Gewerkschaften überhaupt; sie waren nach englischem Vorbild entstanden und benannt nach dem Volkswirt Max Hirsch, 1832–1905, und dem Verleger Franz Duncker, 1822–1888).

1.1 Die Entwicklung in der früheren Bundesrepublik

Durch einstimmigen Beschluss aller Delegierten wurde am 13.10.1949 in München der *Deutsche Gewerkschaftsbund* (DGB) gegründet (über die Entstehung der Gewerkschaften und im Vergleich zu anderen Ländern Westeuropas vgl. von Beyme 1977). Was auch für andere Bereiche der Sozialstruktur und Sozialentwicklung nach 1945 hervorgehoben wurde (z.B. für die Soziale Marktwirtschaft), gilt auch hier: Die Einrichtung neuer Institutionen ging deshalb so zügig voran, weil es schon in der Weimarer Republik und während der Jahre 1933–45 entsprechende Überlegungen und Pläne gegeben hatte. Das bereits 1949 verabschiedete *Tarifvertragsgesetz* (TVG) begründete zusammen mit Art. 9, Abs. 3 GG (*Koalitionsfreiheit*) die Tarifautonomie der Tarifvertragsparteien, der Gewerkschaften und der Arbeitgeberverbände.

Die Einheitsgewerkschaft trat also an die Stelle der bis dahin vorherrschenden Richtungsgewerkschaft(en); die Berufszugehörigkeit als Gliederungsprinzip trat zurück zugunsten der einheitlichen Vertretung von Industriezweigen (der DGB hat seine Hauptverwaltung in Düsseldorf; er ist Mitglied des Internationalen Bundes Freier Gewerkschaften, mit Sitz in Brüssel).

Von einer vollständigen Verwirklichung des Prinzips der *Einheitsgewerkschaft* kann jedoch aus folgenden Gründen nicht gesprochen werden:

- Für die Angestellten und Beamten entwickelten sich (bzw. wurden fortgesetzt) eigene Statusgruppen, zum Teil im Gegensatz zum DGB und seinem Alleinvertretungsanspruch: 1949 erfolgte der Zusammenschluss verschiedener

Angestelltengewerkschaften der drei westlichen Besatzungszonen zur *Deutschen Angestelltengewerkschaft* (DAG);

- 1950 wurde der *Deutsche Beamtenbund* (DBB) neu gegründet; er nennt sich zwar Gewerkschaft des Öffentlichen Dienstes, ist aber nicht tariffähig (dem stehen entsprechende Artikel des Grundgesetzes über das Berufsbeamtentum entgegen);
- 1955 trennte sich ein Teil der christdemokratischen Gewerkschaften vom DGB, weil sie ihm eine zu einseitige Parteinahme zugunsten der SPD vorwarfen (v.a. im Zusammenhang der damals hitzigen Wiederbewaffnungsdiskussion).

1.2 Die Entwicklung in der SBZ/DDR

Der Aufbau der Gewerkschaften in der SBZ nach dem Zweiten Weltkrieg verlief völlig anders als in den drei Westzonen. Lenin hatte die Gewerkschaften als „Schule des Kommunismus", als „Transmissionsriemen" bezeichnet (vgl. Voigt et al. 1987: 102ff.).

Bereits 1945 wurde der *Freie Deutsche Gewerkschaftsbund* (FDGB) gegründet. Bald nach seiner Gründung wurden alle nicht-kommunistischen Kräfte ausgeschaltet, so dass der FDGB zur wichtigsten Massenorganisation der DDR werden konnte. Bereits auf dem 3. Kongress des FDGB, 1950, wurde die „führende Rolle" der SED beim Aufbau des Sozialismus anerkannt und auf nachfolgenden Kongressen immer wieder bestätigt. In Art. 44 der Verfassung der DDR von 1974 hieß es: „Die freien Gewerkschaften, vereinigt im Freien Deutschen Gewerkschaftsbund, sind die umfassende Klassenorganisation der Arbeiterklasse".

In den *Volkseigenen Betrieben*, die 1989 ca. 80 % des gesamten Arbeitskräftepotenzials erfassten, waren fast alle Werktätigen auch Mitglied des FDGB. Seine Mitgliederzahl war in etwa identisch mit der Zahl der Erwerbstätigen. Etwa jedes vierte Mitglied im FDGB hatte eine „gesellschaftliche Funktion", so dass der FDGB zusammen mit der FDJ zum einen als wichtiges gesellschaftliches Integrationsinstrument, zum anderen als Basis für den Nachwuchs in den Führungskadern von SED und Staatsapparat diente.

1.3 Die Gewerkschaften im Vereinigungsprozess

Hatten sich die westdeutschen Gewerkschaften, also vor allem der DGB, nach der Maueröffnung zunächst zurückgehalten, so setzte nach den Wahlen des 18. März 1990 ein Prozess der Integration ein, der im Hinblick auf die zum 1. Juli 1990 wirksame Sozial-, Währungs- und Wirtschaftsunion verstärkt wurde (das letzte DDR-Gewerkschaftsgesetz vom 6. März 1990 blieb somit weitgehend folgenlos). Die Strukturen der Gewerkschaften in der DDR und in der BRD waren nicht vereinbar, so dass es faktisch zu Neugründungen kam. Es gab nur Einzelübertritte vom FDGB in den DGB, bei sehr geringer Übernahme von Funktionären des FDGB in neue Führungsfunktionen.

Auf dem DGB-Kongress 1990 wurde die Satzung so geändert, dass sich der Organisationsbereich des DGB auch auf die neuen Bundesländer und Ost-Berlin erstreckte. Dem folgte am 30. September 1990, also drei Tage vor der Wiedervereinigung, die formelle Auflösung des FDGB. Konnte der DGB im ersten Jahr der Einheit zunächst einen höheren Organisationsgrad realisieren als in Westdeutschland, so ging – bedingt vor allem durch Arbeitslosigkeit und Umorganisation der Wirtschaftsstruktur – dieser Anteil wieder deutlich zurück (vgl. über Gewerkschaften im Einigungsprozess Perner 1993).

1.4 Organisationsgrad der Arbeiter, Angestellten und Beamten

Am 31.12.2003 zählte der DGB 7,4 Mio. Mitglieder. Die Anteile der Arbeiter/innen betrugen 57,2 %, der Angestellten 31,5 % und der Beamten/innen 6,9 %. Der Anteil der weiblichen Mitglieder betrug 31,8 %, und zwar in der Gruppe der Arbeiter/innen 19,4 %, der Angestellten 54,2 % und der Beamten/innen 31,8 % (vgl. DGB-Homepage: http://www.dgb.de/, 20. 7. 2004; ungefähr 5 % der Mitglieder entfallen auf die DGB-Jugend).

Die Deutsche Angestelltengewerkschaft, der Christliche Gewerkschaftsbund Deutschlands und der Deutsche Beamtenbund zählten zusammen weitere 1,9 Mio. Mitglieder (vgl. Stat. Jb. 2001: 732). Der Organisationsgrad, gemessen an der Zahl der lohnabhängigen Erwerbspersonen (also incl. Arbeitslose) von ca. 40 Mio., betrug ungefähr 23,7 %.

2. Arbeitsbeziehungen und Konfliktaustragung

Die Beziehungen zwischen Kapital und Arbeit, zwischen Arbeitgebern und Arbeitnehmern, letztlich also zwischen den Gewerkschaften und den Verbänden der Arbeitgeber werden – in wörtlicher Übersetzung von engl. *Labour Relations* bzw. *Industrial Relations* – als *Arbeitsbeziehungen* oder als *industrielle Beziehungen* definiert. W. Müller-Jentsch (1997: 7) nennt als weitere übliche Bezeichnungen: Arbeitnehmer-Arbeitgeber-Beziehungen; Sozialpartnerschaft; Konfliktpartnerschaft.

Trotz der bereits hervorgehobenen *Koalitionsfreiheit* (Art. 9, Abs. 3 GG) und der mit ihr verbundenen *Tarifautonomie* gibt es keine ein für allemal bestehende Form der Arbeitsbeziehungen. Sie wandelt sich nicht nur mit der Struktur der kapitalistischen Wirtschaftsordnung, sondern ist selbst ein Faktor in diesem Wandlungsprozess. Auch die Technikentwicklung und daraus resultierende neue Formen der Arbeitsteilung sind Änderungsfaktoren der industriellen Beziehungen.

Über die gegenwärtig vorherrschende Struktur der Arbeitsbeziehungen gibt es keine einheitliche Auffassung; sie hängt vom gesellschafts- und gewerkschaftspolitischen Standpunkt des Betrachters ebenso ab wie von der Ebene (betrieblich, national, international), auf der die Beziehungen zwischen Arbeit und Kapital betrachtet werden. Nur zwei Positionen seien hervorgehoben (vgl. die Zusammenfassung bei Lash/Bagguley 1988):

- Die *post-fordistische Position*, nach der die im *Fordismus* noch vorausgesetzte Einheit der Arbeiterklasse nicht mehr besteht, sondern von ihrer Frag-
mentierung ausgegangen wird. Damit dezentralisieren sich auch die Verhand-
lungspositionen der Arbeiterklasse bzw. der Gewerkschaften;
- die *neo-korporatistische Position*, die im Gegensatz dazu die Kontinuität des
kollektiven Verhandlungssystems voraussetzt, weil der organisierten Arbeiterschaft ein zunehmend organisierter, staatlich geschützter Kapitalismus ge-
genüberstehe.

Entscheidend für die Arbeitsbeziehungen ist aber nicht nur die Frage nach der
(internationalen) Struktur des Kapitalismus, sondern auch nach der Betriebsver-
fassung und den Arbeitsbeziehungen an der Basis, die Betriebsvereinbarungen
zwischen Betriebsrat und Firmenleitung (Management). Prinzipiell ist der Betriebsrat gegenüber der jeweiligen Gewerkschaft des DGB autonom.

Der Rahmen für die formalisierte Auseinandersetzung von „Arbeit" und „Kapital"
ist im *Tarifvertragsgesetz* (TVG) festgelegt. Das Gesetz in der jetzigen Fassung
geht zurück auf ein erstes Gesetz vom 9.4.1949, also noch für das vereinigte Wirt-
schaftsgebiet. Es wurde erst mit dem Gesetz vom 23.4.1953 (in veränderter
Form) für das Bundesgebiet wirksam. Für Westberlin galt – wie auf vielen anderen Gebieten – bis zur Wiedervereinigung ein eigenes TVG. Nach §2 TVG sind zu-
ständige Tarifvertragsparteien die „Gewerkschaften, einzelne Arbeitgeber sowie
Vereinigungen von Arbeitgebern". Arbeitgeber und Arbeitnehmer verstehen sich
auf dieser Basis als *Tarifpartner*, als Sozialpartner. Viele Kritiker sehen in dem Tatbestand, dass die Arbeitnehmer dieses Gesetz als „legalen" Rahmen für die Tarif-
gestaltung und als Voraussetzung für den Verlauf des Arbeitskampfes akzeptieren,
eine Preisgabe klassenkämpferischer Positionen und eine Zementierung des „status quo" im Verhältnis von „Arbeit" und „Kapital".

Wie bereits hervorgehoben (vgl. S. 80), sind *Streik* und *Aussperrung* (nach er-
folglosen Schlichtungsverhandlungen) als Instrumente des Arbeitskampfes akzeptiert. Diese Anerkennung beruht auf gesetzlicher Grundlage (ausgehend von
Art. 9 III GG) wie auf Rechtsprechung, die sich am Grundgesetz, am Betriebsverfassungsgesetz und anderen gesetzlichen Grundlagen orientiert. Es sind im Wesentlichen zwei Entscheidungen des Bundesarbeitsgerichts in Kassel (vom
28.1.1955 und 21.4.1971), die der Theorie und Praxis des Streiks den Rahmen
abstecken. Hierzu gehören das Prinzip der Verhältnismäßigkeit (Streik als *ultima
ratio*, als „das letzte Mittel" des *Arbeitskampfes*); das Gebot des fairen Kampfes
und die Verpflichtung, sowohl das Gemeinwohl als auch die wirtschaftliche Ge-
samtlage zu berücksichtigen. Hinzu kam 1980 die höchstrichterliche Entscheidung, dass *Aussperrung* als Mittel des Arbeitskampfes der Arbeitgeber zulässig ist
(und damit anders lautende Artikel in Landesverfassungen unwirksam sind).

Diese – nicht immer eindeutigen – Grenzen des Streiks wie die prinzipielle Zustimmung der Gewerkschaften zur Staats- und Gesellschaftsordnung der Bundesrepublik haben dazu beigetragen, dass die Instrumente des Arbeitkampfes bisher
(im Vergleich zum Kaiserreich und zur Weimarer Republik) eine untergeordnete
Rolle gespielt haben.

3. Gewerkschaftspolitik und Mitbestimmung

Als wichtigste Ziele der gegenwärtigen Gewerkschaftspolitik lassen sich nennen:

- Kampf gegen sozialrechtlich nicht abgesicherte Teilzeit-Arbeitsplätze (wie v.a. bei der Frauenarbeit verbreitet) und gegen kurzfristige Arbeitsverträge;
- Sicherung der Arbeitsplätze und Abbau der Arbeitslosigkeit;
- Humanisierung der Arbeitswelt (mit detaillierten Bestimmungen in Tarifverträgen, z.B. die Akkord- und Fließbandarbeit betreffend);
- Verbesserung der Arbeitsbedingungen und der Möglichkeiten des Wiedereintritts in das Berufsleben für weibliche Arbeitnehmer;
- Verhinderung von Dequalifizierung einzelner Arbeitnehmer und ganzer Berufsgruppen durch Einführung neuer Technologien;
- gerechtere Vermögensverteilung (mit verschiedenen Modellen, die „Vermögen in Arbeitnehmerhand" gewährleisten sollen);
- Ausbau der Alterssicherung und des Unfallschutzes;
- Verbesserung der Berufsausbildung;
- Verbesserung des Lohnniveaus.

Andere, mehr „traditionelle" Ziele der Gewerkschaftspolitik, wie die Verkürzung der Arbeitszeit, werden seit der Diskussion um neue Arbeitszeitmodelle in völlig neuen Kontexten diskutiert, v.a. um dadurch die Zahl der Arbeitsplätze zu erhöhen. Von großer Kontinuität war die strukturverändernde Forderung nach Erweiterung der *Mitbestimmung*. Dieser Begriff umfasst seit Beginn der organisierten Arbeiterbewegung eines der bedeutendsten Konfliktfelder der Gesellschaftspolitik überhaupt (zur „Geschichte der industriellen Mitbestimmung in Deutschland" vgl. Teuteberg 1961).

Die Auseinandersetzungen um die Mitbestimmung hatten seit den 1950er Jahren zu folgenden gesetzlichen Regelungen geführt:

- 1951 zum Mitbestimmungsgesetz für die Montanindustrie (Durchsetzung der *paritätischen Mitbestimmung*);
- 1952 zum Betriebsverfassungsgesetz für die übrige gewerbliche Wirtschaft;
- 1955 zum Personalvertretungsgesetz für den Öffentlichen Dienst;
- 1956 zum Mitbestimmungsergänzungsgesetz für die Holding-Gesellschaften des Bergbaus und der Eisen- und Stahlindustrie (Montanindustrie);
- 1976 zum Mitbestimmungsgesetz für Großunternehmen der (übrigen) Industrie mit mehr als 2 Tsd. Beschäftigten (heftig umstritten war die Durchsetzung der *paritätischen Mitbestimmung*; der Vorsitzende des Aufsichtsrates darf jedoch nicht gegen den Willen der Kapitalseite gewählt werden).

Alle Gesetze haben eine unterschiedliche Qualität hinsichtlich der Mitwirkungs-, Mitbestimmungs-, Informations- und Einwirkungsrechte der Arbeitnehmer. Man kann aber sagen, dass allein das Mitbestimmungsgesetz von 1951 noch von der erwähnten antikapitalistischen Einstellung und den programmatischen Erklärungen der beiden großen Parteien in den Jahren 1945–1948 getragen war und wohl nur deshalb durchgesetzt werden konnte, weil die Bestimmungen des Gesetzes durch betriebsinterne Vereinbarungen bereits Praxis waren und die Gewerkschaften mit einer eindeutigen Streikdrohung hinter diesen Forderungen standen.

Neue Formen der Betriebs- und Unternehmensorganisation, die aus den neuen Technologien herrührenden Vernetzungen, neue Dimensionen der Kapitalverflechtung auf europäischer und weltweiter Basis wie andere Entwicklungen, die mit der weltweiten Durchsetzung kapitalistischer Produktions- und Absatzstrukturen (und Mentalitäten) zu tun haben, können die klassischen Formen der Mitbestimmung aushöhlen. Zu welchen neuen Formen der Arbeitsbeziehungen und der Konfliktaustragung diese Prozesse führen, auf nationaler wie europäischer Ebene, ist noch ungewiss. Eindeutig ist jedoch, dass unter dem Druck der „Standortsicherung Deutschland" und der Globalisierung der Wirtschaft der Einfluss der Gewerkschaften geringer geworden ist.

VII. Ökonomie und Ökologie

1. Entwicklung des Problembewusstseins

1.1 Frühere Bundesrepublik

Die Problematik einer umwelt- und naturverträglichen Technologie und Ökonomie ist seit den 1970er Jahren ein zentrales Thema der Wirtschafts- und Gesellschaftspolitik, aber auch des Bewusstseins- und Einstellungswandels zu bisher weitgehend unbefragten Selbstverständlichkeiten wie „reales" (= quantitatives) Wachstum; Erhöhung des Lebensstandards usw. Hierbei geht es nicht nur um Umwelt im materiellen Sinne, sondern um ein neues Verhältnis des Menschen zur Natur. Diese Problematik wurde in der früheren Bundesrepublik erst Ende der 1960er, Anfang der 1970er Jahre Gegenstand öffentlicher Diskussionen. Vorherige Warnungen blieben in der Wachstumseuphorie der 1960er Jahre ohne jede Resonanz. Erst seit Anfang der 1978er Jahre dringt der Begriff *Ökologie** ins öffentliche Bewusstsein.

Wie zu erwarten, waren es keine „systeminternen" Infragestellungen oder eine von der ökonomischen Theorie ausgehende Initialzündung, die das Umdenken einleiteten, sondern von außen dem System aufgezwungene Auseinandersetzungen. Waren es in der Bundesrepublik u.a. Schriften und Reden von Erhard Eppler und Herbert Gruhl, die noch vor Gründung der Öko-Bewegung (vgl. S. 164 f.) das öffentliche Bewusstsein wachrütteln wollten, so wurde das Jahr 1972 in der internationalen Diskussion zum Verhältnis von Ökonomie und Ökologie zu einem Wendepunkt: Es erschienen die berühmt gewordene Studie von Dennis L. Meadows und Mitarbeitern über „Die Grenzen des Wachstums" und die Pionierarbeit von Jay W. Forrester, „Der Teuflische Regelkreis". 1972 starteten die Vereinten Nationen das „United Nations Environmental Program" und veranstalteten eine erste UN-Konferenz über „Human Environment" in Stockholm (Hamm 1996: 86ff.).

Die Öko-Problematik ist ein weiterer Beweis dafür, dass nötige Veränderungen nur über Katastrophen möglich zu sein scheinen und die *Risikogesellschaft* (Beck 1986) an entscheidender Stelle jener „Ressource" ermangelt, die angeblich ihr Fundament ist: Rationalität und Vernunft. Risiken und Katastrophen haben vor allem im Bereich der immer schwieriger zu beherrschenden Großtechniken schnell zugenommen und Katastrophen gleichsam „normal" werden lassen (Perrow 1987). Aber auch die rasche Zunahme von Umweltkatastrophen, die durch ökologische Veränderungen hervorgerufen werden, ist hier zu nennen.

1.2 DDR und neue Bundesländer

Die Vereinigung der beiden deutschen Staaten machte das Ausmaß der ökologischen Schäden in der früheren DDR offenbar: „Die Verwendung der heimischen, z.T. besonders schwefelhaltigen Braunkohle als bedeutendstem Energieträger der DDR (…) führte zur europaweit höchsten Belastung mit Schwefeldioxid. (…) Die Region um Bitterfeld hatte lange vor dem Mauerfall durch ihre hohen Belastungen (…) und die hohe Säuglingssterblichkeit traurige Berühmtheit erlangt. Kalisalze und Abwässer wurden zum überwiegenden Teil ungefiltert in die Werra abgegeben" (Hillenbrand 1993). Hierdurch und wegen vergleichbarer Umweltsünden wurde auch das Territorium der Bundesrepublik erheblich belastet. Nach einzelnen Vereinbarungen kam es erst September 1987 zu einem deutsch-deutschen Umweltabkommen.

Umweltdaten wurden in der DDR geheim gehalten; gegen umweltfeindliche Einrichtungen oder Verhaltensweisen konnten die Bürger der DDR nicht demonstrieren oder Beschwerde bei Verwaltungsgerichten einlegen. Bürgerbewegungen und Bürgerbegehren gab es nicht. Erwähnt werden sollte die in der DDR nicht unwichtige Stimme der Dichtung: 1987 erschien Christa Wolfs „Störfall", veranlasst durch den Reaktorunfall in Tschernobyl am 26.4.1986. Wie bei anderen Belangen bildeten sich gleichwohl unter dem Dach der Kirche Umweltschutzgruppen, die dann an den Demonstrationen im Herbst 1989 einen nicht unwesentlichen Anteil hatten (und als „Die GRÜNEN/Bürgerbewegung '90" im Dezember 1990 in den Bundestag gewählt wurden).

1.3 Reaktionen im ökonomischen und politischen System

Die Bewegung der *alternativen Ökonomie*, die als Teil der Alternativbewegung seit Anfang der 1970er Jahre entstand, weckte auch beim Verbraucher eine zunehmend umweltkritische Einstellung gegenüber den Produkten. Das Wort „umweltfreundlich" wurde mehr und mehr in der Produktwerbung verwandt; entsprechende Güter durften sich seit 1977 mit dem offiziellen Umweltzeichen des „Blauen Umweltengels" schmücken.

Umweltbewusste Produkte und entsprechende Werbungen gehören inzwischen zum Image auch der Chemischen Industrie, der Betreiber von Kernkraftwerken, des Deutschen Bauernverbandes usw., doch die tatsächlichen Änderungen halten sich in Grenzen. So hat z.B. die Zahl der biologisch anbauenden Landwirtschaftsbetriebe relativ schnell zugenommen; aber die Bewirtschaftungsfläche betrug im Jahr 2001 erst 4,1 % des Agrarlandes. Das „offizielle" Wirtschafts- und Ausbildungssystem reagiert auf diese Öko- und Bio-Initiativen zudem mehr als zurückhaltend.

Die Verkündung des ersten Umweltprogramms der Bundesregierung (1971) führte zu neuen, den *Umweltschutz* institutionalisierenden Gesetzen: gegen Fluglärm, DDT, Luftverunreinigung usw. Als unmittelbare Reaktion auf die Reaktorkatastrophe von Tschernobyl wurde in der Bundesrepublik noch im Mai des gleichen Jahres (1986) das „Bundesministerium für Umwelt, Naturschutz und Reaktorsicherheit" eingerichtet.

Trotz aller Verbesserungen, die erreicht werden konnten bei der Reduzierung der Emissionen in Flüsse, der Müllsortierung, der Reduktion des Verpackungsmaterials, der Luftreinhaltung etc., sind fast alle umweltrelevanten Probleme und damit das Verhältnis von Ökologie und Ökonomie ungelöst, und zwar national wie international: das Waldsterben, die Müllbeseitigung, v.a. die des „Sondermülls", die Entsorgung von Kernkraftwerken, die Belastung des Bodens, der Gewässer und des Trinkwassers. Ein gravierendes Problem ist, dass Verursachung und Verantwortung und damit Umweltschädigung und Strafmaß noch weit auseinanderklaffen. Es ist eben immer noch billiger, gelegentliche Strafen als Kosten zu verbuchen (bei geringer Wahrscheinlichkeit, ertappt zu werden), als die für eine umweltfreundliche Produktion erforderlichen Investitionen vorzunehmen.

Hinzu kommen „Altlasten" im Boden; sie zeigen auch, dass die gegenwärtige Generation nicht nur die eigenen, sondern die Umweltsünden seit Beginn des industriellen Zeitalters abzutragen hat. Die ökologisch bis heute gravierende Situation in vielen Regionen der früheren DDR (z.B. denen des Uranabbaus durch die Sowjetunion, des Braunkohlenabbaus, der Sondermülldeponien, auch aus Westdeutschland) wird weitere Jahrzehnte für die Sanierung in Anspruch nehmen.

Um der rechtlichen Seite mehr Nachdruck zu verleihen, wurde wiederholt vorgeschlagen, den Umweltschutz zu einer grundgesetzlich verankerten Staatszielbestimmung zu machen; zusammen mit anderen Grundgesetzänderungen wurde dies 1994 erreicht. Indirekt ist diese Aufgabe auch in Art. 2 GG angesprochen: Das Recht auf „freie Entfaltung der Persönlichkeit" muss ebenso gewährleistet sein wie das „Recht auf Leben und körperliche Unversehrtheit".

2. Das Prinzip der „Nachhaltigkeit"

Seit der UN-Konferenz über Umwelt und Entwicklung in Rio de Janeiro (1992) ist das Prinzip der *Nachhaltigkeit* zur Schlüsselvokabel eines ökologisch verträglichen Wirtschaftens und des Umgangs mit der Natur und ihren Ressourcen geworden. Bernd Hamm (1996: 21ff.) wies darauf hin, dass man sich in Deutschland mit diesem Begriff schwer tut. Der aus dem Englischen übernommene Begriff („Sustainability" bzw. „sustainable development") wird auch mit „Zukunftsfähigkeit" (so bei Udo E. Simonis) oder „Tragfähigkeit" übersetzt (Hamm). Dabei ist der Begriff der „nachhaltigen Entwicklung" in Deutschland seit über 150 Jahren bekannt. Als Prinzip der Forstwirtschaft meinte er genau das, was auch heute zur weltweiten Diskussion steht und für alle Wirtschaftszweige gefordert wird: nicht mehr an Ressourcen zu verbrauchen, als für die Bestandserhaltung zuträglich ist.

Die auf der Konferenz von Rio verabschiedete *„Agenda 21"*, die sog. „Deklaration von Rio", die nicht zuletzt auf den damaligen deutschen Umweltminister Klaus Töpfer zurückgeht, ist zu einem weltweit beachteten und politisch immer häufiger eingeforderten Handlungsrahmen geworden. In Deutschland haben inzwischen auch zahlreiche Gemeinden versucht, die „Agenda 21" in der kommunalen Wirtschafts- und Entwicklungspolitik verbindlich zu machen.

VIII. Ökonomisches System und Staatstätigkeit

1. Zur sozialgeschichtlichen Entwicklung

Das Verhältnis von Staat und Ökonomie war seit Beginn der Industriellen Revolution sehr eng und wurde stetig enger. Waren im Absolutismus bereits wichtige Voraussetzungen für das enge Zusammenspiel von Ökonomie und Staat, Recht und Wirtschaftspolitik geschaffen worden, so erforderte die Entwicklung der industriell-kapitalistischen Produktion eine Intensivierung dieses Verhältnisses. Den von Ferdinand Lassalle (1825–1864) verspotteten liberalen Rechtsstaat als „Nachtwächterstaat", der sich nur um die innere und äußere Sicherheit seiner Bürger kümmert, hat es nie gegeben. Hier seien nur einige Aufgabenfelder genannt, auf denen der sich seit dem Absolutismus herausbildende *Nationalstaat* entweder schon tätig war oder sein Engagement steigerte:

- Die Entwicklung und Durchsetzung eines den industrie- und marktgesellschaftlichen Erfordernissen entsprechenden Rechtsrahmens, vom Vertragsrecht bis zum Gesellschaftsrecht (der Aktiengesellschaften usw.); vom Wettbewerbs- bis zum Außenhandelsrecht;
- die Einrichtung bzw. Förderung ökonomisch relevanter Institutionen, z.B. der „Kammern" (Industrie- und Handwerkskammern usw.);
- die Einrichtung von Schulen und Hochschulen für den kaufmännischen und technischen Bereich mit entsprechenden Qualifizierungen und Zertifikaten;
- die Einrichtung eines den neuen Erfordernissen entsprechenden Infrastruktursystems: Bahn, Post, Straßen, Kanäle, Telegrafie;
- die aus dem Absolutismus übernommene Förderung von (neuen) Industrien, technischen Innovationen, schließlich der wissenschaftlichen Grundlagenforschung.

In Deutschland wurde noch vor dem Ökonomen, Finanzwissenschaftler und *Kathedersozialisten** Adolf Wagner (1835–1917) und dem von ihm aufgestellten „Gesetz der wachsenden Ausdehnung der öffentlichen bzw. der Staatstätigkeiten" (1879) die Aufmerksamkeit darauf gelenkt, dass mit der zunehmenden Ausgabentätigkeit (und Übernahme von Aufgaben) wachsende Verflechtungen mit dem ökonomischen System entstehen. Die großen ökonomischen Krisen („Depressionen") des industriellen Zeitalters bewirkten ein Übriges, dieses Verhältnis noch enger zu gestalten.

In Deutschland trug darüber hinaus die Einführung der Kriegswirtschaft im Ersten Weltkrieg dazu bei, die staatlichen Steuerungsmöglichkeiten der Wirtschaft auszubauen (Lenin entwickelte in diesem Zusammenhang seine These vom „staatsmonopolistischen Kapitalismus").

Ein weiterer Anstoß zur Durchsetzung entsprechender Instrumentarien der wirtschaftlichen Globalsteuerung ging von der *Weltwirtschaftskrise* (1929f.) aus. Der Einbau planwirtschaftlicher Elemente in die Wirtschaftsordnung der Marktwirtschaften schien unausweichlich; die USA entwickelten Theorie und Praxis des *New Deal*. Die von dem britischen Ökonomen John Maynard Keynes (1883– 1946) aufgestellte „Allgemeine Theorie der Beschäftigung, des Zinses und des Geldes" (engl. 1936; dt. 1936) konnte erst nach dem Zweiten Weltkrieg ihren vollen Einfluss gewinnen. Sie hat nicht zuletzt das *Stabilitätsgesetz* vom Juni 1967 beeinflusst – eine Initiative des damaligen Wirtschafts- und Finanzministers Karl Schiller (SPD), einem erklärten Anhänger des Neo-Keynesianismus. Die Instrumente des Stabilitätsgesetzes wie die Ende der 1960er und Anfang der 1970er Jahre versuchte *Konzertierte Aktion* von Arbeitgebern, Arbeitnehmern, Banken usw. und der Konjunkturrat (§18 StabG) werden kaum oder gar nicht mehr genutzt. Alle Versuche der Wiederbelebung scheinen in einer Zeit härter gewordener Verteilungskämpfe und hoher Arbeitslosigkeit zum Scheitern verurteilt.

2. Kontrolle der Wirtschaftsmacht

An den *Staat* als dem der Allgemeinheit und – als Sozialstaat – dem Allgemeinwohl verpflichteten gesamtgesellschaftlichen Akteur werden u.a. die folgenden kritischen Fragen gestellt:

*   Welchen Handlungsspielraum hat der Staat bzw. die Regierung gegenüber dem ökonomischen System, d.h. gegenüber den Großunternehmen, Unternehmerverbänden, den Banken, Versicherungen, Börsen etc.? Die Frage gilt für alle Ebenen des Staatshandelns (Bund, Länder, Kreise) wie für die Städte und Gemeinden, die „vor Ort" sich mit dem Einfluss der genannten Wirtschaftskräfte auseinander setzen müssen;
*   welchen Handlungsspielraum hat der Staat bzw. die Regierung (auch zum Beispiel die Europäische Gemeinschaft) gegenüber den *multinationalen Konzernen*, den so genannten „multi-nationals" und „global players"?

Diese Fragen sind umso drängender, als in der Wirtschaftsgeschichte der früheren Bundesrepublik (wie der DDR) und nunmehr in West- und Ostdeutschland die Konzentration von Wirtschaftsmacht und Monopolisierungstendenzen zugenommen haben.

Aus Untersuchungen von Rolf Ziegler et al. (1985) über das „korporative Netzwerk" des westdeutschen Industrie- und Bankenwesens ging u.a. hervor:

- Die von Anfang an bedeutende Rolle des Bankwesens im deutschen Industrialisierungsprozess hat sich seit dem Zweiten Weltkrieg noch verstärkt; der Deutschen Bank kommt im Kontroll- und Einflussbereich der Großindustrie, der großen Versicherungs- und Handelsfirmen eine Schlüsselposition zu;
- es gibt eine hohe Kohäsion der wirtschaftlichen Machtkonzentration durch ein Netzwerk personengebundener Querverbindungen: durch Kumulation von Vorstands-, Direktoren- und Aufsichtsratsposten in den Schlüsselindustrien, -banken und -institutionen der deutschen Wirtschaft.

Wirtschaftliche Macht basiert nicht mehr nur auf großen Industrieunternehmen, sondern auf deren internationalen Verflechtungen mit dem Finanz- und Versicherungssektor und auf weltweiten Spekulationen (z.T. von einzelnen Personen oder Finanzgruppen) an den Börsen- und Devisenmärkten. Hierdurch werden die institutionalisierten, rechtlichen, politischen und sozialen Kontrollen erschwert, seien es die der Kartellämter, der Parteien und vor allem der Gewerkschaften. Die EU-Kommission in Brüssel versucht mit großem Nachdruck, die bisherigen, v.a. nationalen Institutionen zur Kontrolle von Wirtschaftsmacht durch wirksame neue Kontrollinstanzen zu ergänzen.

3. Neue Dimensionen im Verhältnis von Ökonomie und Staat: Die Treuhandanstalt

Die Gründung der *Treuhandanstalt* entsprang mehreren Motiven. Die DDR-Regierung unter Ministerpräsident Hans Modrow verfolgte seit Februar 1990 das Ziel, das Vermögen der *Volkseigenen Betriebe* und sonstige DDR-Staatsvermögen auf die Bürger der DDR zu übertragen; die Bundesregierung hingegen verfolgte das Ziel einer raschen Umwandlung der Volkseigenen Betriebe in privatrechtliche Gesellschaften, damit sich westdeutsche Unternehmen beteiligen konnten (hierzu und zum Folgenden Czada 1994).

Die Idee zu einer Treuhandanstalt kam aber ursprünglich aus der Bürgerbewegung und von den *Runden Tischen* nach der Wende, um den befürchteten Transfer von DDR-Vermögen zu unterbinden. Deshalb gründete am 1. März 1990 der DDR-Ministerrat die Treuhandanstalt. Die parlamentarische Legitimation erfolgte in der DDR-Volkskammer mit dem *Treuhandgesetz* vom 17. Juni 1990. Der Treuhandanstalt wurden drei Aufgaben zugewiesen: Privatisierung der Volkseigenen Betriebe; Herstellung von Wettbewerbsfähigkeit; Stilllegung von nicht sanierungsfähigen Betrieben.

Die Treuhandanstalt hat vom August 1990 bis Dezember 1994 (dem Monat ihrer Auflösung) mehr als 15 Tsd. Betriebe privatisiert, „eine beeindruckende historische Leistung" (Windolf 1996: 467). Diese Form der Transformation der ostdeutschen Betriebe hatte erheblichen Einfluss auf die ostdeutsche Sozialstruktur, weil sie zur Herausbildung spezifischer Eigentumsverhältnisse führte, die sich nach Windolf wie folgt zusammenfassen lassen: Die ostdeutschen Betriebe befinden sich überwiegend im Eigentum westlicher Unternehmen, wodurch sich eine hohe Konzentration am Produktivvermögen ergab.

Am 31.12.1994 wurde die Treuhandanstalt aufgelöst. Von den Nachfolgeorganisationen sind am wichtigsten die „Bundesanstalt für vereinigungsbedingte Sonderaufgaben" (BvS) und die im Auftrag des Bundes tätige „Treuhandliegenschaftsgesellschaft" (TLG), die ehemalige volkseigene Grundstücke verkauft.

IX. Weltökonomie und globale Ökonomie

1. Globale Ökonomie im Informationszeitalter

Der PC und das Internet, zumal seit der Erfindung des World Wide Web im Jahr 1990, haben im Kontext der wissenschaftlich-technischen Revolutionen einen außergewöhnlichen Stellenwert erhalten: Innovation, Expansion und Akzeptanz sind geradezu symptomatisch für das „Zeitalter der Beschleunigung" – der „Akzeleration", wie der bedeutende Medientheoretiker Marshall McLuhan bereits 1966 die Zentralkategorie der Epoche nannte.

Die eigentliche Basis dieser Prozesse ist das Wirtschafssystem. Wenn in der marxistischen Wirtschaftstheorie und Geschichtsphilosophie die Produktionsstrukturen als der entscheidende Verursacher des sozialen und kulturellen Wandels hingestellt werden, dann hat wohl nur die Epoche des Frühkapitalismus und „Manchester-Liberalismus" dafür einen vergleichbaren Beweis geliefert wie die gegenwärtige Entwicklung.

Um die Unterschiede zu früheren weltökonomischen Systemen deutlich zu machen, ist zwischen „Weltökonomie" und „globaler Ökonomie" zu unterscheiden. Wie bereits Karl Marx und Friedrich Engels im Kommunistischen Manifest von 1848 anschaulich beschrieben und von Immanuel Wallerstein (1986/1998) detailliert analysiert wurde, haben Frühkapitalismus und Kolonialismus seit dem 16. Jh. eine weltumspannende Ökonomie entwickelt. Die globale Ökonomie ist von dieser Weltökonomie dadurch verschieden, dass sie sich „als Einheit in Echtzeit auf der planetarischen Ebene" realisiert. „Es ist eine Ökonomie, in der Kapitalströme, Arbeitsmärkte, Verbrauchermärkte, Information, Rohstoffe, Management und Organisation internationalisiert und über den ganzen Erdball vollständig voneinander abhängig sind" (Castells 2001).

Manuel Castells hat in seinem dreibändigen Werk über „The Information Age" (1996f.) dem Finanzsektor bei den Prozessen der „globalen Ökonomie" wie bei der Entstehung der Netzwerkgesellschaft einen eigenen Band gewidmet. Der Finanzsektor (und damit das „Kapital") ist für ihn der neue „Leitsektor" des ökonomischen Systems. Einsatzmöglichkeiten der neuen Informationstechnologien sind gerade im Banken- und Börsengeschäft von der Sache her geboten und führen zu ständig neuen Innovationen und Zusammenschlüssen.

Mit dieser Entwicklung hängt auch zusammen, dass das Betriebseigentum in seiner bisherigen Form – wie Fabrikgebäude und Lagerhallen – gegenüber dem Finanzkapital an Bedeutung verliert. Der amerikanische Ökonom Rifkin spricht gar vom „Verschwinden des Eigentums" in seiner bisherigen Form. Der über „Netzwerke" ermöglichte „Access" (Zugang) sei zu einer Schlüsselvariablen des Wirtschaftssystems geworden (Rifkin 2000).

2. Veränderungen der Produktionsstrukturen durch den Informationsbereich

Die von den Ökonomen Colin Clark und Jean Fourastié eingeführte, inzwischen klassisch gewordene Einteilung der Produktionssektoren (vgl. S. 185) musste wegen der immer stärkeren Expansion und Unübersichtlichkeit des tertiären Sektors differenziert werden. Auch die hilfsweise Einführung eines „quartiären Sektors" der Informations- und Medienbranchen hat sich bisher offiziell nicht durchgesetzt.

Bereits Ende der 1980er Jahre fasste Werner Dostal, im Anschluss an die Pionierarbeiten von M.V. Porat in den USA, die Entwicklungen auf Grund der „Informatisierungsprozesse" im Arbeits- und Berufssektor zu einer neuen Einteilung des Dienstleistungsbereichs zusammen. Danach lässt sich der gesamte Informationsbereich wie folgt unterteilen:

* *Primärer Informationssektor;* mit Märkten für Information und Märkten über Information (vom Broker bis zur Werbung); hierzu rechnen aber auch die gesamte Informationsstruktur (vom Drucker bis zum Photographen) und der Handel mit informationsbezogenen Produkten;
* *Sekundärer Informationssektor;* hierzu rechnen nach Porat alle Informationsaktivitäten für die Herstellung nicht-informationsbezogener Güter; diese Tätigkeiten fallen vor allem betriebsintern an;
* *Tertiärer Informationssektor;* zur Einteilung benutzt Porat die Berufsstruktur; hierzu rechnen: Wissensproduzenten, Wissensverteiler und Informationsverarbeiter.

3. Veränderungen der Wirtschaftsgeographie

Die neuen Zentren der Entwicklung von Informationstechnologien und Internetfirmen liegen in bisher peripheren Räumen. Bekannte Beispiele sind Irland und Finnland. Irland ist inzwischen – nach den USA – der zweitgrößte Exporteur von Software in der Welt. Dieses Land hat in nur zwei Jahrzehnten einen unvergleichlichen ökonomischen und sozialen Wandel durchlaufen, schneller als der in Spanien nach Francos Tod 1975, und wie in Irland und Spanien mit großen Problemen für die gesellschaftliche Integration.

Auch Finnland ist von der Peripherie ins Zentrum gerückt: In Espoo, nicht allzu weit von der Hauptstadt Helsinki entfernt, ist mit Nokia einer der führenden

Hersteller der Telekommunikation zu Hause. Von 1960 bis heute hat die Stadt ihre Einwohnerzahl mehr als verfünffacht. Aber auch Oulu ist zu nennen, selbst für finnische Verhältnisse randseitig im nordöstlichen Zipfel des finnischen Meerbusens gelegen. Dort wurde 1982 in enger Kooperation mit Nokia und einer inzwischen bedeutenden Universität „Technopolis Oulu" gegründet, der erste Wissenschaftspark in dieser EU-Nordregion.

In Deutschland gibt es seit längerem Umverteilungen von Produktionsstätten durch die neuen Informationstechnologien. Die Entwicklung Münchens zu einer High-Tech-Region ist das vielleicht bekannteste Beispiel. Neue High-Tech-Regionen sind zumeist dort entstanden, wo eine Technische Hochschule oder Fachhochschule und ihre Fakultäten für Informatik mit neuen Innovationszentren und Technologieparks kooperieren, wie in Darmstadt oder Karlsruhe, Stuttgart oder München, Aachen oder Berlin, Hamburg oder Dresden.

Literatur

Abelshauser, Werner, 1983, Wirtschaftsgeschichte der Bundesrepublik Deutschland (1945–1980), Frankfurt/M. (es 1241)

Antoni, C.H., 1993, Rationalisierung durch die Einführung von Gruppenarbeit, in: Angewandte Arbeitswissenschaft, Nr. 138, S. 45-62

Armingeon, Klaus, 1988, Die Entwicklung der westdeutschen Gewerkschaften 1950–1985, Frankfurt/New York

Beck, Ulrich, 1986, Risikogesellschaft, Frankfurt/M. (14. Aufl. 1997)

Beck-Gernsheim, Elisabeth, 1976, Der geschlechtsspezifische Arbeitsmarkt. Zur Ideologie und Realität von Frauenberufen, Frankfurt/M. (2. Aufl. 1981)

von Beyme, Klaus, 1977, Gewerkschaften und Arbeitsbeziehungen in kapitalistischen Ländern, München

Castells, Manuel, 2001, Das Informationszeitalter, Bd. 1: Die Netzwerkgesellschaft, Opladen (Orig. amerik. 1996)

Clark, Colin, 1940, The Conditions of Economic Progress, London/New York (2. Aufl. 1957)

Conze, Werner, 1972, Art. „Arbeit", in: Geschichtliche Grundbegriffe. Historisches Lexikon zur politisch-sozialen Sprache in Deutschland, Bd. 1, Stuttgart, S. 155-215

Czada, Roland, 1994, Das Unmögliche unternehmen. Die Treuhandanstalt zwischen Politik und Wirtschaft, in: Gegenwartskunde, 43. Jg., H. 1, S. 15-27; H. 2, S. 185-200

Deutscher Gewerkschaftsbund, 2004, Mitglieder in den DGB-Gewerkschaften; online: http://www.dgb.de/dgb/mitgliederzahlen/mitglieder.htm (3.5.2004)

Eichener, Volker, Rolf G. Heinze, 1997, Industrie- und Betriebssoziologie, Lektion VII in: *H. Korte/B. Schäfers*, Hg., Einführung in Praxisfelder der Soziologie, 2. Aufl. Opladen, S. 131-152

Fischer, Wolfram, 1962, Der Staat und die Anfänge der Industrialisierung in Baden, Berlin

Fourastié, Jean, ²1969, Die große Hoffnung des zwanzigsten Jahrhunderts, Köln (Orig. frz. 1949; jetzt in neuer Bearbeitung nach der „Edition définitive" von 1963, Gallimard, Paris)

Geißler, Heiner, 2002, Die Sozialstruktur Deutschlands. Die gesellschaftliche Entwicklung vor und nach der Wiedervereinigung, 3. überarb. Aufl., Wiesbaden

Gukenbiehl, Hermann L., 1999, Formelle und informelle Gruppen als Grundformen sozialer Strukturbildung, in: *B. Schäfers*, Hg., Einführung in die Gruppensoziologie, 3. verb. Aufl., Wiesbaden (UTB 996), S. 80-96

Hamm, Bernd, 1996, Struktur moderner Gesellschaften. Ökologische Soziologie Bd. 1, Opladen

Hamm, Bernd, Ingo Neumann, 1996, Siedlungs-, Umwelt- und Planungssoziologie, Ökologische Soziologie Bd. 2, Opladen

Hillenbrand, Olaf, 1993, Art. „Umweltpolitik", in: Handbuch zur deutschen Einheit, Bonn (Bundeszentrale für politische Bildung), S. 656–667

Inglehart, Ronald, 1979, Wertwandel in den westlichen Gesellschaften. Politische Konsequenzen von materialistischen und postmaterialistischen Prioritäten, in: *P. Kmieciak/H. Klages*, Hg., a.a.O., S. 279–317

Jäger, Wieland, 1997, Arbeits- und Berufssoziologie, Lektion VI in: *H. Korte/B. Schäfers*, Hg., Einführung in Praxisfelder der Soziologie, 2. Aufl., Opladen, S. 131–150

Jänicke, Martin, 1986, Staatsversagen. Die Ohnmacht der Politik in der Industriegesellschaft, München (1987)

Joerges, Bernward, 1988, Large Technical Systems: Concepts and Issues, in: *R. Mayntz/Th.P. Hughes*, Eds., a.a.O., S. 9–36

Kern, Bärbel, 1999, Arbeitsgruppen im Industriebetrieb, in: *B. Schäfers*, Hg., Einführung in die Gruppensoziologie, 3. verb. Aufl., Wiesbaden (UTB), S. 194–226

Kern, Horst, Michael Schumann, 1984, Das Ende der Arbeitsteilung? Rationalisierung in der industriellen Produktion, München

Klages, Helmut, 2001, Werte und Wertwandel, in: *B. Schäfers/W. Zapf*, Hg., Handwörterbuch zur Gesellschaft Deutschlands, 2. verb. und erw. Aufl., Opladen, S. 726–738

Kmieciak, Peter, Helmut Klages, Hg., 1979, Wertwandel und gesellschaftlicher Wandel, Frankfurt/M., S. 279–316

Kocka, Jürgen, 1972, Art. „Angestellter", in: Geschichtliche Grundbegriffe. Historisches Lexikon zur politisch-sozialen Sprache in Deutschland, Bd. 1, Stuttgart, S. 110–128

Kocka, Jürgen, 1981, Die Angestellten in der deutschen Geschichte 1850–1980. Vom Privatbeamten zum angestellten Arbeitnehmer, Göttingen

Lash, Scott, Paul Bagguley, 1988, Arbeitsbeziehungen im disorganisierten Kapitalismus: Ein Vergleich von fünf Nationen, in: Soziale Welt, 39. Jg., S. 239–259

Lenk, Hans, 1983, Eigenleistung. Plädoyer für eine positive Leistungskultur, Osnabrück

Materialien zum Bericht zur Lage der Nation im geteilten Deutschland, 1987, hg. vom Bundesministerium für innerdeutsche Beziehungen, Bonn

Mauss, Marcel, 1968, Die Gabe. Form und Funktion des Austauschs in archaischen Gesellschaften, Frankfurt/M. (Orig. frz. 1925); 2. Aufl. 1994

Mayntz, Renate, Th.P. Hughes, Eds., 1988, The Development of Large Technical Systems, Frankfurt/M.

Meulemann, Heiner, 1996, Werte und Wertwandel. Zur Identität einer geteilten und wieder vereinten Nation, Weinheim

Meyer-Abich, Klaus Michael, 1986, Wege zum Frieden mit der Natur. Praktische Naturphilosophie für die Umweltpolitik, München

Müller-Jentsch, Walther, 1997, Soziologie der industriellen Beziehungen, 2. verb. Aufl., Frankfurt/M.

Ohno, Taiichi, 1993, Das Toyota-Produktionssystem, Frankfurt/New York (Orig. jap. 1978)

Parsons, Talcott, Neil J. Smelser, 1964, Economy and Society. A study in the integration of economic and social theory, London

Perner, Detlef, 1993, Art. „Gewerkschaften", in: *W. Weidenfeld/K.-R. Korte*, Hg., a.a.O., S. 331–337

Perrow, Charles, 1987, Normale Katastrophen. Die unvermeidbaren Risiken der Großtechnik, Frankfurt/M. (Orig. amerik.)

Rifkin, Jeremy, 2000, Access. Das Verschwinden des Eigentums. Wenn alles im Leben zur bezahlten Ware wird, Frankfurt/New York

Sennett, Richard, 1998, Der flexible Mensch. Die Kultur des neuen Kapitalismus, Berlin (Orig. amerik. 1998)

Simonis, Udo Ernst, 1988, Ökonomie und Ökologie, 5. überarb. Aufl., Karlsruhe

Spinner, Helmut F., 1998, Die Architektur der Informationsgesellschaft. Entwurf eines wissensorientierten Gesamtkonzepts, Bodenheim

Spinner, Helmut F., 2001, Informationsgesellschaft, in: *B. Schäfers/W. Zapf*, Hg., Handwörterbuch zur Gesellschaft Deutschlands, 2. verb. u. erw. Aufl., Opladen, S. 319-335

Streeck, Wolfgang, 1981, Gewerkschaftliche Organisationsprobleme in der sozialstaatlichen Demokratie, Königstein/Ts.

Teuteberg, Hans Jürgen, 1961, Geschichte der industriellen Mitbestimmung in Deutschland. Ursprung und Entwicklung ihrer Vorläufer im Denken und in der Wirklichkeit des 19. Jahrhunderts, Tübingen

Voigt, Dieter, Werner Voß, Sabine Meck, 1987, Sozialstruktur der DDR. Eine Einführung, Darmstadt

Wallerstein, Immanuel, 1998, Das moderne Weltsystem. Die Anfänge kapitalistischer Landwirtschaft und die europäische Weltökonomie, Frankfurt/M. 1986 (Orig. amerik. 1974); Bd. II: Das moderne Weltsystem. Der Merkantilismus. Europa zwischen 1600 und 1750, Wien (Orig. amerik. 1980)

Weber, Max, 2002, Schriften 1894-1922. Ausgewählt von Dirk Kaesler, Stuttgart

Wehler, Hans-Ulrich, 1987, Deutsche Gesellschaftsgeschichte, Bd. II: 1815-1845/49, München

Weidenfeld, Werner, Karl-Rudolf Korte, 1993, Hg., Handbuch zur deutschen Einheit, Bonn

Windolf, Paul, 1996, Die Transformation der ostdeutschen Betriebe, in: Berliner Journal für Soziologie, 6. Jg., S. 467-488

Womack, James P., et al., 1990, Die zweite Revolution in der Autoindustrie, Frankfurt/New York

Ziegler, Rolf, et al., 1985, Industry and Banking in the German Corporate Network, in: Networks of Corporate Power, Cambridge, S. 91-112

Zielcke, Andreas, Der neue Doppelgänger, Die Wandlung des Arbeitnehmers zum Unternehmer, in: FAZ 20.7.1996

Kapitel 11
Struktur und Wandel des Sozialstaats

I. Der Verfassungsauftrag

1. Rechts- und Sozialstaat im Konflikt?

Das Staats- und Gesellschaftssystem der Bundesrepublik wird auf *Sozialstaat-lichkeit* (Art. 20 und 28 GG) und damit auf eine aktive Sozialpolitik verpflichtet. Zusammen mit einigen anderen Artikeln des Grundgesetzes, die die Gleichheits-problematik direkt oder indirekt berühren, werden Staat und Gesellschaft auf ein im Einzelnen schwer zu bestimmendes Maß an sozialer Gleichheit bzw. zur Be-grenzung der Ungleichheit festgelegt.

Bei der Verwirklichung dieser Grundsätze kommt es immer wieder und auch in Zukunft unvermeidlich zur „Konfrontation" von Rechts- und Sozialstaat, auch deshalb, weil im Grundgesetz nur einige Sozialrechte festgelegt sind. Hier gibt es einen deutlichen Unterschied zur Weimarer Reichsverfassung von 1919. Die „Vä-ter und Mütter des Grundgesetzes" incl. die Vertreter der SPD (namentlich z.B. Carlo Schmid) wollten keine zu weitgehende Festlegung sozialstaatlicher Prinzi-pien im Grundgesetz, sondern deren Ausgestaltung der Sozialpolitik überlassen. So gibt es in einigen Länderverfassungen, z.B. Hessen, mehr an Sozialrechten und Sozialstaatsgeboten als im Grundgesetz.

Unabhängig von der schmalen grundgesetzlichen Basis hat der Staat nach Auffas-sung verschiedener Interpreten des Sozialstaatsprinzips (z.B. Hartwich 1978) die Verpflichtung, die im gesellschaftlichen Prozess sich ständig neu ergebenden so-zialen Ungleichheiten zu beseitigen bzw. Vorsorge zu treffen, dass sie gar nicht erst auftreten.

Die Verwirklichung eines vorrangigen Sozialstaatspostulats ist verfassungsrecht-lich umstritten, weil die Anhänger liberaler Rechtsstaatsideen in zu weit gehen-den Sozialstaatsentwicklungen eine Gefährdung der individuellen Freiheit und Entfaltungsmöglichkeiten sehen, den wichtigsten Anliegen des liberalen Rechts-staats (vgl. zu diesen Positionen Benda 1983).

Die Anhänger dieser Ideen – Individualisierung; Eigenverantwortung; Selbstvor-sorge usw. – haben in dem Maße Zulauf und politisch Gehör gefunden, wie sich seit Ende der 1980er Jahre die Situation der öffentlichen Haushalte dramatisch verschlechterte und die Zahl der Arbeitslosen eine Millionengrenze nach der an-deren überschritt.

2. Soziale Gerechtigkeit. Soziale Gleichheit. Soziale Sicherheit

Die Herstellung sozialer Gerechtigkeit und sozialer Gleichheit gelten als wesent-liche Legitimationsgrundlagen des Sozialstaats. Ergänzt durch das Prinzip der so-zialen Sicherheit handelt es sich um jenes Dreigestirn, in dem die historischen Wurzeln des *bonum commune*, des *Wohlfahrtsstaats** und die staats- und ver-fassungsrechtlichen Grundlagen (und Probleme) des Sozialstaats beschlossen lie-gen.

Gerechtigkeit ganz allgemein manifestiert sich im Willen, „jedem das Seine" zuzuteilen (ggf. mit Hilfe von *justitia*); sie ist ein Grundprinzip menschlichen Zusammenlebens. Ist hierbei die Zuteilung (oder Umverteilung) materieller Güter und die soziale Existenzsicherung berührt, so ist die Frage nach der *sozialen Gerechtigkeit* gestellt. Seit den bürgerlichen Revolutionen ist diese Frage untrennbar mit der Herstellung *sozialer Gleichheit* verknüpft. Mit Nachdruck wurde und wird darauf verwiesen, dass die im liberalen Rechtsstaat zugestandenen Grund- und Freiheitsrechte nur dann gesichert sind, wenn die Bürger auch materiell instand gesetzt werden, sie wahrzunehmen.

Der Sozialstaat und die ihn realisierende Sozialpolitik haben nicht die Aufgabe, völlige soziale Gleichheit herzustellen, sondern für einen *sozialen Ausgleich* in dem Maß zu sorgen, dass sich aus der ungleichen Verteilung von Ressourcen keine sozialen Konflikte bzw. rechtliche, soziale und kulturelle Ausgrenzungen von bestimmten Sozialgruppen entwickeln. Hierfür ein Maß anzugeben, ist kaum möglich. John Rawls hat in seiner „Theorie der Gerechtigkeit" hierzu (1971/1975) einen wichtigen Versuch unternommen. Nach Rawls können Gesellschaften nur in dem Maße gerecht sein, wie sie folgende Prinzipien befolgen:

„1. Jedermann soll gleiches Recht auf das umfangreichste System gleicher Grundfreiheiten haben, das mit dem gleichen System für alle anderen verträglich ist.

2. Soziale und wirtschaftliche Ungleichheiten sind so zu gestalten, dass (a) vernünftigerweise zu erwarten ist, dass sie zu jedermanns Vorteil dienen, und (b) sie mit Positionen und Ämtern verbunden sind, die jedem offen stehen." (Rawls 2001: 81).

Doch was auch geschieht, um diesen Prinzipien zur Geltung zu verhelfen, am Ende steht die Einsicht von Alexis de Tocqueville (1805–1859), diesem hellsichtigen Theoretiker von Demokratie und Gleichheit am Beginn des Industriezeitalters und der Massengesellschaft: „Niemals werden die Menschen eine Gleichheit begründen, die ihnen genügt", denn mit der Gleichheit nimmt „die Liebe zu ihr unaufhörlich zu; indem man sie befriedigt, steigert man sie" (de Tocqueville 1962: 319).

Das individuelle bzw. kollektive Sicherheitsstreben wird als eine Grundgegebenheit menschlicher Verhaltensorientierung angesehen: Umwelt, Hunger, Krankheit, Tod und schließlich die Gefährdungen durch seinesgleichen und die Ungewissheiten der Zukunft sind und waren existenzielle Herausforderungen, Abhilfe zu schaffen und Vorsorge zu treffen. Das Streben nach Sicherheit ist daher für den Menschen so charakteristisch, dass die Entwicklung der Kulturen und Zivilisationen unter dieser Perspektive betrachtet worden ist (zu den anthropologischen und psychologischen, institutionellen und gesellschaftlichen Voraussetzungen der sozialen Sicherheit vgl. Kaufmann 1973).

Der primäre Zweck des Sozialstaats und der ihn aktualisierenden Sozialpolitik liegt also nicht in der Herstellung von Gleichheit, sondern in der Wahrung *sozialer Sicherheit*. Soziale Sicherheit ist für Struktur und Stabilität fortgeschrittener Industriegesellschaften von fundamentaler Bedeutung; sie ist zu einer regulativen „Wertidee hochdifferenzierter Gesellschaften" geworden (Kaufmann 1973; 2003). Die soziale Sicherheit, die objektiv gegeben ist oder subjektiv als gegeben oder nicht gegeben angesehen wird, ist für die Einstellung des Einzelnen zu seiner Arbeit, zum Wirtschafts-, Gesellschafts- und Staatssystem und schließlich für seine Zukunftsplanung und Zukunftsperspektiven zentral.

II. Zur Entwicklung des Sozialstaats

1. Von der Armenfrage zur Sozialpolitik

Die Industrialisierung und die mit ihr einhergehenden sozialstrukturellen Wandlungen bedeuten auch für das System der sozialen Sicherheit eine grundlegende Änderung. Die sich entwickelnde industrielle Gesellschaft entzog den traditionalen, gemeinschaftsbezogenen Systemen der Daseinsvorsorge ihre Basis oder führte zu einer Einengung des Wirkungskreises der genossenschaftlichen Einrichtungen: der Gilden, Zünfte und Innungen in den Städten und der vielen kirchlichen (klösterlichen, parochialen) Stifte, Armenhäuser, Waisenhäuser usw. Aus der „Armenfrage" der Umbruchsituation wurde die „sociale Frage" und „Arbeiterfrage" der industriellen Gesellschaft (auch der Begriff sociale Frage stammte, wie viele andere Begriffe der politisch-sozialen Sprache, aus dem Frz.). Dabei waren die Anfänge der staatlichen Sozialreform in Deutschland sehr schwankend – so wie das Wissen über die Strukturen der sich herausbildenden bürgerlich-industriellen Gesellschaft (zu diesen Anfängen und Vorläufern der organisierten Sozialreform und wie aus der Armenfrage die sociale Frage und schließlich staatliche Sozialpolitik wurde vgl. Pankoke 1970; 1983; Gladen 1974; Tennstedt 1981; Fischer 1982; Schmidt 1998; zur Armenfrage und Armenpolitik in der Bundesrepublik, auch im internationalen Vergleich, vgl. Leibfried/Voges 1992).

Die von vielen Personen, z.B. den *Kathedersozialisten**, dem renommierten Arzt und praktischen Hygieniker Rudolf Virchow (1821–1902), zahlreichen Sozialgruppen und Parteien geforderten Sozialgesetze auf staatlicher Basis wurden schließlich von Reichskanzler Otto von Bismarck (1815–1898) ins Werk gesetzt. Die sog. *Bismarcksche Sozialgesetzgebung* umfasste die 1883 verabschiedete Krankenversicherung, die Unfallversicherung von 1884 und die Invaliditäts- und Altersversicherung von 1889. Bismarcks antisozialistische Zielsetzung (1878–1890 waren die sog. *Sozialistengesetze* in Kraft) sollte das Fortschrittliche des Gesetzgebungswerkes nicht übersehen lassen. Dieses Gesetzgebungswerk bedeutete einen entscheidenden Einschnitt in der sozialen und politischen Geschichte des sich industrialisierenden deutschen Nationalstaats; es markierte

- den fundamentalen sozialen Wandel, der mit der Ablösung der traditionalen, gemeinschaftsbezogenen Formen sozialer Sicherheit und der Einführung der kollektiv garantierten, prinzipiell aber anonymen sozialen Sicherheit verbunden ist;

- den Versuch der Integration breiter Bevölkerungsgruppen in das staatliche und gesellschaftliche System, insbesondere derjenigen, die durch den Industrialisierungsprozess vor völlig neue Bedingungen der Arbeit und der Existenz gestellt waren;
- den Beginn einer engeren Verbindung von Wirtschaftssystem und staatlicher Lenkung (unter völlig anderen Bedingungen als beispielsweise im Absolutismus des 17. und 18. Jh.s);
- den Versuch, die von den Kritikern der industriell-kapitalistischen Gesellschaft antizipierten Radikallösungen einer völlig neuen gesellschaftlichen Ordnung („Diktatur des Proletariats") zu vermeiden bzw. zu unterlaufen.

2. Pfade in den Sozialstaat

Die sich industrialisierenden Gesellschaften des 19. Jh.s beschritten sehr unterschiedliche Pfade der sozialstaatlichen Absicherung. Von den bis heute nachwirkenden Grundsatzentscheidungen, die Franz-Xaver Kaufmann (2003) im Hinblick auf vier europäische Nationen, die Sowjetunion und die USA untersuchte, seien hier nur folgende hervorgehoben: In Deutschland habe sich der Sozialstaat aus der Arbeiterfrage entwickelt, in Großbritannien aus der Armenfrage und in Schweden aus der Bindung an den Bürgerstatus (für das schwedische Modell gibt es in Deutschland in den letzten Jahren – z.B. unter dem Stichwort der „Bürgerversicherung" – eine wachsende Zustimmung).

Tabelle 23   Drei Ausprägungen des Sozialstaats

Typus	Liberale Wohlfahrtsstaaten	Konservative Wohlfahrtsstaaten	Sozialdemokratische Wohlfahrtsstaaten
Länder	Australien, Kanada, Japan, Schweiz, USA	Österreich, Belgien, Frankreich, Deutschland, Italien	Dänemark, Finnland, Niederlande, Norwegen, Schweden
Merkmale	• Minimum an Staatstätigkeit im Bereich der Sozialpolitik • Dreigeteilte Bevölkerung: von der Armenfürsorge abhängig; auf Sozialversicherungen angewiesen; eigenständige Sicherstellung der sozialen Sicherheit	• Beseitigung scharfer Antagonismen zwischen den Klassen • Trotzdem: bewusste Bewahrung von Statusunterschieden	• Dominanz der mittleren Schichten
Wirkungen	Enorme Ungleichheit des Einkommens	Mittelstarke Einkommensungleichheit	Relativ geringe Einkommensungleichheit

Quelle: Esping-Andersen 1990

Die Ausprägungen der Sozialstaaten vor allem im Hinblick auf die Einkommens-unterschiede hat Gøsta Esping-Andersen (1990) in einer weltweiten Betrach-tung auf drei Typen reduziert; sie sind in Tabelle 23 dargestellt.

Es darf bezweifelt werden, ob beim sozialdemokratischen Modell die Einkom-mensunterschiede zum Untersuchungszeitpunkt gering waren; auch hier wer-den seither die Differenzen noch größer geworden sein.

3. Sozialstaatliche Entwicklung nach 1945/49

3.1   Westdeutschland

Sozialhistorisch betrachtet gab es folgende Eckpfeiler für die Entwicklung des Sozialstaats nach 1945/49:

*   das bestehende System sozialer Sicherheit, das trotz Nationalsozialismus und Krieg in seinen vor allem in der Weimarer Republik ausgebauten und erwei-terten Grundlagen übernommen wurde;
*   die Bestimmungen des Grundgesetzes und die Verpflichtung auf die Prinzi-pien der *Sozialen Marktwirtschaft* (vgl. den „Sozialkatalog", S. 33 f.);
*   die Beseitigung der aus Krieg und Kriegsfolgen herrührenden Notlagen.

Die Kontinuität des Sozialstaats i.e.S. über die Jahre 1933–45/49 hinweg ist ein erstaunliches Faktum der westdeutschen Gesellschaftsgeschichte; nur für jene Bereiche der sozialen Sicherheit, die die inner- und außerbetriebliche Selbstver-waltung, die Mitbestimmung und andere Sozialrechte der Arbeitnehmer berühren, hatte es einen totalen Kontinuitätsbruch im Hinblick auf die sozialen Errungenschaften des 19. und 20. Jh.s gegeben.

Zu den Eckpfeilern ideeller und normativer Art der sozialstaatlichen Entwick-lung nach 1945 gehörten die damals breit diskutierten Auffassungen der katholi-schen und evangelischen Soziallehren, die auf entsprechende Vorstellungen der CDU/CSU bzw. ihre „Sozialausschüsse" großen Einfluss hatten, die davon eben-falls beeinflussten Vorstellungen einer Sozialen Marktwirtschaft und die Forde-rungen eines freiheitlichen, demokratischen Sozialismus (zu diesen ideellen, v.a. christlich-sozialen Wurzeln des Sozialstaats und seinen Legitimitätsproblemen vgl. Spieker 1986).

Über die These von den „Eckpfeilern" hinausgehend betont Franz-Xaver Kauf-mann (2002: 31f.) eine starke „Umorientierung des sozialpolitischen Denkens" nach 1945, für die letztlich das Konzept der „Sozialen Marktwirtschaft" und die damit verbundenen Vorstellungen einer nicht mehr gruppen-, sondern personen-bezogenen Perspektive des gesellschaftspolitischen Denkens verantwortlich seien. „Sozialpolitik" hat an den persönlichen Bedürfnissen eigenverantwortli-cher Individuen anzuknüpfen und findet immer weniger ihre Basis in klas-senspezifischen, ständischen oder kollektivistischen Vorstellungen. Neben den S. 34 genannten Theoretikern der Sozialen Marktwirtschaft kommt, wie auch Kaufmann betont, den gesellschaftspolitischen Vorstellungen von Gerhard Weis-ser (1898–1989) eine wichtige Funktion zu für die Entwicklung der theoreti-

Tabelle 24 Entwicklung des (westdeutschen) Sozialstaats nach 1949

Jahr	Soziale (Ver)Sicherung	Arbeitsmarktstruktur/ Betriebsverfassung
1949		Tarifvertragsgesetz (TVG)
1950	Bundesversorgungsgesetz (Kriegsopferversorgung)	
1951	Selbstverwaltungsgesetz (für die Sozialversicherung)	Montan-Mitbestimmungsgesetz
1952	Lastenausgleichsgesetz Errichtung der Bundesanstalt für Arbeit	Betriebsverfassungsgesetz
1957	Rentenversicherungsreform	
1961	Bundessozialhilfegesetz (BSHG) Garantie des Existenzminimums	
1964/1965	Wohngeldgesetz	
1969	Lohnfortzahlung im Krankheitsfall für Arbeiter (6 Wochen)	Arbeitsförderungsgesetz (AFG)
1972	Rentenreformgesetz (flexible Altersgrenze; Öffnung für jedermann)	
1976	Sozialgesetzbuch – Allgemeine Teile	Mitbestimmungsgesetz
(–1982)	(Sozialcharta)	
1984	Vorruhestandsgesetz	
1988	Gesundheitsreformgesetz	
1989/92	Gesetz zur Reform der gesetzlichen Rentenversicherung (Rentenreformgesetz/RRG 1992) vom 18.12.1989 (zugleich Sozialgesetzbuch SGB Teil VI)	ca. 90 Einzelgesetze auf dem Gebiet des Arbeits-, Sozial-, Renten- und Gesundheitsrechts werden geändert/neu gefasst (z.T. rückwirkend wirksam, im Kern ab 1992)
1992	Gesundheitsstrukturgesetz (in Kraft seit dem 1.1.1993)	
1994	Pflegeversicherung; stufenweise Einführung ab 1.4.1995 für häusliche Pflege; und ab 1.7.1996 für stationäre Pflege	
1998		Reform des Arbeitsförderungsgesetzes: Einführung des SGB III (Drittes Buch des Sozialgesetzbuches)
2001	Rentenreform: Senkung des Nettorentenniveaus	Novellierung des Betriebsverfassungsgesetz
2002		2. Gesetz für moderne Dienstleistungen am Arbeitsmarkt („Ich-AGs")
2003	„Agenda 2010": Reformierung des Sozialstaats	„Agenda 2010": Reformierung des Arbeitsmarktes (sog. „Hartz-Gesetze", I–IV)
2004	Gesundheitsreform tritt am 1.1.2004 in Kraft: Einschränkungen der Leistungen und/oder Erhöhung der Zuzahlungen	

Quelle: bis 1982: Neumann/Schaper 1984, S. 32ff.; ab 1992: Schmidt 1998, S. 141ff.

schen wie praktischen Gesellschaftspolitik in der sich konstituierenden Bundesrepublik. Kaufmann verweist u.a. auf die Bedeutung des von Gerhard Weisser
entwickelten und in den letzten Jahren wieder aktualisierten Begriff der *Lebenslage* im Zusammenhang der Umorientierung des sozialpolitischen Denkens
nach 1945 (vgl. Weisser 1978; zu „Lebenslage": 385ff.). Nach Weisser, dessen Konzeption wiederum auf die Sozialphilosophie von Leonard Nelson zurückgeht,
kann Sozialpolitik nur auf ethisch fundierten Grundentscheidungen und klar formulierten Leitbildern politischen Handelns basieren (vgl. 1978: 392f.).

Wichtige Etappen in der Entwicklung des westdeutschen Sozialstaats nach 1949
fasst Tabelle 24 zusammen.

Die Fülle der Gesetze zum Arbeitsschutz (z.B. Kündigungsschutzgesetz 1951;
Jugendarbeitsschutzgesetz 1960) und in den Bereichen der Wohnungsbauförde-
rung (Erstes Wohnungsbaugesetz 1950), der Sparförderung, der Vermögensbildung, der Gewährung von Kindergeld usw. kann hier nicht aufgezählt werden
(vgl. Neumann/Schaper 1998; Bäcker et al. 2000; Schmidt 1998). Nur ein Gesetz
sei hier in seinen Grundzügen und gegenwärtig offenkundig werdenden Problemen kurz erläutert: die Struktur der *Rentenversicherung* aus dem Jahre 1957.

Neben der Absicherung der Gesundheitsrisiken ist die Vorsorge für das Alter
bzw. die Zeit nach dem „Arbeitsleben" ein Eckpfeiler der sozialen Sicherheit.

1889 wurde mit der Invaliden- und Altersversicherung hierfür der Grundstein
gelegt. Galt diese zunächst für die Arbeiter (nicht alle Gruppen), so wurden 1911
die Angestellten einbezogen. In verschiedenen Etappen wurde die Rentenversicherung 1972 für alle Sozialgruppen geöffnet. Inzwischen erfasst sie rund 80%
der Erwerbstätigen (und ihrer Familienangehörigen).

Grundlegend war die *Rentenreform* von 1957. Sie basiert auf folgenden Prinzipien:

- dem sog. *„Generationenvertrag"*: die Generation der jetzt im Erwerbsleben
  Stehenden versorgt die nicht mehr arbeitende Bevölkerung über Transferzah-
  lungen mit Renteneinkommen usw. (dieses Umlageverfahren wurde und
  wird sehr heftig kritisiert, weil es faktisch heißt, „von der Hand in den Mund
  zu leben");
- der *Dynamisierung der Rentenhöhe* entsprechend der allgemeinen Lohn-
  entwicklung (Modifizierungen durch die verschiedenen Rentenanpassungs-
  gesetze).

Der Grundgedanke der Rentenreform von 1957 geht zurück auf Vorstellungen
des Sozialökonomen Wilfrid Schreiber (1904–1975) und seine Schrift von 1955:
„Existenzsicherheit in der industriellen Gesellschaft". Schreiber selbst (1971) kri-
tisierte jedoch, dass sein Verständnis des Generationenvertrages nur zum Teil
berücksichtigt wurde, weil die Kinder als dritte Generation nicht einbezogen
wurden. Entsprechend liefen einige Reformvorschläge des *Rentenreformgeset-
zes 1992* darauf hinaus, die Kinderlosen zur Abgabe eines „Solidarbeitrages" für
die Finanzierung ihrer künftigen Renten heranzuziehen. Es ist offenkundig, dass
auf Grund der abnehmenden Kinderzahl und der sinkenden Erwerbsquote die

Beiträge der jetzt und in naher Zukunft Erwerbstätigen nicht ausreichen werden, die stark steigende Rentenbevölkerung zu finanzieren. Denn nach neuesten Berechnungen wird sich der sog. *Altenquotient* – die Verhältniszahl der über 60-Jährigen im Vergleich zur Zahl der 20- bis 60-Jährigen – nicht nur verdoppeln (so die Annahme der Rentenreform von 1992), sondern verdreifachen. Darum wird dafür plädiert, das jetzige *Umlageverfahren* durch das *Kapitaldeckungsverfahren* zu ersetzen. Dann müsste die jetzige Erwerbsbevölkerung nicht mehr für die Ruheständler aufkommen, sondern jeder Erwerbstätige würde mit dem von ihm angesparten Kapital seine spätere Rente finanzieren (ein Problem besteht u.a. in der Umstellung, weil es dann eine „Generationenlücke" gibt).

3.2 DDR und neue Bundesländer

Nach marxistisch-leninistischer Auffassung war der parallel zum bürgerlichen Rechtsstaat entwickelte Sozialstaat immer nur eine Art „Reparaturbetrieb" für alle die Mängel, die die kapitalistische Wirtschafts- und Eigentumsordnung hervorrufe. So wurde im 19.Jh. die *Bismarcksche Sozialgesetzgebung* ebenso abgelehnt wie – nach Etablierung der sozialistischen Staaten – die Übernahme einer bürgerlich-rechtlichen Sozialordnung.

In dieser „Tradition" begann auch der Aufbau des Sozialismus in der DDR. Die auftauchenden Widersprüche bzw. Problemlagen wurden dadurch gelöst, dass man zwar praktische Sozialpolitik betrieb, sie aber nicht so benannte. Erst Ende der 1950er Jahre führte dieser „Widerspruch zwischen Ideologie und praktischer Sozialpolitik" (Vortmann 1989) dazu, dass nunmehr der Begriff Sozialpolitik auch offiziell verwendet wurde. Die Erfolge des sozialstaatlichen Ausbaus in Westdeutschland mögen hierzu ebenfalls beigetragen haben.

Die Besonderheiten im Aufbau eines Sozialversicherungswesens in der DDR erkennt man auch daran, dass der Freie Deutsche Gewerkschaftsbund (FDGB, vgl. S. 155) von Anfang an an seinem Ausbau beteiligt war. Viel stärker noch als in der Bundesrepublik war das Arbeitsverhältnis und der „Volkseigene Betrieb" Angelpunkt der sozialen Sicherheit (das Recht auf Arbeit war bereits in der ersten Verfassung von 1949 verankert; zu den Grundlagen und Problemen des Sozialversicherungssystems der früheren DDR vgl. Vortmann 1989).

Rechtlich betrachtet schufen die Einigungsverträge und das Rentenüberleitungsgesetz bis zum 1.Januar 1992 die Voraussetzungen, das Sozialleistungssystem der Bundesrepublik auch auf die neuen Bundesländer und Ost-Berlin zu übertragen. Die dabei auftretenden Probleme und Kosten sind erheblich und machten einen Großteil der Einigungsproblematik überhaupt aus (unterschiedliche Demographie, Erwerbsquote, Rentenniveau usw.; vgl. hierzu den Überblick bei Geißler 2002: 270ff.; Meusch 1993; Schmidt 1998).

III. Prinzipien, System und Umfang der sozialen Sicherheit

1. Prinzipien

Neben den bereits genannten verfassungsrechtlichen und ideellen Voraussetzungen basiert das System der sozialen Sicherheit auf folgenden Prinzipien:

- Herstellung *sozialer Gerechtigkeit* über eine (Sozial-)Politik des *sozialen Ausgleichs* (hier haben die alten Ideen vom *bonum commune*, vom Gemeinwohl und Wohlfahrtsstaat ihre bis heute fortwirkende Tradition);
- *Eigenvorsorge* und *Selbsthilfe*;
- *Solidaritätsprinzip*, das nicht nur ein sozialethisch fundiertes (Hengsbach 2003) und genossenschaftliches Organisationsprinzip ist, sondern auch allen Sozialversicherungssystemen zugrunde liegt;
- Subsidiaritätsprinzip.

Das *Subsidiaritätsprinzip* (von lat. *subsidium*, „Hilfe") wurde vor allem in der Katholischen Soziallehre ausgearbeitet; es wendet sich gegen einen ausschließlichen oder zu weitgehenden Zentralismus des Staates im Bereich der sozialen Hilfen, insbesondere des Gesundheitswesens („Krankenpflege") und der sozialen Fürsorge („Armenpflege"). Eine Grundlage des „Subsidiarismus" ist weiterhin, dass Einzelne bzw. die jeweils kleinere soziale Einheit (soziale Gruppe) helfend und fürsorgend tätig werden, also zum Beispiel die Familie, dann die Verwandtschaft, ggf. die Nachbarschaft, dann die kommunalen und kirchlich-karitativen Einrichtungen, schließlich die Kommune und dann die staatlichen Organisationen.

Das Subsidiaritätsprinzip, das in der Sozialenzyklika „Quadragesimo Anno" von 1931 durch Oswald von Nell-Breuning (1890–1991) seine bis heute nachwirkende Definition erhielt, ist als Grundlage der sozialen Sicherheit in der Bundesrepublik von allen Regierungen anerkannt worden und wirkt in der Tat einer unnötigen Zentralisierung, ideellen bzw. ideologischen Monopolisierung und Bürokratisierung entgegen. Der Subsidiarismus verweist darauf, dass nicht alle Hilfe und Fürsorge vom Staat kommen kann, sondern die Einzelnen wie die Familien auch hier weiterhin Eigenverantwortung haben (von Nell-Breuning 1984).

Es darf jedoch nicht übersehen werden, dass das Subsidiaritätsprinzip auch zu Konflikten führen kann, z.B. zwischen Kommune und kirchlich-karitativen Einrichtungen bei der Verantwortung (Planung, Finanzierung usw.) für Kindergärten, Altenheime, Krankenhäuser usw.

Die soziale Sicherung, die Ziel jeder Sozialpolitik ist, erfolgt im Einzelfall

- nach dem *Versicherungsprinzip* (freiwillig oder mit Zwangsmitgliedschaft wie bei der Sozialversicherung);
- nach dem *Versorgungsprinzip*, wonach ein Rechtsanspruch aufgrund von Versorgungsberechtigungen besteht;

• nach dem *Fürsorgeprinzip*, seit Verabschiedung des Bundessozialhilfegesetzes 1961 Sozialhilfe genannt, die nicht generell gewährt wird, sondern aufgrund einer – vielfach vorübergehenden – Bedürfnislage.

2. Das System sozialer Sicherheit

Die Leistungen der staatlichen Sozialpolitik und Daseinsvorsorge wurden und werden ergänzt durch betriebliche soziale Leistungen, die entweder tarifvertraglich festgelegt sind oder auf freiwilligen Mehrleistungen und Anreizen beruhen.

Gerade die *betriebliche Sozialpolitik* hat in Deutschland eine lange Tradition; erinnert sei an die Initiativen der Unternehmer Franz Haniel (1779–1868) im Bergbau; Alfred K. Krupp (1812–1887) in der Eisenindustrie; vor allem aber an die betriebliche Sozialpolitik Ernst Abbés (1840-1905), seit 1875 Teilhaber der optischen Werke von Carl Zeiss (1816–1888) in Jena. Viele Maßnahmen, die erst gewerkschaftlich für alle Arbeiter durchgesetzt werden mussten (Urlaubsgeld, Gewinnbeteiligung, Wohnungsgeld etc.), wurden von Abbé und anderen zum Teil Jahrzehnte früher in ihren Betrieben eingeführt. Es waren die jeweils fortschrittlichsten und wachstumsintensivsten Industriezweige und Betriebe (wie in den 1950er und 1960er Jahren die Automobilindustrie), die der allgemeinen Entwicklung und Gesetzgebung vorangegangen sind (über die Entwicklung betriebsbezogener sozialer Maßnahmen in Deutschland nach 1830 vgl. Teuteberg 1961: 115ff., insbes. S. 190f.).

Damit sind sowohl die drei Säulen des Systems der sozialen Sicherheit wie die drei Säulen der Sozialpolitik angesprochen; sie werden auf der folgenden Seite in Übersicht 2 zusammengefasst.

Von einem „System der Sozialen Sicherheit" zu sprechen ist auch deshalb gerechtfertigt, weil das sog. *Sozialrecht*, in dem die Grundlagen für die soziale Sicherung zusammengefasst sind, ein eigenständiges Rechtsgebiet ist, mit eigener Gerichtsbarkeit (das Bundessozialgericht in Kassel ist eines der fünf „oberen Bundesgerichte", die nach Art. 95 GG zu errichten waren). Der am 19. Juni 1975 vom Bundestag verabschiedete Allgemeine Teil des *Sozialgesetzbuches* war ein Auftakt, das uneinheitliche, aus vielen Jahrzehnten stammende Sozialrecht zu einer einheitlichen gesetzlichen Grundlage zusammenzufassen.

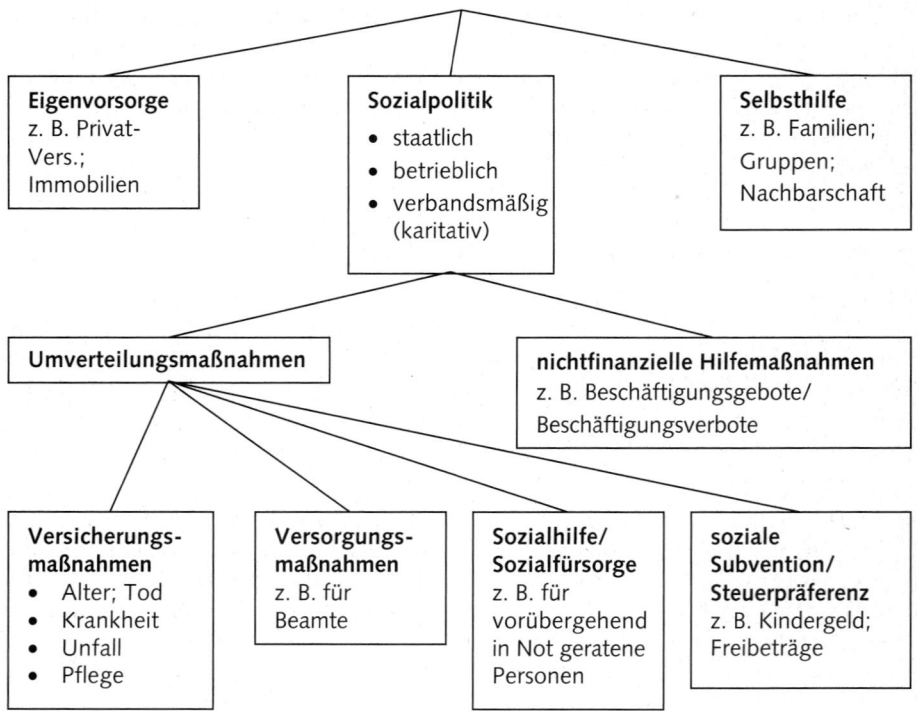

Übersicht 2 Die drei Säulen des Systems der sozialen Sicherheit
Quelle: nach Neumann/Schaper, 1984

3. Sozialleistungsquote und Sozialbudget

Die Gesamtausgaben für die soziale Sicherung werden als *Sozialleistungsquote* bezeichnet und in Prozent des Bruttosozialprodukts angegeben.

Tabelle 25 Sozialleistungen und Sozialleistungsquote in der Bundesrepublik Deutschland*

Jahr	1960	1970	1980	1991	1995	2001
Sozialausgaben in Mrd. EUR	32,8	86,5	230,0	427,7	562,6	663,7
Anteil am BIP	21,1	25,1	30,6	28,5	29,2	32,1

Quelle: Deutschland in Zahlen 2003, hrg. vom Institut der deutschen Wirtschaft, S. 75
* Ab 1991 einschl. neue Bundesländer

Die Höhe der Sozialleistungsquote macht das Interesse des Staates an einer gesamtgesellschaftlichen, verantwortungsvollen Steuerung des Wirtschaftssystems verständlich; sie ist zugleich die Ursache der problematischen Wechselbeziehungen zwischen der gesamtwirtschaftlichen Entwicklung und dem erreichten Umfang der sozialen Leistungen. Um die Gefahren negativer Wechselwirkungen zu mildern oder auszuschließen, veröffentlichte die Bundesregierung 1968 erstmals ein *Sozialbudget*, das im Rahmen der so genannten „Mittelfristigen Finanzplanung" Vorausberechnungen über den zu erwartenden bzw. sozialpolitisch anzusteuernden Umfang der Sozialleistungen enthielt.

4. Soziale Sicherheit in der Europäischen Union (EU)

1964 unterzeichnete die Bundesrepublik die *Europäische Sozialcharta* der Mitgliedsländer des Europarates; sie war gedacht als Ergänzung zur *Europäischen Menschenrechtskonvention* von 1950 auf sozialem Gebiet. Die *Charta* enthält insgesamt 19 *soziale Grundrechte*. Seither wächst das Sozialrecht der Mitgliedsländer des Europarates bzw. der EU in einzelnen Teilen zu einem einheitlichen europäischen Sozialrecht zusammen. Hier können nur einige Grundlagen und Instrumente genannt werden:

- Gesetzliche Grundlage der europäischen Sozialpolitik sind die Art. 117–128 des EWG-Vertrages von 1957 („Römische Verträge"); diese Artikel wurden durch zusätzliche Bestimmungen der Einheitlichen Europäischen Akte von 1986 und einem Zusatzprotokoll zu den „Verträgen über die Europäische Union" (*Maastricht-Verträge* vom 7.2.1992) ergänzt;
- die EU hat das *Subsidiaritätsprinzip* auch für ihre Sozialpolitik und ihr Sozialrecht anerkannt;
- der *Europäische Sozialfonds* ist neben dem Regional- und dem Agrarfonds einer von drei europäischen Strukturfonds; er dient der „Verbesserung der Beschäftigungsmöglichkeiten der Arbeitskräfte im gemeinsamen Markt";
- eine vollständige Harmonisierung der sehr unterschiedlichen Systeme sozialer Sicherung in den nunmehr 25 Mitgliedsländern der Europäischen Union wird in absehbarer Zukunft kaum möglich sein; neben der Freizügigkeit in der Wahl des Arbeitsplatzes, der Vereinheitlichung des Arbeitsschutzes, der Vermeidung eines „sozialen Dumping" in der EU bleiben auch im Hinblick auf den angestrebten einheitlichen Binnenmarkt genügend Aufgabenfelder für eine europäische Sozialpolitik und den Ausbau des EU-Sozialrechts.

IV. Arbeitsverhältnis und soziale Sicherheit

1. Soziale Sicherheit durch Arbeit

Wie die Grundlagen für das Gesamtsystem der sozialen Sicherheit auf den Leistungen des ökonomischen Systems basieren, so ist für den einzelnen Bürger sein Arbeitsplatz, dessen ökonomische Krisenfestigkeit und sozial- und arbeitsrechtliche Ausstattung, das Fundament seiner sozialen Sicherheit und seiner

„sozialen Grundrechte". Auf dieses Fundament des deutschen Pfades in den Sozialstaat wurde bereits hingewiesen. Die Organisation der sozialen Sicherheit auf der Basis eines Arbeitsverhältnisses liegt ganz in der Tradition der Lösung der „socialen Frage" des 19. Jh.s. Sowohl die sich nach 1860 bildenden Gewerkschaften und Arbeiterparteien wie die *Bismarcksche Sozialgesetzgebung* hatten den in einem „normalen" Arbeitsverhältnis stehenden Menschen zur Voraussetzung.

Doch die Arbeitsplätze sind unterschiedlich krisenfest. Gilt für die Beamten, dass sie unkündbar sind und für viele Angestellte, zumal im Öffentlichen Dienst, dass sie einen hohen Kündigungsschutz genießen und damit den Schwankungen des Wirtschaftssystems nur begrenzt ausgesetzt sind, so stellt sich die Situation für die Arbeiter sehr viel anders dar. Auch der Schutz bei Arbeitslosigkeit kann die aus dem Arbeitsverhältnis selbst resultierenden ökonomischen und sozialen Sicherheiten nicht ersetzen.

Die 1975 von den CDU-Politikern Kurt Biedenkopf, Richard von Weizsäcker und Heiner Geissler aufgeworfene *neue soziale Frage* zeigte die Problematik der vor allem im „normalen" Arbeitsverhältnis fundierten sozialen Sicherheit in aller Deutlichkeit, und zwar an den inzwischen sehr großen Bevölkerungsgruppen der nicht ständig bzw. der nicht mehr im Erwerbsleben Stehenden. Hierzu zählen:

- Ältere Menschen, die ohne entsprechende soziale Sicherheit aus dem Erwerbsleben ausscheiden (z.B. die Gruppe der kleineren selbstständigen Kaufleute, die vormals und „traditionsgemäß" wie alle Selbstständigen für ihre eigene soziale Sicherheit, zumal im Lebensabend, Sorge tragen wollten);
- (Haus-)Frauen ohne Berufsausbildung (vgl. hierzu auch die Problemsicht des Ehe- und Familienrechts, S. 121f.); Frauen mit der Doppelbelastung von arbeits- und sozialrechtlich nicht erfasster Teilzeitarbeit und Kindererziehung;
- soziale Randgruppen (vgl. hierzu S. 262f.), deren Randgruppenexistenz eben auch durch den Indikator mangelnder sozialer Sicherheit mitbestimmt ist;
- Heimarbeiter; Tagelöhner;
- Jugendliche ohne Berufsausbildung.

2. Soziale Sicherheit durch Sozialfürsorge

Die soziale Sicherheit dieser relativ großen Bevölkerungsgruppen wird nur in wenigen Fällen durch gewerkschaftliche Organisationen vertreten und durchgesetzt; sie wird im gegebenen Fall als individuelles Schicksal angesehen und den Institutionen der *Sozialfürsorge* zugewiesen. Kann das Existenzminimum nicht aus Eigenleistung erbracht werden, so wird nach den Bestimmungen des Bundessozialhilfegesetzes (BSHG) von 1961 *Sozialhilfe* gewährt (die von den Gemeinden zu finanzieren ist).

Die Entwicklung der Sozialhilfequote wird als Beleg für die Herausbildung einer *Zwei-Drittel-Gesellschaft* angesehen: Zwei Drittel der Gesellschaftsmitglieder sind über Arbeit und daraus resultierende Versorgungsansprüche abgesichert; ein Drittel der Gesellschaftsmitglieder bewegt sich entweder mit seinem Renteneinkommen, mit seinem laufenden Arbeitseinkommen oder durch mangelnde Unterstützungsleistungen bei Verlust des Arbeitsplatzes im Bereich des Existenzminimums (vgl. zur Zwei-Drittel-Gesellschaft auch Geißler 2002: 267ff.).

Einige Besonderheiten in der Entwicklung der Sozialhilfe seien hervorgehoben:

- In Westdeutschland stieg die Sozialleistungsquote derjenigen, die eine laufende Hilfe zum Lebensunterhalt bekamen, von 1970 bis 2002 von 1 144 auf 2 757 je 100 Tsd. Einwohner;

- die regionale Differenzierung zeigt besonders hohe Quoten für einzelne Großstädte: in Hamburg betrug die Quote 2002 7 % und in Bremen 8,9 % der Einwohner;

- im genannten Zeitraum hat die Quote drastisch zugenommen bei Kindern, Jugendlichen und allein erziehenden Müttern (vgl. Stat. Bundesamt, Pressemitteilung 18.11.2003).

3. Arbeitslosigkeit

Ein vorrangiges Problemfeld der sozialen Sicherheit und der Sozialpolitik ist die *Arbeitslosigkeit*; sie ist erst seit 1927 Bestandteil des allgemeinen Systems der sozialen Sicherheit (zuvor waren hier u.a. gewerkschaftliche Solidarität und Unterstützungskassen verschiedener Art das Auffangbecken).

Arbeitslosigkeit ist ein zentrales gesellschafts- und wirtschaftspolitisches Problem. Seit ca. 1975 stiegen die Quoten nach langen Jahren der Vollbeschäftigung erheblich an. Arbeitslosigkeit ergibt sich sozial- und arbeitsmarktstatistisch, wenn arbeitslose Erwerbspersonen (Arbeitslose) einen Arbeitsplatz suchen (und bereit sind, mindestens 19 Stunden wöchentlich zu arbeiten). Entsprechend den Ursachen werden folgende Formen der Arbeitslosigkeit unterschieden: konjunkturelle, saisonale und strukturelle. Die friktionelle Arbeitslosigkeit wird verursacht durch kurzfristige Anpassungsschwierigkeiten von Betrieben oder Branchen oder durch Anpassungsschwierigkeiten der Individuen nach Umzug, Umschulung usw.

Der Stellenwert der Arbeit für Individuum und Sozialstruktur wurde bereits hervorgehoben (vgl. S. 177f.); der Tatbestand von Arbeitslosigkeit erfüllt umgekehrt betrachtet alle „Funktionen", Individuen die Teilnahme an sozialen Prozessen, an sozialer und personaler Akzeptanz und Integration zu erschweren. Das gilt vor allem für die Langzeitarbeitslosen (länger als ein Jahr). Ihr Anteil an der Gesamtzahl der Arbeitslosen ist seit ca. 1980 ständig gestiegen.

Waren es 1980 (in Westdeutschland) 13 % der Erwerbslosen, die ein Jahr und länger Arbeit suchten, so 1984 bereits 29 % und 1988 mehr als ein Drittel. Der wirklich „harte Kern der Arbeitslosigkeit" ist auch der harte Kern der *„neuen Armut"*; dies sind diejenigen, die drei Jahre und länger arbeitslos sind; ihr Anteil an allen Arbeitslosen betrug im Jahr 2000 37 % in den alten und 35 % in den neuen Bundesländern (Geißler 2002: 274). Die Wirkungen längerfristiger Arbeitslosigkeit auf die Lebensplanung, die Psyche, das Familienleben und weitere soziale Bereiche sind so gravierend, dass sie zum Teil zu Ausgrenzungen führen.

Während in der Anfangsphase der Bundesrepublik hohe Arbeitslosenquoten – auch unter Jugendlichen – zu verzeichnen waren, sanken diese Anfang der 1960er Jahre auf den heute unvorstellbar niedrigen Wert von weniger als ein Prozent. Seit Anfang der 1970er Jahre gingen die Zahlen steil in die Höhe: 1975 wurde die Millionenschwelle erreicht; 1982 die Zweimillionenschwelle.

Tabelle 26 Zahl der Arbeitslosen und Arbeitslosenquote 1950–2004

Jahres-durch-schnitt	Arbeitslose		Arbeitslosenquote in %	
	West-Deutschland	Ost-Deutschland	West-Deutschland	Ost-Deutschland
1950	1 868 504		11,0	
1955	1 073 576		5,6	
1960	270 678		1,3	
1965	147 352		0,7	
1967	459 489		2,1	
1969	178 579		0,9	
1975	1 074 217		4,7	
1980	888 900		3,8	
1985	2 304 014		9,3	
1990	1 883 000		7,2	
1994	2 570 000	1 142 090	8,3	16,0
1998	3 075 000	1 548 000	10,0	20,6
Juni 2004	2 668 900	1 564 500	8,1	17,7

Quelle: Bevölkerung und Wirtschaft 1872–1972, S. 148; ab 1974: Amtliche Nachrichten der Bundesanstalt für Arbeit, Jg. 23/1975ff.

Was Anfang der 1970er Jahre vor allem als Konsequenz der Wachstums- und Energiekrise interpretiert wurde, offenbarte sich mehr und mehr als *strukturelle Arbeitslosigkeit*, für die neben den Auswirkungen der „technologischen Revolution" als Gründe zu nennen sind: die Reduktion bzw. Aufgabe ganzer Industriezweige (mit regional sehr unterschiedlichen Quoten), z.B. Schuh- und Bekleidungsindustrie; Bergbau; Stahl- und Werftindustrie. Erscheinen die hohen Arbeitslosenquoten seit Mitte der 1970er Jahre auch als relativ konstant wachsend, so steckt dahinter jedoch eine hohe Mobilität: Das „Heer der Arbeitslosen" unterliegt in seiner Zusammensetzung großen Schwankungen, da die Mehrzahl von ihnen kurzfristig arbeitslos ist.

Lässt man die an sich notwendigen Differenzierungen wie Lebensalter, Dauer der Beschäftigung und Familienstand außer Acht, so gab es bei Arbeitslosigkeit bis zu den sog. „Hartz-Gesetzen" folgende soziale Sicherheit:

• *Arbeitslosengeld* in Höhe von 60–67 % des letzten Netto-Einkommens (für höchstens ein Jahr ununterbrochener, unfreiwilliger Arbeitslosigkeit);

- nach dieser Zeit: *Arbeitslosenhilfe* von höchstens 53–57% des letzten Netto-Einkommens, gestaffelt nach der Bedürftigkeit (z.B. hohe Abzüge bei entsprechenden Verdiensten des Ehepartners).

Von der wachsenden Zahl der längerfristig Arbeitslosen hat ein Großteil keinen Anspruch mehr auf Leistungen aus der Arbeitslosenversicherung, sondern nur noch auf *Sozialhilfe*. Von noch nicht abzusehenden Folgen für die Betroffenen und die ganze Gesellschaft ist die zum 1.1.2005 wirksam werdende Reform („Hartz IV"): die Zusammenlegung von Arbeitslosen- und Sozialhilfe nunmehr in Zuständigkeit der Kommunen.

V. Problemfelder der sozialstaatlichen Sicherung

1. Grundsatzkonflikte. Konstruktionsmängel

Die Entwicklung des Sozialstaats ist von Anfang an durch einige nicht oder nur schwer lösbare Grundsatzkonflikte gekennzeichnet. Dazu rechnen:

- der Konflikt zwischen Rechtsstaat und Sozialstaat; er wird immer wieder beschworen, um den Sozialstaat in „seine" Grenzen zu verweisen;
- der Konflikt zwischen Zentralstaat (auf Bundes- und Landesebene) und Kommune. Dieser Konflikt kommt z.B. darin zum Ausdruck, dass die Kommunen über viele Jahre versuchten, die von ihnen zu zahlende Sozialhilfe durch staatlich geförderte Arbeitsbeschaffungsmaßnahmen zu umgehen;
- der Konflikt zwischen staatlichen und freien Trägern; hier gibt es weniger einen Grundsatzkonflikt als vielmehr Abstimmungsprobleme zwischen unterschiedlichen Institutionen und Verrechnungsstellen;
- der Konflikt zwischen sozialstaatlicher Leistungserweiterung und (zwangsläufig) zunehmender Verrechtlichung und Bürokratisierung.

Im Gegensatz zu den Grundsatzkonflikten sind die hier „Konstruktionsmängel" genannten Probleme behebbar. Hierzu zählen:

- der zu enge Zusammenhang von Erwerbsarbeit und sozialer Sicherheit; damit verbunden:
- die unzureichende soziale Sicherung aller nicht Erwerbstätigen (z.B. der Hausfrauen);
- die großen Leistungsunterschiede zwischen den Systemen der Alterssicherung;
- die unsolidarischen Finanzierungsstrukturen z.B. im Hinblick auf den Tatbestand, dass die einzelnen Sozialgruppen – Arbeiter, Beamte, Selbstständige usw. – sehr unterschiedliche (Eigen-)Beiträge für ihre soziale Sicherheit aufbringen müssen und die Leistungen der Versicherungsträger stark differieren;
- die mangelnde Zusammenarbeit der Sozialversicherungsträger bei gemeinsamen Aufgaben.

Ein weiterer, kaum zu behebender Mangel der staatlichen Sozialpolitik ist darin zu sehen, dass sie nicht schnell und nicht flexibel genug auf den beschleunigten sozialen Wandel reagieren kann, z.b. auf die Veränderungen der Haushalts- und Familienstrukturen und neue Problemlagen.

2. Ungewollte Folgen sozialstaatlicher Maßnahmen

Diskussionen um die Krise und den notwendigen Umbau des Sozialstaats begleiten ihn seit seinem Beginn. Gleichwohl sind grundlegende Reformen und „Kurswechsel" in der 120-jährigen Geschichte des Sozialstaats relativ selten (als ein Beispiel sei die Rentenreform von 1957 genannt).

Nullmeier und Rüb (1993) kamen auf der Basis einer empirischen Analyse der westdeutschen Sozialpolitik in den Jahren 1975–1989 zu der These, dass der Sozialstaat schleichend umgestaltet worden sei. Diese Transformation sei insgesamt so gravierend gewesen, dass sich der Sozialstaat zum *Sicherungsstaat* gewandelt habe. Das Besondere der Entwicklung im genannten Zeitraum habe darin gelegen, dass es offiziell zwar um den Erhalt des Sozialstaats gegangen sei, faktisch aber vor allem eine Sicherung des staatlichen Institutionengefüges intendiert war. Dieser neue „Sicherungsstaat" gehe an jenen gesellschaftlichen Entwicklungen vorbei, „die neue Risiken, neue Unsicherheiten und neue Formen sozialen Elends hervorbringen" (1993: 13).

In Aufnahme von Luhmannschen Thesen über Selbstreferentialität sozialer Systeme konstatieren Nullmeier und Rüb, dass „die sozialstaatlichen Institutionen nur noch auf sich selbst Bezug nehmen". Der so entstandene Sicherungsstaat „ist Sozialstaat ohne den Willen zur sozialen Gestaltung, er ist ein Sozialstaat ohne Umverteilungskonzeption und ohne demokratische Öffnung" (S. 14). Gehe man davon aus, dass die ursprüngliche Intention des Sozialstaats auf die Herstellung sozialer Sicherheit gezielt habe, dann müsse auch in diesem Sinne von einer Transformation gesprochen werden.

Was bei bestimmten sozialstaatlichen Maßnahmen bewusst und gewollt ist und was auf das Konto der „ungewollten Folgen sozialen Handelns" (Norbert Elias) zu verbuchen ist, bleibt in vielen Fällen strittig. Seit einigen Jahren gibt es sehr differenzierte sozialstatistische Materialien (Längsschnittdaten) und Analysen über die Wirkungen des Sozialstaats entgegen seinen eigenen sozialpolitischen Zielsetzungen. So haben z.B. Lutz Leisering und Wolfgang Voges (1992) durch Längsschnittuntersuchungen von „Sozialhilfekarrieren" nachgewiesen, dass „der Wohlfahrtsstaat seine eigene Klientele" erzeugt und Armutsprozesse in Gang bringt.

Anita B. Pfaff hat gezeigt, dass der Sozialstaat Frauen bzw. bestimmte Gruppen von Frauen in stärkerem Maße als Männer der Gefahr der Armut aussetzt. Da nach wie vor davon auszugehen ist, dass die Vermeidung von Armut „letztlich von den Möglichkeiten abhängt, am Erwerbsleben teilzunehmen (…) und damit auch Ansprüche auf Alterssicherung aufzubauen" (Pfaff 1992: 436), Frauen aber in Krisenzeiten überproportional arbeitslos werden und ohnehin eine viel geringere Erwerbsquote haben als Männer, sind sie in einer ungünstigeren Ausgangsposition.

Die Hauptgruppen armutsgefährdeter Frauen sind allein erziehende Mütter, arbeitslose Frauen, die Frauen arbeitsloser Männer mit Kindern und alte Frauen (Witwen) ohne eigene Versichertenrente (Pfaff 1992: 425). Hinzu kommt, dass bei Frauen aller Altersgruppen Einkommensarmut viel häufiger auftritt als bei Männern. Die Entwicklung der Beschäftigungssysteme und der Sozialversicherungsleistungen lässt bei der gegebenen hohen Arbeitslosenquote nicht erwarten, dass es bei der Feminisierung von Armut eine Trendwende gibt.

3. Selbsthilfe und soziale Netzwerke statt Solidarität?

Aus heutiger Sicht muss die skizzierte Umorientierung der Sozialpolitik nach 1948/49 auch als Beginn des Wandels von Solidarität gesehen werden. *Solidarität* ist eine der großen Schlüsselvokabeln der Umbruchsituation von traditionalen zu modernen Gesellschaften und ein Modus der Selbstbehauptung der wachsenden Arbeiterschaft gegenüber der kapitalistisch-industriellen Arbeitswelt. Solidarität heißt in diesem Zusammenhang: sich mit anderen in gleicher Klassen- oder Soziallage emphatisch, ggf. kampf- und streikbereit, verbunden zu fühlen. In dieser Konzeptionalisierung steht der Begriff am Beginn der modernen Arbeiterbewegungen, der Arbeiterparteien und Gewerkschaften.

Neben dieser kollektivitätsbezogenen Perspektive gibt es eine mehr gemeinschaftliche, die die Klassengrenzen überspringt und Solidarität aus allgemein humanen, ethischen Gründen einfordert, wie das der aus den USA re-importierte, letztlich im sozialpolitischen Denken im Deutschland des 19. Jh.s bereits voll entwickelte *Kommunitarismus* im Hinblick auf einzelne Gesellschaften und ihr Gemeinwohl einfordert.

Im Zuge der Studentenbewegung und ihrer Beschwörung von Solidaritäten – der Arbeiterschaft mit den Studenten usw. – erreichte der Begriff eine neue Popularität; der bekannte Sozialpsychologe Horst Eberhard Richter forderte in dieser Situation die Einführung eines „Lernziel(s) Solidarität" (1979).

Die gegenwärtige gesellschaftliche Entwicklung verstärkt – im Hinblick auf Solidarität in ihrer kollektivistisch-gruppenspezifischen Perspektive – Trends, die schon Gerhard Weisser u.a. richtig gesehen haben: An einer individuell orientierten Basierung der Sozialpolitik führt in Zeiten zunehmender Selbstbestimmung der Lebenslagen kein Weg vorbei. Aus dieser Sicht müssen Konzepte wie „Bürgerversicherung", die alle in das „gemeinsame Boot" holen wollen, als rückschrittlich angesehen werden. Solidaritäten lassen sich immer weniger erzwingen oder ideologisch fundieren. Das zeigt sich auch bei Entwicklungen der Krankenversicherung: Es fällt immer schwieriger, mit bestimmten Klientel solidarisch zu sein. Damit ist der Solidaritätsbegriff nicht abgeschafft, sondern zeigt entsprechende zeittypische Wandlungen (vgl. hierzu Frankenberg 1997; Kaufmann 2002).

Vielleicht ist auf den Wandel von Solidarität zurückzuführen, dass das Prinzip der *Subsidiarität* eine neue Dimension bekam: gruppenspezifische Formen der Selbstorganisation und Selbsthilfe wurden immer wichtiger (vgl. Bernart 1999). Diese Formen negieren zum Teil die etablierte institutionelle und professionelle Struktur; sie werden aber seit einigen Jahren politisch gefördert.

Die Selbsthilfe ist einer jener Bereiche, wo „linke Systemkritik" und „rechte Gemeinschaftsideologie" sich leicht zu einem zustimmenden Scheinkonsens zusammenfinden. Das zeigen auch die sehr unterschiedlichen Gründe und Standpunkte, aus denen heraus Selbsthilfe geleistet oder gefordert wird:

*   zur Stützung des Subsidiaritätsprinzips;
*   aus Gründen alternativer Lebensweise;
*   um staatliche Kassen zu entlasten und die Leistungsbereitschaft neu zu entfachen;
*   aus Gründen nachbarschaftlicher, kommunaler und letztlich sozialer Integration;
*   aus neu zu belebender genossenschaftlicher Solidarität;
*   aus Gründen des sozialen Engagements und der Selbstfindung.

Zu differenzieren wäre weiterhin nach den Bereichen der sozialen Sicherheit, der Gesundheits- und Wohlfahrtspflege, der karitativen Hilfe usw., für die Selbsthilfe eine unabdingbare Ergänzung zu gesetzlich und bürokratisch strukturierten Einrichtungen und Maßnahmen ist. Denn selbstverständlich geschieht der größte Teil an sozialer Hilfe, an Gesundheits- und Altenpflege usw. weiterhin in Familie und Verwandtschaft, z.T. in den neuen sozialen Gruppen (z.B. Wohngemeinschaften der jungen Generation und der „jungen Alten"). Daran wird sich auch künftig kaum etwas ändern. *Soziale Netzwerke*, die verschiedene Formen der Selbsthilfe zusammenfassen, sind gleichwohl ein adäquates Element, auf geänderte Familien-, Verwandtschafts-, Arbeits- und Siedlungsstrukturen sensibel zu reagieren. Martin Diewald (1991) kam bereits Anfang der 1990er Jahre in seiner Untersuchung über „Soziale Unterstützung in informellen Netzwerken" zu dem Ergebnis, dass sehr flexibel auf neue Problemlagen reagiert wird. Sein Resümee macht deutlich, dass von einer zunehmenden Vereinsamung pauschal nicht gesprochen werden kann und dass die traditionalen, konventionellen Lebensformen trotz aller Individualisierungsprozesse einen viel größeren Stellenwert einnehmen als angenommen.

Literatur

Alber, Jens, 1982, Vom Armenhaus zum Wohlfahrtsstaat. Analysen zur Entwicklung der Sozialversicherung in Westeuropa, Frankfurt

Alber, Jens, 1989, Der Sozialstaat in der Bundesrepublik 1950–1983, Frankfurt

Bäcker, Gerhard, Reinhard Bispinck, Klaus Hofemann, Gerhard Naegele, 2000, Sozialpolitik und soziale Lage in der Bundesrepublik Deutschland, 2 Bde., 3., grundl. überarb. und erw. Aufl., Köln

Baier, Horst, 1997, Gesundheit als Lebensqualität. Folgen für Staat, Markt, Medizin, Osnabrück

Benda, Ernst, 1983, Der soziale Rechtsstaat, in: *E. Benda* et al., Hg., Handbuch des Verfassungsrechts der Bundesrepublik Deutschland, Berlin/New York, S. 477–554

Bernart, Yvonne, 1999, Selbsthilfegruppen als Paradigma des Vergesellschaftungsprozesses, in: *B. Schäfers*, Hg., Einführung in die Gruppensoziologie, 3. Aufl. Wiesbaden, S. 287–310

Esping-Andersen, Gøsta, 1990, The three worlds of welfare capitalism, Cambridge

Fischer, Wolfram, 1982, Armut in der Geschichte. Erscheinungsformen und Lösungsversuche der „Sozialen Frage" in Europa seit dem Mittelalter, Göttingen (Kleine Vandenhoeck-Reihe 1476)

Frankenberg, Günter, 1997, Die Verfassung der Republik. Autorität und Solidarität in der Zivilgesellschaft, Frankfurt/M.

Geissler, Heiner, 1975, Neue Soziale Frage. Zahlen, Daten, Fakten, Sozialministerium des Landes Rheinland-Pfalz, November 1975 (als Buch: Freiburg 1976)

Geißler, Rainer, 2002, Die Sozialstruktur Deutschlands, 3. überarb. Aufl., Wiesbaden

Gladen, Albin, 1974, Geschichte der Sozialpolitik in Deutschland. Eine Analyse ihrer Bedingungen, Formen, Zielsetzungen und Auswirkungen, Wiesbaden

Hanesch, Walter et al., 2000, Armut und Ungleichheit in Deutschland, Reinbek

Hartwich, Hans-Hermann, 1978, Sozialstaatspostulat und gesellschaftlicher status quo, 3. Aufl., Opladen (1. Aufl. Köln und Opladen 1970)

Hengsbach, Friedhelm, 2003, Solidarität im Sturzflug? Eine sozialethische Reflexion, WSI Mitteilungen, H. 8, S. 471–477

Kaufmann, Franz-Xaver, 1973, Sicherheit als soziologisches und sozialpolitisches Problem. Untersuchungen zu einer Wertidee hochdifferenzierter Gesellschaften, 2., umgearbeitete Aufl., Stuttgart (1970)

Kaufmann, Franz-Xaver, 2002, Sozialpolitik zwischen Gemeinwohl und Solidarität, in: *H. Münkler/K. Fischer*, Hg., Gemeinwohl und Gemeinsinn. Rhetoriken und Perspektiven sozial-moralischer Orientierung, Berlin, S. 19-54

Kaufmann, Franz-Xaver, 2003, Varianten des Wohlfahrtsstaats. Der deutsche Sozialstaat im internationalen Vergleich, Frankfurt/M.

Klages, Helmut, 2001, Werte und Wertewandel, in: *B. Schäfers/W. Zapf*, Hg., Handwörterbuch zur Gesellschaft Deutschlands, 2. erw. Aufl., Opladen, S. 726–738

Landua, Detlef, 1993, Art. „Lebensbedingungen", in: Handbuch zur deutschen Einheit, Bonn (Bundeszentrale für pol. Bildung), S. 435–447

Leibfried, Stephan, Wolfgang Voges, Hg., 1992, Armut im modernen Wohlfahrtsstaat, SH 32/ 1992 der KZfSS, Opladen

Leisering, Luth, Wolfgang Voges, 1992, Erzeugt der Wohlfahrtsstaat seine eigene Klientel? in: *St. Leibfried/W. Voges*, Hg., a.a.O., S. 446–472

Meulemann, Heiner, 1996, Werte und Wertewandel. Zur Identität einer geteilten und wieder vereinten Nation, Weinheim und München

Meusch, Andreas, 1993, Art. „Soziale Sicherheit", in: Handbuch zur deutschen Einheit, Hg. *W. Weidenfeld/K.-R. Korte*, Bonn (Bundeszentrale für pol. Bildung), S. 575–581

von Nell-Breuning, Oswald, 1984, Solidarität und Subsidiarität, in: Der Sozialstaat in der Krise?, hg. vom Deutschen Caritasverband, Freiburg, S. 88–96

Neumann, Lothar F., Klaus Schaper, 1998, Die Sozialordnung der Bundesrepublik Deutschland, 4. überarb. u. aktualis. Aufl., Frankfurt/M.

Nullmeier, Frank, Friedberg W. Rüb, 1993, Die Transformation der Sozialpolitik. Vom Sozialstaat zum Sicherungsstaat, Frankfurt/New York

Opielka, Michael, Ilona Ostner, Hg., 1987, Umbau des Sozialstaats, Essen

Pankoke, Eckart, 1970, Sociale Bewegung – sociale Frage – sociale Politik, Stuttgart

Pankoke, Eckart, 1983, Geschichtliche Grundlagen und gesellschaftliche Entwicklung moderner Sozialpolitik, in: *B. Schäfers*, Hg., a.a.O., S. 23–40

Pfaff, Anita, Feminisierung der Armut durch den Sozialstaat? in: *St. Leibfried/W.Voges,* Hg., a.a.O., S. 421–445

Preller, Ludwig, 1978, Sozialpolitik in der Weimarer Republik, Frankfurt (zuerst 1949)

Rawls, John, 2001, Eine Theorie der Gerechtigkeit, Frankfurt/M. (Orig. amerik. 1971; dt. 1975)

Schäfers, Bernhard, Hg., 1983, Sozialpolitik in der Bundesrepublik, SH 4 der Zeitschrift GEGENWARTSKUNDE, Opladen

Schmidt, Manfred G., 1998, Sozialpolitik in Deutschland. Historische Entwicklung und internationaler Vergleich, 2. vollst. überarb. und erw. Aufl., Opladen

Schreiber, Wilfrid, 1971, Existenzsicherheit in der industriellen Gesellschaft, in: *B. Külp/ders.* Hg., Soziale Sicherheit, Köln/Berlin, S. 276–309 (zuerst 1957)

Spieker, Manfred, 1986, Legitimitätsprobleme des Sozialstaats. Konkurrierende Sozialstaatskonzeptionen in der Bundesrepublik, Bern/Stuttgart

Tennstedt, Florian, 1981, Sozialgeschichte der Sozialpolitik in Deutschland, Göttingen (Kleine Vandenhoeck-Reihe 1472)

Teuteberg, Hans Jürgen, 1961, Geschichte der industriellen Mitbestimmung in Deutschland. Ursprung und Entwicklung ihrer Vorläufer im Denken und in der Wirklichkeit des 19. Jahrhunderts, Tübingen

de Tocqueville, Alexis, 1962, Über die Demokratie in Amerika, Bd. 2, Stuttgart (Bd. 1 1959; Orig. frz. 1835/40)

Vortmann, Heinz, 1989, Die soziale Sicherheit in der DDR, in: Deutschland-Handbuch, Hg. *W. Weidenfeld/H. Zimmermann,* Bonn (Bd. 275 Bundeszentrale für pol. Bildung), S. 326–345

Weisser, Gerhard, 1978, Beiträge zur Gesellschaftspolitik, Göttingen

Kapitel 12
Soziale Ungleichheit.
Wandel der Klassen- und Schichtungsstruktur

I. Soziale Differenzierung und soziale Ungleichheit

Da der Begriff soziale Ungleichheit stark wertbehaftet ist, wurde vorgeschlagen, ihn als sozialwissenschaftlichen (soziologischen, politologischen, ökonomischen) Grundbegriff fallen zu lassen und vom Begriff *soziale Differenzierung* (Luhmann 1985) auszugehen. Dies ist in der Sache richtig, weil auch jene Formen der sozialen Differenzierung, die von den Gesellschaftsmitgliedern als soziale Ungleichheit bewertet werden, unter diesen neutraleren Grundbegriff subsumierbar sind.

Soziale Ungleichheit bezeichnet in diesem Sinne jenen Zustand der sozialen Differenzierung, in dem die ungleiche Verteilung von Ressourcen und sozialen Positionen ein gesellschaftliches Problem darstellt. Mit den als ungleich bewerteten sozialen Positionen – z.B. in der Arbeitswelt – sind unterschiedliche Möglichkeiten der Ausübung von Macht und Herrschaft, der Nutzung und der Aneignung von Ressourcen gegeben. Die unterschiedliche Ausprägung und Institutionalisierung sozialer Ungleichheit in den einzelnen Gesellschaften, z.B. standes-, klassen-, kasten- und schichtungsmäßig, ist das grundlegende Merkmal ihrer Struktur.

Die Feststellung und Problematisierung sozialer Ungleichheit sagt zunächst nichts aus über den Grad der Akzeptanz in bestimmten Sozialgruppen bzw. Gesellschaften. Denkbar sind die folgenden drei Modelle und Einstellungen:

- Soziale Ungleichheit wird als naturgegeben (wie z.B. bei Aristoteles, aber auch bei den Sozialdarwinisten) oder als gottgewollt angesehen; ihre Feststellung führt zu keinen Veränderungen.
- Soziale Ungleichheit wird als Form der sozialen Differenzierung erkannt und allgemein akzeptiert, solange sie nicht personell, ständisch oder klassenspezifisch „festgeschrieben" ist und bestimmte gesellschaftsspezifische Toleranzgrenzen nicht überschreitet. Sie wird z.B. durch Chancengleichheit, soziale Mobilität und die Wirkungen des Sozialstaates „aufgebrochen" bzw. kompensiert.
- Soziale Ungleichheit wird als ein völlig unakzeptabler gesellschaftlicher Zustand – z.B. der Ausbeutung und Unterdrückung – angesehen und kann nach Auffassung von bestimmten Personen oder Gruppen nur durch eine revolutionäre Veränderung der gesellschaftlichen Basisstrukturen aufgehoben werden.

Es ist offenkundig, dass die Bundesrepublik dem zweiten „Modell" zuzurechnen ist. Das Grundgesetz und die Programmatik der großen Parteien und Verbände sehen zwar vor, alle Formen rechtlicher Ungleichheit zu beseitigen, nicht aber die aufweisbare soziale Ungleichheit in allen ihren Erscheinungsformen, also die Ungleichverteilung von Eigentum, Einkommen, Einfluss, Prestige usw. Sie werden in jenem schwer bestimmbaren und politisch immer neu auszuhandelnden „Gleichgewicht" gehalten, in dem sie sowohl als Chance für den eigenen sozialen Aufstieg und das individuelle Leistungsvermögen wie als kompensierbar durch den Sozialstaat angesehen werden können.

II. Die sozialgeschichtliche und soziologiegeschichtliche Bedeutung der Frage nach der sozialen Ungleichheit

Die Frage nach den Ursachen der Ungleichheit wurde zugespitzt, als in der *Aufklärung* und im Zusammenhang der revolutionären Bewegungen des 18. und 19. Jh.s die Frage nach Gleichheit und Freiheit der Menschen sowie deren politische und sozio-ökonomische Grundlagen in den Mittelpunkt rückte. Jean-Jacques Rousseau versuchte eine erste „moderne" Antwort auf die Streitfrage der Akademie von Dijon (Burgund; 1754): „Was ist der Ursprung der Ungleichheit unter den Menschen?" Eine der zentralen Stellen lautet: „In der menschlichen Gesellschaft sind zwei verschiedene Formen der Ungleichheit auszumachen: eine, die ich natürlich oder physisch nenne, weil sie durch die Natur vorgezeichnet ist, und die im Unterschied des Alters, der Gesundheit, der körperlichen Kräfte und der Qualitäten des Geistes und der Seele besteht; – die andere kann man moralische oder politische Ungleichheit nennen, weil sie abhängt von einer Art Konvention und begründet wird, zumindest ‚autorisiert' wird, durch die Zustimmung der Menschen".

In diesen wenigen Sätzen liegen alle nur denkbaren Antworten, die soziale Differenzierung zu erklären bzw. zu legitimieren, einschließlich der wissenschaftlich wie (bildungs-)politisch immer erneut genutzten Möglichkeiten, die Faktoren „Anlage" und „Umwelt" in ihrem Einfluss auf die Entwicklung eines Individuums, seiner Intelligenz, Leistungsmotivation etc., und seinen späteren sozialen Status zu untersuchen.

Ralf Dahrendorf sah in der Frage der Akademie von Dijon „historisch die erste Frage der soziologischen Wissenschaft" (1960). Die moralische und rechtliche Gleichheit aller Menschen war das revolutionäre Prinzip, das die *Aufklärung* dem *ancien régime*, der Gesellschaft der Stände, der Privilegien und der von Gott gewollten Ordnungen, entgegenhielt. Der Abbau dieser Privilegien, die Zerschlagung der Stände, Zünfte, Korporationen etc., war das Ziel der Französischen Revolution von 1789ff. Gleiche unter Gleichen sollten die Gesellschaft bilden und gleich unmittelbar sein zum Staat, der demokratisch legitimierten Ordnungsmacht.

Erst seither lässt sich in einem strengen Sinne von sozialer Ungleichheit sprechen, weil durch die Freiheits- und Emanzipationsbewegungen und die realen Freisetzungen aus ständisch-kirchlichen Ordnungen und Bevormundungen die genannten sozialen Faktoren der sozialen Differenzierung und Ungleichheit voll wirksam und von immer mehr Menschen als nicht hinnehmbar angesehen wurden. Das Soziale selbst wurde zum Thema und Gegenstand von Veränderung. Hinzu kam ein Bewusstsein von sozialer Gleichheit und Gerechtigkeit, das den jeweils erreichten Zustand zum Ausgangspunkt für weitere Forderungen machte und macht.

Die Startchancen der prinzipiell Gleichen waren sehr unterschiedlich. In dem Maße, wie die politische und die Industrielle Revolution die Privilegien und Hemmnisse der wirtschaftlichen Expansion beseitigten, wurden andere als ständische Kriterien ausschlaggebend für die soziale Differenzierung der Menschen: Eigentum, v.a. der Besitz an Produktionsmitteln, Bildung/Ausbildung und das verfügbare Investitions- und Konsumeinkommen. Wie noch zu zeigen ist, sind auch in der Gegenwartsgesellschaft diese drei Faktoren entscheidend für den sozialen Rang, der dem Einzelnen im Gesellschaftsgefüge zukommt.

Mit der jeweils vorherrschenden gesellschaftsprägenden Form der sozialen Ungleichheit und vertikalen Gliederung einer Bevölkerung sind zugleich wichtige Einschnitte der gesellschaftlichen Entwicklung bezeichnet. Die für die deutsche (Sozial-)Geschichte wichtigsten Einteilungen ihrer vertikalen sozialen Gliederung seien kurz angeführt (vgl. den Überblick bei Hradil 2001, 2002; Thieme 2002):

- *Ständegesellschaft*: hierarchische Gliederung der Gesellschaft in deutlich voneinander unterscheidbare Stände (nach Lebensgewohnheiten, Kleidung, Privilegien und Freiheitsrechten), die in Mitteleuropa auf der Basis religiöser Wertvorstellungen legitimiert wurden; Zugehörigkeit durch Geburt.

- *Klassengesellschaft*: über die Position eines Individuums, einer Familie, einer sozialen Gruppe in der Sozialstruktur und vertikalen Gliederung einer Gesellschaft entscheiden Besitz und Verfügung über gesellschaftlich relevantes Produktionseigentum, das in der bürgerlich-kapitalistischen Gesellschaft in der Form „disponiblen Kapitals" eine eigene Dynamik entfaltete.

- *Schichtungsgesellschaft*: Differenzierung und Hierarchisierung von Personen und Personengruppen nach mehreren sozialen Merkmalen: Beruf, Einkommen, Bildung, Vermögen etc. Diese Merkmale (Indikatoren) werden von den Gesellschaftsmitgliedern bewertet, mit sozialem *Prestige* (sozialer Wertschätzung) versehen und bilden die Grundlage der Einstufung in eine „gesellschaftliche Rangskala" oder *Schichtungspyramide*. Hierbei werden die Individuen, die in der zusammenfassenden Bewertung ihrer sozialen Positionen und damit in ihrem *sozialen Status* als etwa „gleichrangig" angesehen werden, in eine bestimmte Schicht eingeordnet. In der *Schichtungstheorie* wird der Klassenantagonismus als überwunden angesehen. Vorherrschend ist die Auffassung von der Leistungsgesellschaft und der damit verbundenen Möglichkeit, durch eigene Leistung den sozialen Rang mit zu bestimmen.

III. Der Streit um Klassen- und Schichtungsstruktur

1. Die nivellierte Mittelstands- und die Schichtungsgesellschaft

Helmut Schelsky entwickelte die These von der *„nivellierten Mittelstandsgesellschaft"* zuerst 1953, als Ergebnis seiner Untersuchungen über die „Wandlungen der deutschen Familie in der Gegenwart". Seine Aussagen lassen sich wie folgt zusammenfassen (1965: 332ff.):

- In der deutschen Gesellschaft seien seit Ende des Ersten Weltkrieges „umfangreiche soziale Aufstiegs- und Abstiegsprozesse vor sich gegangen". Die „breite Aufstiegsmobilität der industriellen Gesellschaft" werde im Wesentlichen gebildet durch den „kollektiven Aufstieg der Industriearbeiterschaft" und den „mehr graduell, im ganzen aber ebenfalls schichtbildend vor sich gehenden Aufstieg der technischen und Verwaltungs-Angestellten in den neuen Mittelstand". Diese Aufstiegsprozesse würden gekreuzt von „breiten sozialen Abstiegs- und Deklassierungsprozessen", die ebenfalls im Ersten Weltkrieg begannen, sich nach 1945 verstärkten und vor allem das ehemalige „Besitz- und Bildungsbürgertum" betroffen haben;
- der Nivellierung „des realen wirtschaftlichen und politischen Status" folgte eine Vereinheitlichung der sozialen und kulturellen Verhaltensformen in einem „kleinbürgerlich-mittelständischen Lebenszuschnitt";
- dieser verhältnismäßig einheitliche Lebensstil der „nivellierten Mittelstandsgesellschaft" würde keineswegs mehr „von der Substanz einer sozial irgendwie hierarchisch gegliederten Gesellschaftsverfassung geprägt", sondern zeige sich in einheitlicher Teilnahme „an den materiellen und geistigen Gütern des Zivilisationskomforts".

Schelsky konnte sich mit seinen Thesen auf vergleichbare Aussagen von Theodor Geiger stützen, dessen Buchtitel von 1949, „Die Klassengesellschaft im Schmelztiegel", ebenfalls zum Schlagwort wurde. Geigers Kernthese lautete, dass entgegen der marxistischen Annahme die gesellschaftliche Differenzierung nicht einheitlicher und damit „klassenspezifischer" werde, sondern heterogener und komplexer. Schelskys populärer Begriff von der nivellierten Mittelstandsgesellschaft trug dazu bei, in der Formierungsphase der Bundesrepublik das Bewusstsein von der eigenen Gesellschaft als modern und als nicht klassengespalten zu festigen.

Die Auffassung von der *Klassenspaltung* war in Deutschland ohnehin nie recht populär: In der Weimarer Republik verband sie sich mit der 1919 vom linken Flügel der SPD abgespaltenen KPD. Im Dritten Reich wurden Klassentheorie und Kommunismus (incl. Bolschewismus) zu Hauptangriffspunkten der nationalsozialistischen Ideologie. Ihnen wurde die klassenfreie *Volksgenossenschaft* entgegengesetzt.

Geigers „Die Klassengesellschaft im Schmelztiegel" war ein erster Ansatzpunkt, die sich entwickelnde Gesellschaft der Bundesrepublik neu zu interpretieren und die Theorien des Strukturfunktionalismus zu integrieren. Ansatzpunkte gab es auch in der Wiederanknüpfung an Theoreme, die seit der Jahrhundertwende entwickelt waren und die davon ausgingen, dass sich im wachsenden *Mittelstand* und der sich rasch vergrößernden *Angestelltenschaft* die entscheidenden neuen Sozialschichten zeigten, die die von Marx und Engels prognostizierte Klassenspaltung zu unterlaufen. Im Deutschen Reich betrug 1882 der Anteil der Angestellten an allen Erwerbstätigen 4,7 %; bereits 1907 hatte sich der Anteil mit 10,7 % mehr als verdoppelt (Geißler 2002: 35).

Die Auffassung, sowohl in der Sozialwissenschaft wie in der Bevölkerung, dass eine differenzierte Schichtungsstruktur zu den Merkmalen moderner demokratischer Industriegesellschaften gehöre, setzte sich seit dem Ende des Zweiten Weltkrieges in der westlichen Welt mehr und mehr durch.

Das Paradigma von einer differenzierten sozialen Schichtung (eng./amerik. *social statification*) der westdeutschen Gesellschaft war deshalb so erfolgreich, weil es sich mit ihrem Selbstbild erhöhter vertikaler Mobilität, Chancengleichheit und Eigeninitiative der Individuen verband. Neben einem Aufsatz von Talcott Parsons über den theoretischen Ansatz der Stratifikationstheorie (1940) war es vor allem ein Beitrag von Kingsley Davis und Wilbert E. Moore aus dem Jahre 1945 über „Some Principles of Stratification", der später auch in Deutschland eine nachhaltige Wirkung auslöste. Die soziale Differenzierung als soziale Schichtung erfuhr als durchaus wahrgenommene soziale Ungleichheit dadurch ihre „Legitimation", dass die Unterschiede zugleich als Anreiz für einen Aufstieg in höhere soziale Positionen und Prestigezuschreibungen und als wichtig für die gesellschaftliche Integration gesehen und akzeptiert wurden. Darauf ist bei den Anmerkungen zur Nivellierung sozialer Ungleichheit in der DDR und zur Elitediskussion zurück zu kommen. Keine Gesellschaft, so der Tenor der Schichtungstheoretiker, könne auf Anreize für den sozialen Aufstieg verzichten.

Unter einer *sozialen Schicht* verstehen wir gesellschaftliche Großgruppen, die auf Grund gemeinsamer sozialer Merkmale – wie Bildung und Ausbildung, Beruf und Einkommen, Vermögen und Sozialprestige – zusammengefasst werden. Üblich ist eine Dreigliederung der Schichtungspyramide in Ober-, Mittel- und Unterschicht, die nach oben hin durch den Begriff Führungseliten und nach unten durch den der sozialen Randgruppen ergänzt wird (vgl. w.u.).

Ein typisches Beispiel für die Konstruktion sozialer Schichten und einer entsprechenden Schichtungspyramide durch interpretierende Forscher ist der sog. *Scheuch-Index* (auch Kölner Index genannt), den Erwin K. Scheuch (1928–2003), unter Mitarbeit von Hansjürgen Daheim, entwickelt hat (1961). Die mit Hilfe eines multiplen Indexes, der die Berufszugehörigkeit, die wirtschaftliche Lage und das kulturelle Niveau relativ differenziert berücksichtigt, aufgestellte Schichtungspyramide kann jedoch nicht beanspruchen, klar gegeneinander abgegrenzte Schichtunterschiede in der Bevölkerung widerzuspiegeln. Da Scheuch die soziale Selbsteinschätzung der Befragten in die Bewertungsskala einbezieht, ist seine Pyramide kein bloßes Konstrukt, sondern hat auch mit sozialer Wahrnehmung und wechselseitiger Prestige-Zuerkennung im komplexen Interaktionsprozess zu tun.

Die Untersuchungen zur sozialen Schichtung, die unter dem Einfluss der amerikanischen Schichtungsforschung „die Sozialstrukturanalyse in der Bundesrepublik in den 1950er und in der ersten Hälfte der 1960er Jahre dominierten" (Geißler 1994: 11f.), berücksichtigten sehr stark prestigeorientierte Verhaltensweisen und Interaktionsmuster „wie Heiratskreise, Freundschaften, Bekanntschaften (...) sowie Faktoren, von denen das Sozialprestige abhängt" (Geißler). Sie waren seit Ende der 1960er Jahre v.a. der neomarxistischen Kritik ausgesetzt.

2. Disparität der Lebensbereiche. Neo-marxistische Ansätze

Die These von der gesellschaftlichen Ungleichheit als *Disparität der Lebensbereiche* stellte eine wichtige Ergänzung traditionaler marxistischer Ansätze dar (J. Bergmann, G. Brandt et al. 1969). Der Ansatz basierte auf der Kennzeichnung derjenigen Strukturmerkmale, die sich in den „spätkapitalistischen Gesellschaften" nach dem Zweiten Weltkrieg herausgebildet haben und von der marxistischen Theorie entweder überhaupt nicht oder falsch interpretiert wurden.

Es wurde versucht zu zeigen, dass die vertikale Gliederung der Bevölkerung zu kurz greift, weil die in ihr verwendeten Maßstäbe „sämtlich in der ökonomischen Sphäre des Warenaustausches bzw. in der privaten von Familie und Sozialisation" angesiedelt seien und so die regionalspezifischen (horizontalen) Differenzierungen nicht erfasst würden.

Die Kritik wies darauf hin, dass die Lebens- und Arbeitsbedingungen in den „depressed areas" (den „unterentwickelten" Gebieten und Wohngegenden) ja gerade die einkommensschwachen Gruppen treffen, dass also die *„neuen Pauper"*, die von der Disparität der Lebensbereiche besonders betroffen sind, mit den alten, einkommensschwachen Paupern weitgehend identisch sind. Die Bedeutung des Disparitätenansatzes lag aber neben den genannten Punkten auch darin, die Ausstattung mit Infrastruktur und damit die Grundlage für eine dem gesellschaftlichen Entwicklungsstand angemessene Lebensqualität in den Vordergrund zu rücken.

Der Ansatz von der Disparität der Lebensbereiche wurde auf dem 16. Deutschen Soziologentag im April 1968 in Frankfurt/M. vorgetragen, also auf dem Höhepunkt der *Studentenbewegung* und der theoretischen und gesellschaftspolitischen Auseinandersetzungen um Klassenstruktur und Neo-Imperialismus (letzteres v.a. wegen der Unterstützung der USA im Vietnamkrieg durch die Bundesregierung).

Die Studentenbewegung und die Auseinandersetzungen um Sozialismus und Kommunismus, aber auch um einen *Dritten Weg* einer humanen Gesellschaftsplanung (vgl. Schäfers 1973) führten zur Reformulierung marxistischer Ansätze. Die theoretisch wie empirisch wichtigste Arbeit in diesem Kontext war: Projekt Klassenanalyse. Materialien zur Klassenstruktur der BRD, 1973f. (zu den verschiedenen Reformulierungen dieses Ansatzes vgl. z.B. Strasser/Goldthorpe 1985; Haller 1986).

IV. Neuere Ansätze

1. Jenseits von Stand, Klasse und Schicht

Unter dem programmatischen Titel „Jenseits von Klasse und Schicht" veröffentlichte Ulrich Beck 1983 einen Aufsatz, der zusammen mit den Arbeiten von Stefan Hradil (1987; vgl. w.u.) u.a. aus den Diskussionen um die Konstruktion von Klassenmodellen und Schichtungspyramiden herausführte.

Beck stellte die Wirkungen gesellschaftlicher Individualisierungsprozesse in den Mittelpunkt seiner Überlegungen. *Individualisierung* wird als ein „historisch spezifischer, widersprüchlicher Prozess der Vergesellschaftung" aufgefasst, als eine „kollektiv individualisierte Existenzweise" (Beck 1983: 42).

Die wichtigsten Argumente von Beck lassen sich wie folgt zusammenfassen:

* Der Tatbestand, dass in der Geschichte der Bundesrepublik die Verteilungsrelationen sozialer Ungleichheit relativ gleich geblieben sind, sich gleichzeitig aber die Lebensbedingungen der Menschen drastisch verändert haben, hat zur Auflösung subkultureller Klassenidentitäten geführt. Dadurch hat sich der Bezugshorizont der Menschen auf ihre soziale Lage verändert;
* verschiedene soziale Prozesse und neue Sozialstrukturen haben die Menschen mehr und mehr zu einer Individualisierung von Lebenslagen und Lebenswegen gebracht: die gestiegene soziale und geographische Mobilität, die sozialstaatlichen Sicherungs- und Steuerungssysteme, die Entwicklung neuer Bekanntschaften und Nachbarschaften durch neue urbane Großstadtsiedlungen, die Arbeitsmarktdynamik, die sinkende Erwerbsarbeitszeit usw.;
* diese Prozesse und Strukturen führen zu immer neuen Individualisierungsschüben, verbunden mit der Herausbildung bzw. Verstärkung gemeindlicher und regionaler Milieus und Aktivitäten und vom Arbeitsprozess sich mehr und mehr ablösenden Solidaritäten.

Popularität erreichte dieser Ansatz im erstmals 1986 veröffentlichten soziologischen Bestseller über die *Risikogesellschaft*; hier stehen die Ausführungen im Zusammenhang des Zweiten Teils: „Individualisierung sozialer Ungleichheit – Zur Enttraditionalisierung der industriegesellschaftlichen Lebensformen".

2. Soziale Lagen und Milieus

Der folgende Ansatz schließt sich inhaltlich und zeitlich an den vorangehenden (und den Disparitätenansatz) an: die Reduktion der ungleichen Lebensbedingungen der Individuen auf *soziale Lagen* und *Milieus*, die Stefan Hradil in seiner „Sozialstrukturanalyse in einer fortgeschrittenen Gesellschaft" (1987) vorgenommen hat. Das Buch hat den bezeichnenden Untertitel: „Von Klassen und Schichten zu Lagen und Milieus". Auch hier ist nachzufragen, auf welcher Ebene dieser programmatisch unterstellte Übergang stattfindet: der tatsächlichen Überwindung der Klassenstruktur und einer dann nicht mehr als kapitalistisch zu bezeichnenden Gesellschaft; auf der Ebene des fortgeschrittenen Bewusstseins der Bürger der Bundesrepublik oder auf einer rein analytischen Ebene, die von bestimmten Hypothesen und Indikatoren der Sozialstrukturanalyse ausgeht.

Zunächst ist hervorzuheben, dass Hradil zwei ältere Begriffe der soziologischen Analyse neu belebt: den der *sozialen Lage* (der durch Theodor Geiger 1932 seinen festen Platz in Sozialstrukturanalysen bekam), und den des *sozialen Milieus*, der seinen Ursprung im 19. Jh. hat, sozialwissenschaftlich v.a. bei Auguste Comte.

Hradil ging davon aus, dass sich zwar gewisse „‚Klasseneinflüsse‘, aber kaum noch individuell erfahrbare ‚Klassenlagen‘ nachweisen" lassen. Die in Anlehnung an Jürgen Habermas als „unübersichtlich" bezeichnete Herausbildung neuer Formen sozialer Ungleichheit könnten auch durch das Schichtmodell nicht mehr angemessen erfasst werden, weil es eine Vielzahl neuer Konstitutionsprozesse und Zuweisungsmerkmale für soziale Ungleichheit gebe. Die Lebenslagen der Individuen seien inhomogener geworden. Die „Pluralisierung der Lebensstile" lasse den Zusammenhang mit äußeren Lebensbedingungen z.T. kaum noch erkennen.

Die wichtigste Differenz zu früheren Ansätzen lag wohl darin, dass für diese neu bzw. anders konstituierten sozialen Lagen der Beruf nicht mehr, wie in den Schichtmodellen, die entscheidende Voraussetzung der Entstehung sozialer Ungleichheit ist.

Die Erfassung der neuen sozialen Lagen muss sich nach Hradil streng an handlungstheoretischen Konzepten orientieren, wobei mit Max Weber *Handeln* als subjektiv sinnhaftes Tun der Menschen definiert wird. Die Dimensionen sozialer Ungleichheit bestimmen sich von diesem handlungstheoretischen Ansatz ausgehend weniger durch objektiv aufweisbare Klassenlagen als durch die „relativ dauerhaften Lebensbedingungen, die es bestimmten Menschen besser und anderen schlechter erlauben, so zu handeln, dass allgemein anerkannte Lebensziele für sie in Erfüllung gehen". Das Konzept der Erfassung sozialer Ungleichheit wird also dem hier nicht erläuterten Konzept der *Lebenschancen*-Analyse angeglichen. So sind neben den klassen- und schichtspezifischen Kriterien und Indikatoren sozialer Ungleichheit vor allem zu berücksichtigen: „Dimensionen der sozialen Sicherheit (Risiken und Absicherungen), der Arbeits-, Freizeit- und Wohnbedingungen, der Partizipationschancen, der integrierenden oder isolierenden sozialen Rollen sowie der Diskriminierungen und Privilegien im täglichen Umgang mit Mitmenschen" (Hradil 1987: 10).

Lässt sich bei vielen der von Hradil als neu ausgegebenen Dimensionen und Analysen der Erscheinungsformen sozialer Ungleichheit der Einwand vorbringen, dass auch differenzierte Klassen- und Schichtuntersuchungen die qualitativen Veränderungen der Strukturen sozialer Ungleichheit herauszuarbeiten hätten, so ist die integrative Leistung der Aufnahme neuer Analysekonzepte der Lebensweltforschung nicht zu übersehen. Einwände beziehen sich vor allem auf zwei Punkte:

- Den Dimensionen Beruf/Arbeit kommt, wie v.a. die Klassen- und Schichtmodelle betonen, weiterhin eine grundlegende Bedeutung für die soziale Lage der Individuen zu;
- der völlige Verzicht auf klassentheoretische Konzepte ist unangemessen, weil die kapitalistische Wirtschaftsstruktur und die auch individuell erfahrbaren Auswirkungen dieser Strukturen unter gewandelten Bedingungen fortbestehen. Eine Sozialstrukturanalyse, die dafür blind ist, begäbe sich damit etwas voreilig nicht nur eines Instrumentes der Analyse, sondern auch der Kritik gegenwärtiger sozialer Lagen und sozialer Milieus.

3. Der Ansatz von Pierre Bourdieu

Einer der wichtigsten neueren Ansätze zur Erfassung ungleicher Lebenslagen stammt von dem französischen Soziologen Pierre Bourdieu (1930–2002). Wie andere Soziologen – Norbert Elias, Anthony Giddens z.B. – wollte auch Bourdieu einen Ansatz entwickeln, der die Dichotomie von subjektorientierten Handlungstheorien und makrosoziologischen Strukturkonzepten überwindet. „Es ging ihm um die Konzeption einer Theorie, die einerseits zeigt, wie gesellschaftliche Ungleichheit sich im Lebensstil und Habitus von Gruppen und Individuen niederschlägt und andererseits durch diese subjektiven Phänomene reproduziert und konstituiert wird" (Oesterdiekhoff 2001: 88).

Um dieses zu leisten, bezieht Bourdieu mit den Begriffen *Habitus* und *Identität* auch das individuelle Verhaltenspotenzial in seine zahlreichen empirischen Analysen ein (vgl. v.a. Bourdieu 1982) und über das Konzept des Lebensstils die Partizipation am Kulturniveau und -prozess. Habitus bezeichnet die Disposition zum Handeln, die sich auf Handlungs- und Denkgewohnheiten ebenso erstreckt wie auf die Wahrnehmung „feiner Unterschiede" im kulturellen und sozialen Bereich (zum Konzept Habitus vgl. Liebsch 2002). Die soziale „Praxis" (ein wichtiger Begriff bei Bourdieu) des handelnden Individuums bestimmt sich nach Vorgaben der Denk-, Wahrnehmungs- und Handlungsmuster und den Handlungsbedingungen einer konkreten Situation bzw. eines „Feldes" (unter Aufnahme des Feldbegriffes bei Kurt Lewin). Die Verbindung zur Strukturtheorie liegt darin, dass z.B. Geschmack und „gesellschaftliche Urteilskraft" (Bourdieu) nicht angeboren sind, sondern Produkt von Erziehung und Milieu.

Die Theorie der „feinen Unterschiede" (frz. 1979; dt. 1982) enthält nicht nur ein reichhaltiges Material über das Wirken unterschiedlicher Distinktionsvermögen im sozialen und kulturellen Lebenszusammenhang der Individuen, sondern (in Teil 2) auch eine „Analyse der Praxisformen". Hier findet sich eine Reformulierung der Klassentheorie, ihre Differenzierung in einen dreidimensionalen Raum. Der traditionale, ökonomisch fundierte (und restringierte) Klassenbegriff ist quasi nur noch die Basis, die zu ergänzen ist durch das soziale und das kulturelle Kapital. Das soziale Kapital basiert u.a. auf Beziehungsmustern und Netzwerken, das kulturelle auf Bildung, erworbenen Titeln usw. Im „symbolischen Kapital" zeigt sich die soziale Anerkennung (Prestige).

Bourdieu unterscheidet auf dieser theoretischen, aus zahlreichen (zunächst eth-nologischen) Studien gewonnenen Basis eine „primäre Ungleichheit" und eine sekundäre. Die primäre Ungleichheit wird durch die Gesamtheit der Ressourcen aller genannten Kapitalarten gebildet; auf Zusammensetzung und Aktivierung der einzelnen Ressourcen gründen sich nicht nur bestimmte Habitusformen und *Lebensstile**, sondern auch die „Klassenfraktionen". Hier nähert sich Bourdieu wieder traditionalen marxistischen Theorien: Es ist sehr schwer, aus diesen „Fraktionen" auszubrechen. Die groben und die feinen Unterschiede im Habitus werden überwiegend tradiert und geben der Gesellschaft einerseits Stabilität, andererseits aber weniger an vertikalen Mobilitätschancen, als ihrem Selbstbild entspricht.

V. Transformation der Klassen- und Schichtungsstruktur der DDR

Anders als in der alten Bundesrepublik war die bewusste Veränderung überkom-mener Gesellschaftsstrukturen das Ziel des 1945/49 begonnenen revolutionären Umbaus der SBZ/DDR: ihre Transformation in eine sozialistische, klassenlose Ge-sellschaft.

Diesem Ziel dienten die beschriebenen Änderungen der Eigentumsordnung, der Kollektivierung der Landwirtschaft, der Schaffung Volkseigener Betriebe (VEB), der selektiven Förderung von Kindern aus der Arbeiter- und Bauernschicht, der allgemeinen Hebung des Bildungsniveaus und der obligatorischen ideologischen Schulung in den Lehren des Marxismus-Leninismus. Unter diesen Prämissen einer *egalitären Gesellschaft* kam es – u.a. wegen der Unzulässigkeit privaten Kapitals im Wirtschaftsprozess – zu einer „Quasi-Vernichtung des Mittelstandes der Selbständigen" (Geißler 2002: 174ff.).

Gesellschaftlicher Aufstieg hing ganz wesentlich von bewiesener Loyalität ge-genüber der Machtelite und ihren Institutionen ab, so dass der Beitritt zur FDJ, zum FDGB und – für alle gehobenen Berufspositionen als Voraussetzung – zur SED mehr oder weniger obligatorisch war.

Offiziell gab es nach dem „Wörterbuch der marxistisch-leninistischen Soziolo-gie" nur folgende *„Klassen"*: die beiden „befreundeten Klassen" der Arbeiter und der Genossenschaftsbauern sowie die „soziale Schicht der sozialistischen In-telligenz und andere werktätige Schichten, wie genossenschaftlich organisierte und private Handwerker, Gewerbetreibende und freiberuflich Schaffende". Die sozialistische *Intelligenz** wurde im genannten, auch in der alten Bundesrepu-blik weit verbreiteten „Wörterbuch der marxistisch-leninistischen Soziologie" als „Träger der geistigen Produktion" besonders herausgestellt. Sie war deshalb eine „Schicht" und keine Klasse, weil sie keine eindeutige Stellung zu den Pro-duktionsmitteln hatte; sie fand sich in Wissenschaft und Technik, Militär und Kunst, Wirtschaft und Pädagogik, Politik und Partei (zur Intelligenz im Sozialis-mus vgl. auch Geißler 2002: 218ff.).

Zur Arbeiterklasse – zu der auch die Angestellten gerechnet wurden – zählten 1987 75 % der Berufstätigen; zur Intelligenz 15 %. Die Arbeiterklasse zeigte – zumal in der zusammenfassenden Kategorie – wenig Änderungen seit 1950, die Intelligenz dagegen starke Zunahmen. Die Genossenschaftsbauern hatten zunächst eine starke Zunahme, verursacht vor allem durch die forcierten Kollektivierungsmaßnahmen um 1959/60, dann eine kontinuierliche Abnahme auf 6,8 % bis 1985 zu verzeichnen. Einen sehr starken Rückgang zeigten die privaten Gewerbetreibenden, also Einzelhändler und Handwerker; ihr Anteil sank von 22,7 % auf 1,7 % (Belwe 1989).

Was sich an realer Veränderung dieser Schichtungsstruktur der DDR-Gesellschaft seit der Wiedervereinigung abzeichnet, lässt sich mit einigen Trendaussagen kurz benennen (vgl. auch Geißler 2002):

- Die Wiederbelebung/Einrichtung des alten/neuen Mittelstandes; so hat sich die Zahl der Selbstständigen und der mithelfenden Familienangehörigen von 1990 bis 2001 wie folgt verändert (vgl. Stat. Jb. 1992; Datenreport 2002): 1990 waren in den neuen Ländern 2,5 % aller Beschäftigten Selbstständige und 0,5 % mithelfende Familienangehörige, während es im Jahr 2001 8,6 % bzw. 0,7 % waren. Hiermit hängt zusammen die Entwicklung eines völlig neuen Dienstleistungssektors (vgl. Sahner 1994);
- die Einkommensunterschiede nehmen zu, bei Einebnung der Arbeiter-Privilegien und Aufwertung der Angestellten; es gab eine Anhebung des zuvor äußerst geringen Rentenniveaus;
- die Machtelite der ideologisch einheitlich handelnden *Intelligenz* ist weitgehend zerfallen.

Zu den weiter wirkenden Momenten der einstigen Klassenstruktur der DDR, ihrer Arbeits- und Sozialverfassung wird die Arbeiterideologie ebenso gehören wie eine fest verankerte Überzeugung von der Vereinbarkeit von Erwerbstätigkeit und Familie für die werktätige Frau.

VI. Aktuelle Ausprägungen sozialer Ungleichheit

1. Zu- oder Abnahme sozialer Ungleichheit?

Die Diskussion darüber, wie viel soziale Ungleichheit in der gegenwärtigen bundesrepublikanischen Gesellschaft tatsächlich vorliegt, ist auch empirisch schwer zu entscheiden. Es hängt davon ab, welche Indikatoren in den Blick gerückt und wie sie bewertet werden. Anders formuliert: Die jeweils betrachteten Variablen, die sich im Verlauf der Sozial- und Mentalitätsgeschichte ändern, entscheiden darüber, ob man tendenziell eher von zunehmender oder abnehmender Ungleichheit spricht.

Aber auch dies ist nur ein Teil der tatsächlichen Ungleichheitssituation. Denn die soziologisch und sozialgeschichtlich ergänzende Frage lautet: Welche Trends lassen sich feststellen? Nimmt – z. B. im Bereich der Gesundheitsversorgung – die

Ungleichheit bei allen für das Gesundheitswesen relevanten Indikatoren zu oder ab? Auf diesen langfristigen Wandel in der Ungleichheitsverteilung hatte Hans Haferkamp am Ende der Expansionsphase des Bildungs- und Ausbildungssystems hingewiesen. Das Resultat seiner empirisch fundierten Argumentation fasste er als Trend einer „Angleichung ohne Gleichheit" zusammen (1987). Haferkamp stützte seine Kernthese, dass es „einen langsamen Trend zu weniger sozialer Ungleichheit" gebe, unter anderem auf folgende Tatbestände:

- Langfristig sei ein Prozess der Machtangleichung zu beobachten. Indikatoren hierfür: Die vormals Machtunterworfenen stellen sich gleich und wehren sich, wie die wachsende Bedeutung der Bürgerinitiativen bei politischen und Verwaltungsentscheidungen zeige; es gebe eine wachsende „Klagefreudigkeit" der Bürger vor Gerichten und eine Zunahme der Mitwirkenden bei Entscheidungsprozessen aller Art.
- Abbau der Bildungsungleichheit;
- Angleichungsprozesse bei den Lohnquoten (wenn auch geringfügig).

Im Hinblick auf die *Arbeitslosigkeit* führte Haferkamp, ohne das Faktum als solches bagatellisieren zu wollen, auch folgenden Tatbestand an: dass sie für einen Teil der Betroffenen auch neue Partizipationschancen an sozialen Prozessen und Bewegungen eröffne und zur Pluralisierung der Lebensstile beigetragen habe.

An diesem Beispiel wird besonders deutlich, dass soziale Ungleichheit und soziale Differenzierung in einem komplementären Wechselverhältnis stehen, dessen Extreme durch folgende Einstellung charakterisiert werden können: Die einzelnen Elemente der sozialen Differenzierung werden zugleich als Beleg für soziale Ungleichheit genommen bzw. als Chance für alternative Lebensführung gesehen und bewertet. Aus diesem Grund sollte, wie bereits einleitend hervorgehoben, die Sozialwissenschaft nur dann von *Ungleichheit* sprechen, wenn ein so bewerteter Tatbestand vorliegt; ansonsten ist der Ausdruck *soziale Differenzierung* zu bevorzugen.

Haferkamps Analysen Mitte der 1980er Jahre basierten noch auf dem „Gleichverteilungsschub", den die Expansion des Bildungs- und Qualifikationssystems seit Beginn der 1960er Jahre herbeigeführt hatte. Seit Beginn der 1990er Jahre sind einige der Trends – z.B. zunehmende Gleichheit der Bildungs- und Berufschancen auch für untere soziale Schichten – wieder rückläufig, zumal durch die negativen Auswirkungen der zunehmenden Massenarbeitslosigkeit.

2. Geschlechtsspezifische Ungleichheiten

Auf die Bedeutung der Variable Geschlecht für die Ausprägung einzelner Elemente der Sozialstruktur wurde mehrfach hingewiesen. Hier sollen einige Dimensionen der Variable Geschlecht im Zusammenhang mit der Ungleichheitsproblematik behandelt werden (vgl. Geißler 2002; Kreckel 1992).

In uns bekannten Gesellschaften ist das Geschlecht für fast alle Elemente der Sozialstruktur ein grundlegendes Kriterium der sozialen Differenzierung. Geschlechts- und Altersrollen sind die sozialen Primärrollen; sie sind typisch *„zugeschriebene Rollen"*. Der Kampf um Gleichberechtigung und die schwindende Überzeugung, dass bestimmte soziale Rollen etwas mit dem Geschlecht als „biologischer Vorgabe" zu tun haben müssen, begleitet die Entwicklung der industriellen, sich verstädternden und säkularisierenden Gesellschaften seit Beginn des 19. Jh.s. Die Etappen dieses Kampfes um Besser- bzw. Gleichstellung der Mädchen und Frauen in den einzelnen Sozialbereichen, beginnend mit der Forderung nach rechtlicher, z.b. auch wahlrechtlicher, nach Ehe- und familienrechtlicher Gleichstellung, können hier nicht genannt werden (vgl. den Überblick zur Geschichte der Frauenbewegung in Deutschland incl. der Frauenbewegung in der DDR, Nave-Herz 1994).

In der Sozialgeschichte der Bundesrepublik ist – trotz verbliebener ständischer, vor allem bürgerlicher Auffassungen von Mann und Frau – ein fast radikal zu nennender Bruch mit den älteren Selbst- und Fremdbildern von Mädchen und Frauen und damit verbundenen Rollenzuschreibungen eingetreten. Die Veränderung der Stellung der Frau in der Gesellschaft ist Teil jener *stillen Revolution*, für die Ronald Inglehart (1971) das Stichwort gab und die in den späten 1960er Jahren ihren Kulminationspunkt hatte. Seither gehören folgende Tatbestände zum Selbstverständnis der Gesellschaft der Bundesrepublik (sie sind in vergleichbaren Industrienationen bzw. EU-Ländern ähnlich oder noch stärker ausgeprägt):

*   dass die typisch bürgerliche Trennung von einer familial-häuslichen Sphäre, für die vor allem die Frau zuständig ist, und einer außerhäuslichen, beruflichöffentlichen Sphäre immer weniger als „kulturelle Selbstverständlichkeit" (mit dem Ausdruck von Peter R. Hofstätter) angesehen wird;
*   dass die doppelbödige Sexualmoral der bürgerlichen Gesellschaft, in der dem Mann stillschweigend Freiheiten zugestanden wurden, unakzeptabel geworden ist;
*   dass höhere Schul- und Berufsbildung auch für die Sozialisation der Mädchen und Frauen als selbstverständlich angesehen werden;
*   dass die Einteilung der Freizeit- und Sportarten, der Möglichkeiten, sich in der Öffentlichkeit zu bewegen, Auto oder Motorrad zu fahren, Weltreisen (auch allein) zu machen usw. sich nicht mehr geschlechtsspezifisch differenzieren lassen.

Die obige Aufzählung soll nicht über verbliebene geschlechtsspezifische Disparitäten hinwegtäuschen. Auch hierzu seien summarisch einige Punkte genannt:

*   Die Quoten der *Chancengleichheit* durch verbesserte höhere Schulbildung haben sich in den letzten drei Jahrzehnten bei Jungen und Mädchen zwar stark angeglichen (vgl. Tab. 12); die Quoten im Ausbildungs- und weiteren beruflichen Qualifikationssystem fallen allerdings immer noch sehr zum Nachteil der Mädchen und Frauen aus.
*   Die Integration vieler Frauen in den Produktionsprozess bedeutet für einen Großteil von ihnen Doppelbelastung durch Hausarbeit und in vielen Fällen, z.B. für allein erziehende berufstätige Mütter, auch psychische Belastungen, Reduktion sozialer Kontakte, auch aus Zeit- und/oder Geldmangel. Das war in

der DDR kaum anders als in der früheren und jetzigen Bundesrepublik (vgl. hierzu ausführlicher Geißler 2002: 390).

Im Hinblick auf die aus dem Geschlecht resultierenden sozialen Ungleichheiten wird nachfolgend überwiegend auf die Strukturen des Arbeits- und Berufslebens eingegangen, weil für diesen in einer „Arbeits- und Berufsgesellschaft" zentralen Bereich die Benachteiligung der Frauen am besten dokumentiert ist. Sie ist es auch für den Bereich der Arbeitslosigkeit, des sozialen Aufstiegs in den einzelnen Berufsarten und für andere Teilbereiche des geschlechtsspezifisch gespaltenen Arbeitsmarktes.

Es gibt, wie bereits hervorgehoben wurde (vgl. S. 189), eine große Anzahl von Berufen, die fast ausschließlich von Frauen besetzt werden und eben dadurch als „typische Frauenberufe" gelten. Hierzu rechnen unter anderem (Stat. Jb. 2003: 110): Erzieherinnen (92,2%); Berufe der Textilverarbeitung (90,1%); ärztliche Pflege- und Hilfsberufe (86,6%); Verkaufspersonal (82,5%); Reinigungs- und Entsorgungsberufe (82,5%); Büroberufe/kaufmännische Angestellte (73,1%).

Die Männer- bzw. Frauenanteile in einzelnen Berufen wären unproblematisch, wenn die jeweiligen Berufspositionen auf freiem Zugang beruhten und es z.B. keine – oft sehr latenten – Diskriminierungen aus geschlechtsspezifischen Gründen gäbe und wenn mit der gegebenen Verteilung nicht zugleich berufliche und soziale Hierarchien zugunsten der Männer festgeschrieben wären.

Die nachfolgende Tabelle soll auf einige geschlechtsspezifische Disparitäten in der Arbeits- und Berufswelt hinweisen, ohne im Einzelfall angeben zu können, welches die Ursachen sind und ob man wirklich von sozialen Ungleichheiten sprechen kann, die auf Diskriminierungen des weiblichen Geschlechts im jeweiligen Arbeitsbereich zurückzuführen sind:

Tabelle 27 Frauenanteile in Spitzenpositionen verschiedener Institutionen

Bereich	Frauenanteil in %	Jahr
Beamte im höheren öffentlichen Dienst	16,3	2001
Geschäftsführende Vorstandsmitglieder im DGB	40	2004
Führungskräfte in der Wirtschaft	11	2001
C4-Professoren	11,1	2001
Abgeordnete im Deutschen Bundestag	32,3	2002

Quellen: Beamtinnen und C4-Proffesoren: Stat. Jb. 2003, S. 541 und S. 396; Geschäftsführende Vorstandsmitglieder im DGB: http://www.dgb.de/dgb/gbv/gbv.htm; Führungskräfte in der Wirtschaft: http://www.bmbf.de/pub/frauen_in_bildung_und_ forschung.pdf; Abgeordnete: http://www.Bundestag.de/mdb15/mdbinfo/ zusammen.html

Die eindeutig dokumentierbare Schlechterstellung der Frauen in der Arbeitswelt und Berufshierarchie ist umso erstaunlicher, als die Mädchen und jungen Frauen dem männlichen Geschlecht im Bildungssystem inzwischen gleichrangig sind oder in vielen Positionen sogar eine deutliche Überlegenheit zeigen: Mädchen bleiben seltener sitzen; sie werden seltener in Sonderschulen überwiesen; sie haben bessere Durchschnittsnoten usw. Am Eingang zur Arbeits- und Berufswelt können diese Gleich- oder sogar Besserstellungen, z.B. auch hinsichtlich des zumeist niedrigeren Eintrittsalters in das Studium gegenüber den jungen Männern, aber nicht entsprechend „umgesetzt" werden.

Seit Beginn der 1980er Jahre wurde den Forderungen der Frauen nach mehr Chancengleichheit und Gleichberechtigung im Berufsleben wie in anderen Sozialbereichen durch verschiedene Maßnahmen Nachdruck verliehen:

- die wachsende Zahl von „Frauenförderplänen" im Öffentlichen Dienst;
- die Einrichtung von „Gleichstellungsstellen" und „Frauenbeauftragten";
- die Einführung von *Quotenregelungen*, mit großer öffentlicher Resonanz z.B. auf dem SPD-Parteitag 1988 in Münster/Westf.;
- die Etablierung der Frauenforschung in den 1980er Jahren (vgl. Ostner 1987; Nave-Herz 1994).

3. Soziale Differenzierung und Haushaltseinkommen

3.1 Die Entwicklung in der früheren Bundesrepublik

Die Höhe der Haushaltseinkommen ist in einer monetären Gesellschaft zusammen mit der Vermögensverteilung der wichtigste Indikator der sozialen Differenzierung und aller daraus folgenden Formen sozialer Ungleichheit, von der Wohnungs- und Gesundheitsversorgung bis zu Statussymbolen des sozialen Prestiges. Die Einkommen der privaten Haushalte haben folgende Quellen:

- *Erwerbseinkommen* aus selbstständiger (Einkommen) und unselbstständiger Arbeit (Lohn, Gehalt);
- *Vermögenseinkommen*, z.B. aus Sparguthaben, Aktien, Vermietung;
- *Sozialeinkommen*, auch Transfereinkommen genannt, wie Kindergeld, Wohngeld, Arbeitslosengeld, Sozialhilfe;
- *Renteneinkommen*: Altersrente, Betriebsrente, Kriegsopferrente usw.

Im Jahr 2001 stammten in der Bundesrepublik rund 59,5 % der gesamten Haushaltseinkommen aus unselbstständiger Arbeit, 0,3 % aus selbstständiger Arbeit, 9,8 % aus Vermögen und 4,4 % aus staatlichen Transferleistungen (Stat. Jb. 2003: 570).

Bei der sozialen Differenzierung nach den Haushaltseinkommen sind zusätzlich folgende Punkte zu berücksichtigen:

- Die *Höhe* der Haushaltseinkommen ist nicht alleinbestimmend für den Lebensstandard und die Wahrnehmung von Sozialchancen (vgl. hierzu den „Disparitätenansatz", S. 245);
- die *Form* der Haushaltseinkommen spiegelt – bis zu einem gewissen Grad unabhängig von der Höhe – die unterschiedliche soziale (Berufs-)Position und die mit ihr verbundenen sozialen Sicherheiten wider. Diese Differenzierung reicht vom Honorar des Arztes bis zum Tagelohn; vom Jahresgehalt eines Spitzenmanagers bis zum relativ unsicheren Einkommen der Heimarbeiter;

vom Monatsgehalt des „Lebenszeitbeamten" bis zum Wochenlohn eines ungelernten Arbeiters;
- das *Zustandekommen* der Haushaltseinkommen ist selbst wiederum ein Kriterium der sozialen Differenzierung, z.B. im Hinblick auf die Frage, ob das
Haushaltseinkommen in „normaler" Berufsarbeit erreicht wird oder nicht;
- die *Verwendung* der Haushaltseinkommen ist ebenso ein Merkmal der sozialen Differenzierung. Vergleichbar hohe Einkommen werden in ihrem verfügbaren Teil für „freibleibende Zwecke" unterschiedlich genutzt: für kurzfristige Konsumbedürfnisse, für die Ausbildung der Kinder, um ein bestimmtes
Kulturniveau zu erreichen oder zu demonstrieren.

Es wurde bereits hervorgehoben, dass nicht nur die aktuelle Ausprägung
bestimmter Indikatoren der sozialen Differenzierung bzw. Ungleichheit in die
Betrachtung einzubeziehen ist, sondern neben der grundlegenden Frage ihrer
Bewertung auch die entwicklungsgeschichtliche Dimension. Hier zeigt die Einkommensverteilung ein erstaunliches Beharrungsvermögen in der Wirtschafts-
und Sozialgeschichte der Bundesrepublik. Es gibt eine Höherverschiebung des
Niveaus, aber keine grundsätzliche Umverteilung. Von 1950–1980 haben die unteren zwei Fünftel der Gesamtheit aller Einkommensbezieher nur 2 % am Anteil
des verfügbaren Einkommens hinzugewonnen.

3.2 Die Entwicklung in der DDR und den neuen Bundesländern

Differenzierte Einkommensvergleiche zwischen der früheren Bundesrepublik
und der DDR, die unmittelbar vor der Währungsreform und der Vereinigung im
Frühsommer 1990 im Rahmen des SOEP („Sozio-Ökonomisches Panel") auf re-
präsentativer Basis unternommen wurden, erlauben folgende zusammenfas-
sende Aussagen (Hauser et al. 1992) im Vergleich zur Bundesrepublik:
- Die Einkommensungleichheit war eindeutig geringer (und sollte es sein), erreichte aber nicht das Nivellierungsausmaß wie in anderen sozialistischen
Ländern, z.B. der früheren CSSR;
- Familien mit Kindern (incl. Ein-Eltern-Familien) waren einkommensmäßig
besser gestellt; Einkommensarmut bei Familien mit Kindern wurde wirksa-
mer vermieden;
- das Rentenniveau war – bei geringer Differenzierung – im Durchschnitt eindeutig niedriger; es gab keine „regelgebundende Dynamisierung" der Renten-
anpassung.

Über das in sozialistischen Gesellschaften erforderliche bzw. sinnvolle Ausmaß
der Einkommensdifferenzierung gab es viel ideologischen Streit. So hatte der bekannteste Sozialstrukturanalytiker der DDR, Manfred Lötsch (1936–1993), darauf
hingewiesen, dass die „Triebkraftfunktion sozialer Unterschiede" nicht völlig
eingeebnet werden dürfe.

Doch bereits zwei Jahre nach der Vereinigung zeigte die Nachfolgeuntersuchung
(vgl. Hauser et al. 1992: 115ff.), dass die Einkommensungleichheit bereits leicht
zugenommen, aber noch nicht das Ausmaß wie in der früheren Bundesrepublik

erreicht hatte. Dies wird, auch auf Grund der „strukturellen Einkommensdisparitäten" im Übergang (z.B. zunächst Zwei-Drittel-Bezahlung für gleiche Stellen wie in Westdeutschland) auch noch einige Jahre so bleiben.

3.3   Haushaltseinkommen und Armut

Die *Einkommensarmut* ist das wichtigste Kriterium der in Deutschland am häufigsten verwendeten Armutsbegriffe (Zimmermann 2001: 37f.). Zu unterscheiden sind die staatlich sanktionierte Armutsgrenze nach dem Bundessozialhilfegesetz (BSHG) und eine vor allem in wissenschaftlichen und sozialstatistischen Analysen verwendete Grenze, die weniger als 50 % des durchschnittlichen Nettoeinkommens bundesdeutscher Haushalte zum Kriterium macht.

Das zuletzt genannte Kriterium basiert auf Ansätzen zur Erfassung sozialer Ungleichheit (vgl. hierzu die ausführlichen Analysen und Sozialstatistiken bei Geißler 2002; zur Differenzierung der Armutsbegriffe vgl. auch Schäuble 1984, Leibfried/Voges 1992).

Zimmermann weist zu Recht darauf hin, dass beide Ansätze für soziologische Analysen letztlich nicht genügend Aussagekraft haben, weil auf die tatsächliche Lebenslage (mit dem bereits erläuterten Begriff von Gerhard Weisser; vgl. S. 224) der Individuen nicht eingegangen wird. Anders formuliert: Denkbar ist, dass Menschen, die Sozialhilfe bekommen oder weniger als 50 % des Durchschnittseinkommens beziehen, sich durchaus in einer objektiv besseren Lebenslage befinden können als Haushalte, auf die beide Kriterien nicht zutreffen, sei es durch eine kostengünstige Wohnsituation, durch Eigenleistungen bei den wichtigsten Subsistenzmitteln oder nicht erfasste Zuwendungen, Nebentätigkeiten etc.

Das offizielle, staatliche Konzept macht die Zuwendung von Sozialhilfe davon abhängig, ob die verfügbaren Ressourcen (vor allem das Haushalteinkommen) unterhalb des Existenzminimums (engl. *Subsistence*) liegen. Dieser Ansatz wird daher auch Subsistenzansatz der Armutsbekämpfung genannt. Was in die Bemessungsgrundlagen eingeht, unterliegt dem sozialen und kulturellen Wandel. Das wichtigste Kriterium bestimmt sich nach Vorgaben des Grundgesetzes, wonach allen Personen in der Bundesrepublik ein Leben zu ermöglichen ist, dass „der Würde des Menschen entspricht" (§1 BSHG).

In den 1960er Jahren war der Begriff der Armut verdrängt; die Vollbeschäftigung und der Sozialstaat schienen ausreichende Garantien dafür zu sein, Armut aus den industriegesellschaftlichen Wohlfahrtsstaaten zu verbannen. Als 1971 Jürgen Roths Analysen und Dokumentationen über „Armut in der Bundesrepublik Deutschland" erstmalig erschienen, stieß der Titel vielfach auf ungläubige Ablehnung; er passte nicht in das Selbstbild der Bundesrepublik. Aber in einer 1975 von dem renommierten CDU-Politiker und Sozialexperten Heiner Geissler vorgelegten Dokumentation über die „*Neue soziale Frage*" wurden die Zahlen von Roth für einzelne Gruppen bestätigt.

Inzwischen wurde die Entwicklung und die Diskussion um die „neue soziale Frage" und die „neue Armut" weitergeführt (zu den Etappen der Armutsdiskussion in der Sozialgeschichte der Bundesrepublik vgl. Schäfers 1992). Legt man als Schwellenwert für Armut zugrunde, dass weniger als 50 % des durchschnittlichen Haushalts-Nettoeinkommens verfügbar sind, so müssen nach neueren Berechnungen im Jahr 2000 als arm bezeichnet werden: 9,7 % aller Haushalte in Westdeutschland und 5,8 % in Ostdeutschland, bei einem realen Äquivalenzeinkommen von EUR 1149 bzw. 936/Monat (weitere Hinweise finden sich im Kapitel über die Soziale Sicherheit, bei der Erörterung der Arbeitslosigkeit, S. 231f. und im nachfolgenden Abschnitt zu den sozialen Randgruppen und Minoritäten).

4. Soziale Differenzierung und Vermögensverteilung

Unter *Vermögen* (der hier interessierenden privaten Personen) verstehen wir das geldwerte oder in Geld bewertbare Eigentum an Gütern wie Immobilien, Wertpapieren, Spargeldern, Versicherungen und sonstigen Anteilsrechten an einem bestimmten Stichtag.

Die Vermögensverteilung ist neben der Einkommensverteilung der wichtigste sozio-ökonomische Faktor der sozialen Differenzierung überhaupt. Beide sind zugleich Ursache und Folge der über einen längeren Zeitraum sich herausbildenden und für einen längeren Zeitraum gegebenen sozialen Differenzierung. Gerade die Vermögensverteilung ist ein Indikator dafür, wie sich soziale Differenzierungen über mehrere Generationen hin erhalten.

Der Vermögensverteilung kommt also deshalb ein besonderes Gewicht zu, weil sie von längerfristiger Entwicklung und Wirkung ist als die Einkommensverteilung und mit ihr die „Kapital"-Verhältnisse erfasst werden. Wie hervorgehoben, stammt auch ein nicht unbeträchtlicher Teil des Haushaltseinkommens – bei großen Unterschieden zwischen Selbstständigen- und Arbeiterhaushalten – aus Vermögenswerten.

Nach wie vor ist Eigentum an Grund und Boden eine besonders krisenfeste und umworbene Form der Vermögensbildung, zumeist verbunden mit dem Wunsch nach dem „eigenen Dach über dem Kopf". Bei der *Wohneigentumsquote* hatte Deutschland im Jahre 1998 bei einem Anteil von 40,9 % (West 43,1 %; Ost 31,2 %) die niedrigste Quote der bisherigen EU-Staaten; Spanien hat mit 82 % die höchste Quote, gefolgt von Irland (75 %), Griechenland (74 %) und Italien (71 %). Der Wert für Großbritannien beträgt 69 %, für Frankreich 53 % (vgl. Monatsbericht 11.2002 des Bundesfinanzministeriums).

Die *Vermögenspolitik* als Teil der Gesellschaftspolitik versucht, durch gesetzliche Maßnahmen eine *Vermögensumverteilung* zu erreichen und vor allem einkommensschwache Bevölkerungsschichten an der Bildung von Vermögen zu beteiligen. Dies ist – unter den günstigen Wachstumsraten in den 1950er und 1960er Jahren – hinsichtlich der Sparförderung und des Erwerbs von Grund- und Hausbesitz in großem Umfang gelungen. Alle Versuche jedoch, unselbstständig Beschäftigte (Lohnabhängige) an Produktionsvermögen und damit an der „Quelle" der Vermögensbildung zu beteiligen, waren bisher weniger erfolgreich;

hier zeigten und zeigen sich vielmehr große Interessengegensätze der beteiligten wirtschaftlichen und politischen Gruppen.

Obwohl die Vermögensverteilung für Sozialstruktur und Sozialpolitik einen Eckpfeiler darstellt, gibt es auffällig wenige Untersuchungen (vgl. Hauser 1998; Schlomann 1997). Im Hinblick auf das Vermögen der Haushalte gibt es nach einer Schätzung des Deutschen Instituts für Wirtschaftsforschung 2000 für Gesamtdeutschland folgendes Bild: Die obersten 20 % der Haushalte besitzen knapp ein Drittel des gesamten Reinvermögens; die unteren 20 % haben einen Anteil von etwa 10 % (Datenreport 2002: 582f.); 1983 habe dieser Anteil aber nur 2,4 % betragen – in dieser Haushaltsgruppe „hat also eine begrenzte Vermögensbildung stattgefunden" (Hauser 1998: 161).

Die *Vermögenskonzentration* darf – trotz der Zunahme von Vermögen in breiteren Bevölkerungsschichten – in ihrer gesellschaftspolitischen Bedeutung nicht unterschätzt werden, jedenfalls solange nicht, wie mit ihr eine private Verfügung über gesellschaftlich relevantes Kapital verknüpft ist. Die Konzentration der Vermögen – unter den Voraussetzungen der gegebenen Wirtschafts- und Gesellschaftsordnung – könnte dann die alten Klassengegensätze neu beleben, wenn sich die Prinzipien der Sozialen Marktwirtschaft und des Sozialstaats weiterhin als relativ schwache Steuerungs- und Umverteilungsinstrumente erweisen.

VII. Führungsgruppen/Eliten

1. Definition und Stellenwert in der Sozialstruktur

Unter *Elite* verstehen wir dem französischen Wortursprung nach (élire = auswählen) eine durch besondere Merkmale ausgezeichnete und aus der „Masse" der Bevölkerung herausgehobene Schicht (zur Sozial- und Begriffsgeschichte und der bis heute umstrittenen Verwendung des Elitebegriffs vgl. Krais 2003; Schäfers 2004).

Die Merkmale, nach denen die einzelnen Individuen und sozialen Gruppen im Urteil der anderen als Elite gelten oder der betreffende Personenkreis für sich beansprucht, Elite zu sein, sind dem sozialgeschichtlichen Wandel unterworfen. Waren es in der Ständegesellschaft eindeutig die Herkunft („Geburtselite") und in der bürgerlichen Klassengesellschaft das Produktionskapital, die über Zugehörigkeit zu den jeweiligen Eliten entschieden, so sind mit der Bedeutungszunahme „erworbener" Rollen und Positionen die so genannten *Funktionseliten* in den Vordergrund getreten; für sie ist auch der Begriff *Führungsgruppen* gebräuchlich. Beide Begriffe betonen gegenüber dem in Deutschland immer noch kritisierten Begriff der Elite die sozialstrukturell und gesellschaftspolitisch akzeptierte „neutrale" Funktion bestimmter sozialer Positionen.

Unter Funktionseliten/Führungsgruppen verstehen wir die Inhaber sehr hoch geschätzter und in vielen Fällen hochbezahlter Führungspositionen in den zentralen sozialen Systemen, Institutionen und Organisationen der Gesellschaft. Ralf Dahrendorf unterschied (1965: 179) „sieben funktionale Eliten" aus folgenden Bereichen: Wirtschaft; Politik und öffentliche Verwaltung; Forschung, Wissenschaft, Bildung; Kirche; Kultur, Kunst, „Freizeitindustrie"; Justiz; Militär.

Mit der Einnahme dieser für das Funktionieren der einzelnen sozialen Systeme und Institutionen wie für die Integration der Gesamtgesellschaft wichtigen – und nicht zuletzt deshalb hoch bewerteten – Positionen ist ökonomische und/oder politische, und/oder gesetzgeberische und wertesetzende Ausübung von *Herrschaft* bzw. Macht verknüpft. Seit den Untersuchungen des amerikanischen Soziologen C. Wright Mills (1916–1962) ist daher auch der Ausdruck *Machtelite* gebräuchlich. Damit ist deutlich, dass die *Führungseliten* als Teil der Oberschicht begriffen werden, jedoch nicht mit ihr identisch sind. Ähnlich definierte Wolfgang Zapf in seiner Untersuchung über „Wandlungen der deutschen Elite": Unter „Führungsgruppen und Eliten" sei jener „kleine Personenkreis innerhalb der Oberschicht" zu verstehen, „der Einfluss auf Entscheidungen von gesamtgesellschaftlicher Tragweite" nehme (1965: 36).

Mit dieser Definition ist der Elitebegriff auf gesamtgesellschaftlich relevante Strukturzusammenhänge und Einflussmöglichkeiten festgelegt. Liegt darin nicht eine unnötige Begrenzung? Phänomene der sozialen Schichtung, des sozialen Prestiges und damit auch der Elitepositionen sind nur zu einem Teil gesamtgesellschaftlich relevant; ein anderer Teil hat lediglich lokale oder regionale Bedeutung. Mit anderen Worten: Wer zur Funktionselite in einer ländlichen Region gehört, z. B. der Bürgermeister der Kleinstadt oder der Inhaber eines mittelständischen Betriebs, für den nivelliert sich dieser Rang in gesamtgesellschaftlicher Perspektive.

Die soziologische wie sozialgeschichtliche *Eliteforschung* (vgl. den Überblick bei Bürklin/Rebenstorf 1997) will unter anderem herausarbeiten:

- Wer rechnet zu welcher Zeit und aus welchen Gründen zur Elite;
- wie hoch ist der Selbst- und der Fremdrekrutierungsgrad der Eliten zu verschiedenen Zeiten;
- wie groß ist die Fluktuation in den Führungsgruppen;
- wie legitimieren sich Machteliten in demokratischen Systemen;
- wie werden die Führungspositionen erreicht;
- welche Zusammenhänge gibt es zwischen dem Wandel der Eliten und gesamtgesellschaftlichen Strukturwandlungen (der Nationalökonom und Soziologe Vilfredo Pareto, 1848–1923, sah in seinem *„Zirkulationsmodell der Eliten"* die wechselnde Zusammensetzung und die Machtkämpfe der Eliten als das wesentliche Element des historischen und gesellschaftlichen Wandels überhaupt).

Auf diese und andere Fragen wollen die sog. *Elitetheorien* Antworten geben; sie sind so zahlreich wie soziologische Makro-(Gesellschafts-)Theorien überhaupt, denn alle diese Theorien machen an unterschiedlichen Stellen des jeweiligen Theoriegebäudes Aussagen über die Bedeutung und Besetzung (Erbe, Wahl, Akklamation usw.) der Elitepositionen. Eine vom *Struktur-Funktionalismus** ausgehende Elitetheorie wird die Bedeutung der Elitepositionen für das Funktionieren des betrachteten sozialen Systems hervorheben; eine dem Marxismus verpflichtete Elitetheorie wird – z.B. bei der Analyse bürgerlicher Gesellschaften – die von den Führungspositionen im ökonomischen Bereich ausgehenden Machthandlungen und Einflüsse in allen anderen Gesellschaftsbereichen aufspüren wollen (über die Machtelite in der DDR und die dort üblich gewesene hohe Konzentration der Ämterhäufung – bei ideologisch bedingter Ablehnung der Gewaltenteilung des bürgerlichen Rechtsstaats – vgl. Geißler 2002: 155).

2. Ergebnisse der Eliteforschung

Aus der Eliteforschung für die frühere Bundesrepublik Deutschland seien folgende Ergebnisse mitgeteilt:

* Der Adelsanteil ist kontinuierlich zurückgegangen (selbst im Auswärtigen Dienst und der Generalität, den einstigen „Domänen des Adels"; Zapf 1965: 181);
* die Unterschichten hatten bis ca. 1960 nur über Gewerkschaften und Sozialdemokratie „zwei enge Aufstiegswege für die begabtesten Vertreter der Arbeiterschaft" (S. 183);

Die beiden letzten größeren Studien zu Eliten/Führungsgruppen stammen aus den Jahren 1981 (sog. Mannheimer Elitestudie) und 1995 (sog. Potsdamer Elitestudie; vgl. hierzu Bürklin/Rebenstorf et al. 1997; Hoffman-Lange/Bürklin 2001). Die wichtigsten Ergebnisse v.a. der letzten Repräsentativbefragung (mit einer Fallzahl von 2341) können wie folgt zusammengefasst werden:

* Der größte Unterschied zur Gesamtbevölkerung besteht im Hinblick auf das formale Bildungsniveau: 77 % der Inhaber von Führungspositionen haben ein Hochschulstudium abgeschlossen; in einer vergleichbaren Altersgruppe der Bevölkerung sind es nur 9 % (Hoffmann-Lange/Bürklin 2001: 177);
* Eliten rekrutieren sich überproportional aus sozial und beruflich privilegierten Bevölkerungsschichten, aber nicht in einem solchen Ausmaß, dass von relativer Homogenität der Herkunft und damit der Zusammensetzung der Eliten gesprochen werden könnte;
* bei den politischen Eliten findet sich bei der FDP mit Abstand die höchste Quote, die aus der Oberschicht stammt;
* den relativ höchsten Rekrutierungsanteil aus der „oberen Dienstklasse" haben (bei 6,2 % Anteil an der Gesamtbevölkerung) der Kulturbereich (45 %), FDP-Politiker (42,5 %) und Manager der Wirtschaft (41 %);
* Katholiken haben weiterhin einen geringen Anteil an den Elitepositionen; demgegenüber liegt der Anteil der Konfessionslosen in den Eliten seit 1981 weit höher als in der Gesamtbevölkerung. „Die allgemeine Säkularisierung setzte also – ausgenommen die Unionspolitiker – bei den Eliten sehr viel früher ein und ist auch weiter fortgeschritten als in der Gesamtbevölkerung" (Hoffmann-Lange/Bürklin 2001);
* Eliten in der Bundesrepublik sind keine sozial und politisch abgehobene „Ka-

ste". Ursula Hoffman-Lange (1992) sieht aber deutliche Grenzen, sich als „Machtelite" (C.W. Mills) gegenüber der Gesellschaft zu verselbstständigen. Die relativ geringe Homogenität der westdeutschen Eliten – in der DDR war das anders – ist sicher auch auf die dezentrale, föderale Struktur der Bundesrepublik zurückzuführen;

- nur die politische Elite und die Wirtschaftselite sind deutlicher als alle anderen Gruppen in ein sog. „Elitennetzwerk" eingebunden. Die Bereiche Militär und Kultur spielen im „Zentralen Zirkel" des Elitennetzes faktisch keine Rolle; sie sind nicht in wichtige politische Entscheidungsprozesse integriert;
- nach der Potsdamer Elitenstudie von 1995 ist die politische Orientierung der Eliten deutlich von der Gesamtbevölkerung unterschieden. Die SPD verfügt in den Eliten – ausgenommen die Gewerkschaften – über einen schwachen Rückhalt; die FDP ist überproportional vertreten; den GRÜNEN ist es gelungen, parallel zu ihrem Aufstieg in den Parlamenten auch Inhaber von Elitepositionen an sich zu binden.

Der Frauenanteil an den Elitepositionen ist zwar seit 1981 gestiegen, aber immer noch deutlich unterrepräsentiert: 1981 waren Frauen in der politischen Elite mit 6,2 % vertreten, bei den übrigen Eliten mit 1,7 %. Erheblich gestiegen ist der Frauenanteil inzwischen bei den politischen Eliten (PDS wie GRÜNE mit über 50 %; CSU mit 11,1 %); bei den übrigen Eliten liegt der Anteil im Durchschnitt bei 8,5 %. „Am resistentesten haben sich dabei die Wirtschaftsunternehmen (0,8 %), die Wirtschaftsverbände (1,4 %), die Wissenschaft (3,6 %) und die Verwaltung (5,7 %) erwiesen" (Hoffmann-Lange/Bürklin 2001: 177; vgl. im vorl. Band auch Tab. 27 und S. 189).

In Hinblick auf den Elitenaustausch nach der Wende in Ostdeutschland ist nach einer breit angelegten Untersuchung des Bamberger Verwaltungswissenschaftlers Hans-Ulrich Derlien (1997) hervorzuheben:

- In den von ihm so genannten „Ernennungseliten" in Verwaltung, Wirtschaft und Justiz habe ein sehr großer, bis heute fortwirkender Elitetransfer von West nach Ost stattgefunden; nur bei den „Delegationseliten" des Verbändesystems könne von einer angemessenen Repräsentanz ostdeutscher Führungspersönlichkeiten auf Bundes- und vor allem auf Landesebene gesprochen werden; beim Militär hingegen ist die Repräsentanz nach der Potsdamer Studie von 1995 gleich Null;
- unter den 42 Mitgliedern der 1994 gebildeten Bundesregierung (unter Einschluss der Parlamentarischen Staatssekretäre) waren nur 9,5 % Ostdeutsche (bei einem Bevölkerungsanteil von rund 20 %).

Gesamtgesellschaftlich ist dieses Gefälle unbefriedigend. Es wird sicher noch ein oder zwei Jahrzehnte dauern, bis von einer gewissen Parität in der Repräsentanz der Eliten in West- und Ostdeutschland gesprochen werden kann.

Geißler (2002) weist darauf hin, dass die Zusammensetzung der ostdeutschen Elite einige Besonderheiten aufweise; so seien in den neuen Bundesländern Ingenieure und Naturwissenschaftler, aber auch Theologen häufiger vertreten als in Westdeutschland.

VIII. Soziale Randgruppen und Minderheiten

Unter *sozialer Randgruppe* (Marginalgruppe) verstehen wir die Zusammenfassung von Personen und Personengruppen, die in die Kerngesellschaft aufgrund von Defiziten des Einkommens, der Bildung, der Sprache, der Wohnverhältnisse, der körperlichen Beeinträchtigung usw. nur unvollkommen in die Gesellschaft integriert sind.

Der Begriff Randgruppe ist von einer Reihe anderer Begriffe zu unterscheiden, auch wenn es Überschneidungen gibt: Problemgruppen; Außenseiter; Minoritäten; Unterprivilegierte; Arme; Asoziale. Der letzte Begriff verweist, im Gegensatz zu Randgruppen, auch auf den Tatbestand abweichenden Handelns; dieser Begriff ist zwar v.a. in der Umgangssprache noch üblich, aber – da zu wertbeladen – für soziologische Analysen untauglich.

Randgruppen sind *Gruppen* nur in einem sozialstatistischen, nicht im soziologischen Verständnis: Der Begriff fasst Individuen mit vergleichbarer Soziallage zusammen, setzt aber nicht gemeinsames Handeln voraus.

Die Ursachen der Armut wie des Randgruppendaseins liegen ebenso sehr im individuellen Bereich (Krankheit, Alter, Invalidität, Sucht) wie in bedeutenden sozialstrukturellen Umwälzungen und in der Dynamik der industriellen Entwicklung, die zu Arbeitslosigkeit, in vielen Fällen auch zu Obdachlosigkeit und anderen Ausgrenzungen aus dem als normal angesehenen sozialen und kulturellen Leben führen.

Seit dem Vereinigungsprozess der beiden deutschen Staaten sind völlig neue Ursachen der Entstehung von Randgruppen hinzugekommen: „Vereinigungsarmut"; „Armut im Umbruch" usw. Doch die Sozial- und Risikolagen entsprechender Populationen sind in einem schnellen Wandel begriffen. Geißler (2002: 275) spricht im Zusammenhang der Armuts- und Randgruppenentwicklung in den neuen Bundesländern von „neuen Konturen" im Vergleich zur DDR-Zeit. Durch die Angleichung an westdeutsche Muster entstanden völlig neue Populationen, die in der DDR nicht zu den Risikogruppen zählten, wie z.B. allein erziehende Mütter, kinderreiche Familien und Arbeitslose.

Neben diesen Randgruppen und Armutspopulationen, die sich aus dem Zusammenbruch der DDR-Wirtschaft und der sozialistischen Planwirtschaften des früheren Comecon-Bereichs nach 1989 ergeben haben, sind seit Mitte der 1980er Jahre weitere Randgruppen hinzugekommen: Asylbewerber, Teilgruppen der Spätaussiedler, Vertriebene aus Krisengebieten (z.B. dem ehemaligen Jugoslawien).

Die Integrationskraft der Bundesrepublik, die zu einem Teil durch den Einigungsprozess absorbiert war, erweist sich diesen Gruppen gegenüber als geschwächt. Das mag neben den dramatisch verknappten ökonomischen Ressourcen auch auf Defizite der Politik zurückzuführen sein, die z.B. darauf beharrt, dass Deutschland kein Einwanderungsland sei, teilweise auch auf Defizite der politischen Kultur. Deutlich ist jedenfalls, dass die unvollständige Integration der

Tabelle 28 Soziale Minderheiten/ Randgruppen

Relativ Arme (gemessen als Personen, die über weniger als 50 % des Durchschnittseinkommens verfügen) (2000)	9,1 % der Bevölkerung
Registrierte Arbeitslose (Dez. 2003)	4 317 000
– davon Langzeitarbeitslose	1 583 000
– davon jüngere unter 20 Jahren	67 000
– davon ohne abgeschlossene Berufsausbildung	1 396 000
Nicht registrierte Arbeitslose („Stille Reserve") (2002)	ca. 2 000 000
Ausländer/-innen mit gesetzlichem Aufenthaltsstatus (Dez. 2002)	7 335 593
Ausländer/innen ohne legalen Aufenthaltsstatus (Illegale)	ca. 500 000–1 000 000
Drogenabhängige (harte Drogen) (2002)	20 230
Drogentote (2002)	1 513
Behandlungsbedürftige Alkoholabhängige	ca. 2 500 000
Alkoholabhängigkeit mit Todesfolge	ca. 42 000
Heiminsassen (Kinder und Jugendliche in Vollzeitpflege)	29 602
Insassen psychiatrischer Krankenhäuser (1999)	850 466
Sozialhilfeempfänger (Hilfe zum Lebensunterhalt) (2003)	2 776 000
– davon Bezugsdauer unter einem Jahr	1 826 608
– Bezugsdauer über 1 bis 5 Jahre	757 848
– Bezugsdauer über 5 Jahre	191 544
Leistungsempfänger nach dem Asylbewerberleistungsgesetz (2002)	ca. 279 000
Überschuldete Haushalte (2003)	ca. 3 000 000
Einsitzende in Justizvollzugsanstalten insgesamt (2003)	62 592
Strafgefangene	
– mit Vollzugsdauer über einem Jahr	36 159
– aufgrund einer Jugendstrafe	4 531
Untersuchungshäftlinge (2001)	17 431
Wohnungslose in Notunterkünften, Asylen, Heimen, Pensionen und ohne Unterkunft (2002)	
Insgesamt	ca. 410 000
Westdeutschland	ca. 29 000
davon auf der Straße lebend	ca. 20 000

Quelle: Tabelle nach Scherr 2001, S. 525; Zahlen aktualisiert 2004

Randgruppen in die Kerngesellschaft nur zum Teil auf ökonomische Defizite und kulturelle wie sonstige Differenzen zurückgeht. Ebenso wichtig sind die ausschließenden Wirkungen der Vorurteile, Stigmatisierungen und Diskriminierungen. Diese nehmen wiederum in dem Maße zu, wie sich die Konkurrenz um Arbeitsplätze, Wohnungen und andere Ressourcen - z.B. Sozialhilfe - verschärft.

Versucht man eine Zusammenfassung der sozialstrukturellen Ursachen der Entstehung von Armuts- und Randgruppenrisiken, so sind neben der lang anhaltenden Massenarbeitslosigkeit folgende Punkte hervorzuheben:

- die völlige Veränderung der Familien- und Haushaltsstrukturen, die dazu geführt hat, dass Armut und Randgruppenexistenzen kaum noch latent gehalten werden können (wie es z.B. in der vorindustriellen Gesellschaft eine große verdeckte Massenarmut auf dem Lande gab);
- Randgruppenexistenzen haben im Zuge der gesellschaftlichen Ausdifferenzierung ebenfalls eine Ausdifferenzierung erfahren. Dies hat oft einen versicherungsrechtlichen und sozialpolitischen Hintergrund. Der Sozialstaat und die Selbstorganisation dieser Gruppen machen aus Behinderten, Alkoholkranken und Drogenabhängigen, aus Obdachlosen, Spätaussiedlern und anderen abgrenzbaren Gruppen Anspruchsberechtigte, aus Sicht des Sozialstaates „soziale Klientele" (vgl. hierzu Baier 1988);
- durch diese Entwicklung gibt es eine klassenspezifische Rekrutierung der Armen und Randgruppen heute ebenso wenig wie eine breite gesellschaftliche Solidarisierung. Die große Mehrheit der Bevölkerung sieht zudem, dass ihre eigenen Ressourcen kaum weitere Belastungen durch noch höhere Einschränkungen ihres Arbeitseinkommens erlauben.

Für den Sozialstaat wird es – und dies nicht nur aus Gründen geschrumpfter Ressourcen – immer schwieriger, der Dynamik entstehender neuer Armuts- und Randgruppen zu folgen und durch entsprechende Programme bereits im Vorfeld ihre Entstehung einzugrenzen und Sorge zu tragen, dass das Randgruppendasein nur vorübergehend ist.

IX. Die überschätzte Chancengleichheit

Die Aussagen zu aktuellen Ausprägungen der sozialen Ungleichheit und zum Umfang der vertikalen Mobilität in der Bundesrepublik lassen sich wie folgt zusammenfassen:

- In der Sozialgeschichte der Bundesrepublik gibt es eine große Kontinuität in der Entwicklung der meisten Indikatoren sozialer Ungleichheit (Einkommen, Vermögen, Berufschancen usw.);
- die Sozialstruktur der Bundesrepublik veränderte sich weniger über eine Umverteilung bestimmter Besitzstände als durch eine Anhebung des Gesamtniveaus;
- diese Anhebung des Gesamtniveaus (der Einkommen usw.) lässt die tatsächlich gegebene oder genutzte *Chancengleichheit* größer erscheinen als sie tatsächlich ist.

Die Frage nach den Ursachen sozialer Ungleichheit ist also auszudehnen auf die Frage nach dem Erhalt einer gegebenen Ungleichheit als Element der Sozialstruktur. Diese Frage berührt die der Herrschaft und des Machterhalts. Eine mögliche Antwort sei abschließend mit Max Weber – für den die Herrschaftsfrage im Zentrum seines Werkes stand – gegeben. Weber ging aus von der Analyse der „Öffnung" und der „Schließung sozialer Kreise". Die Grundgedanken arbeitete Weber im Zusammenhang der Entwicklung und Struktur „offener und geschlossener Wirtschaftsbeziehungen" heraus (1964: 260ff.). Hier können sie wie folgt zusammengefasst werden:

• Alle sozialen Gruppen und Gemeinschaften streben danach, die einmal erreichten Verfügungsmöglichkeiten über bestimmte Ressourcen (in Webers Beispiel: „ökonomische Chancen") zu monopolisieren;
• als Kriterium für den Ausschluss von Mitbewerbern dient vielfach „irgendein äußerlich feststellbares Merkmal eines Teils der (aktuell oder potenziell) Mitkonkurrierenden: „Rasse, Sprache, Konfession, örtliche oder soziale Herkunft, Abstammung, Wohnsitz usw.". Das gewählte Merkmal, das die Ausschließung steuert, ggf. legitimiert, ist letztlich völlig gleichgültig: „Es wird jeweils an das nächste sich darbietende angeknüpft";
• in diesem Prozess der Entstehung geschlossener Interessengemeinschaften (ggf. auch Rechtsgemeinschaften), lassen sich „Stadien der mehr oder minder definitiven inneren Schließung der Gemeinschaft" unterscheiden (die wiederum nach sehr verschiedenen Gesichtspunkten zu differenzieren sind).

Dieses „Modell" der Schließung und der ggf. interessebedingten (auch: machtbedingten) Öffnung sozialer Kreise bzw. Gemeinschaften müsste nun differenziert angewandt werden auf die tatsächliche soziale Lage einzelner Individuen und die sozialen Gruppen, mit denen sie in direktem oder indirektem Kontakt stehen. Die Schließung sozialer Kreise kann am Arbeitsplatz beginnen, sich fortsetzen in der Nachbarschaft, der (kleinen) Wohngemeinde und den Aktivitätsgruppen der Vereine usw. Von den fehlenden Ressourcen Zeit und Geld bis zu den mehr kulturellen Faktoren der Bildung und Ausbildung, der Sprache und des Sozialverhaltens ist ein breites Spektrum für Distanzierungs- und Ausschließungsmerkmale im Sinne Max Webers gegeben.

Literatur

Autorenkollektiv *Joachim Bergmann, Gerhardt Brandt, Klaus Körber, Ernst Theodor Mohl, Claus Offe*, 1969, Herrschaft, Klassenverhältnis und Schichtung, in: Spätkapitalismus oder Industriegesellschaft? Verhandlungen des 16. Deutschen Soziologentages (Frankfurt/M. 1968), Stuttgart, S. 67–88

Baier, Horst, 1988, Soziale Klientele, in: *ders.*, Ehrlichkeit im Sozialstaat. Gesundheit zwischen Medizin und Manipulation, Zürich, S. 24–41

Band, Henri, Hans-Peter Müller, 2001, Lebensbedingungen, Lebensformen und Lebensstile, in: *B. Schäfers/W. Zapf*, Hg., Handwörterbuch zur Gesellschaft Deutschlands, Opladen, S. 427-436

Beck, Ulrich, 1983, Jenseits von Stand und Klasse? Soziale Ungleichheit, gesellschaftliche Individualisierungsprozesse und die Entstehung neuer sozialer Formationen und Identitäten, in: *R. Kreckel*, Hg., Soziale Welt, Sonderband 2/1983, S. 35–74

Beck, Ulrich, 1986, Risikogesellschaft. Auf dem Weg in eine andere Moderne, Frankfurt (es 1365; 14. Aufl. 1997)

Belwe, Katharina, 1989, Sozialstruktur und gesellschaftlicher Wandel in der DDR, in: Deutschland-Handbuch, hg. von *W. Weidenfeld/H. Zimmermann*, Bonn, S. 125-144

Berger, Peter A., Stefan Hradil, Hg., 1990, Lebenslagen, Lebensläufe, Lebensstile, Sonderbd. 7 der Zeitschrift Soziale Welt, Göttingen

Bourdieu, Pierre, 1982, Die feinen Unterschiede. Kritik der gesellschaftlichen Urteilskraft, Frankfurt/M. (Orig. frz. 1979)

Bürklin, Wilhelm, Hilke Rebenstorf et al., 1997, Eliten in Deutschland, Opladen

Dahrendorf, Ralf, 1957, Soziale Klassen und Klassenkonflikt in der industriellen Gesellschaft, Stuttgart

Dahrendorf, Ralf, 1961, Über den Ursprung der Ungleichheit unter den Menschen, Tübingen (Reihe „Recht und Staat", Heft 232; 2., überarb. und erw. Aufl. 1966)

Dahrendorf, Ralf, 1971, Gesellschaft und Demokratie in Deutschland, dtv TB Bd. 757 (zuerst 1965)

Geiger, Theodor, 1932, Die soziale Schichtung des deutschen Volkes, Stuttgart. Faksimile-Nachdruck mit einem Geleitwort von *Bernhard Schäfers*, Stuttgart 1987

Geiger, Theodor, 1949, Die Klassengesellschaft im Schmelztiegel (Orig. dän. 1948)

Geissler, Heiner, 1975, Neue Soziale Frage. Dokumente des Bundesfachausschusses für Sozialpolitik der CDU (als Buch: Freiburg 1976)

Geißler, Rainer, 1992, Die ostdeutsche Sozialstruktur unter Modernisierungsdruck, in: Beilage zur Wochenzeitung Das Parlament, B 29-30/92, S. 15-28

Geißler, Rainer, Hg., 1994, Soziale Schichtung und Lebenschancen in Deutschland, 2., neu bearb. Aufl., Stuttgart

Geißler, Rainer, 2002, Die Sozialstruktur Deutschlands. Die gesellschaftliche Entwicklung vor und nach der Wiedervereinigung, 3., grundlegend übearb. Aufl., Wiesbaden

Giesen, Bernhard, Hans Haferkamp, Hg., 1987, Soziologie sozialer Ungleichheit, Opladen

Glatzer, Wolfgang, Hg., 1992, Entwicklungstendenzen der Sozialstruktur, Frankfurt/New York

Glatzer, Wolfgang, Heinz-Herbert Noll, Hg., 1992, Lebensverhältnisse in Deutschland: Ungleichheit und Angleichung, Frankfurt/New York

Haferkamp, Hans, 1987, Angleichung ohne Gleichheit, in: *B. Giesen/ders.*, Hg., a.a.O., S. 146-188

Hanesch, Walter et al., 1994, Armut in Deutschland, Reinbek

Hauser, Richard, et al., 1992, Einkommensverteilung und Einkommenszufriedenheit in den neuen und alten Bundesländern, in: *W. Glatzer/H.-H. Noll*, Hg., a.a.O., S. 91-138

Hauser, Richard, 2001, Einkommen und Vermögen, in: *B. Schäfers/W. Zapf*, Hg., Handwörterbuch zur Gesellschaft Deutschlands, Opladen, S. 157-170

Hoffmann-Lange, Ursula, Wilhelm Bürklin, 2001, Eliten/Führungsgruppen, in: *B. Schäfers/ W. Zapf*, Hg., Handwörterbuch zur Gesellschaft Deutschlands, Opladen, S. 170-182

Hradil, Stefan, 1987, Sozialstrukturanalyse in einer fortgeschrittenen Gesellschaft. Von Klassen und Schichten zu Lagen und Milieus, Opladen

Hradil, Stefan, 1992, Soziale Milieus und ihre empirische Untersuchung, in: *W. Glatzer/ H.-H. Noll*, Hg., a.a.O., S. 6-30

Hradil, Stefan, 2001, Soziale Ungleichheit in Deutschland, 8. überarb. Aufl., Opladen

Hradil, Stefan, 2002, Soziale Ungleichheit, soziale Schichtung und Mobilität, in: *H. Korte/ B. Schäfers*, Hg., a.a.O., S. 183-204

Hradil, Stefan, Peter Imbusch, Hg., 2003, Oberschichten – Eliten – Herrschende Klassen, Opladen

Korte, Herrmann, Bernhard Schäfers, Hg., 2002, Einführung in Hauptbegriffe der Soziologie, 6. überarb. Aufl., Opladen

Kreckel, Reinhard, 1992, Politische Soziologie der sozialen Ungleichheiten, Frankfurt/New York; Studienausgabe 1997

Krais, Beate, 2003, Begriffliche und theoretische Zugänge zu den oberen Rängen der Gesellschaft, in: *S. Hradil/P. Imbusch*, Hg., a.a.O., S. 35-54

Leibfried, Stephan, Wolfgang Voges, Hg., 1992, Armut im modernen Wohlfahrtsstaat, SH 32 der KZfSS, Opladen

Lepsius, M. Rainer, 1979, Soziale Ungleichheit und Klassenstrukturen in der Bundesrepublik Deutschland, in: *H.-U. Wehler*, Hg., Klassen in der europäischen Sozialgeschichte, Göttingen, S. 166-209

Liebsch, Katharina, 2002, Identität und Habitus, in: *H. Korte/B. Schäfers*, Hg., a.a.O., S. 67-84

Luhmann, Niklas, Hg., 1985, Soziale Differenzierung, Opladen

Nave-Herz, Rosemarie, 1994, Die Geschichte der Frauenbewegung in Deutschland, Opladen (5. überarb. und erg. Aufl. 1997)

Oesterdiekhoff, Georg W., Hg., 2001. Lexikon der soziologischen Werke, Wiesbaden

Ostner, Ilona, Hg., unter Mitarbeit von *Christa Kessler*, 1987, Frauen. Soziologie der Geschlechterverhältnisse. SH 2 der Zeitschrift „Soziologische Revue"

Roth, Jürgen, 1971, Armut in der Bundesrepublik. Beschreibungen, Familiengeschichten, Analysen, Dokumentationen, Frankfurt (erw. und aktualisierte Ausgabe 1979)

Rousseau, Jean-Jacques, 1984, Diskurs über die Ungleichheit / Discours sur l'Inégalité (dt./frz.), Paderborn et al. (zuerst frz. 1754)

Sahner, Heinz, 1994, Der Dienstleistungssektor in der DDR und in den neuen Bundesländern. Zur Modernisierung der ostdeutschen Sozialstruktur, in: Gegenwartskunde, Jg. 43, H. 4, S. 527-554

Schäfers, Bernhard, Hg., 1973, Gesellschaftliche Planung. Materialien zur Planungsdiskussion in der BRD, Stuttgart

Schäfers, Bernhard, 1989, Soziale Ungleichheit. Alte und „neue" soziale Frage, in: *M. Opielka/ I. Ostner*, Hg., Umbau des Sozialstaats, Essen, S. 83-95

Schäfers, Bernhard, 1992, Zum öffentlichen Stellenwert von Armut im sozialen Wandel der Bundesrepublik Deutschland, in: *S. Leibfried/W. Voges*, Hg., a.a.O., S. 104-124

Schäfers, Bernhard, 2004, Elite, in: Aus Politik und Zeitgeschichte. Beilage zur Wochenzeitung Das Parlament, B. 10, 2004, S. 3-7

Schäuble, Gerhard, 1984, Theorien, Definitionen und Beurteilung der Armut, Berlin

Schelsky, Helmut, 1965, Auf der Suche nach Wirklichkeit. Gesammelte Aufsätze, Düsseldorf, Köln; darunter: Die Bedeutung des Schichtungsbegriffes für die Analyse der gegenwärtigen Gesellschaft, S. 331-336 (zuerst 1954); Die Bedeutung des Klassenbegriffs für die Analyse unserer Gesellschaft, S. 352-391 (zuerst 1961)

Scherr, Albert, 2001, Randgruppen und Minderheiten, in: *B. Schäfers/W. Zapf*, Hg., Handwörterbuch zur Gesellschaft Deutschlands, Opladen, S. 518-529

Scheuch, Erwin K., 1961, Sozialprestige und soziale Schichtung, in: Soziale Schichtung und soziale Mobilität, Sonderheft 5 der KZfSS, S. 65-103 (1968)

Schlomann, Heinrich, 1993, Die Entwicklung der Vermögensverteilung in Westdeutschland, in: *E.-H. Huster*, Hg., Reichtum in Deutschland, Frankfurt/New York, S. 54-83 (2. Aufl. 1997)

Strasser, Hermann, John H. Goldthorpe, Hg., 1985, Die Analyse sozialer Ungleichheit, Opladen

Thieme, Frank, 2002, Kaste, Stand, Klasse, in: *H. Korte/B. Schäfers*, Hg., a.a.O., S. 183-204

Weber, Max, 1964, Wirtschaft und Gesellschaft. Grundriß der verstehenden Soziologie, Studienausgabe hg. von *J. Winckelmann*, Köln/Berlin (zuerst, posthum, 1922)

Zapf, Wolfgang, 1965, Wandlungen der deutschen Elite. Ein Zirkulationsmodell deutscher Führungsgruppen 1919-1961, München

Zimmermann, Gunter E., 2001, Armut, in: *B. Schäfers/W. Zapf*, Hg., Handwörterbuch zur Gesellschaft Deutschlands, Opladen, S. 36-53

Kapitel 13
Wandel der Siedlungsstruktur und der Wohnverhältnisse

I. Definition von Siedlung, Gemeinde, Stadt

Änderungen in der Siedlungsstruktur sind der am deutlichsten wahrnehmbare Ausdruck des sozialen Wandels einer Gesellschaft. Fast alle sozialen Strukturen, Prozesse und Probleme haben ihren Niederschlag in räumlichen Strukturen, sich ändernden Raumnutzungen und mehr oder weniger eindeutig abgegrenzten Territorien; das gilt für Garten- und Hausbesitz ebenso wie für die räumliche Struktur des Arbeitsplatzes, für bestimmte Wohnlagen wie für die Territorien der Städte und Länder. „Das Bild der Gesellschaft ist auf den Boden geschrieben", so formulierte es der französische Sozialgeograph Chombart de Lauwe.

Unter *Siedlung* wird ein relativ dauerhafter Wohnplatz für Menschen verstanden. Die *Siedlungsstruktur* umfasst alle Formen und Differenzierungen in der Besiedlung eines Landes: Form und Größe der Gemeinden, also der Städte und Dörfer wie der Einzelplatzbesiedlung, das quantitative Verhältnis und die räumliche Lage dieser Elemente der Siedlungsstruktur zueinander.

Gemeinde ist ein Oberbegriff für alle Siedlungsgebilde, die über Größe und Struktur von Einzelplatzsiedlungen (Gutshöfen usw.) hinausgehen. Die wichtigsten Erscheinungsformen der Gemeinden sind Dorf und Stadt, wobei beide wiederum – sowohl in Deutschland als auch in Europa und anderen Weltregionen – höchst unterschiedliche Ausprägungen zeigen.

Im Zuge der Sesshaftwerdung der Menschen seit der Jungsteinzeit (Neolithikum) entstanden vor nunmehr ca. acht Tsd. Jahren die ersten Städte, vor allem in Vorderasien (zu den Ursprüngen vgl. Berndt 1978; Mumford 1979). Durch die Entwicklung der Städte erhielt die Menschheitsgeschichte, im Besonderen ihre Kultur- und Zivilisationsgeschichte, eine völlig neue Dynamik. Die Städte wurden zu einem zentrierenden Element des Gesellschafts- und Staatsaufbaus und der Lokalisierung einer Vielzahl bestimmter Formen der Arbeitsteilung, der kulturellen und religiösen, ökonomischen und sonstigen typischen Einrichtungen einer Gesellschaft auf kleinstem Raum (für eine differenzierende Sichtweise der Städte im Zusammenhang der gesellschaftlichen Entwicklung vgl. Schmals 1983).

Traditionell sprach man von *Stadt*, wenn Siedlungen folgende Merkmale aufwiesen:

* deutlich gegenüber dem umgebenden Land abgegrenzte, relativ geschlossene Siedlungsform in bestimmter Größe;
* Verdichtung der Bebauung durch mehrstöckige Häuser;
* Differenzierung der Arbeitsteilung (Handwerk, Handel, Kunst, Kultur) auf der Grundlage der Versorgung durch ein agrarisches Umland;
* Kultivierung der jeweils differenziertesten Lebensformen.

Die ersten beiden Punkte kann man als quantitative Aspekte ansehen, die jedoch zu qualitativen Veränderungen führen können: Ein bestimmtes „Volumen" der Bevölkerung und die Dichte des Beieinander-Wohnens sind (waren) Voraussetzung für eine Differenzierung der Arbeit und der Lebensweisen. Hiermit wiederum ist die funktionale Verflechtung der Stadt mit ihrem Umland angesprochen, ihre noch zu erläuternde Zentralität.

Der vierte Punkt ist ein eindeutig qualitatives Merkmal. Der Soziologe und Kulturphilosoph Georg Simmel (1903) bezeichnete Städte bzw. Großstädte als Orte des „Geisteslebens", der Individuierung, als „Schauplätze dieser über alles Persönliche hinauswachsenden Kultur". Und der deutsch-amerikanische Soziologe Louis Wirth (1897–1952) nannte „Urbanität" eine besondere „Lebensform" (Urbanism as a Way of Life, 1938/1974).

Der Gegensatz Stadt – Land, der mehr ein sich ergänzendes Wechselverhältnis mit einem Herrschaftsgefälle Stadt-Land gewesen ist, war ein wesentliches Moment der historischen und kulturellen Dynamik. Obwohl der Gegensatz rechtlich und ökonomisch, aber auch bildungs- und kulturgeographisch mehr und mehr eingeebnet wurde, sind weiterhin Unterschiede nicht nur bezüglich der Siedlungsstruktur, sondern auch der bewusst artikulierten Differenz vorhanden (vgl. hierzu S. 279f.)

Zu den Elementen der Siedlungsstruktur gehört auch die *Infrastruktur* („Unterbau"). Der Begriff stammt aus der Militärsprache der NATO und bezog sich auf die materiellen und technischen Einrichtungen, die für Kampfeinsätze erforderlich sind („Logistik"). Auf die Siedlungsstruktur übertragen bezeichnet der Begriff Infrastruktur die Basisstruktur der Besiedlung, ihr „materielles Substrat" (Durkheim), bestehend aus Anlagen, die das Leben in Städten und Dörfern überhaupt erst ermöglichen:

- Die *Bandinfrastruktur* als Summe der Straßen, Schienen, Einrichtungen der Versorgung (Wasser, Strom, Gas, Telefon etc.) und der Entsorgung;
- die *soziale Infrastruktur* als Summe der Einrichtungen, die das Leben in städtischer und dörflicher Gemeinschaft ermöglichen: Schulen, Krankenhäuser, Kindergärten, Bäder, Theater, Verwaltungen etc., einschließlich der haushaltsorientierten Dienstleistungs- und Versorgungseinrichtungen.

II. Phasen der Stadtbildung und Verstädterung in Deutschland

Deutschland hat Anteil an allen bedeutenden Phasen der Stadtgründung und -entwicklung seit der römischen Antike. Ein Hinweis auf diese Phasen ist deshalb geboten, weil sie in den meisten deutschen Städten noch aufweisbar sind und – wie z.B. vor allem die mittelalterliche Stadtbildung – das „Bild von Stadt" idealtypisch bis heute prägen. Darüber hinaus ist die europäische Stadt der Ursprungsort von Modernisierungsprozessen (Schäfers 2002) bzw. – in der Sicht Max Webers (1922/1999) – von jenen Prozessen der Rationalisierung und Ökonomisierung der Daseinsgrundlagen, die zur Heraufkunft des modernen Kapitalismus geführt haben.

1. Vorindustrielle Phasen

Bedeutende römische Stadtgründungen auf deutschem Boden wie Trier und Köln, Mainz und Regensburg zeigen und bewahren das antike Erbe bis heute. Wie vollständig der Untergang der römischen Stadtkultur in der Völkerwanderungszeit des 4.–7. Jh.s gewesen ist, bleibt umstritten, weil einige Städte zu Bischofssitzen wurden und seit dem 8. Jh. auch durch Klöster ein geistig-kulturelles Leben erhalten blieb.

Nach der Festigung des Fränkischen Reiches und dem Wiederaufblühen des Handels kam es im frühen Mittelalter erst vereinzelt, dann systematisch und in heute noch erhaltener Dichte zur Gründung einer erstaunlichen Zahl an (zumeist sehr kleinen) Städten. Nach einer Untersuchung von Heinz Stoob (1979) entstanden in der Zeit von ca. 1000 bis ca. 1450 im mitteleuropäischen Raum rund fünf Tsd. Städte. Sie bilden bis heute den Kern der deutschen und der europäischen Stadtlandschaft. Die Phase der Städtegründung bzw. des Städteumbaus im Absolutismus im 16.–18. Jh. lässt sich wie folgt kennzeichnen:

- Städtegründungen erfolgten zum Teil nach streng geometrischen, „rationalen" Mustern (z.B. Mannheim; Karlsruhe; Freudenstadt);
- es kam zu einer eigentümlichen Verbindung von barocker Residenz und militärischer Garnison in der „Soldatenstadt" (z.B. Potsdam);
- im Zusammenhang des Ausbaus der barocken Residenzstadt erfolgte der bis heute nachwirkende Ausbau zu Landes- und Provinzhauptstädten: Hannover und Darmstadt, Düsseldorf, Kassel und München, Karlsruhe und Stuttgart sind bedeutende Beispiele.

Das Ende des 18. Jh.s einsetzende und bis um 1900 sich hinziehende „Schleifen" der alten, häufig doppelten (z.B. Köln) Stadtmauern verwandelte die Städte entsprechend den ökonomischen Absichten des Merkantilismus und des sich herausbildenden Nationalstaats zu „offenen Bürgerstädten". Grünanlagen und Parks, Promenaden und kleine Seen traten an die Stelle der ehemaligen Mauern, Festungsgürtel, „Vorwerke" usw. Erstmalig in der Menschheitsgeschichte hatten die Städte keine Mauern mehr; diese waren kriegstechnisch ohnehin wirkungslos geworden.

2. Industrielle und tertiäre Verstädterung

Im Begriff „industrielle Verstädterung" ist bereits ausgedrückt, dass die Industrialisierung zu einem neuen Muster (*pattern*) der Stadtentwicklung und -struktur führte. Anstelle von „Stadtgründung" setzte nun eine Phase der „*Verstädterung*" ein. In diesem Begriff kommt zum Ausdruck, dass der Prozess sehr schnell vor sich ging und (zumindest anfänglich) bestimmte Merkmale einer differenzierten Stadtstruktur vermissen lässt.

Erhöhung der räumlichen Mobilität, das heißt eine Intensivierung der Wanderungsströme – ob freiwillig oder erzwungen –, Bevölkerungswachstum und Industrialisierung waren die Ursachen der um ca. 1850 in Deutschland einsetzenden Verstädterung. Das Bevölkerungswachstum im Zeitalter der Industrialisierung ging nun als Verstädterung vor sich.

Die Emanzipation der Menschen aus den agrarisch-feudalen Existenzweisen war eben auch eine „Emanzipation von der Raumgebundenheit" (Olaf Boustedt). Ein bisher in der Menschheitsgeschichte unbekanntes Ausmaß der Verstädterung nach Zahl und Größe der Städte setzte ein. Der Begriff *Großstadt* wurde 1887 vom Internationalen Statistikerkongress für alle relativ geschlossenen Siedlungsgebilde mit mehr als 100 Tsd. Einwohnern festgelegt. Für Deutschland wurde folgende Differenzierung des Städtewesens vorgenommen: Landstädte 2–5 Tsd., Kleinstädte 5–20 Tsd., Mittelstädte 20–100 Tsd. und Großstädte 100 Tsd.–1 Mio. Einwohner.

Deutschland trat etwa um 1870 in den Prozess der Vergroßstädterung ein, in Sachsen etwas früher. Entsprechend der zeitlich früheren Industrialisierung begann dieser Prozess in Schottland, England und Wales, in Belgien, den Niederlanden und Frankreich bereits zwischen 1800 und 1850 (zur Stadtentwicklung im Industriezeitalter vgl. Reulecke 1978; 1985). Ende des 18. Jh.s gab es im damaligen Deutschland etwa 60 Städte mit mehr als 10 Tsd. Einwohnern; nur drei Städte hatten 100 Tsd. und mehr Einwohner: Hamburg (100 Tsd.), Berlin (150 Tsd.) und die damalige (bis 1806) „Hauptstadt" Wien (207 Tsd.).

Es hatte im Übrigen keine kontinuierliche Vergrößerung der Städte in Deutschland gegeben. Nach der Gründung und dem Ausbau der mittelalterlichen Stadt stagnierte aufgrund der politischen Strukturen und der Folgen des 30-jährigen Krieges 1618–1648 das Städtewesen bis ins 18. Jh. Nürnberg, nach Köln und Danzig die größte Stadt des Mittelalters, hatte 1620 noch 40 Tsd. Einwohner, 1807 nur 25 Tsd. Die Klein- und Mittelstädte mit ihren hochdifferenzierten Sozialstrukturen blieben – bis auf die Ausnahmen der Residenzstädte – bis an die Schwelle der forcierten Industrialisierung ab 1850 hinsichtlich ihrer Größe und Struktur erhalten.

Die Phasen des größten Wachstums der industriellen Großstadt und der industriellen Ballungszentren (wie vor allem des Ruhrgebiets als größter Industrieregion Europas) konzentrierten sich auf die wenigen Jahrzehnte von 1870 bis zum Ersten Weltkrieg. Dabei konnte auch die schnelle und intensive Bebauung, die in Berlin nach 1860 einsetzte, Verelendung und Verwahrlosung, Vermassung und Verproletarisierung nicht abwenden (vgl. Hegemann 1963).

Es gab in Deutschland weder Erfahrungen mit einem so schnellen Bevölkerungs- und Städtewachstum noch mit den sich ja erst herausbildenden industriell-großstädtischen Daseinsbedingungen. Da es an Kanalisation usw. fehlte, waren die hygienischen Verhältnisse entsprechend – worauf unermüdliche Sozialreformer und Mediziner wie der bereits erwähnte Rudolf Virchow nachdrücklich hinwiesen (vgl. hierzu Rodenstein 1988). Diese Kritik und praktische Notwendigkeiten führten nach 1870 zum „unterirdischen" Ausbau der Städte: Wasser, Licht, Kanalisation, Gas etc. (in London übrigens seit 1863 zum Ausbau von Untergrundverkehrswegen, seit 1890 als elektrifizierte Untergrundbahn).

Der Anteil der *Großstadtbevölkerung* an der Gesamtbevölkerung stieg im Deutschen Reich von 4,9 % im Jahre 1871 auf 27 % im Jahre 1910 (vgl. Tab. 29).

Die Entwicklung der *„industriellen Großstadt"* und der *„industriellen Ballung"* zwischen 1870 und dem Ersten Weltkrieg ist nicht nur siedlungsstrukturell und stadtgeschichtlich etwas völlig Neues in der Geschichte, sondern auch bevölkerungsbezogen, ökonomisch und soziokulturell:

- Erstmalig war die in der Stadt lebende Bevölkerung größer als die dörflich-agrarische Bevölkerung. Für Deutschland wird man als „Schwellenjahr" 1910 nennen können: Etwa zu diesem Zeitpunkt war die Bevölkerung in Gemeinden mit mehr als 5000 Einwohnern größer als die Bevölkerung in Gemeinden mit weniger als 5000 Einwohnern (Bevölkerung und Wirtschaft 1872–1972: 94);
- die Expansion der Siedlungsstruktur Stadt basierte auf einem Wandel der Produktions- und Berufsstruktur, auf welchen sie verstärkend zurückwirkte und wiederum das Größenwachstum beschleunigte;
- städtische Lebensweisen und Verhaltensmuster wurden dominant und bestimmten weitgehend die Dynamik des wirtschaftlichen und gesellschaftlichen Prozesses (Bedeutung der Handels-, Banken- und Börsenzentren); die isolierte Kernfamilie wurde zur häufigsten Familienform;
- die Verstädterung (deren qualitative Aspekte der Änderung der Einstellungen und Lebensweisen besser als *„Urbanisierung"* bezeichnet werden) war der vielleicht wichtigste Teilprozess der *sozialen Mobilisierung*. Diese hatte Karl W. Deutsch (1970: 329) als „umfassenden Wandlungsprozess" bezeichnet, den „wesentliche Teile der Bevölkerung von Ländern durchmachen, die auf dem Wege von traditionellen zu modernen Lebensformen sind."

Nach dem Zweiten Weltkrieg ging die Phase der *industriellen Verstädterung* mehr und mehr in die der *tertiären Verstädterung* über (in Aufnahme eines Begriffs von Mackensen 1974). Charakteristisch für diese Phase ist die zunehmende Bedeutung des tertiären Sektors und damit verbunden die Ausdehnung der City und ihrer Funktionen (vgl. w. u.). Alle genannten Phasen der Stadtentwicklung lassen sich in der Mehrzahl der europäischen Städte finden.

III. Die Gemeinden im staatlichen und sozialen Lebenszusammenhang

1. Bedeutung kommunaler Selbstverwaltung

Es war Freiherr vom Stein (1757–1831), der am Beginn des 19. Jh.s die Erneuerung der Selbstverwaltung der Städte zur Grundlage der staatlichen und gesellschaftlichen Erneuerung machte (preußische Städteordnung vom 19.11.1808 als Teil der *„Stein-Hardenbergschen Reformen"*). Die *Selbstverwaltung* war nach vom Stein aus staatspolitischen wie aus moralischen Grundsätzen gleichermaßen geboten; nur so könne der Bürger eine sittliche, dem Öffentlichen verpflichtete Gesinnung entwickeln.

Ohne die Umwälzung durch die Industrielle Revolution zu kennen oder auch nur zu erahnen, wurde durch vom Stein eine Grundlage für die Handlungsfähigkeit der Kommunen in der sich industrialisierenden Gesellschaft geschaffen. Erst auf dieser Grundlage entwickelte sich das uns heute selbstverständliche Vorstellungsbild von den Städten und Gemeinden: Versorgungs- und Wirtschaftsbetriebe aufzubauen, soziale und kulturelle Aktivitäten zu entfalten und eine bürgernahe *Daseinsvorsorge* zu betreiben (zur Kommunalpolitik im historischen Wandel vgl. den Überblick bei Wehling 1994).

Nach dem Zweiten Weltkrieg begann, wie S. 30 dargelegt, die staatliche und gesellschaftliche Erneuerung abermals von der Basis her. In den Beschlüssen der *Potsdamer Konferenz* vom 2.8.1945 hieß es unter anderem: „Die Verwaltung Deutschlands muss in Richtung auf eine Dezentralisierung der politischen Struktur und der Entwicklung einer örtlichen Selbstverwaltung durchgeführt werden." Dass die Entwicklung in der SBZ/DDR völlig anders verlief und sowohl die Autonomie der Gemeinden beseitigt als auch die historischen Ländergrenzen (1952) abgeschafft wurden, ist bereits hervorgehoben worden (vgl. auch w.u.).

Es war damals und ist heute von großer Bedeutung, welcher Stellenwert den Gemeinden im dezentralen, föderativen Aufbau der Bundesrepublik zukommt. Die wichtigsten Charakteristika können wie folgt zusammengefasst werden:

- Das Grundgesetz bestimmt in Art. 28, dass „alle Angelegenheiten der örtlichen Gemeinschaft im Rahmen der Gesetze in eigener Verantwortung zu regeln sind". Mit diesem Recht wird die *Selbstverwaltungsgarantie* der Gemeinden postuliert (die „Angelegenheiten der örtlichen Gemeinschaft" sind natürlich dem historischen Wandel unterworfen);
- zum Kernbereich der Selbstverwaltung gehören das Recht der Gemeinden, die ihnen vom Gesetzgeber zugestandenen Steuern in eigener Verantwortung zu erheben (Finanzhoheit), die Einrichtungen der Verwaltung nach Gesichtspunkten der Zweckmäßigkeit – im Rahmen der vorhandenen Richtlinien – vorzunehmen und für die Aufstellung von Bebauungsplänen und anderen Infrastrukturplanungen zuständig zu sein (Planungshoheit).

Trotz dieser Selbstverwaltungsgarantie bleibt die Gemeinde in die Verwaltungsorganisation der Länder eingegliedert. Andere Einschränkungen der Selbstverwaltungsgarantie der Gemeinden ergeben sich aus immanenten Entwicklungen und aus „Sachzwängen", welche die „Zentralgewalten" des Bundes und der Länder geltend machen:

- Die Gemeinde bildet in der Gegenwartsgesellschaft keinen in sich geschlossenen Lebensraum mehr, auf den das Prinzip der „Allzuständigkeit" sinnvoll angewandt werden könnte;
- die technischen Dienste und Versorgungssysteme greifen längst über den Verwaltungsbereich auch größerer Gemeinden hinaus (Energie,Wasser,Verkehr, Schulen etc.);

- die Aufgaben der Gemeinden werden mehr und mehr von der Landes- und Bundesgesetzgebung bestimmt („Verbundsystem" der Aufgaben- und Mittelzuweisungen).

Es sind aber nicht nur Probleme der Steuerverteilung und der Aufgabenzuweisung, die den Handlungsspielraum der Gemeinden eingeengt haben. Die Probleme der „lokalen Demokratie" werden durch die Wirtschaftsentwicklung, die Arbeitsplatzentwicklung, durch die Gesamtheit der auf die Gemeinden bezogenen, aber zum Teil außergemeindlich generierten Entscheidungs- und Partizipationsprozesse verschärft. Gleichwohl bleiben die Gemeinden für den Bürger der Ort, wo Macht- und Entscheidungsstrukturen anschaulich werden und er etwas über den Stellenwert und Entwicklungsstand von Demokratie und politischer Kultur ganz allgemein erfahren kann.

2. Kommunale Neugliederung in Westdeutschland

Der schnelle Um- und Ausbau der Stadt- und Siedlungsstruktur hatte die vielfach auch zuvor bestehenden Diskrepanzen zwischen den Gemeindeverwaltungen und den sozio-ökonomischen Gebietseinheiten immer größer werden lassen. Die zahlreichen, für die unterschiedlichsten Aufgaben und Zuständigkeiten gebildeten zwischengemeindlichen und regionalen Planungs- und Zweckverbände konnten die Gewährleistungen eines einheitlichen Verwaltungsraumes nicht länger ersetzen, einzelne Eingemeindungen das Gesamtproblem nicht lösen. Insbesondere die kleineren Gemeinden mit ihrer geringen Verwaltungs- und Finanzkraft konnten die wachsenden Aufgaben (Infrastrukturausbau; Bauleitplanung; allgemeine Daseinsvorsorge) nicht mehr im Sinne des Grundgesetzes und der Gemeindeordnungen erfüllen.

Tabelle 29   „Maßstabsvergrößerung" und Ausweitung des städtischen Systems[1]

| Jahr | Gemeindegrößenklasse | | | | | |
| | 20–50 Tausend | | 50–100 Tausend | | über 100 Tausend | |
	Anzahl	Bevölkerungsanteil	Anzahl	Bevölkerungsanteil	Anzahl	Bevölkerungsanteil
1871	29	4,5	15	4,9	4	4,9
1910	87	7,3	32	6,1	32	27,0
1950	139	9,2	38	5,8	48	31,3
1961	181	10,0	50	6,5	53	34,2
1970	229	11,8	60	7,0	59	32,4
2001	494	18,1	106	8,7	83	30,7

Quelle: Statistisches Bundesamt, Bevölkerung und Wirtschaft 1872–1972, S. 94; für 2001: Statistisches Jahrbuch 2003, S. 56
[1] 1871–1970: altes Bundesgebiet; 2001: Deutschland

Es ist heute fast unglaubhaft, dass es Ende der 1960er Jahre in Westdeutschland noch mehr als 10 Tsd. Gemeinden mit weniger als fünfhundert, mehr als 16 Tsd. Gemeinden mit weniger als eintausend und über 20 Tsd. Gemeinden mit weniger als zweitausend Einwohnern gegeben hat. In nur wenigen Jahren wurde die Gesamtzahl der Gemeinden von 24 282 auf 8502 reduziert (zu den Ursachen und zum Planungsprozess der kommunalen Neugliederung vgl. Schäfers 1970).

3. Die Entwicklung in der SBZ/DDR

Die erwähnte Forderung aus dem Potsdamer Abkommen von August 1945 nach Dezentralisierung des politischen Lebens wurde zunächst auch in der SBZ eingehalten. Doch bereits ein erster Verfassungsentwurf der SED von 1946 sah hinsichtlich der Rechtsstellung der Gemeinden eine stärkere Zentralisierung vor (Bernet 1990: 41). Die Umorganisation der kommunalen Selbstverwaltung erfolgte bereits 1947, der scharfe Bruch 1952. Die Länder wurden zerschlagen und statt ihrer Bezirke eingerichtet, die weitgehend auch für kommunale Belange zuständig waren. Die Bezirksverwaltungen sorgten für eine direkte Umsetzung der Beschlüsse der SED.

Im Juli 1985 kam es zur letzten Novellierung des „Gesetzes über die örtlichen Volksvertretungen und ihre Organe (GÖV)". Im (offiziellen) Kommentar zum Gesetz hieß es: „Deshalb bildet das Programm der SED, die Beschlüsse der Parteitage und des Zentralkomitees der SED die Grundlage und Richtschnur für das Handeln aller örtlichen Volksvertretungen" (zit. bei Bernet 1990: 48).

Vor der Vereinigung gab es in der DDR 217 Kreise, davon 191 Land- und 26 Stadtkreise. Die Zahl der Gemeinden betrug 7563 (also fast so viel, wie es in Westdeutschland nach der kommunalen Gebietsreform, bei etwa vierfacher Bevölkerungsgröße, noch gab; vgl. Schmidt-Eichstaedt 1993). Die Größe der Kreise und Gemeinden entsprach also nicht den Vorstellungen und Erfordernissen des vereinigten Staatsgebietes und Verwaltungsraumes. Darum wurde in den neu gebildeten Ländern sehr bald eine Kreisreform begonnen; die Zahl der Landkreise wurde in etwa halbiert (von 191 auf 86).

Die kommunale Gebietsreform ist noch nicht vollständig abgeschlossen und wird gegenüber jener in Westdeutschland einige Besonderheiten aufweisen. Von den gut 7500 Gemeinden hatten etwa die Hälfte weniger als 500 Einwohner. Bis zum Jahr 2002 war die Zahl der Gemeinden auf 4909 gesunken, der Anteil der Gemeinden mit weniger als 500 Einwohnern auf 37 % (1820). Dieser relativ hohe Anteil kleiner Gemeinden ist vor allem auf die ländlich geprägten, bevölkerungsarmen Räume in Brandenburg und Mecklenburg-Vorpommern zurückzuführen.

IV. Wandel der Siedlungsstruktur nach 1950

1. Entwicklung der Stadtregionen und der Verdichtungsräume in Westdeutschland

Unter *Stadtregion* versteht man eine sozio-ökonomische Raumeinheit, die die engen wirtschaftlichen und sozialen Verflechtungen zwischen einer „Kernstadt" und ihrem Umland erfassen und typisieren soll (Boustedt 1970: Sp. 3207). Anlass zur Entwicklung dieses sozialstatistischen Modells waren die seit Beginn der 1950er Jahre sich abzeichnenden Prozesse der Expansion des städtischen Siedlungsraumes und der schwindenden Identität zwischen der Stadt als Siedlungseinheit und als verwaltungsrechtlicher Gebietskörperschaft.

Ursachen für diese stadtgeschichtlich neuartige Expansion der Städte ins räumliche Umland – abwertend auch als *Zersiedlung* bezeichnet –, sind in Folgendem zu sehen:

* zunehmender Motorisierungsgrad der Bevölkerung und der Wunsch, stadtnah im Grünen (möglichst im eigenen Heim) zu wohnen;
* Umstrukturierungen der Produktionssektoren (z.B. erheblicher Rückgang der landwirtschaftlichen Betriebe; vgl. Tab. 14);
* Ausweitung des Dienstleistungssektors, die zum Ausbau der *City-Funktionen* führte. Während nach dem Zweiten Weltkrieg die Innenstädte ihren Charakter als Wohnplätze zunächst behielten oder zurück gewannen, zeichnete sich seit den späten 1950er Jahren der Rückgang der Innenstadtbevölkerung ab. Dieser Trend hält an, nun auch in kleineren Städten, trotz vieler Bemühungen, Innenstadtbewohner zurück zu gewinnen (bei dieser Entwicklung war die namengebende Londoner „City" vorangegangen: seit 1840, als dort noch 125 Tsd. Menschen lebten, gab es einen Rückgang auf ca. 5 Tsd. Einwohner);
* Verlagerung von Betrieben, Filialen etc. aus dem Innenstadtbereich an die Randzonen;
* Entwicklung neuer städtischer Wohnquartiere am Stadtrand.

Die im Prozess der Stadtregionbildung sich immer stärker abzeichnende Diskrepanz zwischen Siedlungs- und Verwaltungsraum war einer der wichtigsten Gründe für die kommunale Neugliederung. Durch die Neugliederung wurde, bis auf wenige Ausnahmen (so in den Stadtstaaten Bremen und Hamburg, aber auch in München), die über die Stadtgrenzen hinaus expandierte Stadtregion in die neu gezogene Grenzen „heimgeholt".

2. Neue Wohnquartiere am Stadtrand und Suburbanisierung

In der Bundesrepublik wurden seit Mitte der 1950er Jahre bis etwa Mitte der 1970er Jahre neue Wohnquartiere am Stadtrand gebaut. In der Sprache der Kommunalpolitiker und Städtebauer heißen sie: Wohnquartiere, Trabantensiedlungen,

Satellitenstädte, Entlastungsstädte, Parkwohnanlagen, Großsiedlungen, Großwohnanlagen.

Eine der ersten Entlastungsstädte war die Neue Vahr in Bremen, die Mitte der 1950er Jahre als Wohnsiedlung mit ca. 10 Tsd. Wohnungen für 30 Tsd. Einwohner geplant war. Andere bekannte Beispiele sind das Märkische Viertel in Berlin mit 17 Tsd. Wohneinheiten (=WE), Hamburg-Steilshoop und Hamburg-Mümmelmannsberg mit 6 300 bzw. 7 300 WE, Heidelberg-Emmertsgrund mit 3 700 WE und schließlich München-Neu-Perlach mit 28 Tsd. WE. Neu an diesen randstädtischen Wohnquartieren und Entlastungsstädten war bzw. ist Folgendes:

- Sie bringen erstmalig eine Bebauung mit Wohnhochhäusern (ein *Hochhaus* ist definiert als ein Gebäude, in welchem der oberste Fußboden mehr als 22m über dem umgebenden Gelände liegt; die ersten deutschen Wohnhochhäuser überhaupt entstanden 1945-1956 in Hamburg-Grindelberg; vgl. Schildt 1988: 382);
- sie entstehen in allen Einzelheiten auf dem Reißbrett der Planer und werden in wenigen Jahren realisiert (bis auf den vielfach mangelnden oder fehlenden, aber eingeplanten Infrastrukturausbau für die Verkehrsanbindung, die Kinderbetreuung, die tägliche Grundversorgung usw.);
- sie ermöglichen neue Formen des industriellen (standardisierten) Bauens.

Die Mängel vieler dieser Großwohnanlagen wurden seit etwa 1965 Gegenstand einer wachsenden Kritik, sowohl in den Massenmedien wie in den Sozial- und Planungswissenschaften. Der renommierte Psychologe Alexander Mitscherlich (1908–1982) machte die Großwohnanlagen für „Die Unwirtlichkeit unserer Städte" (1965) verantwortlich. Die damalige Kritik hat jedoch folgende Punkte nicht genügend berücksichtigt:

- Die Großwohnanlagen entstanden nicht nur aufgrund der „innerstädtischen Verdrängungskonkurrenz" und eines sicherlich mangelhaften Bodenrechts, sondern aufgrund von stark geänderten Produktions-, Wohn- und Freizeitbedingungen (wobei das *Auto*, das seit Anfang der 1960er Jahre in der Mehrzahl der Haushalte, zumal der Erwerbstätigen, vorhanden war, eine bedeutende Rolle spielte);
- die Großwohnanlagen trugen trotz ihrer vielfach erheblichen Mängel (geringer Schallschutz; mangelnde Infrastruktur etc.) zur Verbesserung des Wohnungsstandards in einem bisher nicht gekannten Ausmaß bei;
- sie entstanden innerhalb weniger Jahrzehnte in allen Gesellschaftssystemen, in entwickelten und weniger entwickelten Ländern; in ihrer Form können sie daher nur sehr bedingt als Ausdruck des „kapitalistischen Städtebaus" angesehen werden (vgl. Friedrichs 1978).

Wichtig ist weiterhin, die heutige Kritik und damalige Einstellungen auseinander zu halten. So schrieb Ulfert Herlyn (1988: 513) über diese neuen Wohnanlagen: „In den 60er und frühen 70er Jahren, als diese Großsiedlungen entstanden und von vielen als sichtbarer Ausdruck einer positiv bewerteten Modernität, fortgeschrittener Bautechnik bzw. als symbolträchtiges Zeichen gegen die Zersiedelung der stadtnahen Landschaften durch die Eigenheimbewegung angesehen wurden", gab es durchaus hohe Zufriedenheitsraten mit den neuen Wohnverhältnissen. Der nachlassende Druck auf dem Wohnungsmarkt seit Mitte der 1970er Jahre, gestiegene Ansprüche an das Wohnumfeld und weitere Faktoren führten zu neuen Bewertungen und entsprechend hohen Fluktuationsraten (was wiederum das Negativimage verstärkte).

Die geschlossene Entwicklung neuer Wohnquartiere am Stadtrand wurde mehr und mehr durch neue Prozesse der *Suburbanisierung* abgelöst. Jürgen Friedrichs definierte Suburbanisierung „als Verlagerung von Nutzungen und Bevölkerung aus der Kernstadt, dem ländlichen Raum oder anderen metropolitanen Gebieten in das städtische Umland bei gleichzeitiger Reorganisation der Verteilung von Nutzungen und Bevölkerung in der gesamten Fläche" (1975). Die Suburbanisierung brachte vor allem eine Umstrukturierung bereits vorhandener Siedlungskerne und Dörfer im Umkreis der großen Städte. In den Dörfern führte und führt dieser Prozess vielfach zur Restaurierung noch vorhandener alter Bausubstanz und zu deren Nutzungsänderung für „reine" Zwecke des Wohnens. Durch einen entsprechenden Infrastrukturausbau in den alten Siedlungskernen, durch Aufgabe vieler landwirtschaftlicher Betriebe usw. änderten sich nicht nur die Lebensgewohnheiten der zuziehenden „Suburbaniten" (Olaf Boustedt), sondern auch die der bisherigen Dorfbewohner (über Verhaltensänderungen und neue Lebensformen im Zusammenhang des Suburbanisierungsprozesses vgl. Schäfers 1975).

3. Stadt-Land-Verhältnis

Das Verhältnis von Stadt und Land umfasst mehr als „nur" Unterschiede der Siedlungs- und Wohnweise, der Arbeits- und Produktionsbedingungen bzw. Produkte, der Kultur- und Bildungschancen; es erfasst Tiefenschichten des Bewusstseins, die mit Prägungen der menschheitsgeschichtlich weit überwiegenden Phasen aller nichtstädtischen Kulturen und Daseinsbedingungen zusammenhängen (mit C.G. Jung könnte man von „Archetypen" der Naturabhängigkeit bzw. -verbundenheit sprechen); es umfasst auch Vorstellungsbilder, die mit idyllischen Verklärungen des dörflich-ländlichen Lebens in städtisch-industriellen Gesellschaften alternative Kultur- und Gesellschaftsbilder lebendig erhält.

Das Stadt-Land-Verhältnis spielt also hinein in den Bereich der Ideologien und Utopien, der Weltanschauungen und Lebensphilosophien. Wegen dieser Vielschichtigkeit und Komplexität ist auch für die Gesellschaft der Bundesrepublik nicht von einer Überwindung, sondern von einem Wandel des Stadt-Land-Verhältnisses auszugehen.

Nachdem es in der Sozial- und Wirtschaftsgeschichte der Bundesrepublik einen beispiellosen Umbau der Agrarstruktur und schließlich der Agrarlandschaft und der ländlichen Räume und damit eng verbunden der Dörfer und ländlichen Anwesen gegeben hat, setzte seit etwa Mitte der 1970er Jahre ein Prozess des Umdenkens ein. Bewusstseinsverändernd wirkten die Alternativ- und die Ökologiebewegung; es gab vielfältige Kampagnen zur „Rettung des Dorfes"; 1987/88 sogar eine Initiative des Europarates in seinen Mitgliedstaaten für das „Leben auf dem Lande".

Während die Verdichtungsräume in ihrem Kern seit Jahren einen zum Teil erheblichen Einwohnerverlust verzeichnen, verbuchen das ländliche Umland und die ländlich geprägten Regionen einen Bevölkerungszuwachs. Das Dorf in seiner alten Struktur ist dadurch nicht zu retten. Die Zahl der Dörfer, in denen der überwiegende Teil der Bewohner in der Landwirtschaft beschäftigt ist, befindet sich in einer verschwindenden Minderheit; und dort, wo der Agrarsektor noch dominant ist, hat ein Wandel der Betriebs- und Produktionsstruktur das aus Sicht des Städters „idyllische Dorf" den modernen Arbeits-, Lebens- und Freizeitstrukturen mehr und mehr angepasst. Aber es gibt trotz allem ein eigentümliches „Beharrungsvermögen" des Dorfes (vgl. Brüggemann/Riehle 1986).

Kampagnen wie: „Unser Dorf soll schöner werden" und Preise aller Art haben nicht unerheblich dazu beigetragen, restaurative Idyllen zu schaffen und die in der Tat gravierenden Struktur- und Existenzprobleme des ländlichen Raumes und der Dörfer zuzudecken. Diese Probleme ergeben sich z.B. durch die Konzentration der Viehhaltung und die damit verbundenen Probleme der Entsorgung, der Boden- und der Wasserqualität usw.

Die Verschärfung der Krise des ländlichen Lebensraums (bzw. des ländlich erscheinenden Lebensraums) hat viele Ursachen: „Umwidmung traditioneller Bau- und Siedlungssubstanz durch Dorfsanierungen oder den Massentourismus, die Vernichtung der Natur durch Chemikalisierung und Rationalisierung der Landwirtschaft oder den (Aus-)Bau von Großinfrastrukturanlagen" (Schmals/Voigt 1986: 7). Man könnte hinzufügen: die Inanspruchnahme des ländlichen Raumes durch die Bundeswehr und die Streitkräfte der NATO; die Ansiedlung von Atomkraftwerken, Mülldeponien und Sondermüll-Verbrennungsanlagen usw. Ein Ende dieser Problemkette ist nicht abzusehen.

4. Die Raum- und Siedlungsstruktur Deutschlands nach Typen

Der „Raumordnungsbericht 2000" unterteilte die Siedlungsstruktur Deutschlands in die folgenden großräumigen Siedlungstypen: *Agglomerationsräume*, *Verstädterte Räume* und *Ländliche Räume*. Die folgende Tabelle zeigt, wie sich die Bevölkerung auf diese Siedlungstypen und ihre Untergliederungen verteilen: Mehr als die Hälfte der deutschen Bevölkerung lebt in Agglomerationsräumen, in Ländlichen Räumen hingegen nur 14 %.

5. Räumliche Folgen der deutschen Einheit

Entsprechend der geographischen Struktur und Lage der Bundesrepublik in Europa, ihrer bis November 1989 hermetischen Abriegelung nach Osten (Grenzen zur DDR und Tschechoslowakei), zeigten die westdeutschen Verkehrsachsen und die Ausrichtung der Ballungskerne überwiegend eine Nord-Süd-Richtung.

Tabelle 30 Raum- und Siedlungsstruktur Deutschlands. Einteilung nach siedlungsstrukturellen Kreistypen

Siedlungsstruktureller Raum- und Kreistyp	Bevölkerung 1998 in 1 000	Anteil der Bevölkerung in % alte Bundesländer	Anteil der Bevölkerung in % neue Bundesländer
I. Agglomerationsräume	**42 780**	**53,6**	**46,8**
1. Kernstädte	19 512	43,1	57,6
2. Hochverdichtete Kreise	13 001	36,7	3,0
3. Verdichtete Kreise	6 917	15,9	16,9
4. Ländliche Kreise	3 349	4,3	22,4
II. Verstädterte Räume	**28 538**	**35,2**	**33,1**
5. Kernstädte	4 750	15,1	23,7
6. Verdichtete Kreise	15 537	58,2	39,1
7. Ländliche Kreise	8 251	26,7	37,2
III. Ländliche Räume	**10 720**	**11,2**	**20,1**
8. Verdichtete Kreise	6 466	70,0	40,3
9. Ländliche Kreise	4 253	30,0	59,7

Quelle: Bundesamt für Bauwesen und Raumplanung: Aktuelle Daten zur Entwicklung der Städte, Kreise und Gemeinden, Ausgabe 2000, S. 5

Das war vor 1945/49 anders. Erinnert sei daran, dass die Bundesstraße 1 in west-östlicher Richtung von Aachen (der Krönungsstadt deutscher Könige und Kaiser) nach Königsberg in Ostpreußen verlief, über Hannover, Potsdam und Berlin.

Schon vor der deutsch-deutschen Vereinigung hatte die Intensivierung des europäischen Einigungsprozesses zu einer Verstärkung bestimmter Verkehrs- und Siedlungsachsen geführt (die aber wiederum die Nord-Süd-Richtung betonten, z.B. die Achse Rhein-Ruhr/Rhein-Main/Rhein-Neckar/Stuttgart bzw. Schweiz/Norditalien). Daher erforderte der Einigungsprozess auch in europäischer Perspektive raumordnungspolitisch und verkehrsplanerisch ein Umdenken, denn es ging und geht nicht allein um die Integration von Ostdeutschland und die auch raumordnungspolitisch herzustellende Gleichwertigkeit der Lebensverhältnisse (§2 des Bundesraumordnungsgesetzes), sondern ebenso um die Entwicklung neuer europäischer Verkehrsachsen: nach Polen und den baltischen Staaten (die seit dem 1.5.2004 zur EU gehören), nach Russland und in die Ukraine. Insofern hat Deutschland seine alte geopolitische Zentrallage in Europa als Drehscheibe zwischen Nord- und Süd-, Ost- und Westeuropa zurück gewonnen.

Der „Raumordnungsbericht 1993" der Bundesregierung ging davon aus, dass durch die Herstellung der deutschen Einheit „zwei gänzlich unterschiedliche Teilräume zusammengeführt worden sind". Die Infrastrukturausstattung in den Regionen der neuen Bundesländer rangierte aber Anfang der 1990er Jahre noch am unteren Ende in der Europäischen Union. Hinzu kamen erhebliche Belastungen durch Umweltfaktoren und Altlasten aller Art. Der forcierte Braunkohleabbau (Region Halle-Leipzig-Bitterfeld), aber auch der Uranabbau und z.T. allen Standards widersprechende Mülldeponien (auch zur „Entsorgung" der Alt-Bundesrepublik) werden noch auf Jahrzehnte ihre Spuren hinterlassen. Auch die Belastungskarte der DDR/Neuen Bundesländer durch frei werdende militärische Liegenschaften (Raumordnungsbericht 1993: 47) zeigt im Vergleich zur Bundesrepublik wesentliche höhere Altlasten.

V. Wohnverhältnisse und Städtebau

1. Wohnungsbau und Wohnverhältnisse in Westdeutschland

„Wohnstrukturen (sind) Anzeiger gesellschaftlicher Strukturen" (Elias 1983: 68).

Die Bedeutung der *Wohnung* und des Hauses für das individuelle und familiale Leben ist so fundamental, dass hierin – seit der Sesshaftwerdung der Menschen im Neolithikum – ein zentrales Element der kulturellen und zivilisatorischen Entwicklung überhaupt zu sehen ist. Seit der Aufklärung und der Französischen Revolution hat sich die *Unverletzlichkeit der Wohnung* als Menschen- und Bürgerrecht durchgesetzt; als solches ist auch in Art. 13 GG die Wohnung als Kern des individuellen und gemeinschaftlichen Lebens geschützt.

Haus, Wohnung und „das Wohnen" sind sozio-kulturell bestimmt und ein Indikator des sozialen Wandels wie des zivilisatorischen Fortschritts. In der vorindustriellen Zeit waren die Hausgemeinschaften gleichzeitig Arbeitsgemeinschaften. Der Arbeitsbereich war Bestandteil der Wohnung, in der nicht nur die Familie, sondern auch Verwandte, Dienerschaft und „Gesinde" lebten. Für diese Haus-, Arbeits- und Lebensgemeinschaft hatte Wilhelm Heinrich Riehl den Begriff des „ganzen Hauses" eingeführt; zu den wichtigsten sozio-kulturellen Ausprägungen der Wohnbedürfnisse und über die Bedeutung des Wohnens im sozialstrukturellen Zusammenhang unserer Gesellschaft vgl. Häußermann/Siebel 1996).

Von den ca. 10 Mio. Wohnungen auf dem späteren Territorium der Bundesrepublik waren nach dem Ende des Zweiten Weltkriegs ca. ein Viertel zerstört; in manchen Großstädten – wie Köln oder Aachen, Kassel oder Dortmund – waren ca. zwei Drittel aller Wohnungen unbewohnbar (ausführlich zu den Zerstörungen der deutschen Städte von Beyme 1987; Groehler 1990; Friedrich 2002). Nach amtlichen Statistiken standen pro Kopf der Bevölkerung 1946/47 in der französischen Zone 9,4, in der amerikanischen Zone 7,6 und der britischen Zone 6,2 m² Wohnraum zur Verfügung; in einigen Großstädten waren es weniger als 6 m².

Noch vor Gründung der Bundesrepublik, aber unter den Bedingungen der 1948 eingerichteten Marktwirtschaft, begann ein Massenwohnungsbau größten Ausmaßes. Man sprach von einer „zweiten Gründerzeit". 1950 standen bereits 14,3 m² je Person zur Verfügung; aber erst 62 % aller Haushalte verfügten über eine eigene Wohnung; im Jahr 1970 waren es bereits 23,8 m² je Person. 2002 verfügten die deutschen Haushalte durchschnittlich über 41,6 m² Wohnraum pro Person.

Einige Besonderheiten und Trends der *Wohnraumversorgung* lassen sich wie folgt beschreiben (vgl. „Fortschreibung des Wohnungsbestandes" des Stat. Bundesamtes; Häußermann/Siebel 1996: 179ff.; Datenreport 2002):

- Die durchschnittliche Wohnfläche der 2002 insgesamt 35,8 Mio. Wohnungen beträgt 89,4 m²; bei Mietwohnungen sind es 69 m², bei Eigentümerwohnungen ca. 113 m²;
- das Ausstattungsniveau der Wohnungen ist deutlich gestiegen: Nur 1 % aller Wohnungen verfügen über kein Bad/Dusche (1998); in Ostdeutschland haben der Versorgungsstandard und die Wohnungsgröße noch nicht das westdeutsche Durchschnittsniveau erreicht;
- die Vergrößerung der Wohnfläche hat auch mit der Verkleinerung der Haushalte – v. a. der starken Zunahme der Einpersonenhaushalte (vgl. S. 113) – zu tun. Je mehr Personen in einem Haushalt leben, desto geringer ist die durchschnittlich verfügbare Wohnfläche (in einem Einpersonenhaushalt sind es ca. 61,3 m²).

Um das Jahr 1972 waren in Westdeutschland so viele Wohnungen fertig gestellt, dass der Gesamtbestand nur noch zur Hälfte aus der Zeit vor 1945 stammte. Mit dem Wohnungsbau ging eine große Qualitätsverbesserung des Wohnungsstandards und der Lebensverhältnisse einher. Die stagnierende Bevölkerung, Leerbestände in einigen Trabantenstädten usw. trugen dazu bei, dass der Wohnungsbau seit 1972 zurückging. Es geriet aus dem Blick, dass die Wohnung ein Eckpfeiler des Sozialstaats ist. Darum seien abschließend zu diesem Überblick Umfang und Bedeutung des *sozialen Wohnungsbaus* besonders herausgestellt.

Wie allen Manifesten und Parteiprogrammen der sich konstituierenden CDU/CSU und schließlich der sozialen Marktwirtschaft entnommen werden kann, gehörte der Wohnungsbau zu den Eckpfeilern der Entwicklung sowohl der sozialen Marktwirtschaft als auch des Sozialstaats. Das zeigt die Geschichte des sozialen Wohnungsbaus in aller Deutlichkeit: sie trug nicht unerheblich zur wachsenden Akzeptanz der Marktwirtschaft und der Bundesrepublik als Staats- und Gesellschaftssystem bei.

Seit 1949 ging die Förderkurve steil in die Höhe: Im Jahrzehnt von 1951–1960 wurden im Durchschnitt pro Jahr 295 Tsd. Sozialwohnungen fertig gestellt; das entsprach einem Anteil am Neubauvolumen von 55 %; im folgenden Jahrzehnt sank die Zahl auf 209 Tsd. Sozialwohnungen pro Jahr (Anteil 37 %). Seit Mitte der 1970er Jahre ging die Förderkurve steil nach unten: Der Anteil betrug nur noch 26 % bei durchschnittlich 129 Tsd. Sozialwohnungen pro Jahr (1971-1980; vgl. Krummacher 1988). Seit 1990 ging der Anteil des geförderten Wohnungsbaus wieder in die Höhe: 2000 waren von insgesamt 423 Tsd. fertig gestellten Wohnungen 44 Tsd. (9,9 %) gefördert (Datenreport 2002: 146).

2. Wohnungsbau in der DDR

Der Zerstörungsgrad der ostdeutschen Großstädte war – mit den Ausnahmen von Berlin, Dresden und Magdeburg – geringer als in den westdeutschen Städten (vgl. die Übersichten bei von Beyme 1987: 36f.). Die Entwicklung des Wohnungs- und Städtebaus in der SBZ und der DDR stand unter den Vorzeichen umfassender gesellschaftlicher Planung und der Herstellung sozialistischer Lebensverhältnisse, gerade auch durch Architektur und Städtebau.

Zu den frühen Kontroversen bei der Rezeption älterer und der Entwicklung neuer architektonischer und städtebaulicher Leitbilder nach 1945 gehörte daher auch die Diskussion um die sozialistischen Strömungen des *Bauhauses*, der „erfolgreichsten Bauhütte der Welt" (in Weimar 1919 gegründet, dann von 1924–1932 in Dessau und schließlich in Berlin, wo das Bauhaus 1933 aufgelöst wurde; zur Ablehnung der Bauhaus-Tradition in der DDR vgl. von Beyme 1987: 287f.).

Entsprechend den Vorstellungen einheitlicher gesellschaftlicher Planung wurde die „Deutsche Bauakademie" eingerichtet, eine Superbehörde mit 1989 3358 Mitarbeitern, darunter ca. die Hälfte mit Hochschulabschluss. Der Berufsstand des freien Architekten wurde in der DDR ebenso beseitigt wie die Möglichkeit der lokal- und regionaladäquaten Planung. Die Industrialisierung des Bauprozesses wurde vor allem durch die Einheitstechnologie des Plattenbaus vorangetrieben; nach diesem Verfahren wurden schließlich ca. 95 % des Wohnungsbaus erstellt. In der DDR wurden von 1971 bis 1990 rund 2,1 Mio. Wohnungen neu gebaut, also im Jahresdurchschnitt ca. 200 Tsd. (Friedrichs/Kahl 1991: 185f.). Die Neubautätigkeit lag in diesem Zeitraum, relativ betrachtet, zum Teil über der Neubautätigkeit in der Bundesrepublik.

Ende 2002 wurden 38,9 Mio. Wohnungen in Deutschland gezählt, hiervon 31,2 Mio. in Westdeutschland (Ferienwohnungen sind hierbei nicht berücksichtigt). 42,6 % aller Wohnungen wurden von Eigentümern bewohnt, auch hier mit deutlichen Unterschieden zwischen Ost- und Westdeutschland. Auffällig ist die unterschiedliche Wohnungsgröße im Hinblick auf das Eigentumsverhältnis: Eigentümerwohnungen sind mit durchschnittlich 113m² Wohnfläche deutlich größer als Mietwohnungen (ca. 69 m² Wohnfläche; vgl. Datenreport 2002: 134). Die Angaben sind zu ergänzen durch die sehr unterschiedlichen Eigentumsformen an Wohnung und Haus und die Qualitätsstandards des Wohnungsbestandes.

Die Eigentumsformen an Boden-, Wohnungs- und Hausbesitz gestalteten sich von Anfang an als eine der schwierigsten Fragen des Vereinigungsprozesses. Zur Ausgangssituation bemerkte von Beyme (1987: 323): „Kein sozialistischer Staat hat in der Eigentumsform eine so stark sozialistische Politik forciert wie die DDR. Der Eigenheimbau sank in seinem Anteil von 61 % (1950) auf 5 % (1968). In der UNO-Statistik lag die DDR von allen erfassten Ländern Anfang der 70er Jahre an letzter Stelle im Bau von Eigenheimen".

Bei den Ausstattungen der Wohnungen mit WC/Bad, Heizung etc. gab und gibt es erhebliche Unterschiede, vor allem im Altbaubestand der DDR, der wegen seines „bourgeoisen Zuschnitts" aus ideologischen Gründen zum Teil dem Verfall preisgegeben war. Seit der Wiedervereinigung setzte, oft in letzter Minute, ein umfassender Renovierungsprozess ein und wurde ein historisch bedeutendes Erbe vor dem definitiven Ruin bewahrt.

Völlig verschieden war das *Mietpreisniveau* in beiden deutschen Staaten; es betrug in der DDR ca. 0,80–1,25 DM/m². Diese Mieten galten der DDR-Führung als eine der „großen sozialistischen Errungenschaften". Sie deckten aber die Kosten bei weitem nicht und waren schließlich mit verantwortlich für den schlechten Zustand auch relativ neuer Wohnanlagen.

3. Wandel städtebaulicher Leitbilder

Bereits vor Kriegsende gab es intensive Diskussionen und Planungen für die kriegszerstörten deutschen Städte (von Beyme 1987; Durth/ Gutschow 1988). Nach Kriegsende haben bekannte Architekten und Städtebauer aus dem Stab von Albert Speer den Wiederaufbau maßgeblich mitgestaltet (Durth 1986).

Die städtebauliche Diskussion der Nachkriegszeit war sehr intensiv. Ein Grund wurde bereits im Kapitel über die Phasen der Stadtbildung in Deutschland genannt: Die „deutsche Stadt" ist ein vorrangiges Objekt nationaler und regionaler Identifikation (von Beyme 1987: 13ff.). Dies zeigte sich auch nach der Vereinigung 1990: Ohne die unvergessene kulturelle und historische Bedeutung von Städten wie Weimar und Leipzig, Dresden und Potsdam, Rostock und Erfurt wäre der Umbau der DDR sicherlich noch schwieriger gewesen. Ein weiterer Grund lag darin, mit neuen, „modernen" Bau- und Wohnungsformen gegenüber der nationalsozialistischen Vergangenheit einen sichtbaren Bruch herbeizuführen, gleichsam ornament- und schnörkellos die Zukunft zu planen (im Möbeldesign und anderen Elementen der Alltagskultur lässt sich das ebenfalls nachweisen).

Ein Ereignis, das auch international beachtet wurde, war 1957 die Eröffnung der Internationalen Bauausstellung in Berlin mit dem Neubau des *Hansaviertels* auf einem Gelände im westlichen Teil des Tiergartens. International renommierte Architekten waren aufgerufen, entsprechend dem Leitbild der „gegliederten und aufgelockerten Stadt" und den Prinzipien des sozialen Wohnungsbaus anspruchsvollen Massenwohnungsbau im Grünen und innerstädtisch zu realisieren.

Die Wirkungen des Leitbildes der „gegliederten und aufgelockerten Stadt" blieben – und bleiben auch heute noch – ebenso umstritten wie das Leitbild, Urbanität durch möglichst hohe Bevölkerungsdichte zu erreichen, wie dies z.B. in Heidelberg-Emmertsgrund angestrebt wurde. Mit und ohne Leitbild kam es zu heute kritisierten Massierungen des Wohnungsbaus und nur in Ansätzen zu Städtebau (zur Bedeutung der damaligen und heutigen städtebaulichen Leitbilder vgl. von Beyme 1987; Schäfers/ Köhler 1989; Becker/Jessen/Sander 1998).

Seit Anfang der 1960er Jahre regte sich eine immer lauter werdende Kritik an den Ergebnissen des jüngsten Städtebaus. Der Ökonom und Kulturphilosoph Edgar Salin (1892–1974) führte den Begriff der *Urbanität* (1960) neu in die Diskussion ein, hielt ihn jedoch für einen historischen Begriff, da er sich auf Lebensformen vergangener Patrizier- und Bürgerschichten beziehe (zum Wandel des Urbanitätsbegriffs vgl. Häußermann/Siebel 1987; zu seiner Anwendung auf historische alte Städte Schäfers 1997). Hans Paul Bahrdt veröffentlichte seine „Soziologischen Überlegungen zum Städtebau" (1961), Jane Jacobs ihre Studie über „Leben und Tod großer amerikanischer Städte" (1961/63) und Mitscherlich seine bereits genannte Schrift über „Die Unwirtlichkeit unserer Städte". Bahrdt führte die Kategorie der *„Öffentlichkeit"* in die städtebauliche Diskussion ein: Stadt ist nur dort und „urbanes Leben" kann sich nur entwickeln, wo zwischen Privatheit und Öffentlichkeit eine vielgestaltige, sich wechselseitig befruchtende Beziehung auch städtebaulich realisiert ist.

Ein Ergebnis der intensiven städtebaulichen Diskussion der 1960er Jahre war das 1971 verabschiedete Städtebauförderungsgesetz („Gesetz über städtebauliche Sanierungs- und Entwicklungsmaßnahmen in den Gemeinden"). Es erregte deshalb besondere Aufmerksamkeit, weil in ihm zwei Punkte der städtebaulichen und gesellschaftspolitischen Diskussion „institutionalisiert" wurden: die „Partizipation der Betroffenen", also ihre Mitwirkung bei der Planung und Verwirklichung der Bauaufgaben, und die mit der Partizipation verknüpfte „Sozialplanung".

Viele waren schon damals der Meinung, dass dieses Gesetz zu spät kam, weil die intensivste Neu- und Erweiterungsphase der Stadtentwicklung und die größten innerstädtischen Sanierungsvorhaben bereits abgeschlossen oder nach altem Recht begonnen waren. Gleichwohl kann kein Zweifel bestehen, dass seit Beginn der siebziger Jahre für den *inneren Stadtumbau* erhebliche Anstrengungen unternommen wurden und große Leistungen vorzuweisen sind. Die Sanierungen vieler kleiner, mittlerer, aber größerer Stadtzentren brachten eine Revitalisierung der Städte und auch des urbanen Lebens. Mit verursachend für die Neuorientierung bei der Stadtentwicklung waren auch die Wachstums- und Energiekrise und ein immer wacheres Umweltbewusstsein.

Erhalten, Bewahren, behutsamer Umbau und „Rückbau" sowie der sich rücksichtsvoll einpassende Neubau wurden mehr und mehr zu Zielen der Stadtentwicklung. Hiermit verbunden waren neue Aufgaben, die mit verschiedenen Bundes- und Landesprogrammen gefördert wurden: Wohnumfeldverbesserung; Zentrumsentwicklung (in der doppelten Perspektive: Stärkung der Stadtteile und Herausstellung des historischen Kerns als „Mitte"); Freiflächenplanung; Verkehrsberuhigung; Rückgewinnung innerstädtischen Wohnens; Entwicklung von Zentren eines differenzierten, alle Bevölkerungsgruppen erreichenden städtischen Kulturlebens; Beseitigung bzw. Umwidmung innerstädtischer Industriebrachen; Veränderungen des Stadt-Image durch Wiederentdeckung des *genius loci*.

VI. Probleme der Stadtentwicklung

1. Die Integration des Autos

Die Stadtentwicklung ist nicht erst seit den letzten Jahrzehnten ein Anschauungsfeld für soziale Probleme und gesellschaftliche Entwicklungen – sie ist es seit Beginn der industriellen und tertiären Verstädterung. Nie waren in vergleichbar kurzer Zeit ähnlich große Bevölkerungsmassen unter völlig neuen Bedingungen in existente Städte oder in neue Städte und Stadtteile zu integrieren.

Nach dem Zweiten Weltkrieg kam ein Problem völlig neuer Art hinzu: die Integration des *Autos* in den fließenden und ruhenden städtischen Verkehr. Gab es 1949 in der Bundesrepublik nur knapp 0,5 Mio. private PKW, so stieg die Zahl bereits bis 1960 auf 4,5 Mio., 1970 auf 13,7 Mio., um 1988 die zuvor für sicher unglaubhaft gehaltene Zahl von 30 Mio. zu erreichen. In den neuen Bundesländern stieg die Zahl der PKW von 3,9 Mio. Ende 1989 auf ca. 8,3 Mio. bis Anfang 2003. In Deutschland wurde 2003 die Zahl von 44 Mio. PKW überschritten; hinzu kamen ca. 2,6 Mio. LKW. Anfängliche Vorstellungen von einer „autogerechten Stadt" nach dem „Vorbild" von Los Angeles waren in Deutschland entweder aus Raumgründen nicht realisierbar oder wurden, bei aller Begeisterung für das Auto, auf Teilräume und innerstädtische Durchgangsstraßen begrenzt.

Nicht die Zuwachsraten des Kraftverkehrs allein ist ein städtisches und infrastrukturelles Problem erster Ordnung, sondern auch die zunehmende Nutzung des PKW für die weiterhin steigende Zahl der Pendler und für die ebenfalls zunehmende Feierabend-, Wochenend- und Freizeitmobilität. Etwa drei Viertel der Pendlerwege werden mit dem PWK zurückgelegt; auch bei Urlaubsreisen ist das Auto mit 61 % das wichtigste Verkehrsmittel.

Betrachtet man im Hinblick auf die Dominanz des privaten Automobilbesitzes und der -nutzung nur den besonders gravierend betroffenen Kernbereich der Städte, so können autofreie *Fußgängerzonen* im City-Bereich, die seit den 1960er Jahren zunächst in den größeren, dann auch in kleineren Städten angelegt wurden, das Problem kaum oder gar nicht lösen, weil sie den Verkehr in die angrenzenden Wohngebiete abdrängen. Hingegen waren die zum Teil nach holländischem oder dänischem Vorbild gestalteten „verkehrsberuhigten Straßen", Plätze und Stadtteile von der Ansicht geprägt, dass das Auto gegenwärtig zur Lebenswirklichkeit der Menschen und damit auch der Städte und aller anderen Siedlungsgebilde gehört.

Das Auto bzw. sein uneingeschränkter privater Gebrauch sind auch hauptverursachend für den wachsenden Flächenbedarf der Städte. „1930 rechnete man noch durchschnittlich mit einer Stadtfläche von 80 m²/E, 1960 waren es bereits 140 m². Heute liegt sie zwei- bis dreimal so hoch" (Vogel 1994: 2). Auch hier liegt ein Grund für die hohen Bodenpreise, die das Bauen oder Kaufen von Häusern oder Eigentumswohnungen für Normalverdiener immer schwieriger machen.

2. Interdependenz und Dynamik städtebaulicher Entwicklungen

Alle städtebaulichen Maßnahmen zeigen ungeplante Folgewirkungen. So haben z.B. Fußgängerzonen auch dazu beigetragen, die ohnehin erheblichen Probleme der Innenstadtentwicklung zu vergrößern:

- Verlust an Wohnbevölkerung und Verödung nach Geschäftsschluss;
- überhöhte Bodenpreise, die für viele Geschäfte, vor allem aber für neuen Wohnraum und flexible Nutzungsänderungen, wie eine Sperre wirken;
- Verödung und Sterilisierung durch die – auch werbebedingte – Standardisierung der Konsum- und Warenwelt durch überall identische, marktbeherrschende Ladenketten, durch ein immer gleichförmigeres Innenstadtdesign aus Postmoderne und „Walt-Disney-Land";
- Hinausdrängen des Warenangebots aus den Innenstädten in die „autogerechten" Einkaufszonen des Stadtrandes – eine Entwicklung, die nach der Wiedervereinigung in den neuen Bundesländern sehr schnell zu überdimensionierten Einkaufszentren führte, wie z.B. im Umfeld von Leipzig oder Chemnitz.

Einige der gegenwärtig besonders drängenden Fragen der dynamischen Stadtentwicklung, die in Architektur und Bodennutzung und in verhaltenstypischen Nutzungen des städtischen Raumes die dynamischen Prozesse ökonomischer und technologischer Entwicklungen widerspiegelt, seien stichwortartig genannt:

- die räumlichen Konsequenzen der Entwicklung neuer Haushaltstypen;
- die Bedeutung der demographischen Veränderungen für den Wandel der Städte;
- die Bedeutung neuer Technologien für die Regional- und Stadtentwicklung;
- die Entwicklung sozialer Randgruppen im städtischen Raum und damit verbunden: die Entwicklung der Segregation der städtischen Wohnbevölkerung.

3. Segregation und Stadtentwicklung

Der Begriff *Segregation* stammt aus der sozialökologischen Schule der amerikanischen Stadtforschung und meint die räumlich gegebene Trennung der Bevölkerung nach bestimmten Merkmalen wie Klassen- oder Schichtzugehörigkeit, Ethnie oder Religion, Alter und Zugehörigkeit zu bestimmten Haushalts- und Familienformen. Die stadtsoziologische Forschung hat u.a. herausgefunden, dass die oberste Oberschicht und die unterste Unterschicht die höchsten Segregationsindices aufweisen. Die Frage nach der räumlichen Segregation der Bevölkerung gehört zum Kern der stadtsoziologischen Forschung, weil sich mit ihr eine Reihe anderer Probleme eng verknüpfen, wie die Assimilation und Akkulturation bestimmter Bevölkerungsgruppen (vgl. Hamm/Neumann 1996: 205ff.; Harth et. al. 1998: 11ff.).

Neuere empirische Befunde für die Stadt Köln zeigen, dass der Segregationsgrad der ausländischen Bevölkerung in deutschen Städten kontinuierlich ansteigt. In Köln stellen die Türken mit 72 Tsd. Personen (7,1 % der Wohnbevölkerung) die größte Ausländergruppe. Sie wohnt in bestimmten städtischen Teilgebieten so hochgradig segregiert, dass in fünf Stadtteilen mehr als 15 %, in zwei Stadtteilen mehr als 20 % der Wohnbevölkerung erreicht werden. Dort, wie in der nördlichen Altstadt oder Ehrenfeld, hat sich inzwischen eine „türkenspezifische Infrastruktur" herausgebildet (Firat/Laux 2003: 392; vgl. dort die Karte mit den Anteilen türkischer Bevölkerung für alle Stadtteile).

Für Berlin hat Uwe Rada (2002) gezeigt, dass es dort inzwischen segregierte russische Stadtteile gibt, in denen das zugehörige Milieu – ebenso wie im türkisch dominierten Kreuzberg – die erforderliche Assimilation (beginnend beim Erwerb der deutschen Sprache) zunehmend erschwert.

Für die Stadtentwicklungsplanung ist es ausgesprochen schwierig, ein vernunftorientiertes Maß zwischen „Durchmischung" und partieller Segregation zu finden. Werden z.B. Villenviertel in größerem Ausmaß sozial durchmischt, ist mit Abwanderung bisheriger Bewohner zu rechnen; ebenso problematisch kann es sein, wenn bestimmten ethnischen Gruppen verwehrt wird, segregiert, d.h. in größerer Gemeinschaft nur in bestimmten Vierteln, Straßen oder auch Häusern wohnen zu wollen.

Literatur

Bahrdt, Hans Paul, 1961, Die moderne Großstadt. Soziologische Überlegungen zum Städtebau, rde Bd. 127 (in neuer, ergänzter Aufl., hg. von *Ulfert Herlyn*, Opladen 1998)

Becker, Heideke, Johann Jessen, Robert Sander, Hg., 1998, Ohne Leitbild? Städtebau in Deutschland und Europa, Stuttgart

Berndt, Heide, 1978, Die Natur der Stadt, Frankfurt/M.

Bernet, Wolfgang, 1990, Wege zur Demokratisierung der Kommunalverwaltung in der DDR, in: (Wieder-)Vereinigungsprozeß in Deutschland, Kohlhammer TB 1092, S. 38–53

von Beyme, Klaus, 1987, Der Wiederaufbau. Architektur und Städtebaupolitik in beiden deutschen Staaten, München/Zürich

Boustedt, Olaf, 1970, Art. „Stadtregionen", in: Handwörterbuch der Raumforschung und Raumordnung, 2. Aufl., Hannover, Sp. 3207–3237

Brüggemann, Beate, Rainer Riehle, 1986, Das Dorf. Über die Modernisierung einer Idylle, Frankfurt/New York

Deutsch, Karl W., 1970, Soziale Mobilisierung und politische Entwicklung, in: *W. Zapf*, Hg., Theorien des sozialen Wandels, Köln, S. 329–350

Durth, Werner, 1977, Die inszenierte Alltagswelt. Zur Kritik der Stadtgestaltung, Braunschweig

Durth, Werner, 1986, Deutsche Architekten. Biographische Verflechtungen 1900–1970, Braunschweig/Wiesbaden

Durth, Werner, Niels Gutschow, 1988, Träume in Trümmern. Planungen zum Wiederaufbau zerstörter Städte im Westen Deutschlands 1940–1950, 2 Bde., Braunschweig/Wiesbaden

Elias, Norbert, 1983, Die höfische Gesellschaft. Untersuchungen zur Soziologie des Königtums und der höfischen Gesellschaft, Frankfurt/M. (Kap. III: Wohnstrukturen als Anzeiger gesellschaftlicher Strukturen, S. 68–101)

Firat, Serap, Hans Dieter Laux, 2003, Wohneigentumsbildung für Migranten – ihre Bedeutung für die räumliche und individuelle Eingliederung am Beispiel der türkischen Bevölkerung in Köln, in: Information zur Raumentwicklung, H. 6, S. 389–399

Friedrichs, Jürgen, 1975, Soziologische Analyse der Bevölkerungs-Suburbanisierung, in: Beiträge zum Problem der Suburbanisierung, Hannover, S. 39-80

Friedrichs, Jürgen, Hg., 1988, Soziologische Stadtforschung, SH 29 der KZfSS, Opladen

Friedrichs, Jürgen, Alice Kahl, 1991, Strukturwandel in der ehemaligen DDR – Konsequenzen für den Städtebau, in:Archiv für Kommunalwissenschaften, 30.Jg., S. 179-197

Hamm, Bernd, Ingo Neumann, 1996, Siedlungs-, Planungs- und Umweltsoziologie, Ökologische Soziologie Bd. 2, Opladen

Harth, Annette, Ulfert Herlyn, Gitta Scheller, 1998, Segregation in ostdeutschen Städten. Eine empirische Studie, Opladen

Häußermann, Hartmut, Walter Siebel, 1987, Neue Urbanität, Frankfurt/M.

Häußermann, Hartmut, Walter Siebel, 1996, Soziologie des Wohnens. Eine Einführung im Wandel der Ausdifferenzierung des Wohnens, Weinheim und München

Hegemann, Werner, 1963, Das steinerne Berlin. Geschichte der größten Mietskasernenstadt der Welt, Berlin et al. (Bauwelt Fundamente; zuerst 1930)

Herlyn, Ulfert, Hg., 1974, Stadt- und Sozialstruktur, München

Jacobs, Jane, 1963, Tod und Leben großer amerikanischer Städte, Frankfurt/Berlin (Bauwelt Fundamente Bd. 4; Orig. amerik. 1961); 3.Aufl. 1993

Lerner, Daniel, 1970, Die Modernisierung des Lebensstils: eine Theorie, in: *W. Zapf*, Hg., Theorien des sozialen Wandels, Köln, S. 362-381

Mackensen, Rainer, 1974, Städte in der Statistik, in: *W. Pehnt*, Hg., a.a.O., S. 129-165

Mitscherlich, Alexander, 1965, Die Unwirtlichkeit unserer Städte. Anstiftung zum Unfrieden, Frankfurt/M. (es Bd. 123; 23.Aufl. 1994. Einmalige Sonderausgabe 1996)

Mumford, Lewis, 1979, Die Stadt. Geschichte und Ausblick, 2 Bde., München (dtv) (Orig. amerik. 1961)

Pehnt, Wolfgang, Hg., 1974, Die Stadt in der Bundesrepublik Deutschland. Lebensbedingungen, Aufgaben, Planung, Stuttgart

von Petz, Ursula, Klaus M. Schmals, Hg., 1992, Metropole, Weltstadt, Global City: Neue Formen der Urbanisierung, Dortmund

Rada, Uwe, 2002, Berliner Barbaren. Wie der Osten in den Westen kommt, Berlin

Reulecke, Jürgen, Hg., 1978, Die deutsche Stadt im Industriezeitalter, Wuppertal

Reulecke, Jürgen, 1985, Geschichte der Urbanisierung in Deutschland, Frankfurt/M.

Salin, Edgar, 1960, Urbanität, in: *Deutscher Städtetag*, Hg., Erneuerung unserer Städte, Stuttgart/Köln, S. 9ff

Schäfers, Bernhard, 1970, Planung und Öffentlichkeit. Drei soziologische Fallstudien: kommunale Neugliederung, Flurbereinigung, Bauleitplanung, Düsseldorf

Schäfers, Bernhard, 1975, Über einige Zusammenhänge zwischen der Entwicklung suburbaner Räume, gesellschaftlichen Prozessen und Sozialverhalten, in: Beiträge zum Problem der Suburbanisierung, Hannover, S. 81-95

Schäfers, Bernhard, Gabriele Köhler, 1989, Leitbilder der Stadtentwicklung. Wandel und jetzige Bedeutung im Expertenurteil, Pfaffenweiler

Schäfers, Bernhard, Göttrik Wewer, Hg., 1996, Die Stadt in Deutschland. Soziale, politische und kulturelle Lebenswelt, Opladen (darin: *B. Schäfers*, Die Stadt in Deutschland. Etappen ihrer Kultur und Sozialgeschichte, S. 19-31)

Schildt, Axel, Arnold Sywottek, Hg., 1988, Massenwohnung und Eigenheim. Wohnungsbau und Wohnen in der Großstadt seit dem Ersten Weltkrieg, Frankfurt/M.

Schildt, Axel, 1988a, Die Grindelhochhäuser. Eine Sozialgeschichte der ersten deutschen Wohnhochhausanlage Hamburg-Grindelberg 1945-1956, Hamburg

Schmals, Klaus M., Hg., 1983, Stadt und Gesellschaft. Ein Arbeits- und Grundlagenwerk, München

Schmidt-Eichstaedt, Gerd, 1993, Kommunale Gebietsreform in den neuen Bundesländern, in: Aus Politik und Zeitgeschichte, B 36/93, S. 3-17

Simmel, Georg, 1903, Die Großstädte und das Geistesleben; verschiedentlich wieder abgedruckt, z.B. in: *ders.*, Brücke und Tür (Gesammelte Essays), Stuttgart 1957, S. 227-242; online: http://gutenberg.spiegel.de/simmel/essays/grosstad.htm (2.5.2004)

Stoob, Heinz, 1979, Die hochmittelalterliche Städtebildung im Okzident. Stadtformen und städtisches Leben im Mittelalter, in: ders., Hg., Die Stadt. Gestalt und Wandel bis zum industriellen Zeitalter, Köln/Wien, S. 131-194

Wehling, Hans-Georg, 1998, Kommunalpolitik in Geschichte und Gegenwart, in:Informationen zur politischen Bildung Nr. 248, hg. von der Bundeszentrale für politische Bildung, S. 4-15

Wirth, Louis, 1974, Urbanität als Lebensform, in: *U. Herlyn*, Hg., a.a.O., S. 42-66 (Orig. amerik. 1938)

Kapitel 14
Deutschland im Vergleich europäischer Sozialstrukturen

I. Institutionalisierung des Europagedankens nach dem Zweiten Weltkrieg

1. Von der Montanunion zur EU

Wegen der Okkupation eines Großteils Europas unter nationalsozialistischen Vorzeichen war der Europagedanke nach dem Zweiten Weltkrieg zunächst höchst ambivalent. Die Europabegeisterung der Deutschen, auch der Jugend und ihrer Aktivitäten (z.B. das symbolische Niederreißen von Grenzzäunen), wurde in den Nachbarländern mit Skepsis aufgenommen (Morin 1988). Doch letztlich war eine Neubelebung des Europagedankens die einzige Möglichkeit, Versuchen nationaler Vorherrschaften über Europa endgültig den Boden zu entziehen.

In der Tradition dieser politischen Absichten stand die einflussreiche Rede des französischen Außenministers Robert Schuman (1886–1963) vor der französischen Nationalversammlung am 9. Mai 1950. Die von Schuman vorgeschlagene „Europäische Gemeinschaft für Kohle und Stahl" (EGKS), die *Montanunion*, war bis 1952 institutionalisiert. Ihr gehörten Italien und Frankreich, die Benelux-Länder und die Bundesrepublik an. Es war die erklärte Absicht, Deutschlands Industrie, die damals noch wichtige Grundlagen in Kohle und Stahl hatte, in gemeinsame Kontrollen einzubinden.

Tabelle 31   Die „alten" EU-Staaten im Vergleich 2001

Land	Fläche in qkm	Einwohner in Mio.	Einwohner je qkm
Belgien	30 518	10,2	337
Deutschland	357 022	82,4	231
Dänemark	43 094	5,3	124
Finnland	338 147	5,1	17
Frankreich	543 965	58,5	108
Griechenland	131 625	10,5	80
Großbritannien und Nordirland	241 751	59,7	245
Irland	68 895	3,8	55
Italien	301 316	56,3	187
Luxemburg	2 586	0,4	170
Niederlande	41 029	15,9	472
Österreich	83 859	8,0	96
Portugal	91 906	9,9	109
Schweden	410 934	8,8	22
Spanien	504 790	40,8	88
EU 15	3 191 437	376,7	119

Quelle: Statistisches Jahrbuch für das Ausland 2003, S. 24, S. 36f.

Die EGKS wurde 1957 durch die „Römischen Verträge" um die *Europäische Wirtschaftsgemeinschaft* (EWG) und *Euratom* erweitert. Euratom umfasste die genannten sechs Länder und Großbritannien. 1967 wurden diese Institutionen zur *„Europäischen Gemeinschaft"* (EG) zusammengeschlossen. 1973 erweiterte sich die EG auf neun Mitglieder: Dänemark, Großbritannien und Nordirland traten hinzu (für Norwegen waren die Beitrittsverhandlungen ebenfalls abgeschlossen, aber die Norweger entschieden sich in einer Volksabstimmung mit 53,5 % zu 46,5 % gegen den Beitritt). Im Jahr 1981 wurden Griechenland, 1986 Portugal und Spanien und in der vierten Erweiterung 1995 Finnland, Österreich und Schweden in die EU aufgenommen. Mit dem *Maastrichter Vertrag* vom 7.2.1992 wurde die EG entsprechend den Inhalten und Intentionen in *Europäische Union* (EU) umbenannt (über die Stufen des europäischen Einigungsprozesses von 1945–2000 vgl. den Überblick bei Brunn 2002).

2. Die Osterweiterung der EU

Nach den beiden Süd- und Norderweiterungen der EG bzw. der EU wurde auf mehreren Konferenzen seit dem Maastricht-Vertrag beschlossen, das „Europäische Haus" durch eine Osterweiterung zu vergrößern. Genauer handelte es beim Beitritt von zehn weiteren europäischen Ländern zum 1. Mai 2004 um eine Osterweiterung und eine dritte Süderweiterung (mit Malta und dem griechischen Teil von Zypern).

Die neuen Länder mussten zuvor große Anstrengungen unternehmen, ihre politischen, rechtlichen und ökonomischen Strukturen so umzustellen, dass sie sich in die Vorgaben der freiheitlich-liberalen Grundordnung der bisherigen EU-Länder einfügten. Berücksichtigt man, dass sieben dieser Länder – Estland, Lettland, Litauen, Polen, Slowakei, Tschechien und Ungarn – bis in die Zeit um 1990 zum sowjetischen Machtbereich und damit zu einem völlig anderen Staats- und Gesellschaftssystem gehört hatten, kann man die Leistungen ermessen, rechtzeitig zum genannten Termin die erforderlichen Weichenstellungen zu erfüllen.

Die neuen Beitrittsländer sind in ihrer Größe, ihrer ökonomischen Leistungsfähigkeit und Wirtschaftsstruktur sehr heterogen (vgl.Tab. 32 und 38).

3. Weitere europäische Institutionen

Die Europäische Union (EU) ist nicht die einzige Institutionalisierung des Europagedankens. An erster Stelle ist der 1949 gegründete *Europarat* zu nennen, der zwar nur ein loser Staatenverbund mit inzwischen 45 Mitgliedern ist, der aber durch seine Konventionen – z.B. die 1953 in Kraft getretene Europäische Konvention zum Schutz der Menschenrechte – Kontrollfunktionen ausübt und Einfluss auf dem Gebiet der Kultur hat. Die Parlamentarische Versammlung als Beschlussorgan des Europarats ist – wie das Europäische Parlament der EU – in Straßburg ansässig.

Zu nennen ist weiterhin die *Westeuropäische Union* (WEU), die 1954 gegründet wurde (praktisch nach dem Scheitern der vor allem von Frankreich initiierten

Tabelle 32   Neue EU-Länder seit dem 1.5.2004

Land	Fläche in qkm	Einw. in Mio.	Einw. je qkm	Bruttoinvest. des BIPs 2001 (in %)
Estland	43 430	1,3	31	26,7
Lettland	64 589	2,4	38	30,3
Litauen	65 300	3,4	53	21,5
Malta	315	0,4	1 240	20,3
Polen	312 685	38,6	124	21,0
Slowakei	49 035	5,4	110	32,0
Slowenien	20 273	1,9	98	25,4
Tschechien	78 859	10,3	130	30,0
Ungarn	93 030	10,2	110	28,0
Zypern[1]	5 896	0,8	82	18,5

Quelle: Statistisches Jahrbuch für das Ausland 2003, S. 38f.; S. 319
[1] griechisch-zypriotischer Teil

Europäischen Verteidigungsgemeinschaft, EVG). Die WEU ist ein militärischer Beistandspakt im Rahmen der NATO, der daneben aber auch Ziele der europäischen Integration verfolgt. Der inzwischen erweiterten WEU gehörten ursprünglich nur die sechs Gründungsmitglieder der EGKS bzw. der EWG an. Sitz der WEU ist (wie für die 1949 gegründete NATO) Brüssel.

II. Der Vergleich europäischer Sozialstrukturen

1. Gemeinsamkeiten im heterogenen europäischen Staatengefüge

Die nachfolgenden Hinweise auf Gemeinsamkeiten und Differenzen der Sozialstrukturen in Europa sind zumeist auf die Länder der *Europäischen Union* (EU) bzw. des *Europäischen Wirtschaftsraumes* (EWR) begrenzt. Die EU umfasst nun 25 von insgesamt 43 Ländern in Europa; der EWR umfasst die Länder der EU und der EFTA, der *European Free Trade Association* (Europäische Freihandelszone mit Sitz in Genf). Neben den Ländern der EU gehören Island, Liechtenstein, Norwegen und die Schweiz zur EFTA.

Unter den 43 Ländern Europas sind sieben sog. Zwergstaaten, die in ihrer Existenz die wechselvolle europäische Geschichte widerspiegeln: Andorra, Liechtenstein, Luxemburg (EU-Mitglied), Malta (EU-Mitglied seit 1. Mai 2004), Monaco, San Marino und Vatikanstadt. Alle zusammen haben weniger als 1 Mio. Einwohner. Aber wie in Deutschland mit seinen Stadtstaaten und den in ihrer Größe sehr unterschiedlichen Ländern ist das kulturelle und politische Gewicht dieser Kleinstaaten aus verschiedenen Gründen nicht nur entsprechend ihrer Größe zu messen.

In einem der ersten Versuche, die Sozialstrukturen der Länder Westeuropas zu vergleichen, führte Hartmut Kaelble (1987: 149f.) aus: „Die europäischen Gesellschaften haben im 20. Jahrhundert viele Gemeinsamkeiten, in denen sie sich von der amerikanischen, japanischen und sowjetischen Gesellschaft recht klar unterscheiden". Zu den Gemeinsamkeiten rechnen nach Kaelble u.a. eine besondere europäische Familienstruktur mit der frühen Dominanz der Kleinfamilienhaushalte; es gibt eine eigene europäische Beschäftigungsstruktur, Besonderheiten in der Ausprägung der Stände, Klassen- und Schichtungsstruktur und den Formen (und Akzeptanzen) der sozialen Differenzierung; es gibt Gemeinsamkeiten in der Entwicklung der europäischen Stadt, in der Entwicklung sozialer/sozialstaatlicher Sicherungssysteme und bei der Lösung von Arbeitskonflikten.

Ein Vergleich europäischer Sozialstrukturen kann also auf eine lange gemeinsame Geschichte in vielen Bereichen und Institutionen (wie z.B. den Universitäten) zurückgreifen. Werner Weidenfeld (1985: 13ff.) rechnet zu den Grundlagen der europäischen Identität (man müsste hinzusetzen: verstärkt seit der Aufklärung und den bürgerlichen Revolutionen) die „Entzauberung der Welt" und die rationale Lebensbewältigung (mit Begriffen Max Webers); ein individuell aktives und verantwortetes Handeln; die Suche nach Neuem und den Fortschritt als Wert.

2. Nationale Differenzen politischer Systeme

Die Gemeinsamkeiten europäischer Sozialstrukturen beziehen sich auch auf ein gesamteuropäisches Erbe der Entwicklung von Demokratie und Parlamentarismus, von Republik und Bürgergesellschaft; sie werden durch die Theorien der Egalität und der bürgerlichen Revolutionen, mit ihrem Höhepunkt 1789ff., eher verdeckt als bewusst gemacht. Die demokratischen bzw. gemeinschaftlichen und genossenschaftlichen Formen der Gestaltung des politischen und sozialen Lebens vor dem eigentlichen Zeitalter der Demokratie, die Traditionen der Freien Reichsstädte und Stadtrepubliken, aber auch der Zünfte und Innungen, der ständischen und kirchlichen Wahlkonvente, sind ein gesamteuropäisches Erbe, das bei allen politischen Veränderungen bis heute fortwirkt. Unbestritten ist, dass Europa seit den bürgerlichen Revolutionen „in der frühneuzeitlichen Geschichte der Menschenrechte, der Gewaltenteilung, der Säkularisierung des modernen wissenschaftlichen Denkens, der Entstehung moderner rationaler Staatsverwaltungen" weltweit eine Pionierrolle übernahm (Kaelble 1987: 17). Zu berücksichtigen ist aber auch, dass diese weltweite Ausstrahlung mit der Expansion europäischer Kolonialsysteme zusammenhing und die „Weltgeschichte Europas" (so der Titel eines zweibändigen Werkes von Hans Freyer, 1948) bis heute belastet.

Der Zusammenschluss der europäischen Staaten in der EG bzw. EU macht die nationalstaatlich ausgeprägten Besonderheiten der Bürokratie, des Föderalismus, des Sozial- und Wohlfahrtsstaates, der Arbeitsverfassungen, des Gerichtswesens, des Gesundheitswesens, der Medien und Massenkommunikation und aller anderen sozialstrukturell bedeutsamen Institutionen zu Aufgaben der Angleichung.

Die unterschiedlichen politischen Systeme in der EU sind jedoch ein Beispiel dafür, dass Angleichung nicht auf allen Ebenen erforderlich ist, wenn ein bestimmter Grundkonsens vorausgesetzt werden kann. In der EU gibt es sieben konstitutionelle Monarchien und achtzehn Republiken. Wahl und Stellung des Staatsoberhauptes sind ebenso verschieden wie Parteien- und Wahlsysteme und die Stellung von Parlament und Zweiter Kammer (in Deutschland der Bundesrat). Der politische Grundkonsens besteht jedoch darin, dass alle EU-Staaten parlamentarische Demokratien sind (zur Differenzierung der politischen Systeme in West- und Osteuropa vgl. Gabriel 1992; Ismayr 1997; Ismayr 2002).

Auf anderen Gebieten, wie den Traditionen und Strukturen von Sozialstaat und Sozialpolitik, sind die vorhandenen Differenzen problematischer, weil z.B. der Maastricht-Vertrag in Art. 2 vorschreibt, „ein hohes Beschäftigungsniveau, ein hohes Maß an sozialem Schutz, die Hebung des Lebensstandards, den wirtschaftlichen und sozialen Zusammenhalt" zu fördern. Dies dürfte kaum ohne bestimmte Vereinheitlichungen und gemeinsame Institutionen zu erreichen sein.

3. Bevölkerungsstrukturen

Die Bevölkerungsentwicklung in den europäischen Ländern zeigte im 19. und 20. Jh. erstaunliche Parallelen (Flora 1987). Nach der „Bevölkerungsexplosion" im 19. Jh. begannen die europäischen Länder entsprechend dem Stand der Industrialisierung und Verstädterung mit der „säkularen Geburtenbeschränkung" (Linde 1984).

Tabelle 33 Weniger Nachwuchs in Europa 2001

Land	Durchschnittliche Kinderzahl je Frau	Land	Durchschnittliche Kinderzahl je Frau
Deutschland	1,29	Italien	1,24
Belgien	1,65	Luxemburg	1,70
Dänemark	1,74	Niederlande	1,69
Finnland	1,73	Österreich	1,29
Frankreich	1,90	Portugal	1,42
Griechenland	1,29	Schweden	1,57
Großbritannien und Nordirland	1,63		
Irland	1,98		

Quelle: Eurostat Jahrbuch 2003, Übersicht „1b4ab" (CD-ROM oder Homepage: http://www.EU-datashop.de)

Zu Recht wird darauf hingewiesen, dass die europäischen Länder in ihrer Bevölkerungsentwicklung der letzten 150 Jahre das Theoriemodell des demographischen Übergangs repräsentieren. Hatte Deutschland von 1970–1985 das niedrigste Geburtenniveau von allen Ländern auf der Welt, so wurde es seit den späten

1980er Jahren von Italien und Spanien unterboten. Weitere Merkmale der Bevölkerungsstruktur und -entwicklung in Europa sind (vgl. Stat. Jb. für das Ausland 2003; Eurostat 2003):

- In allen Ländern der EU hat nur noch Irland ein natürliches Bevölkerungswachstum; 2004 gibt es keinen EU-Staat mehr, der durch Nachwuchs eine Bevölkerungszunahme oder zumindest eine Bestandserhaltung der Bevölkerungszahl erreichen würde; dies erfolgt heute höchstens noch über Wanderungsgewinne;
- die Länder der EU sind trotz Zunahme von Wanderungsbewegungen seit Ende der 1980er Jahre im Hinblick auf die Staatsangehörigkeit ihrer Bevölkerung relativ homogen: 2001 wohnten 95% der Staatsangehörigen der EU im eigenen Land;
- die höchsten relativen Wanderungsgewinne hatten Luxemburg und Deutschland; mit großem Abstand folgen Griechenland und Österreich;
- der relative Anteil älterer Menschen (über 65 Jahre) an der Gesamtbevölkerung war im Jahr 2001 am höchsten in Griechenland (17,3%), am niedrigsten in Irland (11,2%); spiegelbildlich dazu war der Anteil der unter 15-jährigen an der Gesamtbevölkerung in Irland am höchsten (21,5%), in Italien mit 14,4% am niedrigsten; bemerkenswert ist, dass es in Spanien und Italien in den Regionen des Nordens und Südens höchst unterschiedliche Anteile gibt, die sich den genannten Extremen annähern;
- die Zahl der nichtehelichen Geburten zeigt äußerst große Schwankungen: zwischen 4% und 10% in Griechenland und Italien und 44% und 55% in Dänemark und Schweden.

Die Bevölkerungszahl eines Landes bleibt in etwa konstant, wenn je Frau 2,15 Kinder geboren werden. Die durchschnittliche Kinderzahl je Frau für Deutschland (1,3) bedeutet daher, dass die Bevölkerung nur noch zu etwa zwei Dritteln „ersetzt" wird (vgl. Tab. 33).

Neben der natürlichen Bevölkerungsbewegung spielen die Wanderungsbewegungen im Hinblick auf die aktuelle Struktur der Bevölkerung eine entscheidende Rolle. Die Zu- und Abwanderungen von und nach Deutschland mit zusammen ca. 1,9 Mio. Personen im Jahr 2001 machen einen wichtigen Teil der Bevölkerungsbewegungen in Europa aus.

Innerhalb der EU gibt es bemerkenswerte Verschiebungen in den Abwanderungsquoten. Italien und Spanien, die über Jahrzehnte Abwanderungsländer waren (vor allem auch in die Bundesrepublik), verzeichnen derzeit eine Rückwanderung; Portugal und Griechenland sind weiterhin Abwanderungsländer.

4. Haushalte und Familien

Einführend wurde hervorgehoben, dass Hartmut Kaelble Gemeinsamkeiten in den Familienstrukturen der Länder des alten Europas zu den Grundlagen einer europäischen Sozialstruktur rechnet. Neben den früh nachweisbaren kleinfamilialen Verhältnissen waren es – im Vergleich zu anderen Weltregionen – das relativ hohe Heiratsalter und die große Zahl Lediger (Kaelble 1997: 30). Nach Rüdiger Peuckert (2002: 361) lassen sich die folgenden drei Muster familialer Strukturen in den bisherigen 15 EU-Ländern ausmachen:

- *Nordeuropa* (Dänemark, Finnland, Schweden), wo nicht-traditionale Lebensformen besonders weit verbreitet sind;
- *Westeuropa* (Österreich, Belgien, Luxemburg, Frankreich, England, Deutschland und die Niederlande), wo die moderne Kleinfamilie, wenn auch mit abnehmenden Gewicht, immer noch die dominante Familienform ist;
- *Südeuropa* (Griechenland, Italien, Portugal, Spanien) und *Irland*, die am stärksten landwirtschaftlich geprägten und an Traditionen orientierten Länder, in denen sich noch konventionelle Familienmuster und Haushaltsformen finden.

Gemeinsamkeiten und Trends, die sich in allen Ländern der EU und des EWR abzeichnen, wenn auch mit unterschiedlichem Beginn und Tempo, lassen sich wie folgt zusammenfassen (vgl. Stat. Jb. für das Ausland 2003; Eurostat 2003; Datenreport 2002):

- der Trend zu wenigen Kindern und dem höheren Alter der Frau bei Geburt des ersten Kindes;
- die Abnahme der Haushaltsgröße; 2001 hatten Dänemark, Deutschland, Belgien und Finnland mit je 2,2 Personen je Haushalt und Schweden mit 2,0 die geringste Haushaltsgröße; die Maxima gab es in Griechenland, Irland, Portugal und Spanien (jeweils 3,0).

Tabelle 34 Single-Haushalte und durchschnittliche Haushaltsgröße in ausgewählten Ländern 2001

Land	Single-Haushalte in Prozent	durchschnittl. Anzahl Personen je Haushalt	Land	Single-Haushalte in Prozent aller Privat-haushalte	durchschnittl. Anzahl Personen je Haushalt
Deutschland	36,5	2,2	Italien	23,3	2,6
Belgien	31,1	2,4	Luxemburg	–	2,7
Dänemark	37,1	2,2	Niederlande	33,3	2,3
Finnland	37,9	2,2	Österreich	31,6	2,4
Frankreich	31,5	2,5	Portugal[1]	–	3,0
Griechenland[1]	–	3,0	Schweden	46,5	2,0
Großbritannien und Nordirland	30,0	2,4	Spanien	15,0	3,0
Irland	21,9	3,0			

Quelle: Statistisches Jahrbuch für das Ausland 2003, S. 206
[1] für das Jahr 2000

- Zunahme der Einpersonenhaushalte (in Deutschland von 1950 bis 2001 um 47%);
- Rückgang der Eheschließungen (in Deutschland von 1950 bis 2001 um 57,3%);
- Anstieg der Scheidungen in den heutigen EWR-Ländern von 1960 bis 2001 fast um das Vierfache;
- das Durchschnittsalter bei der Erstheirat ist in den meisten Ländern des heutigen EWR-Raumes gestiegen; 1999 war es am höchsten in den skandinavischen Ländern (Dänemark 32,5 für Männer, 30,1 für Frauen), am niedrigsten in Portugal (27,2 für Männer, 25,5 für Frauen);
- der Anteil der Alleinerziehenden zieht eine deutliche Grenzlinie durch Europa: Im Norden und Westen Europas sind ca. 3,2% der Haushalte mit Kindern Einelternfamilien (England 5,5%; Deutschland 2,4%), im Süden Europas sind es zwischen 0,8% und 1,7%.

Tabelle 35 Daten zur Familienstruktur im Jahr 2001

Land	Eheschließungen je 1000 Einw.	Geschiedene Ehen je 1000 Einw.	Lebendgeborene Insgesamt je 1000 Einw.	Nichteheliche in % aller Lebendgeborenen
Deutschland	4,7	2,4	8,9	25,0
Belgien	4,1	2,9	11,1	27,5
Dänemark	6,8	2,7	12,2	44,6
Finnland	4,8	2,6	10,8	39,5
Frankreich	5,1	1,9	13,1	43,7
Griechenland	5,4	0,9	9,6	4,3
Großbritannien und Nordirland	5,1	2,6	11,2	40,1
Irland	5,0	0,7	15,1	31,2
Italien	4,5	0,7	9,2	10,0
Luxemburg	4,5	2,3	12,4	22,2
Niederlande	5,0	2,3	12,7	27,2
Österreich	4,2	2,5	9,3	33,1
Portugal	5,7	1,8	11,0	23,8
Schweden	4,0	2,4	10,3	55,5
Spanien	5,1	1,0	10,1	19,0

Quelle: Statistisches Jahrbuch für das Ausland 2003, S. 45f., Eurostat 2003, „cap13584", http://europa.eu.int

5. Bildung und Ausbildung. Schulen und Universitäten

Vor der Herausbildung der europäischen Nationalstaaten gab es auf dem Sektor der Bildung für die Menschen, die überhaupt lesen und schreiben konnten, in gewisser Weise mehr Gemeinsamkeiten als gegenwärtig. Klosterschulen und Universitäten waren in ganz Europa vergleichbar, weil sie von der Kirche dominiert wurden.

Erst mit der Durchsetzung der allgemeinen Schulpflicht und der Etablierung nationalstaatlicher Bildungssysteme seit der Mitte des 19. Jh.s sank die Analphabetenrate drastisch, konnten sich Mädchen und Frauen an Bildungs- und Ausbildungsprozessen beteiligen und wurden Bildung und Ausbildung zu allgemein anerkannten Voraussetzungen bei der Verberuflichung der Arbeit und der Partizipation am kulturellen, sozialen und politischen Leben. Die am frühesten industrialisierten Länder in West- und Nordeuropa gewannen hierbei einen Vorsprung vor den südeuropäischen Ländern, in denen der Einfluss der Kirche länger dominant war und die Industrialisierung später oder nur regionalspezifisch einsetzte wie in der Lombardei, im Baskenland oder in Katalonien. Die unterschiedlichen Zeitraster für Säkularisierung, Industrialisierung, Verstädterung, Frauenemanzipation usw. führten zu Differenzierungen der Bildungs- und Ausbildungssysteme in den europäischen Ländern.

Die größten Ähnlichkeiten in der institutionellen Ausgestaltung des Bildungssektors gibt es im Primarbereich, obwohl das Einschulungsalter einige Unterschiede aufweist: In den meisten Ländern ist es das sechste Lebensjahr, in Großbritannien und den Niederlanden das fünfte, in den skandinavischen Ländern das siebte (Müller et al. 1997: 187). Der Sekundarbereich II zeigt große Unterschiede im Hinblick auf vertikale Durchlässigkeit, horizontale Übergangsmöglichkeiten und in der Integration und Differenzierung zwischen allgemeinem und berufsbildendem Schulwesen; eine noch größere Differenzierung zeigt das berufliche Schulwesen (vgl. ebd.: 190ff.).

An der *Bildungsexpansion* seit Beginn der 1960er Jahre hatten alle hier betrachteten „alten" europäischen Länder Anteil, wenn auch mit kleinen Phasenverschiebungen. Am deutlichsten zeigt sich die Bildungsexpansion im überproportionalen Anstieg der Quoten für Mädchen am weiterführenden Schulwesen und der deutlichen Zunahme der Studierenden pro Altersjahrgang. Seit Anfang der 1990er Jahre sind im EU-Durchschnitt 50 % der Lernenden in der Sekundarstufe II Mädchen.

Die europäischen *Universitäten* sind ein Weltkulturerbe allererersten Ranges. Ihre Entwicklung seit dem frühen 12. Jh. in Bologna und Paris, Oxford und Coimbra, seit dem Humanismus in Prag, Wien, Krakau und Heidelberg und in vielen bis heute bedeutenden europäischen Universitätsstädten ist ein frühes „Muster" von Universalität: der Sprache, der Form des Disputs und der Integration der „nationes" in die mit großen Selbstständigkeitsrechten ausgestatteten Kollegien und Korporationen. Die europäischen Universitäten sind ein wichtiger Faktor der Integration.

Tabelle 36 Bildungsverteilung der 25–34-Jährigen (1992) in Prozent

Land	Primarstufe	Sekundarstufe I	Sekundarstufe II	Fachschule	Hochschule
Deutschland	–	11,4	68,2	8,7	11,7
Belgien	–	26,9	32,7	15,7	11,5
Dänemark	–	33,1	47,4	6,2	13,3
Finnland	–	18,3	61,1	9,5	11,1
Frankreich	–	32,9	45,5	9,2	12,4
Großbritannien und Nordirland	–	19,1	60,3	8,1	12,5
Irland	13,8	30,4	34,6	11,4	9,8
Italien	8,9	48,7	35,6	–	6,8
Niederlande	9,5	22,6	44,3	–	23,6
Norwegen	1,3	10,7	59,8	15,6	12,6
Österreich	–	21,1	71,0	–	7,9
Portugal	65,4	14,0	12,1	1,6	6,9
Schweden	–	17,0	57,8	15,9	9,3
Schweiz	–	12,8	66,0	12,5	8,7
Spanien	28,5	30,3	18,8	6,2	16,2

Quelle: Müller et al. 1997, S. 205, Abb. 3

Der Maastricht-Vertrag von 1992, der zur Umwandlung der EG in die EU führte, sieht erstmalig vertragsrechtliche Regelungen für den Bildungsbereich vor. Hochschulaustauschprogramme, wie das 1987 institutionalisierte Erasmus-Programm und das nachfolgende Sokrates-Programm, aber auch die vielen Kooperationen zwischen Universitäten und Fachhochschulen in ganz Europa, tragen zur Identifizierung mit Europa erheblich bei.

6. Die europäische Stadt

Bereits Max Weber (2000) hatte die Besonderheit der *europäischen Stadt* als wichtige Grundlage der Heraufkunft des okzidentalen Rationalismus und Kapitalismus dargestellt. Es gibt keine andere Weltregion mit einer vergleichbar dichten und autonomen, kulturell bedeutsamen und historisch kontinuierlichen Stadtentwicklung wie Europa. Ob Rom oder Byzanz, Venedig, Wien, Prag, Warschau oder Lissabon, Barcelona, London oder Paris, Kopenhagen, Dresden, Berlin und Madrid: Die Gemeinsamkeiten der europäischen Stadt haben eine lange Tradition. Ein wichtiges, bis heute wirksames „Erbe" der europäischen Stadt und ihrer Bürger ist die Entwicklung von städtischer Selbstbestimmung und Demokratie, das zur Grundlage der bürgerlichen Revolutionen und der bürgerlichen Gesellschaft wurde.

In ihrem Erscheinungsbild spiegeln die Städte bis heute die Epochen gesamteuropäischer Kunst und Architektur, der Geschichte und der Nationen: Dem Stadterbe der Antike, das in Deutschland vor allem in Trier und Köln sichtbar ist, folgen die in ganz Europa bis heute die Idealvorstellung von *Stadt* und Siedlungsstruktur prägenden Stadtgründungswellen des Mittelalters (Stoob 1979) mit ihren erstaunlichen Gemeinsamkeiten und Differenzierungen des romanischen und gotischen Baustils. Seit dem Barockzeitalter gab es erste Entwicklungen zur offenen Bürgerstadt, aber auch zu den Militär- und Residenzstädten des Absolutismus, mit Hannover und Kassel, Mannheim und Potsdam als Beispielen. Damit verbunden war vielfach eine, nicht zuletzt aus französischem, cartesianischem Denken und Wollen heraus inspirierte Zeit der Planstädte, mit Karlsruhe, Mannheim, Freudenstadt oder Hanau als bekannten Beispielen auf deutschem Boden.

Der Stadtumgestaltung und -entwicklung im Absolutismus folgte die *industrielle Verstädterung*, die Gemeinsamkeiten auf völlig neuer Basis brachte. Seither waren es vor allem die neuen Verkehrssysteme, Eisenbahn, Straßenbahn, U-Bahn und seit den 1920er Jahren das Automobil, die zusammen mit der Tertiärisierung der Wirtschaftsstruktur zu bis heute vergleichbaren Mustern der Stadtentwicklungen in ganz Europa führten. Die in Bau befindlichen und geplanten neuen Trassen eines europäischen Schnellbahnsystems werden die europäischen Metropolen – und nicht nur die der heutigen EU – noch enger verbinden und ein wichtiger Integrationsfaktor sein.

Eine weitere Besonderheit des *europäischen Städtesystems* ist darin zu sehen, dass es nur wenige Megastädte ausgebildet hat und sein relativer Anteil am Weltverstädterungsprozess zurückgeht. Lagen 1900 noch fünf der zehn größten *Städte* der Welt in Europa, so um 1990 keine einzige mehr.

Tabelle 37 Anteil der Bevölkerung in Städten mit über 900 Tsd. Einwohnern an der Gesamt-Bevölkerung 2001; Wohneigentumsquoten 1998

Land	Anteil der Bevölkerung in Städten über 900 Tsd. Einw.	Wohneigentumsquoten in %
Deutschland	8,8	38,6
Belgien	9,4	67,2
Frankreich	20,1	51,6
Großbritannien und Nordirland	18,3	69,8
Italien	10,4	68,2
Österreich	19,9	49,5
Spanien	10,8	82,3

Quelle: Statistisches Jahrbuch für das Ausland, S, 36, S. 179; Eurostat Jahrbuch 2003, Übersicht „2h1bb" (CD-ROM)

Die Verbundenheit der europäischen Städte untereinander zeigt sich darin, dass eine Vielzahl der Städte, und zwar jeder Größenordnung, Partnerstädte in anderen europäischen Ländern hat. Auch die Einrichtung der jährlich wechselnden „Kulturhauptstadt Europas" – beginnend mit Athen 1985 – trägt zur Verlebendigung des gemeinsamen kulturellen Erbes bei (Berlin 1988; Weimar 1999).

7. Differenzierungen durch die Wirtschaftsstruktur

Die aus der alteuropäisch-feudalen, der städtisch-bürgerlichen und der industriellen Entwicklungsphase stammenden Besonderheiten der Stände, Klassen und Schichten sind in unterschiedlichem Ausmaß in den europäischen Ländern noch sichtbar; sie werden mehr und mehr überlagert durch gleiche Trends, die mit den Begriffen „Modernisierung des Lebensstils", Pluralisierung und Individualisierung umschrieben werden können. Die Unterschiede im Einkommen und dessen Ausgabenstruktur sind hierbei ebenso wichtig geworden wie die aus den genannten sozialen Bedingungen resultierenden Formen des Standes, des Berufsethos und des Sozialprestiges.

Die Unterschiede der Wirtschaftsstruktur und -leistung sind größer als Unterschiede in anderen Bereichen. Die *Erwerbsquote* betrug 2002 in den 15 Ländern der EU 56,4% von insgesamt 376,7 Mio. Einwohnern.

Tabelle 38 Strukturdaten zur Wirtschaft

Land	BSP 2001 je Einw. (in Dollar)	Erwerbsquote 2002[1]	Anteil der Frauen an den Erwerbstätigen 2002	Anteil der Exporte 2001 in EU-Partnerländer in %	Bruttoinvestitionen des BIPs 2001 in %
Deutschland	23 700	57,3	49,4	55,1	19,6
Belgien	23 340	51,2	42,6	75,8	20,4
Dänemark	31 090	65,6	60,2	64,5	21,7
Finnland	23 940	63,2	58,7	53,1	20,8
Frankreich	22 690	55,7	49,1	69,7	20,1
Griechenland	11 780	48,7	37,7	42,1	22,9
Großbritannien und Nordirland	24 230	62,4	54,8	54,4	16,6
Irland	23 060	59,5	48,8	60,2	23,5
Italien	19 470	48,8	36,8	53,8	19,7
Luxemburg	41 770	54,7	43,3	83,1	22,5
Niederlande	24 040	64,9	55,9	78,1	21,9
Österreich	23 940	59,1	50,7	61,5	23,2
Portugal	10 670	61,8	54,0	79,7	28,2
Schweden	25 400	62,7	58,8	53,7	18,1
Spanien	14 860	53,1	41,1	69,0	25,7

Quelle: Statistisches Jahrbuch für das Ausland 2003, S. 49, S. 316, S. 254, S. 319
[1] Anteil der Erwerbspersonen an der Gesamtbevölkerung.

8. Arbeitsverhältnisse und Arbeitslosigkeit

Die aus dem sozialen System, dem in den späten 1960er Jahren einsetzenden Wertewandel, der Emanzipation der Frauen, der Veränderung der Lebens- und Erwerbsbiographien usw. resultierenden Faktoren dürfen jedoch nicht übersehen lassen, dass es in Europa „objektive" Unterschiede in den Soziallagen gibt. Die Arbeitslosenquoten sind hierfür ebenso erheblich wie die unterschiedlichen Erwerbsquoten für Frauen und Männer, die im Allgemeinen sehr viel niedrigere – bezüglich Einkommen und Sozialprestige – Berufsposition der Frauen in den meisten europäischen Ländern, die Strukturveränderungen des Sozialstaats und andere Faktoren mehr.

Tabelle 39   Anteile der Wirtschaftssektoren an der Zahl der Erwerbstätigen (2002) und Beitrag der Bruttowertschöpfung (2001)

Land	Anteil an den Erwerbstätigen			Anteil an der Bruttowertschöpfung in Prozent		
Sektoren	**1.**	**2.**	**3.**	**1.**	**2.**	**3.**
Deutschland	2,5	32,4	65,1	1,1	28,6	70,2
Belgien	1,8	25,8	72,4	1,4	26,0	72,5
Dänemark	3,2	23,4	73,4	2,9	25,4	71,6
Finnland	5,5	27,1	67,4	3,4	32,8	63,9
Frankreich	4,1	25,4	70,5	2,8	24,8	72,4
Griechenland	16,0	22,5	61,7	7,0	21,7	71,3
Großbritannien und Nordirland	1,4	24,1	74,5	0,9	26,5	72,6
Irland	6,9	27,7	65,4	3,4	42,1	54,5
Italien	4,9	31,6	63,5	2,7	27,8	69,5
Luxemburg	2,1	20,2	78,2	0,6	17,9	81,5
Niederlande	2,7	19,0	78,3	2,7	26,0	71,4
Österreich	5,7	28,9	65,5	2,3	30,5	67,7
Portugal	12,5	33,6	53,9	3,6	28,7	67,7
Schweden	2,5	22,9	74,5	1,8	28,2	70,0
Spanien	5,9	31,3	62,7	3,4	28,7	67,9

Quelle: Statistisches Jahrbuch für das Ausland 2003, S. 217, S. 133
Sektoren: 1. Sektor: Land- und Forstwirtschaft; 2. Sektor: Produzierendes Gewerbe;
3. Sektor: Dienstleistungsbereich (einschl. nicht ausreichend beschriebene Wirtschaftszweige).

In den „alten" Ländern der EU waren im Jahr 2002 insgesamt ca. 13,5 Mio. Menschen ohne Beschäftigung. Als besonders gravierend wird in den einzelnen Ländern die hohe Jugendarbeitslosigkeit angesehen.

Tabelle 40 Arbeitslosenquoten 2002 in Prozent

Land	insges. in %	Jugendliche unter 25 Jahren in %	Land	insges. in %	Jugendliche unter 25 Jahren in %
Deutschland	8,6	9,7	Irland	4,4	8,0
Belgien	7,3	18,2	Luxemburg	2,8	8,3
Dänemark	4,5	7,7	Niederlande	2,7	5,2
Finnland	9,1	21,0	Österreich	4,3	6,8
Frankreich	8,7	20,0	Portugal	5,1	11,5
Griechenland	9,9	26,4	Schweden	4,9	11,8
Großbritannien und Nordirland	5,1	12,1	Spanien	11,3	22,2
Italien	9,0	27,2			
EU-Durchschnitt	7,6	15,0			

Quelle: Statistisches Jahrbuch für das Ausland 2003, S. 52

9. Der Euro als Tausch- und Interaktionsmedium

Alles in allem ist der Prozess der Integration auf der wirtschaftlichen und rechtlichen Ebene viel weiter fortgeschritten als dem Unionsbürger bewusst ist. Hier liegen die Probleme des weiteren Einigungsprozesses: Die Mitwirkungsrechte des in Straßburg und Brüssel ansässigen Europaparlaments sind ebenso defizitär wie die Europa-Identität der europäischen Bürger. Wie weit sich die europäische Wirtschaftsstruktur in den letzten Jahren – z.T. unmerklich für viele Bürger – gewandelt hat, erkennt man an folgenden Faktoren: Banken und Versicherungen haben längst ein europäisches Verbundsystem aufgebaut, ebenso der Handel; Ausschreibungen und Wettbewerbe erfolgen immer häufiger europaweit; die Hersteller von Arzneien, von Nahrungs- und Genussmitteln und anderen Waren müssen ebenso europäische Normen und Standards beachten wie Empfänger von Subventionen oder Forschungsmitteln. Der Bundesverband der Deutschen Industrie (BDI) schätzt, dass über 60 % der für die gewerbliche Wirtschaft relevanten Gesetze ihren Ursprung in Brüssel haben.

9.1 Zur sozialen und sozialstrukturellen Funktion des Geldes

Die Bedeutung des Geldes bzw. die Einführung eines für alle Bürger eines Landes verbindlichen und akzeptierten Zahlungsmittels kann in seiner sozialen (incl. ökonomischen), sozialpsychologischen und psychischen Dimension kaum überschätzt werden. Georg Simmels „Philosophie des Geldes" (die er ursprünglich „Psychologie des Geldes" nannte) erschien 1900. Dieses voluminöse Werk, das Simmel als kulturwissenschaftliche Ergänzung zur Tauschtheorie von Marx verstand, erfasst grundlegende Bedeutungen und Wirkungen des Geldes in heute noch gültiger Sichtweise. Die sukzessive Einführung der Geldwirtschaft aus den ursprünglichen Tauschverhältnissen zeitigt Stufen der „Objektivierung" eben dieser Verhältnisse.

Simmel behandelte sowohl die mit der Einführung der allgemeinen Geld-währung – die ja für Deutschland nach 1871 auch ein einigender Faktor der jungen Nation war – verbundene Zunahme individueller Freiheiten wie die Gefahren des inneren Freiheitsverlustes durch das „Geldäquivalent personaler Werte" (1989: 305). Geld sei der große Nivellierer aller Dinge und auch der Wertordnungen. Die damit verbundenen Veränderungen im Lebensstil, zumal durch „Zunahme des Tempos" wie die geldinduzierte „allgemeine Rechenhaftigkeit" führten zu völlig neuen sozialen „Differenzierungsprozessen" (Simmel 1989: 464).

Talcott Parsons interpretierte Geld im Zusammenhang seiner struktur-funktionalen Systemtheorie als „symbolisch generalisiertes Medium" und zählte es zu den „sozialen Universalien" (1970: 65f.). Diese Universalien befreien von zugeschriebenen (*ascribed*) Bindungen z.B. in verwandtschaftlichen und gemeinschaftlichen Sozialstrukturen und ermöglichen generalisierte, personenneutrale Austauschprozesse in komplexen Gesellschaften. Implizit ist der Theorie von Parsons, dass nur durch solche „evolutionären Universalien" die erforderliche „langfristige Anpassungskapazität" sozialer Strukturen erreicht werden kann (1970: 56).

Mit diesen Vorbemerkungen zur allgemeinen Funktion des Geldes ist ein Rahmen abgesteckt für die Bedeutung der Einführung einer europäischen Einheitswährung. Nur sie konnte zu einem bestimmten Zeitpunkt für die Entwicklung europäischer Sozialstrukturen neue Formen der Integration gewährleisten.

9.2 Der Euro als Instrument des europäischen Einigungsprozesses

Die Einführung einer gemeinsamen europäischen Währung wurde im Vertrag von Maastricht (7.2.1992) beschlossen, der sich insgesamt zum Ziel gesetzt hatte, die EWG zur nunmehr politisch zu verstehenden Europäischen Union zu erweitern. Neben einer gemeinsamen Außen- und Sicherheitspolitik, der Zusammenarbeit in der Justiz und in der Innenpolitik wurde als wichtigste Regelung beschlossen, zum 1. Januar 1999 eine europäische Währung einzuführen (vgl. hierzu auch Brunn 2002: 288ff. und die zugehörigen Dokumente). Dies geschah für jene Länder, die die im Stabilitätspakt vom 14. Dezember 1996 in Dublin beschlossenen sog. „Maastricht-Kriterien" erfüllten. Das wichtigste und in der Folgezeit politisch umstrittenste Kriterium war die Verpflichtung, drei Prozent des Bruttoinlandsproduktes bei der jährlichen Neuverschuldung nicht zu überschreiten.

Bereits im Maastricht-Vertrag war festgelegt, zur Wahrung der künftigen Währungs- und Preisstabilität und um die Geldausgabe in den einzelnen Mitgliedsländern zu kontrollieren, eine Europäische Zentralbank (EZB) zu errichten. Als Sitz dieser neuen europäischen Behörde wurde Frankfurt/M. bestimmt (der Sitz der Deutschen Bundesbank und seit langer Zeit eines der großen europäischen Banken-, Finanz- und Börsenzentren).

Die Hoffnung, alle – nach der Aufnahme Österreichs, Schwedens und Finnlands in die EU zum 1. Januar 1995 – 15 Länder in das einheitliche europäische

Währungssystem einzubinden, erfüllten sich nicht; Großbritannien, Dänemark und Schweden zeigten lediglich ihre Bereitschaft, der gemeinsamen Währung später beizutreten.

Für drei Jahre gab es eine Parallelwährung von Euro und nationaler Währung; für den Bürger real wahrnehmbar wurde das komplexe Regelungswerk der einheitlichen Währung aber erst mit der Ausgabe von Euro-Scheinen und auf Cent lautenden Münzen zum 1. Januar 2002. Da die Umstellung relativ reibungslos verlief, war auch in Deutschland bald vergessen, dass es zuvor zum Teil sehr heftigen Widerspruch – auch aus dem Bereich der Wissenschaften – gegen die Einführung des Euro bzw. die Ablösung der D-Mark gegeben hatte. Diese im Juni 1948 eingeführte (vgl. S. 33f.), höchst erfolgreiche deutsche Währung war zu sehr mit dem Wiederaufstieg Deutschlands nach dem Zweiten Weltkrieg, mit Wirtschaftswunder und der für alle spürbaren Hebung des Lebensstandards verbunden, um von einer gemeinsamen europäischen Währung eine Fortsetzung dieses Weges erhoffen zu können.

Bei dieser rückwärts gewandten Betrachtung wurde vielleicht zu wenig gesehen, dass neue Formen der Integration und der sozialen Differenzierung (Simmel) nur über ein gemeinsames „generalisiertes Medium" der Kommunikation erreicht werden können.

10. Lebensbedingungen in der EU

Die Mehrzahl der Länder der EU gehört mit Nordamerika und Japan zu den fortgeschrittensten Industrienationen der Welt; entsprechend hoch ist – im Vergleich mit anderen Weltregionen – das durchschnittliche *Pro-Kopf-Einkommen*.

Vergleiche dieser Art verdecken die in Europa immer noch vorhandenen Unterschiede, sowohl der 25 Länder untereinander wie der Regionen in diesen Ländern. So steht das Pro-Kopf-Einkommen der italienischen Regionen Lombardei und Kalabrien etwa im Verhältnis 4:1, das von Luxemburg ist rund dreieinhalb größer als das von Griechenland. Der gesamtdeutsche Wert ist 2003 mit 25.663,3 € BSP pro Kopf relativ hoch, er verdeckt aber die großen Unterschiede zwischen den alten und neuen Bundesländern und innerhalb der neuen Bundesländer.

Sehr unterschiedlich sind auch *Lebenszufriedenheit* und subjektives Wohlbefinden in den Ländern der EU. Vergleichsdaten hierzu werden seit 1973 regelmäßig durch das „Eurobarometer" erhoben.

III. Europäische Identität, Unionsbürgerschaft und Verfassung

1. Sind nationale, regionale und europäische Identität vereinbar?

Bereits im 19. Jh. gab es Vorstellungen von einer europäischen Gesellschaft; aber erst in den letzten Jahrzehnten sind sie durch die Präsenz von Angehörigen europäischer Nationen in den Ländern der EU, durch den Austausch der Produkte, die Europäisierung des Kulturaustausches und der Informationen, durch Schüler- und Studentenmobilität, durch den intensiven Tourismus und die Stadterkundungen europäischer Metropolen und natürlich durch die fortschreitende Institutionalisierung der Idee Europas auf allen Gebieten eine bis in den Alltag hineinwirkende Realität geworden (zur Entwicklung eines europäischen Kulturraumes als Basis einer europäischen Identität vgl. auch Therborn 2000).

Zugleich gab es eine Zunahme regionaler Aktivitäten und die Herausstellung ihrer Besonderheiten, was u.a. im „Ausschuss der Regionen", der mit dem Maastricht-Vertrag eingerichtet wurde, zum Ausdruck kommt. Schon jetzt lässt sich sagen, dass hier kein Widerspruch bestehen muss: Der Stolz auf die eigene Stadt oder Region muss dem Bewusstsein, Europäer und damit „Bürger" einer bedeutenden Weltregion zu sein, nicht widersprechen (Hettlage et al. 1997).

Sehr viel komplizierter sind die Fragen nach Wirklichkeit und Selbstverständnis der multikulturellen Gesellschaft in den einzelnen europäischen Nationen und für Europa (Mintzel 1997; zu den verschiedenen Sichtweisen auf die Kultureinheit Europas S. 319ff.). Fragt man nach der Identifikation der EU-Bürger und -Bürgerinnen mit Europa, bewegt man sich trotz aller Empirie auf schwankendem Boden. Zwangsläufig verbindet fast jedes Individuum sowohl mit Nation wie mit Europa eine andere Vorstellung. Doch die Ergebnisse des Eurobarometers zum nationalen und europäischen Zugehörigkeitsgefühl sind selbst wiederum „soziale Tatsachen" im Sinne von Émile Durkheim, die auf kognitive und soziale Prozesse zurückwirken. Im Herbst 2003 ermittelte das Eurobarometer, dass sich nur 4 % der Deutschen in naher Zukunft „nur als Europäer" sehen; 10 % als Europäer und Deutsche; 45 % als Deutsche und Europäer; 38 % nur als Deutsche. Die überzeugtesten Europäer finden sich in Luxemburg: 15 % fühlen sich nur als Europäer – ein verständliches Ergebnis, da dort 29 % der Wohnbevölkerung EU-Ausländer sind. Hinzu kommt, dass es unter diesen EU-Ausländern sehr viele Akademiker gibt, die ohnehin zu Europa im Durchschnitt eine positivere Einstellung haben als Personen mit niedrigerem Bildungsstand. Am geringsten ausgebildet ist die europäische Identität nach den Ergebnissen des Eurobarometers in Finnland und Großbritannien: 57 bzw. 62 % der Befragten haben ausschließlich ein nationales Zugehörigkeitsgefühl (vgl. Eurobarometer 2003: 27f.).

2. Unionsbürgerschaft als Element der Integration

Das Staatsbürgerrecht ist in den europäischen Ländern sehr unterschiedlich ausgeprägt; das hat Konsequenzen für Einbürgerung und Integration. Im Vertrag von Maastricht (Art. 8–8d) sind die Grundzüge einer europäischen *Unionsbürgerschaft* erstmalig skizziert. Dort heißt es: „Bürger der Union ist jede Person, die die Nationalität eines Mitgliedsstaates hat". Über die bisherigen staatsbürgerlichen Rechte auf der Basis des EWG-Vertrages von 1956 (z.B. Freizügigkeit; Niederlassungsfreiheit) wird damit deutlich hinausgegangen. Zentrales Element der jetzt erreichten Stufe der Unionsbürgerschaft ist das Kommunalwahlrecht: Bürger der EU haben – bei bestimmten Voraussetzungen – in allen Ländern der EU das Recht, sich an Kommunalwahlen zu beteiligen und selbst gewählt zu werden (aktives und passives Wahlrecht). Im Zusammenhang mit der Unionsbürgerschaft gibt es einige weitere Rechte bzw. Garantien (vgl. Thiel 1998: 52f.):

- Im Ausland kann jeder EU-Bürger den Schutz der diplomatischen und konsularischen Vertretungen jedes EU-Landes in Anspruch nehmen (falls das eigene Land nicht vertreten ist);

- in Art. 138 des EU-Vertrages wurde ein Petitionsrecht an das Europäische Parlament für Angelegenheiten, die die EU betreffen und die Institution des Bürgerbeauftragten (Ombudsman) eingeführt, der die Beschwerden entgegen nimmt.

3. Auf dem Weg zu einer europäischen Verfassung

Was über die Einführung einer gemeinsamen europäischen Währung gesagt wurde: dass sie von einem bestimmten Zeitpunkt erforderlich war, um für künftige Entwicklungen und Integrationsprozesse die Weichen zu stellen, gilt im gleichen oder höheren Maße für die politischen Strukturen und das staatlich-gesellschaftliche Selbstverständnis der Unionsbürger.

Wenige Tage vor der Einführung des Euro in Noten und Münzen berief der Europäische Rat auf seiner Tagung am 14./15. Dezember 2001 in Laeken (Belgien) einen „Europäischen Konvent zur Zukunft Europas", der den Auftrag erhielt, den Bürgern das europäische Projekt und die europäischen Organe näher zu bringen und „das politische Leben und den europäischen politischen Raum in einer erweiterten Union zu strukturieren" (Vorwort zum „Entwurf eines Vertrags über eine Verfassung für Europa" 2003).

Sehr bald liefen die Beratungen des Konvents unter Vorsitz des früheren französischen Staatspräsidenten Valéry Giscard d'Estaing darauf hinaus, die Neuaufteilung der Zuständigkeiten in der erweiterten EU auf der Basis einer Verfassung zu regeln. Im Juli 2003 wurde das umfangreiche Vertragswerk vom Konvent verabschiedet. Die Annahme durch die 15 alten und die 10 neuen EU-Länder erfolgte am 18. Juni 2004 in Brüssel. Die Ratifizierung des Vertragswerkes, die in vielen Ländern mit einem Volksentscheid verknüpft ist, wird einige Jahre in Anspruch nehmen. Der Verfassungsentwurf war deshalb kontrovers, weil kleinere Länder ihre Mitwirkungsrechte bei den Entscheidungsprozessen nicht genügend gewahrt sahen und die Neuordnung der europäischen Institutionen, des Finanzausgleichs etc. im Hinblick auf die erforderliche Handlungsfähigkeit einer erweiterten EU nicht akzeptiert wurde. Die in der Präambel des Vertragswerks ausgesprochene Hoffnung, dass „ein nunmehr geeintes Europa auf diesem Weg der Zivilisation, des Fortschritts und des Wohlstands zum Wohl aller seiner Bewohner, auch der Ärmsten und Schwächsten, weiter voranschreiten will" (vgl. „Entwurf eines Vertrags über eine Verfassung für Europa" 2003: 5), ist nun mit Leben zu erfüllen. Der Globalisierungsprozess mit seinen Tendenzen der „Entgrenzung" nicht nur der deutschen, sondern auch der europäischen Grenzen (vgl. Fürstenberg/Oesterdiekhoff 2004), könnte auf die europäische Integration und das Bewusstsein, Bürgerinnen und Bürger einer großen Union zu sein, positive Auswirkungen haben.

Literatur

Brunn, Gerhard, 2002, Die europäische Einigung von 1945 bis heute, Stuttgart (Reclam Nr. 17038)

Europäische Gemeinschaften, Hg., 2003, Entwurf eines Vertrags über eine Verfassung für Europa, Luxemburg; online: http://europa.EU.int/futurum/constitution/preface/index_de. htm (5.5.2004)

Europäische Kommission, Hg., 2003, Eurobarometer 60: Public Opinion in the European Union, Luxemburg; online: http://europa.EU.int/comm/public_opinion/archives/eb/ eb60/ eb60_rapport_standard_en.pdf (5.5.2004)

Europäische Kommission, Hg., 2003, Eurostat 2003, Luxemburg; online: http://europa.EU.int/ comm/eurostat/

Flora, Peter, 1983/1987, State, Economy and Society in Western Europe 1815-1975. A Data Handbook, 2 Bde., Frankfurt/London/Chicago

Fürstenberg, Friedrich, Georg W. Oesterdiekhoff, Hg., 2004, Globalisierung ohne Grenzen. Soziologische Beiträge zum Entgrenzungsdiskurs, Hamburg

Gabriel, Oscar W., Hg., 1992, Die EG-Staaten im Vergleich. Strukturen, Prozesse, Politikinhalte, Opladen

Haller, Max, 1997, Klassenstruktur und Arbeitslosigkeit – Die Entwicklung zwischen 1960 und 1990, in: *S. Hradil/S. Immerfall*, Hg., a.a.O., S. 377–421

Hettlage, Robert, Petra Deger, Susanne Wagner, Hg., 1997, Kollektive Identität in Krisen. Ethnizität in Region, Nation, Europa, Opladen

Hradil, Stefan, Stefan Immerfall, Hg., 1997, Die westeuropäischen Gesellschaften im Vergleich, Opladen

Immerfall, Stefan, Andreas Schobisch, 1997, Europäische Integration und europäische Identität. Die Europäische Union im Bewußtsein ihrer Bürger, in: Aus Politik und Zeitgeschichte, B 10, S. 25–37

Ismayr, Wolfgang, Hg., 1997, Die politischen Systeme Westeuropas, Opladen

Kaelble, Hartmut, 1987, Auf dem Weg zu einer europäischen Gesellschaft. Eine Sozialgeschichte Westeuropas 1880–1980, München

Kaelble, Hartmut, 1997, Europäische Vielfalt und der Weg zu einer europäischen Gesellschaft, in: *S. Hradil/S. Immerfall*, Hg., a.a.O., S. 27–70

Linde, Hans, 1984, Theorie der säkularen Nachwuchsbeschränkung 1800-2000, Frankfurt/New York

Mintzel, Alf, 1997, Multikulturelle Gesellschaften in Europa und Nordamerika, Passau

Morin, Edgar, 1988, Europa denken, Frankfurt/New York (Orig. frz. 1987)

Müller, Walter, Susanne Steinmann, Reinhart Schneider, 1997, Bildung in Europa, in: *S. Hradil/S. Immerfall*, Hg., a.a.O., S. 177-245

Noll, Heinz-Herbert, 1997, Wohlstand, Lebensqualität und Wohlbefinden in den Ländern der EU, in: *S. Hradil/S. Immerfall*, Hg., a.a.O., S. 431-474

Parsons, Talcott, 1970, Evolutionäre Universalien der Gesellschaft, in: *W. Zapf*, Hg., Theorien des sozialen Wandels, 2. Aufl., Köln/Berlin, S. 55-74 (Orig. amerik. 1964)

Peuckert, Rüdiger, 2002, Familienformen im sozialen Wandel, 4. überarb. u. erw. Aufl., Opladen

Sarrazin, Thilo, 1997, Der Euro. Chance oder Abenteuer? 2. Aufl., Bonn

Schäfers, Bernhard, Hg., 1993, Lebensverhältnisse und soziale Konflikte im neuen Europa. Verhandlungen des 26. Deutschen Soziologentages in Düsseldorf 1992, Frankfurt/New York

Schäfers, Bernhard, 2001, Deutschland und Europa. Europäische Strukturen im Vergleich, in: *B. Schäfers/W. Zapf*, Hg., Handwörterbuch zur Gesellschaft Deutschlands, 2. verb. u. erw. Aufl., Opladen, S. 134-144

Schieder, Theodor, Geschichte der Europaidee, in: Staatslexikon, Bd. 2, Freiburg 1986, Sp. 414-418

Schulze, Hagen, Ina Ulrike Paul, Hg., 1994, Europäische Geschichte. Quellen und Materialien, München

Simmel, Georg, 1989, Philosophie des Geldes, Frankfurt/M. (zuerst 1900)

Sozialporträt Europas 1995, hg. vom Statistischen Amt der Europäischen Gemeinschaften, Luxemburg/Brüssel

Stoob, Heinz, 1979, Die hochmittelalterliche Städtebildung im Okzident, in: *ders.*, Hg., Die Stadt. Gestalt und Wandel bis zum industriellen Zeitalter, Köln/Wien, S. 131-156

Therborn, Göran, 2003, Die Gesellschaften Europas 1945-2000. Ein soziologischer Vergleich, Frankfurt/New York

Thiel, Elke, 1998, Die Europäische Union. Von der Integration der Märkte zu gemeinsamen Politiken, Opladen

Weber, Max, 2000, Die Stadt (Teilband 5 von „Wirtschaft und Gesellschaft"), Tübingen

Weidenfeld, Werner, Hg., 1985, Die Identität Europas, München/Wien

Weidenfeld, Werner, Hg., 1990, Die Deutschen und die Architektur des Europäischen Hauses, Köln

Glossar

Anomie, griech. „Gesetzlosigkeit"; ein von Émile Durkheim in die soziologische Fachsprache eingeführter Begriff, der auf mangelnde oder ungenügende Regelung und Normierung sozialer Tatbestände verweist. Anomische soziale Zustände sind durch ein Übermaß an abweichendem Verhalten, mangelnder Solidarität und erhöhter Selbstmordhäufigkeit (Durkheim: „anomischer Selbstmord") erkennbar.

Autopoiesis, griech. „Selbsttun", „Selbsterzeugung"; ein von dem chilenischen Biologen Humberto Maturana geprägter Begriff, der nach 1980 u.a. in der Systemtheorie von Niklas Luhmann einen zentralen Stellenwert bekam. Die damit verbundenen Phänomene der Selbstorganisation und Selbstreferenz, der Anschlussfähigkeit (im Hinblick auf die relative Geschlossenheit des Systems) und der Zirkularität konnten auch für die Analyse sozialer Systeme fruchtbar gemacht werden.

Christlicher Sozialismus, Sozial- und Gesellschaftslehre, die auf den Beginn der Industrialisierung zurückführt und sich die Lösung der „socialen Frage" durch eine Verbindung von christlichen und utopisch-sozialistischen Gedanken versprach. In Deutschland war der christliche Sozialismus des späten 19. und des beginnenden 20. Jahrhunderts mit den Namen F. Hitze, A. Stoecker, F. Naumann, A. Stegerwald und vor allem mit Heinrich Pesch verknüpft. Gedanken des Christlichen Sozialismus wirkten hinein in die Gründungsgeschichte von CDU und CSU, zumal ihrer „Sozialausschüsse".

Cultural lag, engl.-amerik. „kulturelles Zurückbleiben". Ein von dem amerikanischen Soziologen William F. Ogburn geprägter Begriff, der das Zurückbleiben der kulturellen (rechtlichen, ethischen, sozialen) Phänomene hinter den ökonomisch-technischen Entwicklungen zum Ausdruck bringen soll (dieses unterschiedliche Entwicklungstempo von „materieller" und „immaterieller" Kultur war bei Marx als Differenz von Basis und Überbau begriffen worden).

Ehernes Lohngesetz, ein von dem sozialistischen Theoretiker Ferdinand Lassalle für kapitalistische Wirtschaftssysteme aufgestelltes „Gesetz", das besagt: der Arbeitslohn richtet sich nach Angebot und Nachfrage und bleibt damit „immer auf den notwendigen Lebensunterhalt reduziert (…), der in einem Volke gewohnheitsmäßig zur Fristung der Existenz und zur Fortpflanzung erforderlich ist"(Lassalle 1863). Aus diesem „Gesetz" leitete Lassalle das „Recht auf den vollen Arbeitsertrag" ab, eine Forderung, die im ersten Artikel des Gothaer Programms von 1875 parteipolitisch erhoben, aber von Marx kritisiert wurde.

Empathie, aus dem Griech. abgeleiteter, von dem amerikanischen Soziologen Daniel Lerner in die soziologische und sozialpsychologische Literatur eingeführter Begriff, der die Fähigkeit von Individuen ausdrücken soll, „sich mit neuen Aspekten ihrer Umgebung in hohem Maße zu identifizieren" und den vielfältigen Rollenanforderungen gerecht zu werden. Einfühlung und Engagement sind daher die besonderen Kennzeichen der Empathie (Lerner 1958).

Familismus, Bezeichnung für soziale und politische Strukturen, in denen der Einfluss einer oder mehrerer Familien (Clan, Sippe etc.) vorherrscht. Ist der Familismus für relativ einfache Gesellschaften typisch, so kommt es dennoch auch in relativ komplexen Gesellschaften (wie etwa den latein-amerikanischen) immer wieder zu Erscheinungen des Familismus. Andere Definitionen des Familismus heben vor allem auf die allgemeine Familienorientierung der vorherrschenden Normen- und Wertsysteme ab.

Idealtypus, ein von Max Weber in die Methodologie der Sozial- und Kulturwissenschaften eingeführter Begriff, der als „Gedankenbild" zu verstehen ist, „nicht die historische oder gar die ‚eigentliche' Wirklichkeit" abbilden soll, sondern an „welchem die Wirklichkeit zur Verdeutlichung bestimmter bedeutsamer Bestandteile ihres empirischen Gehaltes gemessen, mit dem sie verglichen wird". Der Idealtypus will „das Zurechnungsurteil schulen"; obgleich keine Hypothese, „will er der Hypothesenbildung die Richtung weisen" (Weber 1904).

Intelligenz, vielschichtiger soziologischer und sozialhistorischer Begriff; er umfasst die Gesamtheit der Individuen (Intellektuelle) und Gruppen in einer Gesellschaft, die „geistige" Führungspositionen einnehmen: in den Massenmedien, der Wissenschaft, der Politik, dem Bildungswesen, der Kunst wie anderen sozialen Systemen und Institutionen. Herkunft, Selbstverständnis, die Einstellung zur eigenen Gesellschaft, die Wertschätzung in der Gesellschaft sind sozio-kulturell sehr verschieden. Während sie im Sozialismus als relativ einheitliche Klasse aufgefasst wurde, kann dies für die Bundesrepublik weder für die Theorie noch in der Praxis geltend gemacht werden. Stattdessen spricht man von Intellektuellen oder Funktionseliten.

Jakobinismus, radikale republikanische Bewegung während der Französischen Revolution von 1789ff.; die Jakobiner und der Jakobiner-Klub nannten sich nach ihrem Tagungsort, dem (aufgelösten) Dominikanerkloster St. Jakob in Paris.

Kathedersozialismus, Kathedersozialisten, volkswirtschaftliche und sozialpolitische Richtung im letzten Drittel des 19. Jahrhunderts, die sich gegen den Manchester-Liberalismus wandte und ein sozialreformerisches Eingreifen des Staates befürwortete. Die wichtigsten Vertreter waren: Adolf Wagner, Gustav von Schmoller, Lujo Brentano, Albert Schäffle. Der Name war eine spöttisch gemeinte Bezeichnung der liberalen Gegner. Die Kathedersozialisten gehörten zu den Mitbegründern (1872) des heute noch bestehenden „Vereins für Socialpolitik".

Knaus-Ogino, Methode der Empfängnisverhütung, die sich an der Theorie der zeitlich begrenzten wie bestimmbaren Fruchtbarkeit der Frau orientiert und nach dem österreichischen Gynäkologen H. Knaus und dem Japaner K. Ogino benannt wurde.

Lebensstil. Gesamtheit der Alltagsroutinen, der stabilen Verhaltensmuster und -erwartungen, die für Individuen und Gruppen als unverwechselbar anzusehen sind. Die Konzeptualisierung dieses Begriffs geht aus von Max Weber, Georg Simmel und vor allem Pierre Bourdieu. Bei Max Weber hat der Begriff der „methodischen Lebensführung" (auch: „rationale" oder „systematische Lebensführung") einen zentralen Stellenwert. In der „Protestantismus-Studie" von 1905 betonte Weber „jene mächtige Tendenz zur Uniformierung des Lebensstils" im Calvinisumus (die dem Kapitalismus und seinen Standardisierungsbestrebungen sehr gelegen kam). Etwa gleichzeitig eröffnete Georg Simmel eine andere Perspektive, indem er die Individualisierungstendenzen der Moderne in den Mittelpunkt rückte (vgl. das Kap. „Der Stil des Lebens", in: „Die Philosophie des Geldes"). Neuere Definitionen von Lebensstil gehen zum einen aus von phänomenologischen Untersuchungen zur Lebenswelt und Lebensauffassung des einzelnen Individuums, zum anderen von Pierre Bourdieu, der das Lebensstilkonzept – zentriert auf Habitus – ins Zentrum der Ungleichheitsforschung rückte (unterschiedliche Lebensstile basieren auf unterschiedlichem „kulturellen Kapital", das im Sozialisationsprozess und später zur Verfügung stand/steht; vgl. Katharina Liebsch, Identität und Habitus, in: H. Korte/B. Schäfers, Hg., Einführung in die Hauptbegriffe der Soziologie, 2002, S. 67-84).

Malthusianismus, Bevölkerungslehre (und Teil einer Weltanschauung), die sich auf den schottischen Nationalökonomen und Bevölkerungswissenschaftler Robert Malthus (1766–1834) beruft und – in abgewandelter Form – bis heute einflussreich geblieben ist. Der frühe Malthusianismus wandte sich gegen die Armengesetze und alle jene Formen des Sozialismus und der Sozialpolitik, die die „Gesetze" der von Malthus aufgestellten Lehre nicht berücksichtigen und nur zur Vermehrung der Bevölkerung, insbesondere der ärmeren Schichten, beitrügen. Der

Malthusianismus war Teil der Weltanschauung des *Manchester-Liberalismus* (*Manchestertum*; benannt nach der engl. Stadt Manchester, einer der frühesten und bedeutendsten Industriestädte überhaupt, in der der Liberalismus zu einer rein kapitalistischen Wirtschaftsgesinnung umgebogen wurde).

Ökologie, griech., ein 1866 von dem Biologen (und berühmten Popularisator von Charles Darwin in Deutschland) Ernst Haeckel (1834–1919) geprägter Begriff, der „die gesamte Wissenschaft von den Beziehungen des Organismus zur umgebenden Außenwelt" (Haeckel 1866) bezeichnen soll.

Paradigmata der Soziologie (der soziologischen Theoriebildung), von lat. Paradigma, kurze, beispielhafte Erzählung. Ein durch die Wissenschaftssoziologie von Thomas S. Kuhn (Die Struktur wissenschaftlicher Revolutionen) üblich gewordener Ausdruck, der auf Struktur und Bedeutung unterschiedlicher theoretischer Ansätze bezogen ist. Während Kuhn vor allem die zeitliche Abfolge des Vorherrschens einzelner Paradigmata betrachtete, sah Joachim Matthes in der „derzeitigen paradigmatischen Struktur der Soziologie" das Nebeneinander der folgenden theoretischen Ansätze: Ethnomethodologie; Funktionalismus, Strukturfunktionalismus; Interpretatives Paradigma; Historischer Materialismus, Marxistische Soziologie; Konflikttheorie; Kritisch-dialektische Soziologie; Kritischer Rationalismus; Neo-Positivismus; Phänomenologie; Politische Ökonomie; Symbolischer Interaktionismus; Systemtheorie; Verhaltenstheoretische Soziologie (vgl. J. Matthes, Einführung in das Studium der Soziologie, 1973: 199ff.). Kritischer Rationalismus, Neo-Positivismus und Historischer Materialismus können nicht als theoretische Ansätze der Soziologie angesehen werden, sondern als wissenschaftstheoretische Grundpositionen, die diesen Ansätzen die Form ihrer Theoriebildung vorzeichnen.

pattern variables, engl.-amerik. „Muster-Variablen". Ein von dem amerikanischen Soziologen Talcott Parsons geprägter Begriff, der die möglichen Orientierungsalternativen des Handelns, denen sich Individuen und soziale Gruppen in verschiedenen sozialen Situationen überhaupt gegenübersehen können, systematisieren soll. Grundmuster aller Systematisierungsversuche des sozialen Handelns sind die von Ferdinand Tönnies aufgestellten Orientierungsalternativen von „Gemeinschaft und Gesellschaft" (1887).

Rollentheorie, soziologische Theorie, die an der **sozialen Rolle** als Elementarkategorie der Soziologie orientiert ist. Die „soziale Rolle" ist ein abstrahierender Ausdruck für den Tatbestand, dass das soziale Handeln „vorstrukturiert" ist durch Verhaltensvorschriften (Normen), Erwartungen und Ansprüche der Handlungspartner, deren äußeres Erscheinungsbild (Rollenattribute) etc. Die soziale Rolle kann also „idealtypisch" getrennt vom tatsächlichen sozialen Handeln des Einzelnen betrachtet werden. Die Differenzierung der sozialen Rollen (Alters-, Geschlechts-, Berufs-, Familien-, Freizeitrollen) ist so vielschichtig wie das soziale Handeln selbst. Die Kritiker der Rollentheorie sehen in ihr die bürgerliche Vertragstheorie zur allgemeinen Gesellschaftskategorie erhoben.

Sozialdarwinismus, soziologische Theorie und Weltanschauungslehre der zweiten Hälfte des 19. und des beginnenden 20. Jahrhunderts, die sich auf die universelle Evolutionstheorie von Charles Darwin (1809–1882) berief und den „Kampf ums Dasein" und die (notwendige) Auswahl und das Überleben der Tüchtigsten auch zum Prinzip des sozialen und politischen Lebens erhob. Der Ausdruck geht auf Herbert Spencer (1820–1903) zurück. Die Lehre selbst war und ist besonders in den USA verbreitet (William Graham Sumner, Franklin H. Giddings). Der Sozialdarwinismus geriet durch die eugenischen, später die rassistischen und faschistischen Bevölkerungsideologien in Misskredit.

Stein-Hardenbergsche Reformen, Bezeichnung für die von Freiherr vom Stein (1757–1831) und Karl August Fürst von Hardenberg (1750–1822) initiierten Reformen in Preußen der napoleonischen und nach-napoleonischen Ära. Dies waren im Wesentlichen: Reform der Städte,

Gemeinden und Kreise und Einführung der Selbstverwaltung; Beseitigung der Erbuntertänigkeit („Bauernbefreiung"); Reorganisation der Fachministerien und des Heeres; Gewerbefreiheit; Säkularisierung; Judenemanzipation.

Struktur-Funktionalismus, strukturell-funktionale Theorie, Paradigma der soziologischen Theoriebildung, das seit den 1930er Jahren von Talcott Parsons, Robert K. Merton und anderen in Auseinandersetzung mit dem Funktionalismus der Kulturanthropologie, u.a. von Bronislaw Malinowski, entwickelt wurde. Erst in Verbindung mit der Systemtheorie konnte die strukturell-funktionale Theorie ihre analytische Kraft gewinnen, weil es nun möglich erschien, jede soziale Handlung auf ihre Bedeutung und ihren funktionalen Beitrag für die Stabilität eines sozialen Systems zu untersuchen. Die Kritik an der „stabilitätsorientierten" strukturellfunktionalen Theorie sollte nicht übersehen lassen, dass hier eine große Anzahl analytisch sehr brauchbarer Kategorien und Konzepte entwickelt wurde.

Systemtheorie, theoretischer Ansatz, der sich heute in allen wissenschaftlichen und technischen Disziplinen durchgesetzt hat und davon ausgeht, dass den Elementen eines Systems für dessen Bestand, Erhaltung und Fortentwicklung eine bestimmte Funktion zukommt. Diese Funktionen und Regelungsvorgänge können sich ebenso auf einen biologischen Organismus wie auf eine technische Anlage oder eine soziale „Ganzheit" beziehen. In der vor allem von dem Biologen Ludwig von Bertalanffy in den 1920er Jahren entwickelten Allgemeinen Systemtheorie wurde ein streng mathematisierter und formalisierter Zweig der Systemtheorie begründet. Die soziologische Systemtheorie wurde unter anderem von Talcott Parsons entwickelt (auch in Auseinandersetzung mit biologischen und medizinischen Theorien) und von Niklas Luhmann weitergeführt.

Technokratie, griech. „Herrschaft der Technik". Bezeichnung für den Tatbestand oder die Lehre, dass in einem politischen Gemeinwesen die technischen Möglichkeiten und Sachzwänge die politische Willensbildung vorrangig beeinflussen (sollen) und damit Politik, Demokratie etc. im traditionellen Sinn überflüssig machen. Die Technokratie geht davon aus, dass nur auf diese Weise der wissenschaftlich-technische Fortschritt zum Wohle aller sichergestellt und alle traditionalen Formen personen- und gruppen-zentrierter und -orientierter Entscheidung überflüssig werden. Nach Daniel Bell (1975) wurde das Wort „Technokratie" erstmals 1919 von William Henry Smith, einem Ingenieur und Erfinder aus dem kalifornischen Berkeley, in drei Artikeln des „Industrial Management" verwandt.

Technologie, griech. die „Lehre von den Techniken", von den Anwendungsmöglichkeiten technischer Verfahren zur Umwandlung von Natur/Materie und zur Befriedigung menschlicher Bedürfnisse. Technologien sind über den technischen Bereich im engeren Sinne auch in soziale, psychische, medizinische und weitere Problemfelder eingedrungen (Sozial-T., Individual-T., genetische T.).

Totalitarismus, Begriff der politischen Wissenschaft zur Kennzeichnung von Gesellschaften, in denen das politische, soziale und kulturelle Leben zentralistisch und ideologisch doktrinär reglementiert ist und es keine Garantie der Freiheits- und Menschrenrechte gibt. Der Begriff umfasst sowohl „rechte" (faschistische) wie „linke" Diktaturen und wird wegen seiner ungenügenden Differenzierung vielfach kritisiert. Von großem Einfluss auf die wissenschaftliche und öffentliche Diskussion war das Werk von Hannah Arendt (1906-1975), „Elemente und Ursprünge totaler Herrschaft" (1955).

Überbau, Begriff der Philosophie des Historischen Materialismus und der marxistischen Soziologie. Karl Marx: „In der gesellschaftlichen Produktion ihres Lebens gehen die Menschen bestimmte, notwendige, von ihrem Willen unabhängige Verhältnisse ein, Produktionsverhältnisse, die einer bestimmten Entwicklungsstufe ihrer materiellen Produktivkräfte entsprechen. Die Gesamtheit dieser Produktionsverhältnisse bildet die ökonomische Struktur der Gesellschaft, die reale Basis, worauf sich ein juristischer und politischer Überbau erhebt, und welcher bestimmte gesellschaftliche Bewusstseinsformen entsprechen" (MEW Bd. 13:8).

Werturteilsproblem, Werturteilsstreit, Forderung nach Wertfreiheit (Objektivität) wissenschaftlicher Forschung und Begriffsbildung. Diese Forderung verbindet sich am nachdrücklichsten mit dem Namen Max Webers, der zwischen „empirischer Tatsachenfeststellung" und „praktischer Wertung sozialer Tatsachen" einen klaren Trennungsstrich ziehen wollte. Im „Positivismusstreit in der deutschen Soziologie" (Adorno – Popper; Habermas – Albert; Dahrendorf et. al.) flammte der Werturteilsstreit erneut heftig auf (vgl. den von Theodor W. Adorno et. al. hg. Band: „Der Positivismusstreit in der deutschen Soziologie", zuerst 1969).

Wohlfahrtsstaat. Die Idee des sich um die „Wohlfahrt" seiner Bürger/Untertanen kümmernden Staates bzw. Gemeinwesens ist so alt wie das Nachdenken über das Leben in den jeweiligen Gemeinwesen selbst. Schon Aristoteles forderte, dass sich die „Polis" (Staat und Gesellschaft der Griechen) um die „Eudämonie" (Glückseligkeit) der Familien und Polisbürger kümmern müsse. Lässt man die Zwischenstufen außer Acht, so gewinnt die Lehre von der „Wohlfahrt" der Bürger im England des 17. Jahrhunderts und im kontinentalen Absolutismus eine neue Grundlage. Das „Commonwealth" („öffentliche Wohl") hatte neben seiner staatsrechtlichen Bedeutung immer auch eine, die auf „Gemeinwohl" und staatliche Fürsorge bezogen war. Von noch größerer Tradition, Wirkung und bis heute strittiger Auslegung ist der deutsche Begriff des *„Gemeinwohls"* (die katholische Gesellschaftslehre und Sozialethik orientiert sich bis heute an den Lehren des Thomas von Aquin über das „bonum commune"). Die Lehren über das „Gemeinwohl" und die „Wohlfahrt" aller bekamen durch die Aufklärung, die frühen Volkswirtschaftstheorien und unter den Lebensbedingungen der Industriegesellschaft einen anderen Inhalt. Nach der Lehre Jeremy Benthams (1748–1832) und anderer war es nun Aufgabe des Staates, für „das größte Glück der größten Zahl" Sorge zu tragen.

Die Dimension der *„sozialen Frage"* führte dazu, dass die im Absolutismus ausgebildeten Verwaltungs- und späteren Nationalstaaten sich um die *„labouring poor"*, die unteren und proletarischen Schichten, kümmern mussten. Die Ideen des Sozialismus und Kommunismus verstärkten dieses Bemühen, wie vor allem das deutsche Beispiel zeigt. Seither sind die ältere Idee des „Wohlfahrtsstaates" und die neuere des „Sozialstaates" eine kaum noch unterscheidbare Verbindung eingegangen. Doch erst das „Zeitalter des Massenkonsums" nach dem Ende des Zweiten Weltkrieges und entsprechende volkswirtschaftliche Lehrmeinungen ließen die immer noch vorherrschende, nun aber brüchig gewordene Ideologie entstehen, dass sich der „Wohlfahrtsstaat" um alles zugleich sorgen könne und müsse: Arbeit, Bildung, Gesundheit, Wohnung, Alter etc. (totaler „Versorgungsstaat").

Die sich zeigenden Grenzen des Wohlfahrtsstaates, auch und gerade in den Ländern, die in seiner Entwicklung nach dem Zweiten Weltkrieg vorangegangen sind: Großbritannien und Schweden, sind nicht nur ökonomischer, sondern ebenso sozialstruktureller wie freiheitlich-rechtsstaatlicher Natur. Vielleicht sollte schon deshalb vermieden werden, den „sozialen Rechtsstaat" mit „dem" Wohlfahrtsstaat gleich zu setzen.

Sachregister

Edda Currle

Migration in Europa

Daten und Hintergründe

Unter Mitarbeit von
Harald W. Lederer, Matthias Neske und Stefan Rühl

Herausgegeben vom efms
(europäisches forum für migrationsstudien), Bamberg

2003. 428 S., kt. € 36,- / sFr 62,10.
ISBN 3-8282-0276-4

Ullrich Heilemann/Heinz Gebhardt/Hans Dietrich v. Loeffelholz

Wirtschaftspolitische Chronik
der Bundesrepublik 1949–2002

2., neubearbeitete und erweiterte Auflage

2003. 378 S., kt. € 13,90 / sFr 25,10.
ISBN 3-8282-0264-0. UTB 2495 (ISBN 3-8252-2495-3)

Petrus Han

Soziologie der Migration

Erklärungsmodelle · Fakten
Politische Konsequenzen · Perspektiven

2000. XI, 374 S., 13 Tabellen, 7 Übers., kt. € 19,90 /sFr 34,90
ISBN 3-8282-0117-2. UTB 2118 (ISBN 3-8252-2118-0)

Günter Endruweit und Gisela Trommsdorff (Hrsg.)

Wörterbuch der Soziologie

2., völlig neubearbeitete und erweiterte Auflage

2002. X/754 S., kt. € 34,90 / sFr 60,40
ISBN 3-8282-0172-5. UTB 2232 (ISBN 3-8252-2232-2)

 *Stuttgart*